바이마르공화국의 해체 ③

민주주의에서 권력붕괴 문제에 관한 연구

나남
nanam

한국연구재단 학술명저번역총서
서양편 327

바이마르공화국의 해체 ③

민주주의에서 권력붕괴 문제에 관한 연구

2011년 2월 28일 발행
2011년 2월 28일 1쇄

지은이_ 칼 디트리히 브라허
옮긴이_ 이병련 · 이대헌 · 한운석
발행자_ 趙相浩
발행처_ (주) 나남
주소_ 413-756 경기도 파주시 교하읍
출판도시 518-4
전화_ (031) 955-4600 (代), FAX : (031) 955-4555
등록_ 제 1-71호(1979.5.12)
홈페이지_ http://www.nanam.net
전자우편_ post@nanam.net

ISBN 978-89-300-8559-5
ISBN 978-89-300-8215-0 (세트)
책값은 뒤표지에 있습니다.

'한국연구재단 학술명저번역총서'는 우리 시대 기초학문의 부흥을 위해
한국연구재단과 (주)나남이 공동으로 펼치는 서양명저 번역간행사업입니다.

바이마르공화국의 해체 ③

민주주의에서 권력붕괴 문제에 관한 연구

칼 디트리히 브라허 지음

이병련·이대헌·한운석 옮김

나남
nanam

Dei Auflösung der Weimarer Republik
Eine Studie zum Problem des Machtverfalls in der Demokratie

by Karl Dietrich Bracher

바이마르공화국의 해체 ③

민주주의에서 권력붕괴 문제에 관한 연구

차 례

제 2 부 공화국의 해체과정

B. 권력공백의 단계 : 파펜-슐라이허 시기

제 1 권 차 례

바이마르공화국의 해체 ①

민주주의에서 권력붕괴 문제에 관한 연구

제 1 부 권력구조의 문제

제 2 권 차 례

바이마르공화국의 해체 ②
민주주의에서 권력붕괴 문제에 관한 연구

제 2 부 공화국의 해체과정

제 2 부

공화국의 해체과정

B. 권력공백의 단계 : 파펜-슐라이허 시기

제7장

"신국가"

브뤼닝의 실각과 함께 권력은 힌덴부르크를 둘러싼 소규모 집단의 수중에 들어갔다. 이 사건은 독일에서 의회민주주의의 종식을 의미했다. 1930년 이후 대통령정부라는 개념은 헌법적 현실이 되기는 했다. 그러나 브뤼닝은—우리가 그의 정부에 건 기대들을 어떻게 평가한다 하더라도—임기가 끝날 때까지 그의 지배의 의회민주주의적 작업방식을 확고히 지켰다. 브뤼닝의 후임자인 파펜이 당시 자신의 정부가 권위적인 유형의 브뤼닝 정부를 단순히 지속하고 있을 뿐이라고 선언했음에도 불구하고, 오늘날 되돌아보면 파펜 스스로가 그의 정부와 브뤼닝 정부 간의 "결정적 차이"를 인정할 수밖에 없을 것이다. "브뤼닝은 사회주의자들의 관용을 향유한 사람들은 의회의 지원을 향유했다고 말할 수 있다. 그러나 중앙당은 내게서 즉시 이 지지를 거두어들였으며 이러한 방식으로 협력할 시도를 한 번도 해보지 않고 처음부터 의회 다수석을 구성할 기회를 내게서 앗아가버렸다."[1] 파펜의 반응은 새 선거를 통하여 마지막 남은 잠재적인 민주적 다수를 파괴하는 것이었다. 그 선거가 얼마나 과격한 결과를 낳을지는, 당시의 정치적 사정을 보든 주 의회 선거의 경과를 보든 의심의 여지가 없었다.

---

1) Papen(주 VI/35), S. 159.

1. 파펜정부의 시초들

브뤼닝이 마지막 관직활동을 수행했을 때 슐라이허에 의해 새로운 실험을 위해 확보된 파펜은 중앙당을 얻으려는 시도를 다시 한 번 했다. 그가 브뤼닝의 전술을 반복하려고 했다는 진실된 확신을 그에게 인정해준다 하더라도—"우익에서 비상령들을 지지하는 다수를 찾기를" 기대했다는 현저한 차이를 가지고[2] —이것이 자신의 당 지도부의 의사에 반해서 일어났다는 사실은 남는다. 파펜은 의회민주주의적 협로를 임시로 제거하는 것이 아니라 의회민주주의 자체를 의도적으로 제거하고 그것을 권위주의적 신분국가의 어떤 형태로 대치할 것을 진지하게 고려했던 정치집단의 창조물이자 후보였다. 이것이 파펜 자신의 정치적 구상들에 들어맞았다는 것은 그의 사후적 변명에 의해서뿐만 아니라 그의 동시대의 발언들과 행위들로부터도 분명해진다.[3]

그러한 상황에서 파펜은 이미 5월 30일 슐라이허의 제안에 찬성했고 자기 당과의 재협의만을 유보해두었다. 5월 31일 정오 그가 중앙당 당수인 카스를 방문한 사실을[4] 정치적 순진성으로 보든 의도된 전술로 보든 결과는, 파펜이 슈테거발트의 노조노선에 반대하는 카스의 우경화노선에 대한 그의 지지를 어느 정도 좋게 생각했을지라도, 결코 의심스러울 수 없었다. 더욱 특징적인 것은 파펜이 카스에게 중앙당이 동의하지도 않았고 또 의회의 상황으로 보아 당선전망이 전혀 없는 출마를 포기하겠다고 약속했으나, 불과 15분 뒤에 대통령의 애국심에 근

2) *Ibid.*

3) Eschenburg (주 VI/171), S. 153ff. 의 회고록 분석을 비교. 비판에 대해서는 Erich Eyck, "Papen als 'Historiker'", in: *Deutsch Rundschau* 78 (1952), S. 1224ff. 도 볼 것.

4) Papen (주 VI/35), S. 188f.

거한 호소와 개인적 감정에 이 약속을 희생시켰다는 사실이다. 그의 후원자들은 분명히 파펜의 공명심[5]과 다루기 쉬움을 어떤 상황에서든 계산에 넣을 수 있다고 믿었다. 하루 뒤에 전 내각이 이미 완성되어 공개될 수 있었다는 사실이 이러한 관계를 더욱 입증해주었다.

"민족적 반대파"를 통한 묵인도 보장된 것으로 보였기 때문에 당 지도자들과 힌덴부르크의 관례적인 접견[6]은 단지 형식적인 의미만 가졌다: 매우 약화된 의회적 정당국가는 새로운 실험을 통해 극복되어야 할 것이었다. 제국의회의 즉각적인 해산이 우익야당과의 협상이 오래 전에 허용한 저당물이었음에도 불구하고 힌덴부르크는 5월 30일 먼저 제국의회 의장인 뢰베와 제국의회 소집문제에 대해 이야기를 나누었는데 뢰베는 우익정부의 구성을 위해서도 합헌적인 길을 요구했다. 그 후 파펜은 사민당의 벨스와 브라이트샤이트를 접견하고 그들의 요구에 화난 목소리로 "그의" 정부[7]가 헌법을 준수할 것을 약속했다. 마지막으로 그는 히틀러와 괴링과 상세히 얘기를 나누었는데, 제국의회를 해산하고 돌격대 금지를 철회하라는 요구를 다시 한 번 확인하였다.[8]

---

5) 파펜은 브뤼닝의 차관인 퓐더에게 여러 차례 외교분야의 자리 하나를 달라고 부탁하였다. 그러나 퓐더는 이 "해결책"을 가지고 외무차관인 슈버트에게서 성공을 거두지 못했다: 1951년 10월 1일 가블렌츠와 퓐더의 대화.

6) 자세한 것은 Görlitz, *Hindenburg*(주 I/66), S. 373f.

7) Stampfer(주 I/4), S. 625. 사민당 원내교섭단체 지도부의 같은 시기의 회의에 대해서는 특히 뢰베의 힌덴부르크와의 회담을 상세하게 전하고 있는 Keil(주 I/3), II, S. 445ff. 의 메모를 비교할 것. 그후 마이스너는 처음에 그, 뢰베, 돌격대 금지, 동부지원 문제를 중요한 차별사안으로 기록했다. 힌덴부르크 알현에서도 마이스너는 대화를 주도했다: "힌덴부르크는 밀려난 인상을 주었다." 그는 여전히 "브뤼닝을 외무상으로 유지할 수 있기를" 기대했다. 어쨌든 마이스너는 우익 다수를 얻게 될 것이고 나치당은 장관직이 없이도 묵인할 준비가 되어 있다고 확언했다. 사람들은 수상으로 가일이 아니라, "베스타르프 혹은 비슷한 색채를 가졌거나 당에 매여 있지 않은 인물"을 생각했다.

5월 31일에는 중앙당의 대표들인 카스와 페를리티우스의 접견이 있었다. 그들은 중도해결에 대해 경고했고 우익정당들이 분명히 책임질 것을 요구했으며 어떠한 경우든 중앙당이 야당의 역할을 맡으리라고 선언했다. 뒤이어 후겐베르크와 뷘터펠트 그리고 딩엘다이가 왔는데, 이들은 독일민족인민당과 독일인민당이 "우익정부"에 제한적으로 협력할 것을 약속했는데 물론 히틀러의 신뢰성에 대해 심각한 염려를 표현하였다. 경제당, 바이에른인민당(BVP), 그리고 온건우파의 대표들이 결정권을 행사했는데 특히 베스타르프는 브뤼닝의 실각을 비난하였다.[9] 그러나 베스타르프의 기록 역시 마이스너조차도 새로운 노선을 이끌었던 이 접견들의 순수한 형식적 성격에 대해 거의 의심할 여지를 주지 않는데, "모든 것이 준비되어 있었기 때문"[10] 이었다.

과정들이 비밀로 둘러싸여 있었던 만큼, 마이스너는 "나치의 앞으로의 태도와 그들과 맺은 약속들에 관한" 모든 문제들을 "피해갔다."[11] 힌덴부르크가 5월 31일 오후 늦게 프란츠 폰 파펜을 접견했을 때 소문들과 취소성명의 장막은 찢어지고 마침내 새로운 상황을 환히 내다볼 수 있게 되었다. 상황은 보수진영에서 추측했던 것처럼 슐라이허의 과

---

8) Goebbels, *Kaiserhof*(주 V/13), S. 104는 힌덴부르크가 회담에서 제국의회의 해체와 돌격대 및 제복금지의 해제를 약속했다는 히틀러의 보고를 전하고 있다.

9) 그가 브뤼닝을 얼마나 소중히 생각하게 되었는가는 정부교체 전에 그가 쓴 논문에서 알 수 있다: Kuno Graf Westarp, "Die letzten hundert Meter vor dem Ziele", *Preussische Jahrbücher* 229(1932), S. 195ff.

10) Westarp, "Zu Brünings Rücktritt"(주 VI/59), S. 287. 브라이트샤이트도 그의 알현에 이어서 당파 앞에서 "힌덴부르크의 당 지도자들과의 대화는 코미디였다"고 밝혔다: Kell(주 I/3), II, S. 447.

11) Westarp, "Zu Brünings Rücktritt"(주 VI/59), S. 288. Goebbels, *Kaiserhof*(주 V/13), S. 104ff. 에 따르면 히틀러는 5월 31일에 파펜과 대화를 나누었는데 여기서 그의 요구들은 어느 정도 반대에 봉착했다. 그러나 6월 1일 상응하는 약속이 이미 존재했다.

도기 내각이 의도했던 대로가 아니었다.[12] 여전히 카스에게 자기의 거부를 약속한 후 잠깐 얘기를 나눈 뒤에 ― 이미 확고한 ― "민족적 집중의 정부"를 형성하라는 힌덴부르크의 위탁을 받아들인 파펜은 중앙당에서 이탈한 의원이며 프로이센 주 의회에서 베스트팔렌 농업귀족의 대변자였다: "중간정당들의 신임을 갖지 않은 사람은 아무것도 할 수 없을 것이다."[13] 어떤 총리도 이보다 더 졸속으로 입각하지는 않았는데, 오랫동안 고위관리로서 일했던 미하엘리스를 1917년 임명한 것조차도 이것과 비교될 수는 없다.[14]

급격한 입각에 대한 파펜의 묘사는 하루 전에 브뤼닝을 실각시킨 대통령궁의 개인적 취향에 맞춰진 분위기를 잘 말해준다.[15] 힌덴부르크는 후보자를 "언제나처럼 … 아버지와 같이 친절하게 환대했다: '자 친애하는 파펜 씨, 이 어려운 처지에서 나를 도와주겠소?'"라는 말로 이러한 상황에서도 힌덴부르크는 그 자신의 감정에 대해서만, 즉 "이 비상령들", 돌격대에 대한 일방적인 금지, 그리고 "내 편의 사람들인 우파들이 이 해방된 사람들을 나에 맞서게 만들었던 반면에" 좌파들은 자신을 선출한 것에 대한 반감에 대해서만 늘어놓았다. 그는 "마침내 한 번 정도는" "당들의 협상"에 의존하지 않고 그가 개인적으로 잘 아는 사람들로 내각을 구성하고 싶다는 것이었다. 파펜은 "노선전환의 필연성에 대한 내면 깊숙한 확신을 가지고" 그를 지원했다. 힌덴부르크가 중앙당의 반대에 대한 지적을 넘어서 그의 손을 잡으면서 "어르신"에 대한 "애국적 책임감"에 호소했을 때, "나는 마침내 내 주변에 정당들로부터 독립적인 사람들을 보고 싶다"는 간청에 파펜은 복종했

---

12) Hans Zehrer, "Der Entscheidung entgegen", in: *Die Tat* 24, Heft 3(Juni 1932), S. 198ff.

13) Papen(주 VI/35), S. 189f.

14) Ehrenburg(주 VI/171), S. 159 참고.

15) 이어서 나오는 장면을 위해서는 Papen(주 VI/35), S. 189f.

다. 힌덴부르크는 여기서 총리를 찾는 제국대통령이 아니라 그 자신을 “조국”과 일치시키고 보다 젊은 장교에게 그의 명령을 부과하는 육군 대원수였다: “조국이 부르면 프로이센에서는 오직 순종할 뿐이다!” 파펜의 반응은 국가를 군대와, 정치생활을 전장과, 책임감을 병영의 순종과 혼동한 이 연극에 딱 들어맞았다: “순종과 충성에 대한 이 부름에 나는 저항을 포기했다. 당의 규율보다 더 높은 이해관계가 있는가? 나는 대원수가 내민 손을 맞잡았다.”

이것은 공화국의 상태를 아주 잘 특징짓는 유별난 장면이었다. 파펜의 퇴장은 여기에 상응하였다. 즉, 슐라이허는 그의 후견인으로서 옆방에서 그를 기다렸으며 첫 번째 축하자였다.[16] 공화국 건설 이후 국가 내의 또 다른 국가로서 제국군대 지도부는 정치적 핵심지위들에 서서히 침투해 들어갔다; 그들은 공화국을 그들의 부속물로 전락시키고 이제 정치적 대중운동의 투표에 의한 영향력도 온전한 명령체계로써 길들일 수 있다고 믿었다. 이것이 “해결책”이었으며 이를 위해 정치적 측면에서 파펜을 위로 올려 보낸 것이었다. 그리고 이 환상이 결국 브뤼닝을 실각시키고 말았다. 그러나 위에는 대원수가 앉아 있었다. 그는 민주정당들의 지지표에 의해 막 다시 선출되었으나 바이마르공화국의 마지막 민주적 다수세력에 등을 돌리고 그를 선출하지 않은 “자기 사람들”에게로 넘어갔다.

슐라이허가 군대적 신속함과 정확성을 가지고 임명한 내각은[17] 놀라워하는 공중 앞에 하루 뒤에 소개되었다. 이것은 민주공화국으로 되돌아갈 모든 길을 어렵게 만들 대단히 위험한 비상대책이었거나, 새로운 어떤 것, 즉 나치당 독재를 중도에서 물리치고 “민족적 반대파”를 군주제적 성향의 관료적-봉건적 절대주의에 봉사하게 만들기 위해서

16) *Ibid.*

17) *Ibid.*, S. 192: “슐라이허는 이미 많은 인물들을 조사해두었으며 나로서는 단지 승인만 해줄 필요가 있었다. …”

"온건한" 독재를 목표로 하는 실험으로의 초민주주의적 이행이었다. 따라서 "민족운동은" 혁명적 용암으로 씻겨서 긍정적 성격을 발현하여, 선동적 모험가인 히틀러에게로 권력이 이동하게 하지 않으면서 바이마르의 간주곡을 무혈적으로 종식시킬 것으로 여겨졌다.

사실상 새로운 시대는 시작되었다.[18] 장관 명단은 바이마르공화국의 다른 어떤 내각보다도 더 많은 새로운 이름들을 보여주었다. 그들은 또한, "민족적 집중"의 연속성의 표시로서, "제3제국"에서는 수뇌부에서만 근본적인 변화들을 경험하게 될 것이었다. 반면에 파펜 내각의 8명 중 5명은 히틀러하에서도 계속 봉사했다. 동프로이센 영지소유자들의 이해관계를 위해 그렇게 열심히 성공적으로 일했던 가일 남작은 이미 6월 1일 저녁에 내무부장관에 임명되었다: 그가 민주주의적 질서들의 보호보다도 프로이센에서도 정부체제의 혁신을 가져오는 데에 더 관심을 갖고 있었다는 사실은 곧 프로이센 정부에 대한 그의 폭력행사에서 입증될 것이었다.[19] 힌덴부르크가 1929년부터 런던 대사관으로부터 정부로 "데려오고자" 시도했던[20] 노이라트 남작이 이제 새 정부를 위해서도 브뤼닝의 외정적 권위를 얻으려는 시도가 실패한 후에, 힌덴부르크의 강력한 소망에 따라 외무부로 소환되었다.[21] 디트

---

18) Kurt Reibnitz의 책(주 I/80)이 제공하는(특히 S. 129ff.) 정치적 장면들에 대한 동시대적인 요약을 참고하라. 새로운 전체 서술로서는 다음 책을 일컬을 수 있다: Z. R. Dittrich, *Hitler's weg naar de macht, Die Regering-Von Papen*, Utrecht 1951, S. 29ff.

19) 가일-올덴부르크-야누샤우-힌덴부르크 간의 교차관계에 대한 오늘날의 지식에 의하면 가일이 제국상원에서의 자신의 소개에서 "내가 정확히 1년 전부터 제국대통령을 보고 그에 대해 말하는 데 더 이상 즐거움이나 영광스러움을 느끼지 못했던 만큼 이러한 명성에 더욱 놀랐다…"고 확인했을 때, 이는 파펜-슐라이허 집단의 의식적인 전략에 특징적이었다(Schulthess, 1932, S. 102). 슐라이허의 브뤼닝의 실각에의 참여에 관한 그의 반복된 부인도 유사하게 평가될 수 있다.

20) *Nürnberger Dokumente*, Bd. XL, S. 464 참고.

리히의 자리는 샤흐트의 영향력이 작용하여[22] 지금까지의 재무성 국장인 슈베린 폰 그로직이 차지했는데, 그도 역시 힌덴부르크가 "호소한" 이후에야 입각했다.[23] 슐라이허 장군이 "그의" 내각에서 이제 그의 계획들을 적극적으로 촉진하기 위하여 막후에서 나와 국방상 자리를 차지했다. 법무성은 이미 1923/1924년 "히틀러 재판"에서 의문스러운 역할을 수행했던 바이에른의 독일민족주의적인 장수 법무부장관인 귀르트너가 차지했고, 체신교통부는 파펜의 친구이자 칼스루에 제국철도관리부장으로 있었던 폰 엘츠-뤼베나흐가 맡았다. 단 하나의 이름이 새롭지 않았는데, 봐름볼트가 다시 경제상이 되었다. 그는 시기적절하게 브뤼닝 내각을 떠나서 그의 실각에 연루되지 않았다. 괴르델러와의 협상이 실패한 후 슈테거발트의 자리가 비어 있었으며 처음에는 하필 대산업의 대변자인 동일한 봐름볼트에 의해 관리되었다는 것이 새 내각의 노조적대적인 면모를 특징적으로 보여주었다.[24] 파펜의

---

21) 힌덴부르크와 베스타르프 간의 회담(위 S. 287f. 비교)과 동시에 노이라트는 제국대통령으로부터 외무부를 맡아달라는 부탁을 두 번이나 받았다. 뉘른베르크에서의 발언에 따르면 힌덴부르크는 그로부터 긴급한 경우에 맡겠다는 약속을 받아냈다. 1932년 5월 31일에 힌덴부르크가 직접 런던으로 전보를 쳤고 노이라트와 파펜을 6월 2일의 규정에 동의하도록 움직였다. *Nuernberger Dokumente*, Bd. XL, S. 445~463의 전보와 그의 메시지들도 비교 참고. 영국 외무부의 동시대적 정보들도 비슷하다: Documents on British Foreign Policy(주 II/35), 2nd series, vol. III, S. 149ff.

22) Schacht, *76 Jahre*(주 I/9), S. 371 참고.

23) 1946년 7월 27일의 재정보증서에서 슈베린-크로지크는 그의 파펜 내각에의 등극이 힌덴부르크의 압력에 의한 것임을 밝혔다: Lutz Graf Schwerin-Krosigk, *Es geschah in Deutschland, Menschenbilder und Zeitkraefte unseres Jahrhunderts*, Tuebingen 1951, S. 142f. 폰 치체비츠-무트린 남작도 1951년 8월 4일에 가플렌츠 앞으로 보낸 편지에서 슈베린-크로지크가(치체비츠와 함께) 힌덴부르크에게 갔을 때만 해도 여전히 거절할 결심을 하고 있었음을 확인해준다: 치체비츠가 그토록 그를 말렸음에도 불구하고, "나중에는 일이 아주 달라졌다."

가장 가까운 직위에는 퓐더의 후임자[25]로서의 에르빈 플랑크(Erwin Planck)가, 8월부터는 제국대변인으로서의 마르크스 소령이,[26] 그리고 9월부터는 프로이센의 출판담당 국장으로서의 카를로비츠가 슐라이허의 측근들이 들어섰다.

비록 그 구성원들이 이제 외부와의 정당연관을 끊었다 하더라도 독일민족주의적인 성향이 거의 철저했던 파펜 정부의 형성과 형태는 민주적 정당들에게는 단지 거친 도발로만 느껴질 수 있었다. 거기에는 중간계급과 노동자층의 대표는 하나도 없었다: 이것은 분명히 공화국으로부터 빌헬름제국 시기의 귀족-관료적 정권으로[27] 그리고 경제적 권력집단들로의 후퇴를 입증했다. 좌파들의 신문은 명확한 근거를 가지고 "귀족내각", "반동적 집중의 내각"에 대한 신랄한 비판을 제기했던 반면에, 중간정당들의 반응 또한 결코 미약하지 않았다. 국가당은[28] 헌법정신에 거슬러 구성되었고, 극우정당들이 공식적으로 책임

24) 그후 6월 6일 제국보험관청의 장이며 과거 크룹사의 지배인이었던 후고 셰퍼가 노동성을 맡았다.

25) 퓐더 자신은 당시 활발한 장교였던 플랑크를 1923년 제크트에서 알게 되었고 관료로서 제국수상청으로 불러들였다(1951년 10월 1일 퓐더와 가블렌츠의 대화). 플랑크는 나중에 서면으로 브뤼닝에게 사과했고 그 후에 1944년 7월 20일에 희생되었다.

26) 이전에는 제국 국방부의 정보기관의 장이었다.

27) 오늘날도 파펜은(주 VI/35, S. 193) 그것에 대한 자부심을 감추지 않는다. "제국시대부터 어떤 정부도 그렇게 빨리 구성된 적이 없다. 그것은 슐라이허의 공로였다."

28) 특히 Gustav Stolper의 예리한 비판을 참고하라("Bilanz", in: *Der deutsche Volkswirt* 6, 1932, II, S. 1211f., 또한 Hermann Dietrich의 호소도 참고(*An die Freunde im Lande*, Berlin 1932, S. 1): "헌법상 비관할 세력들이 브뤼닝 정부를 몰락시켰고 제국의회의 해산을 초래했다. 파펜의 신정부가 자신의 반동적인 의지에 힘입어 독일에서 권력을 휘두를 생각을 했든지 권력을 선거 후에 민족사회주의자들에게 넘겨주고자 했든지 간에, 신정부는 어쨌든 히틀러의 도구이고 독일 민족과 제국에게 우리가 대통령 선거를 통

은 지지 않으려 하면서, 극우정당들의 지시만을 수행하는 내각을 단호하게 거부했다. 기독교 사회당 역시 분명히 거리를 두었고 적어도 나치당을 공식적으로 책임을 함께 지도록 요구했다. 독일민족인민당 역시 그들이 새 제국정부의 형성과 목표설정에 참여하지 않았으며 그것에 대해 아무런 연관도 가지고 있지 않다는 확신을 고집했다.[29]

우익 연정이나 혹은 "우익"이 묵인하는 대통령 정부의 어떤 진지한 시도에서도 특히 그들의 지지가 필요 불가결했던 중앙당은 이미 6월 1일 새 정부에 참여한 모든 당원들을 배제할 것을 선언했다.[30] 더 나아가,

---

해 몰아냈다고 믿었던 위험을 다시 불러일으켰다. 자신의 가장 내면의 본질에 의하면 인내심 없고 무능한 나치즘의 승리는 다르게 생각하는 이들에 대한 테러, 정치적 자유의 억압, 명백한 경제적 실험을 의미한다.

이제까지의 정부는 동부의 부채물을 분배하여 농민층의 토대를 넓히려는 그들의 의도에 속아 넘어갔다…. 전쟁배상으로부터의 해방을 위한 준비작업과 다음 겨울의 근심을 극복하기 위한 과제로부터 내각은 떨어져 나갔고, 그 대신에 얼마나 적은 이해와 공감능력으로써 정치를 펴는지가 이미 시작부터 드러나 보이는 귀족과 군대의 내각이 헌법상 이의가 없지 않은 방식으로 세워졌다. 가톨릭 후보인 폰 파펜으로 중앙당을 얽어매려는 생각은 실패로 드러났다. 프로이센 제국위원을 동원한 위협은 모든 남독일 주들로 하여금 단결하여 제국정부에 맞서도록 만들었다. 평안과 질서에 대해 책임을 느끼는 모든 독일 주들은 심한 우려 속에서 돌격대 금지의 해제문제에서의 히틀러에 대한 굴복을 이행했다."

29) 이에 대해서는 *Der Zeitspiegel* 1, Nr. 11(9. Juni 1932), S. 162ff. 에 있는 신문보도를 보라.

30) 파펜적 변론의 방향에서 특징적인 것이 중앙당으로부터 그가 탈당한 이야기인데, 그는 그의 탈당을 "그처럼 자주 적절하게 우리의 미래에 간섭하는 숙명"의 장난 탓으로 돌렸다. 파펜의 임명소식을 즉시 전화로 카스가 이끄는 중앙당 분파에게 전했던 무명인을 불신하면서, 파펜은 자신과 자신의 정치적 사업의 전망에 대해서는 어떤 추론도 이끌어내지 않고 "성급한 붕괴"의 원인을 찾았다. 그는 오늘날에도 여전히 카스와의 개인적인 대담을 통해서 ― 그가 자신의 변절을 너무 빨리 알게 되지 않았다면 ― 붕괴를 막을 수 있었을 것으로 간주한다. 즉, 이 경우에도 자신의 실패에 대해 다른 사람들이

원내교섭단체의 한 극히 예리한 결의에서는 브뤼닝 실각 때까지의 "몇 달간 지속된 통제불가능한 몰아붙이기식의 체계," 외정적 성공의 순간에 "무책임한 사람들의 경거망동한 음모," 그리고 정치적 실험을 통한 내정적 및 외정적 연속성에 대한 위협을 비난했다.31) 이러한 비판자들은 부정적인 "민족적 반대파"의 개념을 긍정적으로 바꿈으로써 이를 보수적-복고적 목표들에 유연하게 만들려는 부질없는 시도였던 "민족적 집중"을 생성과 형태 면에서 의회적 정부실천으로 돌아갈 수 있는 모든 교량들을 종국적으로 끊었음에도 불구하고 기존의 야당을 책임감 있는 협력자로 끌어들이지 못했던 불운한 임시방편으로 여겨졌다.

파펜이 그의 구정당에 보낸 작별의 편지는 "민족의 갱생을 위한 모든 노력의 전제로서 우리 기독교적 세계관의 불변의 원칙을 무차별적으로〔!〕 적용하는 것이" 중앙당에게와 마찬가지로 그에게도 가장 중요하다는 확언으로 가득 차 있었다. 더 나아가 그는 그들이 — 어느 진영에서 오건 간에 — "당인이 아니라 독일인으로서의 모든 진정한 민족적 세력들의 종합"32) 을 위해 노력했다. 이것이 "신국가"의 목소리였으며 바로 소규모 의사보수주의적 이론가들은 여기서 이제 한편으로는 깊이 불안감을 느끼고 다른 한편으로는 매우 실망한 공중의 압도적인 불만 표명의 한가운데에서 유토피아적 노력을 통하여 그들에게 처음부터 완전히 결여되었던 정신적 기반과 긍정적 권위를 주고자 시도했다.

책임지게 만들고 6월 2일의 자신의 탈당 전에 6월 1일의 당이사회의 축출선고 이전에 이루어졌다는 사실에 대해서는 침묵한다: Papen(주 VI/35), S. 190f.

31) Georg Schreiber, *Brüning, Hitler, Schleicher, Das Zentrum in der Opposition*, Koeln 1932, S. 22f. 에 수록되어 있음. 이 문서는 새로운 중앙당 노선의 가장 중요한 강령적 기초이다.

32) *Ibid.*, S. 17ff. 는 민족적 "합명제"(*Synthese*) 라는 개념을 중도와 좌익세력을 모두 제외시킨 파펜적 해법으로 제한하는 것을 특히 신랄하게 비판했던 카스의 1932년 6월 3일의 답변을 담고 있다.

2. "신국가"의 이데올로기

파펜적인 "신국가"의 이론가들은 귀족적인 베를린 귀족클럽에 모여들었다. 하인리히 폰 글라이헨(Heinrich v. Gleichen)의 이 정치적 토론 및 — 특히 — 연결장소에는 파펜 외에도 폰 브라운과 폰 가일이 가입해 있었으며 슐라이허와 슈베린-크로직이 자주 손님으로 참석하였다.[33] 슐라이허가 기존 권력구조의 틀 내에서 나치당을 길들이기 위해 노력했던 반면에, 파펜 주위의 사람들은 근본적인 개혁, 곧 권위주의적 국가의 창출을 위해 그러한 조치들을 이용하고자 애썼다.[34] 사람들은 여기서 2년 전에 브뤼닝의 첫 번째 비의회적인 대통령정부로의 길을 축하했었다.[35] 브뤼닝이 실망스럽게도 민주적인 정당들로부터 관용된 비상령 정부를 견지하고 의회에 맞서는 모든 다른 실험들을 포기한 후 이제 모든 영향력을 가지고 새로운 실험에 봉사했다. 사람들은 그로부터 의회민주주의 공화국을 초당적-권위주의적 개인적 정권으로 바꾸고 민주주의적 평등의 원칙을 "유기적으로" 계서화된 질서라는 이상으로 대치시키고, 의회에 책임을 지는 정부 대신 "스스로 책임

---

33) 귀족클럽에 대해서는 위 S. 314f. 및 Reibnitz(주 I/81), S. 202ff. 참고.

34) Eschenburg(주 VI/171), S. 161. 그에 반해 "행위서클"의 마찬가지로 허황된 초안은 그들의 파펜적대적인 뉘앙스를 발전시켰다. Hans Zehrer, "Der Umbau des Staates", in: *Die Tat*, Sonderdruck zu dem Septemberheft 1932, S. 433～476.

35) 파펜의 이데올로기적 조언자로 특히 (후만과 페헬의 소개로) 에드가 J. 융(위 주 II/86 참고)이 들어섰는데, 그는 1934년 6월 30일에 희생되고 거기서 파펜에게 버림을 받기 전인 1934년에만 해도 파펜의 유명한 마부르크 연설을 작성했다. 이러한 맥락에 대해서는 Rudolf Pechel, "Die Wahrheit in der Sackgasse", in: *Deutsche Rundschau* 78(1952), S. 1232ff.; 같은 이, *Deutscher Widerstand*(주 IV/95), S. 75ff. 을 볼 것.

을 지는" 제국대통령(당연히 힌덴부르크)을 통한 권위주의적 지도부와 그의 신임만을 가진 정부에 전권을 맡기는 철저한 국가개혁을 기대했다. 의회주의뿐만 아니라 전체주의적 독재[36]를 넘어서 "권위주의적인 기반을 가진 당국"이라는 "제 3의 전선"의 실현을 앞두고 있다고 그들은 믿었다.

보수적인 출판인인 발터 쇼테(Walter Schotte)의 1932년 가을 출간된 책은 파펜 내각에서 독재로의 이행기 정부나 배타적인 복고실험이 아니라 "근본적으로 새로운 것"을 위한 시도였다.[37] 《프로이센연감》의 구발행자이자 귀족클럽 기관지인 〈데어 링〉(*Der Ring*)의 지도부의 일원인 쇼테는 여기서 "신국가"의 강령을 발전시켰으며 이것은 파펜의 서문을 통해 정당화되었다. 파펜에 따르면 이 책의 공식적 지향은 그 이름들만으로도 "초당적인 전문가들의 보수적 강령"을 대변하는 정치가들과의 대화를 게재함으로써 더욱 강조되었다.[38] 이미 여기서 슐라이허는 이 강령을 한 번도 진지하게 받아들인 적이 없으며 결정적인 순간에는 그로부터 분명히 거리를 두었다는 것이 강조되기는 해야 하지만,[39] 그래도 그는 여전히 파펜과 그의 이데올로그들을 이용할 수

---

36) "행위서클"에게는 이것이 이미 브뤼닝 시기의 핵심이었다. Hans Zehrer, "Die dritte Front", in: *Die Tat* 24, Heft 2(Mail 1932), S. 100: "오늘의 정부는 … 권위주의적 기초를 가진 당국의 지속적인 미래의 성격들이 이미 그 속에서 지배적일 정도로 내적으로 독일인의 성격에 상응한다. 우리는 이제 투표용지와 구정당들과 구의회로 돌아가지 않을 것이다 … 우리는 브뤼닝을 압박한 길로 계속 전진할 것이다. 독일은 지금까지 의회주의나 독재의 서방적이고 로마적인 정부형태를 벗어난 비자유주의적이고 권위주의적인 정부형태로 나아가고 있다."

37) Walter Schotte, *Der neue Staat*, Berlin 1932. 이 책은 그 이데올로기적인 부분들에서 특히 Moeller van den Bruck의 영향을 받고 있다.

38) Papen(주 VI/35), S. 187.

39) 아래 S. 215ff. 참고. 또한 Eschenburg(주 VI/171), S. 161ff. 도 참고. "새로운" 권위주의적 국가에 대한 이데올로기의 비판을 위해서는 Samuel

있다고 믿었다.

그들의 테제는 파펜정부가 더 이상 대통령정부가 아니라 "권위주의적 정부", "힌덴부르크정부"로서 이해되어야 한다는 것이다. 이를 통해 그것은 "정당정치적으로 아직 자유롭지 못했던" 브뤼닝시기와 대조되는 "근본적으로 새로운 것"으로서 경계지어진다. 이것은 비록 아직 확고한 것은 아니지만 "정당들로부터 자유로운 정부라는 사상"을 실현한다. 그것은 따라서 "옛 국가의 정당들에 맞서서"뿐만 아니라 "신국가를 위해서 … 이 국가에 맞서서" 투쟁한다. 그것은 "국가권위를 통해서만" 존재하며 "그 자신의 권력(*potestas*)에 대한 책임감에서 행동한다. … 즉, 행동하는 사람들의 의지로부터만 나오는 이 신국가는 스스로 자신을 설명해야 하는 것이다."[40] 이처럼 파펜의 호소문에서는 "신국가"가 "19세기의 자유주의적 국가에 대한 반박"으로서 이미 1914년에 개시되었으나, "전투세대의 국가의지로부터 국가를 형성할 수 있는 모든 가능성을 일단" 봉쇄시켰던 1918/1919년의 파국상황에서 "제 3제국을 꿈꾸는 낭만주의"로 다시금 도피했던 것으로 보고 있다. 바이마르공화국에 대한 파펜의 거부는 "자기책임적인 정부"에서 드디어 그 실현을 찾는 "신국가의지"의 선언과 결합된 것이었다.[41] 헌법은 아직 인정받고 있기는 했지만 단지 "국가지도부의 근본적으로 새로운 방향"의 틀로서만 그렇다.[42]

이 이데올로기로부터 그 호언장담하는 부가물을 벗겨내면 1925년

Saenger, "Autoritaere Staatsfuehrung", *Die neue Runschau* 43(1932), S. 553ff.

40) Schotte(주 VII/37), S. 15~18.

41) *Ibid.*, 파펜의 서문, S. 5; Buchheit(주 VI/175), S. 77ff. 참고.

42) 파펜은 베를린에 있는 독일농업의회의 한 상설회의에서도(6월 11일) "신정부의 수립은 통례적인 의회 내각의 교체와는 무관하고, 여기서 중요한 것은 당연히 제국헌법의 틀 내에서의 국가경영의 기본적으로 새로운 방향을 증명하는 것"이라고 강조했다: Schulthess, 1932, S. 105.

힌덴부르크의 당선에서부터 기대되었던 헌법개혁을 마침내 실현시키려는 파펜의 의도가 남는다. 안정화의 시기는 기회를 감소시켰으나 이제 기회가, 아마도 마지막 기회가 온 것으로 보였다. 왜냐하면 힌덴부르크가 살아있을 때 그리고 위기의 징후 속에서만 복고계획은 성공할 승산이 있었다.[43] 그 핵심은 의회민주주의에 대한 칼 슈미트의 비판에 의거하여 "입헌적인 〔즉, 영향력이 없을 정도로까지 제한된〕 의회주의"[44]를 통해 다원주의적 이해관계 지배를 목표로 한 국가질서의 정치적·헌법적 기본특징들이 형성했다. "대통령 중심의 권위주의적" 국가[45]에 대한 요구는 — 파펜정부의 상황에 직면해서 볼 때 이해가능한 — 바이마르 헌법 제 54조에 대한 공격을 의미했는데, 이에 따르면 정부는 제국의회의 신임을 필요로 했고 불신임 표결의 경우에 물러나야 했다. 이것은 본질적으로 군주적 반(半) 절대주의로의 후퇴를 의미했다. 즉, 의회의 통제에 아주 제한적으로만 노출된 국가수반은 내각을 자신의 "초당적인" 통찰력으로 선택해야 하고 그런 식으로 정부를 모든 당파적 이해관계들로부터 독립적으로 만들어야 할 것이었다.

이 구상은[46] 현실성을 얻자마자 사람들이 겨우 이틀 만에 제국대통령과 특정한 인물들에 대한 그의 신임에 의해 지탱된 정부구성을 처음으로 경험함으로써 마침내 매우 약화된 정당들과 정부구성의 이익정치

---

43) Eschenburg (주 VI/171), S. 161 참고.

44) Schotte (주 VII/37), 가일과의 대화, S. 21.

45) *Ibid.*, S. 33.

46) Fritz Hirschner, *Köpfe der Zeit*, Königsberg 1932, S. 51ff. 는 1916/1918년에 힌덴부르크하의 AOK의 행정수장으로서의 폰 가일의 작용을 암시하며 이렇게 말했다. 동시대 정치인, 장군들, 경제인들의 이러한 인물묘사 수집에서 폰 가일의 활동은 "민족적 결집이라는 사상"하에 있다. 그러나 "동프로이센의 충실한 에카르트"는 그의 원수에 대한 연계성 외에도 그사이에 브뤼닝의 이주정책사상에 대한 결연한 이익정책적 반대 역시 여실히 증명해주었다: 위 S. 384ff. 비교.

적인 "추악한 거래"를 배제했다는 믿음을 통해서 보완되었다. 이것이 새로운 양식의 대통령 정부라는 아이디어였다: "… 그 선출에서 정당들에 대해서는 전혀 고려되지 않았다."[47] 이것이 현실, 특히 "민족적 반대파"와의 협상에 별로 상응하지 않았지만 그것은 파펜정부가 그 과도기적 성격을 이데올로기적으로 감추려고 심히 노심초사했다는 사실을 잘 보여준다. 이 이론가들에게는 "파펜이 제국 회생의 대변인"[48] 이었는데 그들이 "이 정부구성의 원리가 처음부터 의회민주주의적이고 정당정치적인 국가에 대립적인 다른 것"[49] 이라는 점을 놀라울 정도로 강하게 강조했다면 그들은 정치적 운동단위들로서의 정당들이며 동맹들 그리고 노동조합들의 실질적 존속을 분명히 의식하고 있었다[50] ; 그들은 기껏해야 슐라이허의 길들이기 전략에 따라 "우리의 선거법의 부자연스런 강제를 통해서만 정당정치적-의회적 민주주의의 틀 내에서 정당으로 변질될 수 있었던"[51] 민족주의의 한 운동으로서 나치당을 흡수할 수 있을 것으로 희망했다. 그러나 "신국가"에서 정당들은 "3개, 많아야 4개의 세력중심"으로 제한되어야 했다. 그들은 더 이상 직접적으로 정부의 지탱자로서 기능해서는 안 되며 정부에 대한 그들의 "통찰력"에 힘입어 "스스로 결정하는 진정한 국가기술"(!)[52] 에 시간과 공간을 주어야 할 것이었다.

물론 그러한 정당들의 과제가 거의 부정적으로 표현되었던 만큼, 민주주의와 전체주의적 독재 사이에서 선언된 해결책을 위한 실질적인 시도들은 빈약했다.[53] 나치 대중운동과 관련하여 다수대표제의 위험

---

47) Schotte(주 VII/37), S. 26.

48) *Ibid.*, S. 35.

49) *Ibid.* 6월 11일 파펜의 연설을 참고: Schulthess, 1932, S. 105f.

50) Schotte(주 VII/37), S. 135. 젤테와 휠터만의 설명들.

51) *Ibid.*, S. 26f.

52) Buchheit(주 VI/175), S. 63.

53) 여기에 특징적인 것이 체러의 복잡한 생각들이다(Zehrer, "Die dritte

성도 분명히 주지되었지만, 선거법의 개정이 회자(膾炙)되었다. 즉, 쇼테-파펜이 이해관계의 분열을 정치적 수준으로 전가한다고 보았던 비례대표선거제 대신에 헌법개혁의 과정에서 상대적 다수대표제가 한 선거구에서의 이해관계, 집단과 계급의 통합을 진정한 정치적 행위를 통해 보장해야 할 것이었다.[54] 여기서 연방주의적이고 신분적인 제국 전통이 강조되었으며 그에 덧붙여 국가형태의 문제에 대해 이것은 중요한 세계관적인 관심사이지만 아직은 정치적으로 논의할 만한 것이 아니라는 조심스러운 확신에 따라 답변되었다.[55] 파펜의 견해에 따르면 "신국가"가 확고해졌을 때 비로소 군주정의 재건을 위한 단계들을 진행할 수 있을 것이다: "나의 친구들과 나는—총리는 내게 말했다—결코 우리가 내면적 확신에서 군주주의자라는 것을 숨긴 적이 없다."[56] 그러나 파펜이 이러한 입장표명을 가지고 당시 프로이센에 대한 그의 조치와 바이에른에 대한 우호적인 태도가 초래한 더 이상의 소문들을 부인했다는 점이 간과되어서는 안 되었다. 이 정부는 공화국에 대한 충성으로부터 단호히 등을 돌렸다.[57]

"신국가"의 면모가 부정적인 비판에 빠져 있는 측들과 뚜렷이 구분되는 것처럼 보였던 만큼, 그에 비해 긍정적인 계획안들은 이데올로기

Front", 주 VII/36, S. 97).

54) Schotte(주 VII/37), S. 57; Papen(주 VI/35), S. 183f.

55) 파펜이 7월 29일 *United Press*와 행한 조심스러운 인터뷰를 참고하라: "우리는 훨씬 더 중요한 다른 문제들을 해결해야 한다. 독일의 지배적인 전체 분위기는 오늘날 이 문제를 토론으로부터 배제한다. 이로써 나는 누구나가 자기 의견을 가질 권리를 가지고 있지는 않다는 것을 말하려는 것은 아니다. 예컨대 나는 내 평생 군주주의자였다…"(Schulthess, 1932, S. 133에서 인용).

56) Schotte(주 VII/37), S. 37f.

57) 가일은 8월 11일 공화국의 헌법축제에서 행한 연설에서 바이마르헌법이 독일인을 통일하는 것이 아니라 분열시키며 이 축제는 따라서 조용한 성찰을 요구할 수 있다는 것이다. 헌법은 출발점을 형성하지만 변경이 필요하다는 것이다(Schulthess, 1932, S. 139).

적으로 모호했다. 국가개혁과 "정당정치적 사고와 이론의 족쇄들로부터 지도층의 해방"[58]이 일반적인 이상으로 제시되었다. 그러나 그것이 무엇을 이해해야 할 것인가는 어디서도 실제적인 형태로 나타나지 않았다. 대통령 권력의 강화: 그러나 단지 대통령의 신임에 의해 지탱되는 정부에 대한 그들의 영향력의 감소를 감수하는[59] 동시에 "민족의 새로운 통일적인 의지형성"에 복종하게 되어 있는[60] 정당들과의 "내적인 의사소통"이 언급되었다.

상원을 "초빙원리로부터 도출하도록 되어 있는" 보다 안정적인 양원제의 설치: 그러나 가일의 계획에 따르면 의회의 불신임 표결권을 제한할 이 제도의 "기술적" 세부사항들은 상론되지 않았다.[61]

신비주의적 성향의 귀족적 제국사상인 "신성제국"에서 독일의 연방주의적 그리고 중앙집권적 성향들과 욕구들의 상호상쇄[62]: 그러나 제국개혁에 대한 입장표명은 비스마르크적 모델을 따른 제국과 프로이센 사이의 인적 동맹과 "형식적-기계적"으로 조직화된 의회적 주 정부들을 신분적인 자치행정으로 대치하고 지방적 민주주의를 "지도자 원칙"(*Führer Prinzip*)을 통해 대치하는 것을 목표로 한 암시단계에 머물러 있었다.[63]

"의회체제의 급진주의"에 맞선 조치들: 그러나 "신국가"의 이론가들 역시 대중민주주의의 승리행진 이후에 비스마르크의 평형추로 — 제후들과 도시들 — 더 이상 되돌아갈 수 없었다.[64]

지배적 소수가 "자연도태" 원리의 의미에서 무조건적 권위를 요구해

58) 6월 11일 독일농업가협회에서 파펜의 연설: *Ibid.*, S. 105.
59) Schotte(주 VII/37), S. 45ff.
60) 6월 11일 파펜의 연설: Schulthess, 1932, S. 106.
61) Schotte(주 VII/37), 가일의 설명, S. 48f.
62) Buchheit(주 VI/175), S. 110ff.
63) Schotte(주 VII/37), 파펜의 설명, S. 53f.; S. 72ff. 참고.
64) *Ibid.*, S. 54f.

도 되는 "반자유주의적이고", 보수주의적-귀족적인 신분국가의 재건[65]: 그러나 이해관계의 다원주의는 거기서 새로운 집합장을 창출할 것이며, 분화의 증가와 상이한 비중 속에서 신분의 규정과 경계는 이론적으로도 결코 해결할 수 없는 문제를 의미할 것이다.[66]

직접선거권을 간접선거권으로, 보편선거권을 제한선거권으로 대치함으로써 다수대표제의 도입을 넘어선 선거법의 개혁: 그러나 "정치적으로 성숙한 세대로의" 제한과 "정치적 성취의 정도에 따른" 분화는 "작은 유기적 선거구"를 창출했지만 민주주의 이전 양식의 다원적 선거권에 대한 씁쓸한 기억을 일깨웠으며 가일의 견해에 따르면 "현혹된 대중의 우상, 곧 영광스러운 민주주의였던" 정의감을 너무나 냉혹하게 훼손하였다.[67]

주된 사상은 여전히 의회주의의 무력화였다: 중요한 사안들에서는 국민투표라는 직접적 결정을 통하여, 그러나 현안들에서는 의회를 통제하고, 정부의 연속성을 위협하는 "과잉을" 조정하고, 제국의회가 기능하지 않을 경우 지금까지 유일한 교정수단인 헌법 제 48조의 적용을 불필요하게 만들어야 할 제 2원을 통하여 그렇게 무력화할 것이었다.[68] 그것은 상원(*Oberhaus* 혹은 *Herrenhaus*)으로서 국민대표와 정부

65) Buchheit(주 VI/175), S. 95ff. 신분이데올로기와 보수적 사상 사이의 사회학적 상호관계를 위해서는 Karl Mannheim, "Das konservative Denken", in: *Archiv fuer Sozialwissenschaft und Sozialpolitik* 57(1927), Heft 1와 2.

66) Schotte(주 VII/37), S. 55f.

67) 이 냉소적인 언급과 함께 보편선거권에 대한 의사민주주의적 대체로서 모든 미성숙한 사람들의 선거권을 아버지나 후견인이나 남편이 대신할 것이 요구되었다. 이들은 이렇게 해서 선거행위에서 그들의 "보다 높은 정도의 이해관계와 동시에 책임감을" 실현시키고 "가족이라는 요새"를 표현할 수 있다는 것이다: *Ibid.*, S. 57~62, 여기에는 폰 가일의 설명도 있다. 8월 11일 헌법경축행사에서 그의 연설을 참고하라: Schulthess, 1932, S. 139와 S. 553; S. 576f. 참고.

68) 이렇게 10월 12일의 연설에서 파펜이 제시. 여기서 그는 심지어 이 새로운

사이에 서서 인민선거에 의존하지 않으면서 의회권한을 가질 것이다. 국가수반에 의한 종신직에의 임명으로 그 의원들은 독립성을 보장받고, 이로써 — 파펜의 설명에 따르면 — "한편으로는 정부의 내적 독립성과 다른 한편으로는 의회주의의 도덕적 안정성"을 보장받게 될 것이다.[69] 이렇게 "피선된 사람들의 의회와 임명된 사람들의 의회는" 의회적 수준에서 서로 보완적으로 활동할 것이다.[70] 그러한 계획들을 합리적으로 수행하는 "기술적인 문제"는[71] 그러나 여기서도 큰 몸동작과 함께 옆으로 밀려났다.

외정우위를 지향한 다른 모든 강령조항들은 — 군사적 및 외정적 평등권, 동부국경의 수정, 유럽에서 독일의 "지도자적 사명" — 독일민족적인 강령과 일치하였다[72]: 그러나 나치의 지배요구에 대한 의도적인 거리두기는 "신국가"의 구조를 결정하도록 되어 있었던 지도자 이데올로기의 구체적인 정치적 내용에 대한 해석만큼이나 마찬가지로 불명확하게 남았다.

"신국가"의 이익정치적 방향의 이해를 위해 더 중요한 것은 경제이데올로기이다. 특히 자유주의에 대한 전통적이고 보수적인 관점에서 경제보다 국가의 우위가 선언되었으며 "국가가 경제의 운명을 결정하며 결정해야 한다"는 것이 강조되었다. "국가자본주의를 거쳐 국가사회주의로"의 두려운 발전에 대해 사람들은 즉시 자유롭고 자본주의적인 사경제에 대한 요구를 대립시켜서, 즉 "민족적 계획경제"[73]에 대한

수준을 "제 1원"이라고까지 불렀다: Schulthess, 1932, S. 179.

69) Schotte(주 VII/37), 파펜의 설명, S. 68ff.

70) *Ibid.*, S. 135.

71) 파펜 이데올로그인 부후하이트를 통한 개혁사상의 요약적 설명도 참고하라 (Buchheit, 주 VI/175), S. 45ff. 참고.

72) Schotte(주 VII/37), 슐라이허의 설명, S. 81ff.; 노이라트의 설명, S. 86f.

73) Ernst Wilhelm Eschmann, "Nationale Planwirtschaft: Grundzuege", in: *Die Tat* 24, Heft 3(Juni 1932), S. 225ff.

청년 보수주의적인 요구를 피해갔고 이로써 동시에, 농업의 보호요구들에 대한 모든 부응에도 불구하고, 자급자족적(*Autarkie*) 경제사상을 수정했다.[74] 복지국가의 축소,[75] "혁명 이후 사회주의적 의미에서의 국가에 의한 임금규제"를 거쳐 "자본주의, 사유경제, 각 개인의 자유로운 주도권"으로의 회귀는 그러나 자유주의의 르네상스가 아니라, 그로부터 "자유로운 행동의 한계가 스스로 드러나는,"[76] 보수주의적 의미에서 "개인이며 … 국가의 책임"으로 인도되어야 할 것이었다. 여기서도 대립적인 개념들을 거리낌 없이 결합시켜 문제를 해결한다고 주장하며 모든 어려움들과 모순들을 가볍게 무시하는[77] 모호한 이데올로기적 진술들이 구체적인 이익정치적 연관을 덮어버렸다. 그것들은

---

74) Schotte(주 VII/37), 파펜의 설명, S. 94ff.; 루터의 설명, S. 106ff.; 브라운의 설명, 90ff.: 슈베린-크로직 백작부인의 설명, S. 103f., 그리고 "녹색전선"과 칼크로이트 백작의 설명 등. 독일 농업위원회에서 6월 11일 폰 브라운의 연설을 참고: Schulthess, 1932, S. 106f.; 뮌헨에서 10월 12일 바이에른 산업가연맹에서 파펜이 행한 연설: *Ibid.*, 176f. 그에 반해 "행동서클"의 보수주의는 엄격한 자급자족적 경제 요구를 고집했다: 이렇게 Ferdinand Fried, "Der Übergang zur Autarkie", *Die Zeit* 24, Heft 2(Mai 1932), S. 120ff.; ders., Autarkie, Jena 1932; Fried에 대한 예리한 비판도 참고하라: Wilhelm Roepke, "Autarkie -ein abgenutztes Schlagwort", in: *Der deutsche Volkswirt* 7(1932/33), II, S. 437ff.

75) 이렇게 파펜이 10월 12일의 언급된 연설에서(Schulthess, 1932, S. 178), 여기서 그는 하지만 교묘한 심리적 전환 속에서 "복지국가"라는 개념을 "부양국가"라는 개념을 통해 대치하려고 한다. 이데올로기적으로 과장된 책에서 보다 분명하게: Alfred Hugenberg, *Die soziale Frage in Deutschland*, Berlin 1932. "꾀병쟁이들을 게으르게 만드는 이 구호를 재정지원하는" 지금까지의 사회정책에 대한 강한 비판은 놀랍다. 실업자 대중이 대규모의 궁핍을 당하는 순간에 이러한 언급을 하다니!

76) Schotte(주 VII/37), S. 97; 6월 11일 파펜의 연설: Schulthess, 1932, S. 106.

77) Papen(주 VI/35), S. 237도 참고하라: "우리가 자유경제의 가장 근본적인 원칙들 중의 하나를 재건하려고 시도한 것은 큰 장점이었다: 노동자들이 손상을 받지 않도록 배려하면서 자유로운 임금책정의 원칙을 말이다."(!)

보수주의 사상을 불확정 선언들로 해체했으며 — 전적으로 자유주의적 의미에서 — "저절로" 수행되어야 할 과정에 대한 모든 정확한 규정을 포기했다. 임금협상과 분쟁조정이 문제가 되었으며 정치적으로는 우선적으로 정부구성과 입법으로부터 사민당을 배제하는 것이 문제였다. 이것은 그 뒤 파펜으로 하여금 — 산업과 농업의 이익정치와 조화를 이루어 — 프로이센에서의 쿠데타로 나아가게 만들었다.[78]

그 밖에도 "신국가"의 전체 이데올로기는 위기의 최저점이 극복되었고 채무부담의 청산이 현저히 진전하고 따라서 브뤼닝식 긴축정책이 경제와 고용창출을 부추기기 위한 정책들을 통해서 그리고 "사회주의적" 실업보험[79]의 폐지를 통해서도 완화될 수 있다는 통찰에 의거한 것이었다. "신임"에 대한 호소와 함께 정부는 1932년 9월 나치의 진전을 막을 뿐만 아니라 위협적인 일당독재에 맞서 그 정치적 기반을 안정시키려는 "12개월 계획"[80]을 시작했다. 왜냐하면 이것은 오로지 "권위주의적 국가, 우리의 위대한 역사적 전통의 국가", 사회를 그 "신분적 기초로" 환원시키고 "이른바 혁명의 업적들을" 제거하는 국가만이 할 수 있었기 때문이다.[81]

---

78) 아래 제 8장 참고; Eschenburg(주 VI/171), S. 161f.

79) Schotte(주 VII/37), S. 153ff. 여기서 바로 "전환"을 보는 그로트코프(주 I/12, S. 73ff.)를 중심으로 한 팽창주의적 이론가들의 서클에서의 파펜의 경제노선에 대한 평가도 낙관적이다.

80) 아래 S. 160 참고; 이에 대한 비판으로는 Ferdinand Fried, "*Das Papen-Programm ist keine Tat*", *Die Tat* 24, Heft 7(Oktober 1932), S. 606ff.

81) 쇼테(주 VII/37, S. 110~124)는 폰 파펜의 강령적인 선언들을 가지고 있다. 이 복고적인 시대에 유명한 데사우의 바우하우스가 문을 닫았다는 사실은 물론 파펜 때문이 아니라 편협한 지방자치 정책 탓이었다. 아무튼 이 반동적인 사건은 일반적인 탈자유주의화의 특징을 지닌다. 진보적인 미술학파의 유지를 단지 시장과 공산주의자들만이 지지했을 뿐이다. 이에 대해서는; Hans Pflug, "Der Fall Bauhau", *Die Tat* 24, Heft 7(Oktober 1932), S. 572ff. 참고.

"신국가"의 이데올로기는 마지막으로 새로운 권위관계의 선언에서 정점에 이르렀다. 군주제적 이데올로기에 의식적으로 접목하여 나치의 지도자 개념에 맞서 "혁명적-보수적"[82] 지배개념이 제기되었는데 이에 따르면 국가의 "지배자"로서의 힌덴부르크가 부분적 운동의 "지도자"로서의 히틀러보다 우위에 놓여졌다. 그 때문에 포괄적인 헌법개혁을 통해서 "정당들과 사회세력들의 놀이 공으로서 이리저리 차이지 않고 그 위에 확고부동하게 서 있는 강력하고 초당적인 국가권력을 창출해야 하는 것이었다."[83] 이 질서는 "지배의 헌법적 생존조건들"로부터가 아니라 정신적-도덕적 조건들로부터 그 정당성의 기반을 얻었다. 그것은 "결코 협상대상이 아니며" 제한되어서는 안 되었고 "신에 대해서만 책임을 지므로 본질적으로 절대적이었다": "지도자는 초자연적으로 정당화'되어지는' 반면 지배자는 그렇게 '되어 있으며'"[84] — 민주적 선거과정의 너머에서 — 상원의 구성원들을 임명한다. 왜냐하면 "신국가"의 형성은 신이 보낸 인물인 힌덴부르크로부터 발전되었기 때문이다.[85]

---

82) Buchheit(주 VI/175), S. 6.

83) 10월 12일 파펜의 연설: Schulthess, 1932, S. 178f. (강조는 원문을 따름).

84) Schotte(주 VII/37), S. 128~133. 칼 슈미트의 영향을 강하게 받은 "타트 크리아스"의 대통령적 권위개념이, 그 밖의 모든 점들에서 상이하지만, 이에 상응한다. 특히 Hans Zehrer, "Revolution oder Restauration", in: *Die Tat* 24, Heft 5(August 1932), S. 353ff. 파펜과의 차이는 하지만 "역동적인" 정부에 대한 요구와 군주적-정통주의적 보고정책의 거부에 있었다(S. 365ff.): "파펜 내각은 … 옛 현실의 대변이다 …. 그것이 7월 31일 이후에는 사라지는 것이 절대 필요하다"(S. 391). 여기에 장군의 언론 대리인에게 이미 1932년 12월의 슐라이허 계획이 시작된다. 아래 주 X/83 참고.

85) "천 년마다 한 번 영웅, 위대하고 원시적이고 단순한 인간, 모든 구속을 떨쳐버리고 그래도 고귀하고 이해심 있고, 도움을 주는 영웅; 강하면서도 부드럽고, 진지한 인물, 강한 책임감과 마지막 신뢰의 담지자, 인민이 원하건 원치 않건 믿어야 할 사람. 그가 힌덴부르크이다." Schotte(주 VII/37, S. 161). 전체주의적 지배를 거의 종교적인 배타성을 근거로 "보다 온건한 권위주의적 실험들로부터 — 여기에 구리안은 무솔리니의 파시즘도 포함시킨

전 독일주의적으로(*alldeutsch*) 각인된[86] "보수적" 독재를 위해 나치의 지배요구에 반대한 이 형이상학적 거부는 물론 파펜-이데올로기의 모든 긍정적 구상들처럼 추상적이면서 문학적으로 표현되었다. 그것은 힌덴부르크 신화와 히틀러 영도력 사이의 파국적 결합에서 그 정치적 무책임과 논리적 불명료성을 드러냈다. 이것을 통해 — 이는 민족사회주의의 현실성 있는 권력개념 앞에 파펜 이데올로기가 사실상 굴복한 징후였는데 — "제3제국"이 말안장에 올랐으며 홀로 말을 탈 수 있을 때까지 의사보수주의 혹은 "혁명적 보수주의"[87]의 표장으로 꾸며져 정당화되었다. 이데올로그들이 예견했던 것과 다른 징후하에서는 분명히 "신국가"의 관철이 파펜이란 인물과 영구히 결합되는데, "우리는 그가 — 그 없이도 — 신국가가 가능하리라고 확신할 때만이 지도자 자리를 내놓을 것이라고 … 확신한다"는 것이었다. 한마디로 말해서 신국가로의 진입은 파펜에게 이미 성공했다.[88] 바이마르공화국에 대한 경계설정은 "현상유지의 정당성"이 반공화주의적 이론가들에게는 만족스럽게도 이미 브뤼닝 시대에 깨어진 뒤에 성공했다.[89] 그러나 나치 독재로부터 분명하게 구분되는 보수적-신분적 권위민주주의라는 대안은 근거 없는 허구라는 것이 입증되었다.[90] 민주주의와 독재 사이에

다 — 원칙적으로 구분하려는 발데마르 구리안의 시도"는("Totalitarian Religions", *The Review of Politics* 14〔1952〕, S. 4ff.) 파펜서클의 그러한 이데올로기적 포부 속에서 반박을 당하게 된다.

86) 이 요소들에 대해서는 Kruck(주 I/103), S. 178ff. : 전독일연맹의 구체적인 독재안에 대해서는 파펜도 가일도 분명히 상세히 논하지 않았다. 전독일주의적 비판도 이와 일치했다(*Ibid.*, S. 179).

87) Buchheit(주 VI/175), S. 77ff. ("혁명적 보수주의").

88) Schotte(주 VII/37), S. 159.

89) 칼 슈미트의 이 표현을 가지고 체러 역시 바이마르공화국에 대해 비판한다: "*Revolution oder Restauration*"(주 VII/84), S. 377ff.

90) 이 허구는 특히 오트마르 슈판 학파에서 수호되었다. 우리 시대에 이 허구의 한 예로서 Walter Heinrich, "Ständische Ordnung und Diktatur", *Jahrbücher für*

제 3의 해결은 없었다. 바이마르와의 결별은 단독정당의 전체주의적 지배에 길을 열어주었을 따름이다.

3. 사전성취의 노선

이 — 확장된 자기선언에 따르면 — "모든 국가적 관계를 근본적으로 변화시키는 첫 번째 정부"[91] 가 처음으로 국민들에게 발표한 첫 번째 조치들은 이미 그의 분열되고 중간적인 성격을 확인시켜주었다. 모든 공식적인 선언들의 단호한 어조와 신속하고 신중하지 못한 추진방식은 브뤼닝 내각이 조심스럽게 헤쳐나간 것과 의도적인 대조를 이루고 있었다. 하지만 이 새로운 스타일의 대통령 내각이 점하고 있는 실제적인 중간적 위치를 감출 수 없었다. 갓 부임한 총리도 언론 앞에서의 첫 회견들을 통해서 브뤼닝 정부의 정책을 계속하겠다는 의지를 강조하기는 했다. 그러나 그는 이미 6월 14일의 제 1차 비상조치에서 사회복지를 현저히 축소시키고[92] 이로써 모든 노동자조직의 항의를 유발하기 전에 새 내각을 독일에서 정치적 계층교체로서 정당화했다.[93] 이것은 이 내각에 참여하지도 않았고 내각에 대해 단지 모호한 약속 이외의 어떤 결속도 없었으며 오히려 그 당의 공식적인 선언에서 그들의 요구들을 문자 그대로 반복하는 데 그쳤던 나치당의 현저한 성장을 의미할 수 있었다:[94]

"이른바 '나치당 측'으로부터 왔다고 하는, 우리의 지도자인 아돌프

Nationalökonomie und Statistik 136, 3. F. 81(1932), S. 868ff.

91) Schotte(주 VII/37), S. 159.

92) *RGBl.*, 1932, I, S. 273 이하.

93) Schulthess, 1932, S. 94 이하.

94) *Voelkischer Beobachter*, Nr. 155 v. 3. Juni 1932.

히틀러와 제국대통령의 면담내용에 대한 지금까지의 모든 보도들과 나치당은 거리가 멀다. 브뤼닝 내각의 붕괴 이후 상황에 대한 당의 기본적 입장은 잘 알려져 있고 〈나치당 통신문〉에 다음과 같이 표현되어 있다: 특별한 신임을 받는 내각이 우선 제국의회를 해체하고, 새로운 선거를 공고하고, 지금까지 그렇게 지나치게 탄압받았던 나치운동을 위해 조직과 선전과 시위의 자유를 복원하고, 민족에 대한 호소를 통해 민족의 의사와 그 의회대표를 일치시키는 것이다. 근본적인 경제적 및 정치적 개혁의 전제로서의 불가피하고도 국가정책적으로 중요한 과제의 해결은 나치 자유운동이 독일민족에게 제시했으며 가장 빠른 방법으로 수행할 결심을 갖고 있는 위대한 목표들과 일치된다. 새로운 내각과 그 정책들에 대한 당의 입장표명은 적당한 시기에 이루어질 것이다."

실제로 파펜은 '민족적 반대파'가 요구한 사전급부들을 즉시 제공하고자 서둘렀다. 여기에는 정치활동을 삼가겠다는 약속을 공공연히 파기하고 제국대통령 선거 이후 분명하게 나치당을 지지했던 황태자가 의심할 바 없이 적지 않은 기여를 했다: 새 정부는 그의 공적으로 분망한 행동을 견제하기 위한 조치를 전혀 취하지 않았으며 반대로 궁극적으로 군주정적인 해결을 향하여 조정해 나갔다.[95] 확정된 제국의회 다음 회의 3일 전인 6월 3일에 이미 내각은 힌덴부르크에게 제국의회의 해체를 건의할 것을 결의했다. 이것은 파펜과 가일이 연서한 힌덴부르크의 명령을 통해 다음날 실행되었는데, 제국의회는 최근에 있었던 지방의회 선거결과로 볼 때 더 이상 독일 인민의 정치적 의사에 부

---

95) 이에 대해서는 이제 Herre(주 III/139), S. 210 이하도 참고: 이에 따르면 황태자는 이제 나치행사들에 참석하였고, 당 지도자들을 접견하였으며 NSKK에조차 가담했다. 황태자비 역시 그러한 경향을 보여주었으며 슐라이허에 대한 그녀의 영향력을 이용하였다. 새 정부의 군주주의적인 기본입장을 위해서는 위 S. 474~475와 Papen(주 VI/35), S. 277 참고.

합하지 않는다는 헌법적으로 문제가 있는 이유를 들어 그렇게 했다.[96] 새 정부는 물론 의회보다도 더 국민의 의사와 거리가 멀었다. 정부의 존재는 따라서 처음부터 오직 의회를 완전히 제거함으로써만 보장될 수 있었다. 브뤼닝이 2년 전에 시도했으나 의회 다수와의 간접적인 협력을 위해 포기했던 것이 이제 "초당적이고" 단지 제국대통령과 제국군대에만 의존한 대통령 내각이 낳은 마지막 결과로서 남아 있었다. 즉, 제국의회의 통제가능성을 전부 폐지하고, 독재적이고 관료주의적인 자기정당화와 "통찰과 신뢰"에 대한 호소만으로 통치하는 것이 그것이었다. 하지만 좌파와 중도정당들이 그것을 용인하지 않을 것이며 더욱이 나치당은 전혀 다른 이유에서 제국의회 해체를 요구했다는 것이 명백했다. "합법노선"은 나치당으로 하여금 점점 더 의회적 방해수단으로 향하게 만들었다. 선거의 아비규환을 통한 체제의 파괴[97] : 이렇게 당의 무게는 내정적으로 가장 직접적으로 효력을 발할 수 있었으며 제국대통령과 제국군대가 자신들이 용인하는 정부를 통해 임시적으로 여전히 차단하고 있던 권력장악의 길이 열릴 수 있었다.

이렇게 6월 4일의 제국의회 해산에서도, 대통령제 정부의 길들이기 노력과 나치의 권력요구 사이에서 선행된 타협에서처럼, 2개의 서로 다른 동기와 의도의 흐름이 만났다. "국가의 권위가 다가오는 새로운

---

96) *RGBl*, 1932, I, S. 255. 비판은 특히, 정부안을 거부한 뒤와 같은 경우가 아니라 새로운 다수당 형성가능성에 대한 기대 속에서 이루어지고 의원총회에 공지되지 않고 제국대통령에게만 문서로 전달된 해체사유의 주관적 성격을 겨냥하였다. 1932년 6월 8일 *Kölnische Volkszeitung*과 1932년 6월 11일의 *Germania* 참고.

97) Goebbels, *Kaiserhof*(주 V/13), 5월 30일에(S. 104) : "폰 파펜이 제국총리로 내정되어 있다. 그러나 그것은 우리에게 흥미가 없다. 선거, 선거! 인민에게 다가가라." 파펜적 입장에서 이해가 되는 제국의회 선거를 뒤늦게(7월 31일) 잡은 것은 그 때문에 나치당의 구미에는 맞지 않는 것이었다(*Ibid.*, S. 108).

권력 앞에서 무릎 꿇은 것"[98]의 결과는 파펜이 기대했던 강력한 대통령정부를 위해 의회의 방해를 제거한 것이나 슐라이허가 계획한 길들여진 나치당의 통제된 공동정부의 실현이 아니라 마지막 다수를 형성할 능력이 있었던 공화주의적 제국의회의 몰락이었다.[99] 완전히 "독립적이고" 권위주의적인 대통령 내각에 대한 요구와 히틀러와의 연정 기대 사이에서 흔들렸던[100] 후겐베르크의 기대들도 다시금 깨져버렸다. 해산작업의 나치당 경쟁자만이 다시금 투기를 하여 큰 이익을 얻었으며, 목하의 양적이고 심리적인 비중은 하필 그것이 최대로 전개되었을 때 완전한 의회적 표현도 획득함으로써, "합법적인" 길을 통해서 권력장악으로 도약할 수 있었다.

파펜이 공화국의 첫 번째 총리로서 해산된 제국의회의 머리를 넘어서 여론에 발표한 정부선언[101]은 물론 아직 파펜의 계산을 반영하고 있었다. 그것은 "의회민주주의의 부실경영"에 대한 비난에서 정점을 이루고 있으며, 필수적인 근본적 개혁을 하나도 실현하지 못하고, "점증하는 사회주의"를 통해 위기를 심화시키고 "민족의 도덕적 힘을 소진한" 이전 정부들의 부정적인 결산을 전거로 삼았다. 그러나 그것은 제국의회의 새로운 선거를 자기 방식대로 "내정적 명료성을 도입"하기 위한 노력과 더불어 정당화했다. 이 정부가 정당들 사이에서 쟁취되어

---

98) Stampfer (주 I/4), S. 628.

99) Papen (주 VI/35), S. 194f. : "내게 슐라이허는 타협을 마치 선거 이후 일시적 관용에 이어 나치당의 정부참여가 확실히 뒤따를 것처럼 설명했다. 우리가 이런 목적에 도달한다면 해산이 쓸 데 없이 이루어진 것은 아니다."

100) 그의 생각을 분명히 드러내는 전거로는: Hugenbergs Ringen (주 I/6), I, S. 16. 나치의 증가하는 반대선전에 직면하여 독일민족인민당이 빠진 딜레마는 나치 급진주의에 대한 후겐베르크의 비판에서도 분명해진다: 베를린에서 독일민족인민당의 지도자대회에서 1932년 6월 26일의 연설 (*Ibid.*, S. 61).

101) Schulthess, 1932, S. 98f. ; *Der Zeitspiegel* 1, Nr. 11 (9. Juni 1932) 신문의 반응과 함께, S. 166f.

야 할 선거로부터 분명한 결정을 기다렸지만,[102] 동시에 "정당들과 무관하게 새로운 독일의 재생을 위한 … 투쟁을 이끌려고" 한다는 것을 강조했을 때 이것은 파펜식 실험의 내적 혼돈을 분명하게 드러냈다. 브뤼닝과 그의 무너진 내각,[103] 그의 정당과 기독교노조, 그리고 바이에른인민당의 지도자인 프리츠 셰퍼(Fritz Schaeffer)의 — 힌덴부르크 앞에서도 멈추지 않았던 — 강화된 항의들은 바이마르공화국의 모든 정부들을 지탱했던 정치집단들과 파펜 사이에 최종적인 구분선을 그었다. 비록 물론 중앙당 내에서조차 카스-브뤼닝 지도부의 엄격한 반대구호들이 결코 도전을 받지 않은 것은 아니지만 여기서도 결정적인 전환점이 도달했다.[104]

뒤이어 나치당은 새로운 승리를 얻었다: 메클렌부르크-슈베린의 주의회 선거에서 나치당은 과반수 의석을 차지했다.[105] 다른 주들에서

102) 파펜은(주 VI/35, S. 194) "히틀러에 대한 약속이 없이도 독일 국민으로부터 우리가 이끄는 새로운 정치를 위한 대표권을 획득하기 위하여 의회를 해산하는 것이 불가피하다"는 내각의 "일치된 견해"를 전거로 이 이상한 정치적 논리를 오늘도 여전히 변호한다.

103) 위의 주 VII/28에서 인용된 헤르만 디트리히(Hermann Dietrich)의 호소를 참고하라.

104) 이에 관해서는 Kurt Frh. v. Lersner가 1932년 7월 6일 슐라이허에게 야당인 중앙당의 일부 인사들을 얻을 수 있는 약간의 가능성에 대하여 보고하는 편지가 흥미롭다(*Schleicher-Nachlass*, S. 88): "어제 나는 쾰른에서 아데나워 시장과 식사했다. 그는 솔직히 말했다: '우리는 카스가 중앙당의 당수로 남아있으리라고 믿지 않는다. 그는 개인적으로 너무 제국정부와 긴밀한 관계를 맺었다. 그가 말한 모든 것으로 보아 그는 중앙당이 정부와 좋은 관계를 맺었으면 하는 소망을 가지고 있다. 아데나워는 항상 브뤼닝의 적이었다고 주장했다. — 아데나워는 당신을 빨리 알고 싶어 한다. 나는 그에게 우리 집에서 한번 함께 식사하도록 기회를 마련하겠다고 약속했다 ⋯." 이 편지에는 슐라이허가 손으로 "예"라고 쓴 것이 들어 있다.

105) 괴벨스는 물론 더 많은 승리를 기대했으며 이 사건에서 "파펜에 대한 관용정책으로 다소 손상을" 입었다고 보았다: *Kaiserhof*(주 V/13), S. 107.

의 선거승리가 뒤를 이은 가운데 나치 지도부는 이제 선전을 위한 방송국도 개국하였다.[106] 동시에 새로운 내무상 폰 가일은 안녕과 질서의 유지에 대한 전체 결정들의 개정안을 공고했다. "민족운동"에 대한 부당한 취급이 사라져야 한다는 주장과 함께 이제 두 번째 사전급부, 곧 돌격대 금지령을 철회할 것이 곧바로 준비되었다.[107] 이미 5월 30일에 제국검찰은 돌격대에 대한 국가반역죄 재판을 중지했다. 오락가락한 후 그리고 히틀러와 괴벨스와 괴링이 슐라이허와 가일에게 끊임없이 요구하여[108] 6월 16일 대통령령을 통해,[109] 파펜을 총리로 만드는 데 중요한 역할을 했던, 돌격대 금지령도 철회되었다. 그 명령의 계속적인 수행은 나치당의 조직상의 결합을 방해하기는 했었지만 근본적으로 크게 위축시키지는 못했던 터였었다.[110] 가일에게 보내는 부속 편지에서 힌덴부르크는 지금까지의 정치적 제한조치들을 완화하거나 폐지하는 것을 정치적 노선대립이 장차 보다 조용한 형태로 폭력행위 없이 전개될 것이라는 기대를 가지고 정당화했다.[111] 히틀러는 즉시 룀에게 돌격대의 재건과 힘믈러를 통한 친위대의 재건을 지시했으며 다른 정치적 노선들의 호전적인 단체들도 즉시 활동에 들어갔다.

7월 31일로 확정된 제국의회 선거[112]를 위해 동시에 진행되었던 캠

---

106) 이것은 6월 14일 "나치즘의 국가사상"에 대한 그레고어 슈트라서(Gregor Strasser)의 연설을 통하여 개국하였다(*Kampf um Deutschland*, 주 II/107, S. 378 이하에 수록).

107) Schulthess, 1932, S. 99.

108) 특히 6월 13일과 14일에도: Goebbels, *Kaiserhof*(주 V/13), S. 190f.

109) *RGBI*, 1932, I, S. 302. 정치적 폭력행위에 대한 제국대통령의 준비된 명령은(*Ibid.*, S. 279ff.; S. 306ff.) 6월 14일 날짜로 되어 있다. 같은 날 괴벨스도 범주적인 요구들에 자신 없이 반응했던 슐라이허와 면담했다(Kaiserhof, 주 V/13, S. 40). 신문보도를 위해서는 *Der Zeitspiegel* 1, Nr. 12(1923년 6월 23일), S. 180 이하 참고.

110) Goebbels, Ibid., S. 85; S. 87: "돌격대는 조직에서 물론 계속 존재한다. …"

111) Schulthess, 1932, S. 111.

페인이 진중하라는 힌덴부르크의 경고에 의해 별로 영향을 받지 않았던 만큼, 히틀러 역시 파펜정부를 반드시 묵인하기로 한 의무를 드디어 지킬 생각을 거의 하지 않았다. 파펜의 임명 전에 이미 본질적으로 완결된 슐라이허와 히틀러 사이의 담판이 구속력 있게 확정되었는지 그리고 어떤 형태로 확정되었는지 물론 확인할 수 없다. 브뤼닝의 보고에 따르면, 슐라이허는 히틀러의 엄숙한 약속을 믿었다. 그러나 히틀러는 이것을 단호히 부정했다.[113] 슐라이허가 6월 초만 해도 히틀러로부터 문서를 통한 약속을 받아내려고 노력했다는 것은 확실해 보인다.[114] 그러나 나치의 전술은 모든 사전급부들 이후에도 "우리는 책임을 지지 않고 선거로 간다"[115]는 것이었다. 나치적 관점에서 볼 때 파펜 내각은 "해체되고 피선되는"[116] 과제만 충족시키면 되었다. 지배적인 견해는 이미 지금 우리가 "권력장악"의 방식에 대해 분명하지 않은 채로 "부르주아적인 과도정부로부터 가능한 한 빨리 벗어나야 한다는 것이었다. 그러한 상황하에서 6월 9일 슐라이허의 매개인인 베르너 폰 알벤스레벤(Werner v. Alvensleben)의 집에서 있었던 파펜의 이른바 첫 번째 만남도 아무런 구체적인 결과를 보여줄 수 없었다.[117] 히틀러는 모호한 언급 이상을 하지 않았으며 정부참여 문제를 제국의회

---

112) *RGBl.*, 1932, S. 111.

113) Brüning, "Brief"(주 I/9), S. 13: 브뤼닝 스스로는 "양자 누구도 이 조약을 구속력 있는 것으로 보지 않았다는 견해"에 기울고 있다.

114) Holtzendorff, in: Conze(주 IV/39), S. 270도 참고하라.

115) Goebbels, *Kaiserhof*(주 V/13), S. 105.

116) *Ibid.*, 여기에 히틀러와 슐라이허의 면담에 대한 또 다른 메모들을 참고하라(S. 106f.).

117) 파펜은(주 VI/35, S. 105) 이 면담을 히틀러와의 첫 번째 만남이라고 묘사할 뿐만 아니라 심지어 그 전에 그를 본 적이 없다고 주장한다. 이것이 히틀러가 이미 5월 31일에 파펜과 이야기를 했다는 괴벨스의 메모와 어떻게 부합되는지는 여전히 의문스러운 문제이다(*Kaiserhof*, 주 V/13, S. 104).

선거 이후의 시점으로 연기했다. 파펜이 분명히 접촉을 시도했던 "온건한" 계파의 대표인 그레고어 슈트라서가 나치당이 "선거에서 이 정부의 약점이나 미지근함으로 웃음거리가 될" 수는 없다고 한 중개인에게 설명했을 때, 그 역시 확실히 이 노선 위에 서 있었다; 그러나 그의 중간적 위치는 그가 선거로부터 결코 절대다수 의석을 기대하지 않았으며 "늦어도 가을에는" 나치당이 정부에 참여할 것을 계산했다는 데서 분명해진다.[118] 이렇게 이미 이 무렵부터 권력공백의 인상이 강해졌으며 제국대통령과 제국군대도 이에 대해 통제력을 충분히 행사하지 못했다. 한편 민주적인 정당들뿐만 아니라 나치당도[119] 역시 과도

---

118) 한스 하우만〔Hans Haumann, 전직 해군중령, 파펜의 제국총리직 수락에 영향을 미쳤던 파펜의 가까운 친구("내 친애하는 프란츠!") : Papen, 주 VI/35, S. 185f.〕의 1932년 6월 24일자 편지(Schleicher-Nachlass, S. 62f.) : "어젯밤 나는 그레고어 슈트라서의 말을 들을 기회가 있었다. 그것도 몇 명 안 되는 사적인 서클에서였다. 슈트라서는 새 정부에 대해 매우 냉담하게 회의적으로 언급하였다. 그는 가일 남작이 〈전진〉(*Vorwärts*: 사민당 기관지 — 옮긴이)으로부터 욕을 먹는 것을 이해하지 못한다(나 역시 그렇다). 그는 브뤼닝 내각이 다양한 종류의 명령형태로 남겨놓은 권력수단을 파펜정부가 사용하지 않는 것을 이해하지 못한다. 그는 이것이 약체성으로서 해석되는 것을 두려워한다. 그리고 설명한다: 우리는 매우 분명한 결단을 내려야 할지 숙고해야 한다. 왜냐면 우리는 선거전에서 우리의 운동이 이 정부의 약점이나 미지근함으로 웃음거리가 되게 할 수는 없기 때문이다. 파펜정부 자체에 대한 의무는 없다. 폰 슐라이허 씨는 히틀러의 신임을 얻고 있다. 그러나 그것은 파펜 내각 전체가 나치당원들에 의해 지지되어야 한다는 것을 의미하지는 않는다. 지금까지와 다른 방식으로 통치되지 않는다면 그것은 당원들로부터 기대될 수 없다는 것이다. 슈트라서는 7월 31일의 선거 이후 법적 다수석을 기대하지 않는다. 그는 나치가 제국정부를 접수하는 것은 아니라 하더라도 늦어도 가을에는 나치당의 제국정부 참여를 계산에 넣고 있다."

119) 여기에 특징적인 것은 히틀러와 슐라이허 사이의 거의 매일의 접촉에 대한 불만과 나치당이 현혹되고 연루될 수 있다는 두려움이다. 6월 9일: "슐라이허 노선에 대해 여러모로 의심이 제기된다." 그러나: "우리가 브뤼닝을

정부의 우왕좌왕에 마비된 것처럼 대처하고 있었다. 한쪽은 그 끝에 민주주의의 구제를, 다른 쪽은 독재를 세우기 위한 최종적인 기회를 기대했다.

정부의 영역에서도 정치적 여지는 급속히 줄어들었다. 슐라이허의 쉴 새 없는 노력들도 이 무렵에는 더 이상 아무런 구체적인 성과를 보이지 못했다.[120] 돌격대 금지법의 철회는 파펜 내각, 특히 가일에 대한 증가하는 나치의 공격을 더 이상 침묵시키지 못했다. 다른 한편으로 그 조치는 이미 주 총리들을 통해 6월 12일 힌덴부르크에게 파펜계획에 대해 항의를 제기한 후에[121] 그들의 영역 내에서 유니폼 금지의 지속을 선언했던 일부 주들, 특히 남부독일 주 정부들의 단호한 반대조치들을 초래했다. 제국 내무부는 나치의 분노에 찬 항의들에도 불구하고 이것을 인정해야만 했다. 가일이 주재한 6월 22일의 주 내무부장관들의 회의도 이를 넘어서지는 못했다.[122] 프로이센 주 총리가 6월 27일 소집한 주 연석회의 후에 프로이센의 공식 공보는 제복 금지의 문제에서 각 주들 사이에 "다행스러운 의견일치"를 확인하였다.[123] 이에 대해 다시금 파펜 내각은 6월 28일 주들의 모든 특별조치들을 폐지하고 제복과 공적인 시위를 허용하고 주들의 경찰권에게 단지 "개별적인 경우의 안녕과 질서를 확보하기 위한 조치들"만을 인정하는 두 명령으로써[124] 대응하였다. 그러나 가일의 사유설명에 따르면 특히 남독일의 몇몇 주들은 제국 수준에서의 모든 협상들에도 불구하고 그들

실각시키려 한다면 달리 방도가 없었다"(*Kaiserhof*, 주 V/13, S. 108f.).

120) Stampfer는(주 I/4), S. 622, 이 시기에도 슐라이허가 사민당과 교감을 나눈 것에 대해 보고한다.

121) Hokenbach, 1932, S. 182f. 밀러와의 면담에 대한 보고를 보라(주 I/40), S. 415ff., S. 505; 바이에른의 태도에 대해서는(주 V/40), S. 436ff.

122) Poetzsch-Heffter(주 I/131), S. 49.

123) Schulthess, 1932, S. 111, S. 113.

124) RGBl., 1932, I, S. 339f. 개별적인 것은 Schwend(주 V/40), S. 441ff.

의 일반적인 금지규정을 견지했으며 가일의 제안에 따라 힌덴부르크 스스로가 개입했다는 것을 알 수 있다.[125)]

선거가 호전적인 조직들의 재생과 함께 이미 거리에서 내란과 비슷한 대결을 초래하고[126)] 히틀러와의 협상이 아무런 성과를 내지 못한 이후인 지금도 사람들은 과거의 낙관주의에 의거하여 길들이기 구상을 견지했다. 사람들은 염려하는 영국대사에게 저 일시적인 민족주의의 부활은 올바른 사람들에 의하여 어렵지 않게 통제되고 이용될 수 있다고 알려주었다.[127)] 정부도 역시 단지 "과도기에 여론이 변화된 상황에 익숙해지기까지 여기저기서 어려움이 나타날 것"이라고 쉽게 약속하였다.[128)] 사민당 지도부가 그사이에 다시 노이데크에 머무르고 있는 제국대통령에게 제기한 항의에 대해, 가일은 그가 모든 효과적인 역량을 빼앗아버린 주 정부들의 책임을 냉소적으로 가리키는 것으로 대답했다.[129)] 그러나 알토나에서 나치당과 공산당 사이의 새로운 유혈충돌들, 특히 7월 17일의 충돌 후에 가일은 이미 7월 18일에 희망은 실현

---

125) 사실 다양한 측면으로부터 파펜 노선에 대한 남독일 주들의 공동의 반대가 고려되었다. 여기서 심지어 황태자 루프레히트하에서 남독일 군주정을 세우는 생각도 제기되었다: 이에 대해서는 이제는 Kurt Sendtner, *Rupprecht von Wittelsbach, Kronprinz von Bayern*, Muenchen 1954, S. 547ff. (관련자들의 증언과 함께). 몇몇 사민당 의원들조차도 그것에 동조한 것으로 보인다. 6월 4일 이전의 카일과의 대화에서 빌헬름 회그너.: Keil(주 I/3), II, S. 448. Schwend(주 V/40), S. 516ff. 도 참고.

126) 이 유혈적인 주간은 프로이센에서만 99명의 사망자와 수많은 부상자를 요구했다: Stampfer(주 I/4), S. 629; Braun(주 I/5), S. 404.

127) Rumbold가 Simon에게 보낸 1932년 6월 28일의 보고서는(Documents on British Foreign Policy, 주 II/53, 2nd series. vol. IV, S. 3) "나치운동을 올바른 사람들이 통제하고 이용하기가 어렵지 않을 민족주의의 일시적 재생으로 간주하는 저 많은 유복한 계급의 사람들"에 대하여 이야기한다.

128) Schulthess, 1932, S. 116f.

129) Braun(주 I/5), S. 403f.

되지 않았고 따라서 전체 제국령에서 시위금지가 다시 발령되어야 함을 인정해야만 했다.[130]

이렇게 명령선포와 철회 사이에서 오락가락하며 정부는 "민족적 집중"이라는 이상적 해결책을 위한 공허한 노력에서 그 협소한 위신을 소모했는데, 나치당이라는 주요 적수는 이미 오래전에 그것을 벗어나 다시 자신의 가장 고유한 관심분야로 후퇴했다. 나치당에게는 이제 열정적인 집회 캠페인만 남았고, 이와 더불어 그의 거대한 선전기구는 다시금 모든 도시와 촌락들을 공격하였다. 괴벨스의 공명심에게 그것은 승리감에 찬 묘사에 따르자면 "환상적인 대중"[131] 이었다. 그것은 정치적으로 혼란스러운 절망적인 사람들이었다. 왜냐하면 실업률은 6월 말에 550만 명으로 거의 25%에 달하여 전년도보다 더 높았기 때문이었다. 지원금의 심각한 삭감에 대한 분노는, 이미 브뤼닝 정부하에서 시작된 자발적인 근로봉사[132] 를 위한 그 미약한 노력으로 어떤 구제도 제공하지 못했고 동시에 어떤 당의 신뢰도 소유하지 못했던 정부에 강하게 집중되었다. 다른 한편 농업 이익집단들은 불충분한 농업 보호조치들을 비판하였고, 제국독일산업연합은 정부의 자급자족적 경제노력에 비판을 가했다.

우파정부를 위한 협상이나 대통령정부가 제국의회의 해체와 새 선거 사이의 짧은 "휴지기"에 시작한 권위주의적 조치들이 아니라, 권력이동의 예상과 더불어 임박한 선거의 결정에 이제는 권력공백을 극복하기 위한 결정적인 정치적 지렛대가 있었다. 즉, 그와 결부된 파펜정

130) *RGBl.*, 1932, I, S. 385.

131) Goebbels, *Kaiserhof*(주 V/13), S. 108.

132) RGBl., 1932, S. 352ff.; 이전에 *Ibid.*, S. 251ff. 담당 제국위원 프리드리히 지룹의 보고서, Friedrich Syrup, "Der freiwillige Arbeitsdienst für die männliche deutsche Jugend", in: *Reichsarbeitsblatt*, Nr. 27 v. 25. September 1932와 *Das junge Deutschland* 25/26(1931/1932), 예를 들어 26, Heft 10(Oktober 1932), S. 332ff 등의 소식도 참고.

책 시발자들의 계획들이 점점 더 뒷전으로 밀려났던 반면 이렇게 사전 급부에 지렛대가 있었던 것이다. 이 계획들은 물론 두 측면으로부터 아직 더 도움을 기대할 수 있었을 것이다. 브뤼닝의 2년간의 노력이 준비했던 외정적 성공으로부터, 그리고 권력수단과 프로이센 지배의 정치적 위신을 가지고 — 과거 제국개혁 노력을 이용한 가운데 — 정부 위치를 강화시켜야 할 내정적 행동으로부터가 그것이다.

4. 배상의 종식

파펜은 정부출범 2주 후에 큰 희망을 가지고 노이라트와 슈베린-크로직과 바름볼트가 수행한 가운데 로잔느로 향하여 갈 수 있었다. 브뤼닝의 실각은 아마도 독일 협상지위의 약화를 의미했지만 동시에 독일 공화국의 외교적 및 재정적 부담경감의 긴급성을 독일에게 분명하게 부각시켰다. 군비축소 문제는 모든 노력에도 불구하고 여전히 논의과정에 머물러 있었지만,[133] 여러 차례 연기된 끝에 후버 모라토리엄이 끝나기 2주 전인 6월 16일에 로잔느의 배상금회의는 개회되었다. 18개 참여국들 사이의 회담 이전에 6월 11일과 12일에 영국과 프랑스 총리들 사이의 파리회담이 있었는데, 어떤 합의도 산출하지 못했으며 배상요구를 근본적으로 고수하는 프랑스 정책을 아직 전적으로 해소하지 못했다.[134] 이러한 상황에서 영국의 중재노력은 결정적 의미를 가지게 되었다. 영국은 전체 배상금 문제와 연합국 사이의 전쟁채무의 종결을 더 이상 미루어서는 안 된다는 견해에서 출발했다. 불굴의 에너지를 가지고 회의를 주재했던 맥도널드의 개막연설 후, 처음에는 구

133) 이에 대해서는 이제 Winkler(주 III/148), S. 340ff. 도 참고.

134) 이에 대해서는 Edouard Herriot, *Jadis, D'une guerre a l'autre, 1914-1936*, Paris 1952, S. 316ff.

연합국들의 망설이는 양보가 뒤따랐다. 파펜의 첫 번째 단호한 연설은 물론 배상금의 “야만적 삭감”에 대해서는 경제적으로나 정치적으로 저항할 것이라는 프랑스 총리 에리옷의 분명한 지적을 도발했다.[135]

프랑스의 이의제기는 현재의 위기뿐만 아니라 독일의 경제구조적 전체 위치에 대한 평가로부터 출발하는 한 의심할 바 없이 쉽게 물리칠 수 없는 것이었다. 나치 경제정책의 거의 매끄러운 진행은 얼마 지나지 않아 프랑스의 테제를 입증한 것은 아니라도 결코 반박하지는 못했다. 파펜 내각보다 결코 훨씬 더 오래 집권하지 않았으며 폰 브뤼닝이 그렇게 큰 희망을 가지고 기대했던 프랑스의 새 정부 역시 거의 마찬가지로 어려운 내정적 관계를 염두에 두어야 했다.[136] 프랑스의 태도의 정치적 측면들은 다소 달랐다. 그것은 특히 1932년 1월의 원래 기한 이후의[137] 협상의 지연과 함께 하려 함으로써 브뤼닝 정부나 이미 스트레제만 시대의 비극에 자기 몫을 기여함으로써, 종국적으로 더 이상 협상이 아니라 두려움과 위협이 독일을 둘러싼 국제적 사건들의 진행을 결정하던 시기에 가서야 비로소 — 상황에 밀려 어쩔 수 없이 — 양보했다. 이미 이제 브뤼닝의 실각을 넘어서 지연된 부분해결은

---

135) *Ibid.*, S. 324ff.

136) *Ibid.*, S. 287ff.

137) 이것 역시 브뤼닝이 1932년 1월 로잔느 회의의 연기를 스스로 지지했던 한 그 의미가 제한되어야 한다. 그는 앞으로 있을 프랑스 국회선거가 타협의지가 강한 정부로 하여금 지배권을 장악하게 하기를 기대했다. 그에 대해서는 Max Ehrhardt, Deutschlands Beziehungen zu Großbritannien, den Vereinigte Staaten und Frankreich von Mai 1930 bis zum Juni 1932m Diss. Hamburg 1952(미출간), S. 98의 1950년 1월 10일의 M. 에르하르트에게 한 브뤼닝의 보고를 볼 것. 프랑스 외교관 프랑스와 퐁세도 그 당시에 자신의 영국 동료에게 전쟁배상 문제에서 완전히 벗어나려는 독일의 시도에 대한 우려를 표현했다: Tyrell an Simon, 12. Januar 1932, Documents on British Foreign Policy(주 II/55), 2nd series, vol. III, S. 23.

더 이상 바이마르공화국과 그 정당한 대표들의 완고한 회담정책이 아니라 과도정권과 그 배후에서 극우 수정주의자들의 승리가도에 유리해야 할 사건을 의미했다. 그 영향은 결국 독일 측 파트너가 최종적으로 전체주의적인 계승자에 의해 밀려나고 그들의 화해정책이 폭력전략에 의해 대치되었을 때 완전히 감지할 수 있게 되었다.

회의가 시작된 지 1주일이 지난 뒤에도 합의는 여전히 어려웠다. 독일에 대한 프랑스의 양보는 처음에 다소의 지불휴식이나 약 70억 제국마르크를 넘어서지 않았으며, 미국의 채무국들에 대한 후버의 선심도 배상금 문제를 해결할 경우 임시로 지불을 완화시켜준다는 것 이상을 넘어서지는 않았다. 따라서 독일의 최종지불을 기반으로 중재를 위해 노력했던 맥도널드는 프랑스와 독일 사이의 직접협상을 권했다. 회의와 실무자 협상과 국가관료들 사이의 개별협상들이 복잡하게 오락가락한 것을 질서정연하게 정리하는 것은 현재도 어렵다. 우리가 공표된 영국 문서들, 특히 파펜과 에리옷과 독일 통역관 수장의 기억에만 의거할 수 있는 한,[138] 많은 문제들이 미결로 남게 된다. 확실한 것은 파펜이 정치적으로 상당히 무의미하게 되었으며 사무적으로는 본래 브뤼닝이 이미 조언했던 1931년 가을과 겨울 특별자문위원회의 보고들을 통해서 해결된 배상문제를[139] 용감한 외교적 행동을 동원하여 내정적으로 약화된 그의 정부를 위한 첫 번째 외정적 성공으로 이용하려 했다는 사실이다.

브뤼닝은 이미 1월 8일에 독일의 지불불능에 대한 시사와 함께 배상

---

138) *Ibid.*, vol. III.; Papen(주 VI/35), S. 198~214; Herriot(주 VII/134), S. 307~334; Paul Schmidt, *Statist auf diplomatischer Buehne 1923~1945, Erlebnisse des Chefdolmetschers im Auswaertigen Amt mit den Staatsmaennern Europas*, Bonn 1950, S. 241~252.

139) 배상문제의 역사의 개별단계들에 대한 관련자료들은 Ronde(주 I/9), 특히 S. 126ff. ("배상의 끝")에 수록되어 있다.

금 지불의 모든 다른 수정들을 거부했고, 1월 19일에는 영국의 질의에 응답하여 후버 모라토리움의 연장을 거부했으며 배상금 문제의 최종적 해결을 고집했다. 파펜 역시 처음에는 이 노선을 추구하는 것으로 보였다. 그러나 독일-프랑스 협상이 맥도널드에도 불구하고 아무런 진전을 보이지 못하자, 독일 측은(슈베린-크로직) 갑자기 무역 및 관세정책적인 협력을 제안했고, 심지어 도나우 국가들을 위한 공동의 지원기금에 독일이 기여하겠다고 작업하였다. 이것은 현저한 비일관성을 의미했는데, 이것이 독일의 지불불능에 대한 궁극적으로 성공적인 테제에 모순이 되었으며 배상금 지불의 중지결정의 기초가 된 특별위원회의 상응하는 보고들의 기반을 마지막 순간에 박탈하려고 위협했기 때문이었다. 에리옷이 기대했던 바와 같이 단호하게 대처하자 브뤼닝의 작업은 심각한 위험에 직면한 것으로 보였다.140) 이 첫 번째 엇박자로 협상은 난항에 빠지고 말았다. 일관된 노선을 일단 벗어나자, 배상금 해결을 무역정책적인 영역에서 찾으려는 시도들은 회담의 전 과정을 봉쇄했다.

이때 베르사유 전쟁채무 조항과 일방적인 군비축소 조항을 삭제하는 대신 20억 제국마르크의 최종액수를 인정하라는 갑작스런 독일 측 제안과 더불어 파펜의 다음 번 돌진이 시작되었다. 기대했던 대로 문제의 이러한 정치적 확장은 프랑스와 영국에 의해 즉시 제네바에서 진행되던 군비축소 협상을 가리키면서 즉각 거부되었다. 전쟁채무 문제 자체에 대해 재개된 논의는 특히 프랑스 측에 의해 거부되었던 반면

---

140) 슈미트는(주 VII/138, S. 247) 에리옷의 반응을 다음과 같이 서술한다: "그러면 독일 대표단이 아무것도 지불할 수 없다고 선언했을 때 나는 아마도 전에 항상 잘못 이해했었군요. 이제 장관님 당신은 무언가를 지불할 수 있다. 그것도 이 원조기금을 지불할 용의가 있다고 합니다. 논리적으로 보자면 당신은 전에 '독일은 지불할 수 없다'가 아니라 '독일은 지불할 의사가 없다'고 말했어야 할 것입니다."

에, 영국인들의 경우에는 다소의 호의가 추정되었으나, 그들은 동시에 독일의 지불제안에 대한 불쾌감을 드러냈다. 파펜의 단호한 돌진은 실패했는데, 그렇게 빨리 대처하는 독일 대표단의 신뢰가능성에 대한 적지 않은 의구심도 남겨놓았다. 단지, 재정적 제안 선언만이 남게 되었는데, 독일 대표단은 그와 더불어 독일의 지불불능에 대한 브뤼닝 테제를 포기했다.

동시에 파펜은 설계와 수행 후에 어떤 구체적인 성과를 보여주지 못한 채 독일의 입지와 일반적인 회담경과를 적잖이 위태롭게 한 또 다른 정치적 사업을 시작했다. 왜냐하면 지루한 줄다리기 속에서 지불방식상으로는 결국 회담 최종일인 7월 8일에 30억 제국마르크, 즉 영 계획에 따라 예정된 총액의 1/11을 — 임시로 3년간 연장되어 — 지불하는 것으로 합의가 실현되었던 반면,[141] 파펜의 외정으로의 탈선은 분명한 실망을 안고 끝이 났다. 능숙한 "정치의 기수"[142]는 자기 경력상 첫 번째였던 이 회담에서 "외무부의 영리하고 경험 많은 차관인 폰 뷜로우 씨의 견해와 반대로 … 조심스럽게 타진해보는 궤도로부터 벗어나 노골적인 방식으로 옮아가는 것이"[143] 옳다고 보았다.

이 상황에서 브뤼닝의 처사를 재고하는 것은 부질없는 일이다. 그러나 불과 1년 전의 관세연맹 계획과 그 실패의 경험들은 분명히 적어도 독일의 새로운 별개행동을 막았어야 했으며 국가간 관계 특히 프랑스

---

141) 조약의 텍스트는 Schulthess, 1932, S. 410~416.

142) Lutz Graf Schwerin-Krosigk(주 VII/23), S. 143ff. 는 파펜이 회담에 나타난 것을 능숙하지 못했다고 본다. 그러나 파펜 스스로는 여전히 기수로서의 자기의 명성에 대한 자부심을 가지고 본다(주 VI/35, S. 28f.): 이 스포츠는 "결단력, 지구력, 자기 자신에 대한 강인과 부러진 뼈에 대한 아무런 걱정도 하지 않음을 전제로 하기 때문에, 그것은 인격형성에도 도움이 될 것이다. 흔히 어려운 결단을 위해서 처음에는 장애물에 심장을 내던지는 것이 정치생활과 기수의 삶[!]에서 다른가?"

143) Papen(주 VI/35), S. 202; Eschenburg(주 VI/171), S. 160.

와 영국의 유럽적 지위를 현실적으로 판단하도록 하는 계기가 되었어야 했다. 그에 반해, "보수적인" 제국총리는 자기 전임자의 신중한 보고서와 문서들을 연구하는 것을 이미 의식적으로 단념했다.[144] 이제 그는 실무적이고 기술적인 경험을 가진 유일한 협력자인 뷜로우의 충고마저도 듣지 않았다. 그의 "노골적인 방법"은 유럽적인 전체 연관과 그 전통적인 상황들과 경향들에 대한 모든 역사적 및 외교정책적 고려를 대사관 부속무관 시절 파펜의 미국에서의 활동에서 잘 알려진 경솔한 태도로 무시해버렸다. 파펜은 단순히 무모한 즉흥적 판단에 의존했다. 제국의회의 해산 덕분에 총리가 된 그가 재삼재사 그의 강력한 위치로부터 출발해서 "민족적 반대파"까지도 대변한다는 허구를 선언했을 때 여기서 그는 반대편의 정치적 통찰력을 과소평가 했다. 프랑스와의 "동맹"이라는 생각[145]에 의해 어려운 개별협상들과 오래 발전되어 온 정치적 기반들이 갑자기 무시되어버렸을 때 우리는 히틀러가 몇 년 뒤 무작위적이고 국제적 관계에 대한 고려 없이 — 그리고 오스트리아의 슈쉬니그의 경우 파펜의 상당한 협력이 있었는데 — 그 인접 국가들에게 제공한 약속들과 "보장들을" 거의 떠올리게 된다.

---

144) Papen(주 VI/35), S. 164.

145) 이 점에 관한 파펜의 비판을 위해서는 특히 Otto Heinrich v. d. Gablentz, "Zur Geschichte des Nationalsozialismus", in: *Merkur* 7(1953), S. 879ff.; 파펜과 가블렌츠(*Ibid.*, S. 1178ff.) 사이의 이어지는 논쟁에서 파펜은 "동맹"(그의 기억들에 대한 해석과 반대로: 주 VI/35, S. 204f.)이라는 용어를 문제삼는다. 물론 그는 사령부 장교들의 교환이 어느 정도 동맹의 전 단계에 해당될 수 있는지 말할 수는 없다. Ferdinand Fried, "Die heilige Allianz von Lausanne", in: *Die Tat 24*, Heft 5(August 1932), S. 394ff.의 예리하고 경제정책적으로는 물론 잘못된 비판에서 파펜의 태도에 대한 개별사실들에 대해서 알아볼 수 있다. 독일 군비축소위원회의 당시 대표단원 한 사람의 회상에서도 이를 참고할 수 있다: Werner Frhr. v. Rheinbaben, *Viermal Deutschland, Aus dem Leben eines Seemanns, Diplomaten, Politikers 1895~1954*, Berlin 1954, S. 245f.

자신의 설명에 따르면 파펜은 6월 말에 에리옷에게 프랑스와 독일의 사령부 장교들의 교환형태로 일종의 "공동의 사령부"를 제안했으며 독일을 겨냥한 베르사유의 전쟁채무규정들과 군비축소규정들에 대한 삭제요청을 독일과 프랑스 사이의, 그 후에는 영국과 이탈리아와도, 구속력 있는 자문조약 프로젝트와 결합시켰다.[146] 파펜은 처음에는 에리옷에게 깊은 인상을 주었다고 믿었으며 에리옷의 차관과의 그의 갑작스런 계획을 서류상의 초안으로까지 구체화하고자 했다. 이제 분명히 "매우 예기치 않았던 어떤 것이 일어나고 있었다."[147] 파펜은 신중한 직원들의 모든 경고와 우려에도 불구하고 밀고나간 행위가 영국 대표부로부터 거센 비난을 받은 것을 오늘날까지도 이해하지 못 하고 있다. 그보다 더 이해할 수 없어 보이는 것은, 영국 외무부장관의 끊임없는 중재활동만이 회담의 존속과 성공을 보장했는데도 불구하고, 영국 파트너에게 알리지 않은 채 독일-프랑스 간의 특별작전에 착수했다는 사실이다.

더욱이, 맥도널드가 독일의 제공, 곧 베르사유의 전쟁채무 규정과 군비축소 규정을 삭제하는 대가로 이루어진 갑작스런 지불의사와 프랑스와의 동맹에 대해 보고를 받기도 전에, 파펜은 이 계획을 프랑스의 한 통신원에게 알려주었으며 그는 당연히 우편을 통해 전 세계에 박두한 "독일-프랑스 군사동맹"에 대해 알려주었다. "그〔에리옷〕가 맥도널드에게 알려주지 말았어야 할 비밀스런 제안"(!)[148]에 대한 맥도널드의 반응은 영국의 유럽정책을 아는 사람에겐 놀라운 일이 아니었다.

---

146) 이 시기에 이탈리아적인 공격성의 새로운 단계를 시작했으며 특히 프랑스와 독일 사이의 화해에 역행했던 이 시기의 이중적 태도에 대해서는 H. Stuart Hughes, "The Early Diplomacy of Italian Fascism: 1922-1932", in: *The Diplomats* (주 II/53), S. 231ff.

147) Papen (주 VI/35), S. 204.

148) *Ibid.*, S. 210.

이제 우리는 왜 런던대사로서의 경험을 가지고 있는 외무부장관인 폰 노이라트가 파국을 막지 않았는지 물어야 한다. 파펜이 전통적인 영국의 태도에 대한 이유를 오늘까지도 이해하지 못하는 것 같기는 하지만, 그는 프랑스가 그의 모호한 동맹프로젝트를 위해 영국과의 관계를 포기할 의사가 없었다는 것을 이제는 깨닫지 않을 수 없을 것이다. 그러나 독일의 입장은 더욱 약화되었다. 파펜에게 그것은 "나의 희망들에 대한 심각한 타격"이었다.[149] 독일 대표단에게 그것은 그러나 실무적인 협상을 대단히 어렵게 만드는 것을 의미했다. 외교정치적으로 그것은 결국 장차 독일의 비슷한 시도들에 대처하는 영국-프랑스 자문협약의 체결을 가속화시켰다.

이렇게 바이마르공화국의 종말 몇 달 전에 유럽의 배상금들이라는 악몽이 거두어지기는 했다. 그러나 이 사건이 내정적인 전환점도 의미하리라는 브뤼닝의 희망은 파펜의 지배하에서는 더 이상 실현될 수 없었다. 지도부에서 브뤼닝의 믿음을 확고히 견지하고 있었던 중앙당의 강한 비판은 민주적인 세력에 의해서도, 사회민주주의 세력에 의해서도 지지를 받지 못했다. 그러나 대통령 내각의 기대했던 위신상승은 일어나지 않았다. 경제적 개선이 점차 일반적으로 감지될 수 없다면, 폭넓은 대중과의 연결이 없는 제멋대로의 소수정부는 권위주의적인 태도에도 불구하고 진정한 성공을 인기 있게 그리고 정치적으로 영향력 있게 만들 수 없다는 사실을 파펜은 브뤼닝보다 훨씬 더 강하게 경험해야 했다. 특히 우파 정당들의 입장 표명도 4개월 내에 네 번째로 내

---

149) *Ibid.*, S. 207. 파펜은 화가 나서 로잔느에서 서구열강의 태도가 "히틀러의 상승을 초래했다"(S. 212)고 주장하기까지 했다. 그러나 나치당의 성장은 이 주간에 바로 파펜의 도움으로 전환점에 도달하지 않았는가? 파펜은 나치당이 첫 번째 손실을 경험하고 이것이 당의 위기를 초래했었는데, 이 순간에 도와주어 권력장악을 가능하게 해주었고 결국 히틀러 밑에서 부총리까지 지냈던 것이다. 로잔느는 그것과 별 관계가 없다.

정적인 장면을 지배했던 선거전에 의해 규정되었다. 나치당이 매일 정부에 대한 비판을 강화하는 동안, 독일민족인민당 역시 정부를 공식적으로 지지하려고 하지 않았다. 파펜의 첫 번째 희망은 무너졌다. 내각의 기반이 더욱 협소해진 것이다. 이러한 상황하에서는 제국의회 선거로부터도 상황의 개선을 전혀 기대할 수 없었고, 제네바의 군비축소회담과 대등한 자격에 대한 협상의 완만한 진전도 이 상황에 영향을 주지 못했다.

이미 6주 뒤에 "신국가"는 가망성 없는 협로 속에 빠졌다. 그 초안과 선언들은 여론에 대해 아무런 영향력도 발휘하지 못했고, 그 대표자들의 "독립성"은 정부의 일반적인 고립에서 입증되었고, 총리의 무모한 출현은 그가 브뤼닝의 실각 후 지배하는 권력공백의 통제를 이미 제국의회 해체와 돌격대 금지 철회와 함께 상실했다는 것을 감출 수 없었다. 제국대통령과 제국군대만이 — 독일민족인민당의 약간의 동조 외에 — 거의 일치단결하여 그의 지배에 맞서서 치러진 선거전에 직면하여 파펜에게 아직 남아 있었던 유일한 버팀목이었다. 그가 정치적 폭력행사에서 정치적 불가피성의 고리를 파괴하고 그의 권위주의적 정권의 권력정치적 기반을 과시적으로 강화시키려고 시도했을 때 그는 이제 이 버팀목으로 되돌아 갔다. 7월 20일 프로이센 정부는 무너졌고, 베를린은 군사적 비상사태에 처했으며 프로이센의 국가조직은 파펜 정권에 의해 몰수되었다. 전체주의적 통폐합조정작업(*Gleichschaltung*), 모든 정치적 기관이 순종하는 행정담지자로 전락하는 것, 지도자 국가가 그 그림자를 앞서 드리웠다. 그러나 합법적인 야당의 요구들에 대한 이 마지막 수용은 "신국가"에 민주주의와 독재 사이의 어떤 중도적인 길도, 권위주의적인 제국정부의 안정화를 위한 어떠한 새로운 가능성도 열어줄 수가 없었다.

제8장

프로이센, 파펜의 쿠데타

1932년 7월 20일 대통령 비상령을 통해 프로이센 정부가 교체되었고, 그 결과 프로이센은 이제 독일제국 총리의 전권 아래 놓이게 되었다. 이 대통령 비상령은 두 가지 맥락이 서로 중첩된 결과였다. 즉, 바이마르 헌법이 만들이진 이래 지속되었던, 역사적인 행정개편 논의, 노력, 기획들과, 그리고 당시의 정치적 분쟁이 이 조치에 중첩되었던 것이다. 다시 말해서 그 조치를 제국개혁을 위한 헌법적 노력의 역사로 간주할 수도 있지만, 그럴 경우에도 일차적인 정치적 동기, 즉 프로이센에 대한 쿠데타적인 "제국간섭"의 권력정치적 목적은 놓치지 말아야 한다.

1. 제국개혁의 문제

비스마르크 국가는 1918년 혁명의 결과인 바이마르 헌법을 통해 군주의 유일주권을 포기하였지만, 그 기본구조에서는 변화하지 않았다. 주 편재는 그대로 보존되었다. 군주국가적 연방국가가 의회주의적-공화주의적 자유국가들의 연방으로 전환되었음에도 불구하고 이것이, 프로이스(Hugo Preuß)가 자신의 1918년 12월 9일 제국헌법 초안에서 요구했던,[1] 정치적으로 지속가능한 신질서의 형성으로까지 발전하지 못했다. 프로이센 총리면서 제국 총리이었던 비스마르크 개인을 통해 프로이센 왕은 자연스럽게 독일 황제의 역할을 하였는데, 이러한 개인적 결합관계가 새로운 의회주의적 질서에서 확실히 사라졌음도 불구하고, 그리고 베르사유 조약에 의해 그 영토의 상당부분을 상실했음에도 불구하고 프로이센은 여전히 새 국가 영토와 주민 전체의 3/5 이상을 소유했다. 이전의 연방주의적 구조는 유지되었지만, 프로이센의 특별한 선도적 역할은 붕괴되어[2] 옛 연방국가에서 발휘했던 자신의 주도적 위치를 새로운 연방의회에서 계속 유지할 수 없었다는[3] 사실에 한 중요한 헌법문제의 근원이 놓여 있다. 이 헌법문제란 서로 대립적인 중앙집권주의자와 연방주의자 간의 전선을 만들었던 것으로서 정치투쟁의 장에서 지속적으로 그 의미를 잃지 않았다.

1919년 헌법에 내재되어 있던 바이마르공화국 구조문제로 인해 제

1) Heinrich Triepel, *Quellensammlung zum deutschen Reichsstaatsrecht*, 3. Aufl. Tübingen 1922. S. 7ff. 최종적인 바이마르 헌법 제 18조가 거의 고려하지 않았던 그 밖의 초안들에 대해서는 S. 188ff, 28ff. 그리고 다음을 참조. Gerhard Anschütz, *Die Verfassung des Deutschen Reiches*, 13. Aufl. Berlin 1930, S. 16ff.; Fritz Stier-Somlo, *Deutsches Reichs-und Landesstaatsrecht*, Bd. I, Berlin 1924, S. 236ff.; Hugo Preuß, *Reich und Länder, Bruchstücke eines Kommentars zur Verfassung des Deutschen Reiches*, Berlin 1928, S. 136ff.; Willibalt Apelt, *Geschichte der Weimarer Verfassung*, München 1946, S. 136ff.; Gerhard Anschütz u. a., "Die Geschichte des deutschen Staatsrecht …", in: Handbuch des Deutschen Staatsrechts, Bd. I, Tübingen 1930, S. 17ff.

2) 칼 슈미트(Carl Schmitt)의 해체주의적 비판의 근거 중 하나가 바로 이 점이었다. Carl Schmitt, "Reichs- und Verfassungsreform", in: *Deutsche Juristenzeitung* 36(1931), S. 8ff.

3) 이러한 연고로 프로이센은 제국의회에서 자신의 영토와 인구의 비중에 못 미치는 지분을 갖게 되었고, 그 결과 예컨대, 프로이센의 라인지방의 영토와 인구규모와 비슷한 바이에른이 이 프로이센 라인지방에 비해 8배나 많은 지분을 소유했다. 프로이센의 다른 지방도 이와 비슷한 차별대우를 받았다.

국과 주 관계 또한 논쟁의 주요 의제가 되었다. 하지만, 이 논쟁은 본래 신질서의 민주질서에 대한 비판은 아니었다.4) 어떠한 헌법도 모든 정치변화를 항구적으로 반영하지 못 한다는 점을 고려할 때, 바로 이 경우에도 헌법의 기본원칙들을 유효적절하게 보충할 절대적 필요성이 부각되어야 했다. 그러나 이를 둘러 싼 논쟁은 극도로 일반적이고 애매한 성격의 헌법규정들에 관련된 것이었다. 1871년 비스마르크 헌법의 유산은 1918/1919년의 변화된 조건들에 충분히 적응하지 못했다. 전통과 신질서 간의 분란의 계기는 — 대통령의 우월적 권한이 규정되어 있는 경우조차 — 신헌법에 내재되어 있었다. 그러므로 제국과 프로이센의 이원구조는 행정적 차원에서 유지하기 버거운 난장이국가들의 문제처럼 새로운 헌정적, 정치적 변화의 조짐 아래에서 그 숙명적인 의미를 지니게 되었던 것이다.

정치적 차원에서 이러한 상황은 각 주 내부에 제국 기관들을 설립하는 것을 통해 중앙 행정부의 권한을 강화하는 자연적 경향을 보였으며, 이것은 중앙권력의 강화를 초래하였다. 하지만, 각 주 정부는 이러한 노력들이 그들의 권한을 잠식할 것을 우려하였다. 이와 동시에 헌법논쟁의 넓은 장이 열렸다. 무수히 많은 글들이 이와 관련된 논쟁의 장을 가득 메웠다. 여기서는 다만 그 주요 흐름들만을 일별하겠다. 각 주에서 신질서의 중앙집권적 성격을 비판하는 연방주의자들이 대거 등장하였고, 공화국의 중앙집권적 질서를 더 철저하게 실현하자고 주장하는 사람들의 군사적 운동은 그 반대편에 서 있었다. 이 양극 사이에는 문제들을 "세밀하게 구분하여 국가적 차원의(*differenziert-staatliche*)" 해법, 즉 이 두 전선을 중재하는 성격의 주장이 있었다. 제국개혁에 대한 요구는 공화국 전 역사에 강력하게 영향을 미쳤다; 이를 요구하는 자들은 비단 의회민주주의의 반대자들에 국한되지 않았다. 모든 정

4) 특히 기본권에 대한 비판이 그러했다. Carl Schmitt, *Legalität und Legitimität*, München-Leipzig 1932, S. 40ff.

치지형에 그들은 두루 존재했다. 이러한 요구들은 바이마르 헌법이 의도했던 타협의 실패를 예고하는 하나의 중요한 징후였다.

크게 볼 때 개혁논의는 세 가지로 나눌 수 있다. 이 세 부류의 수많은 변형들을 일괄할 때, 가장 먼저 강조해야할 것은 연방주의자들이 처한 특정 지방의 조건과 아울러 그들의 정치적 조건이다. 특히 라인지방, 남독일, 그리고 크리스트교-보수적인 지역에서 강한 지지를 받고 있으며 프로이센의 헤게모니에 반대하여 동등한 주들의 연방을 추구한, 균형을 강조하는 연방주의[5]에 대하여 비스마르크 국가구조와 프로이센의 우월적 지위로 복귀할 것을 주장하는 복고적이며 독일민족인민당적 특성을 지닌 헤게모니적 연방주의가 대립되어 있었다.[6] 정치적 조건에 따른 이러한 연방주의는 특히 주 중심주의적 견해에 반대하였으며, 중앙집권주의의 위험과 함께 파편주의의 위험을 강한 제국적 중앙권력을 통해 통제해야 하며 그리고 동시에 중앙집권주의가 개

---

5) 이러한 견해의 대변자들은 "자연적 사회구성", 보다 친밀한 내적 질서 우선과 자치를 주장하였다. 예컨대, 개인-가족-교회공동체-지역공동체-직업집단-국가-서구문명-세계. 보다 친밀한 질서가 재대로 작동하지 못할 경우에 한해서 보다 광범위한 질서가 그 자리를 차지해야 한다는 보충성의 원리(*Subsidiarprinzip*)의 유효성을 그들은 주장했다. 이에 대해서는 다음을 참조하시오. Günter Weber, *Die wichtigsten Reformpläne der Weimarer Reichsverfassung betreffend das Verhältnis Reich-Länder*, Diss. Köln 1947 (ungedr.), S. 20ff.

6) 특히 다음을 보시오. Karl Bilfinger, "Der deutsche Föderalismus in Vergangenheit, Gegenwart und Zukunft", in: *Veröffentlichungen der Vereinigung deutscher Staatsrechtslehrer* I (1924), S. 35ff. 또한 다음을 참조하시오. die deutschnationale Entschließung v. 9 Dezember 1927, in: *Der nationale Wille, Werden und Wirken der Deutschnationalen Volkspartei 1918-1928*, Hrsg. Max Weiß, Essen 1928, S. 153, 300; Otto Koellreutter, *Der deutsche Staat als Bundesstaat und als Parteienstaat*, Tübingen 1927, S. 34ff.; ders., *Integrationslehre und Reichsreform*, Tübingen 1929, S. 26.

별 주들의, 특히 프로이센의 생존의지를 부정함으로써 지나치게 강화되는 것을 부정하였다. 바이에른의 연방주의가 이론과 실천에서 가장 강력한 것이었는데,[7] 이것만이 유일하게 구체적인 실천계획에 근거하고 있었다.[8] 즉, 1871년 연방주의로의 복귀, 제국의회 입법권에 대한 강력한 제한, 주의 독자적 외교권 보장, 주 정부에 대한 군대의 의무 그리고 이전의 연방상원(*Bundesrat*)의 위상 정도로 제국상원(*Reichsrat*)의 위상 강화 등이 바이에른의 특별한 입장에 따른 연방주의 주장들이었다. 이 연방주의는 다른 연방주의자들의 구심적 경향보다 더 강하게 원심적 특성을 보여주고 있으며[9] 바이마르 헌법을 가장 큰 폭으로 개정하고자 했다. 온건한 한 그룹은 양 극단을 중재하고자 하였다. 특히 북미의 모델에 따라 제국상원을 지방 국가회의(*regionales Staatenhaus*)로 바꾸고자 하였다. 이 지방 국가회의에서 공공기관과 사적 이해집단들이 경제정책적 입장 및 주의 주민들의 입장에서 모든 계층의 이해대표기관으로 참여하고 역할을 하는 것으로 상정되었다. 이 국가회의 의

7) 에르츠베르거(Erzberger)와 라테나우(Rathenau)의 암살 이후 공포된 안전조치에 반대한 바이에른의 저항에서 이러한 증거를 확인할 수 있다. 바이에른 정부는 이 안전조치 대신 독자적인 안을 제안하였다. 이러한 맥락에서 또한 1923/1924년의 카르-히틀러 사건(Kahr-Hitler-Affäre)이 발생하였다. 이에 대해서 다음을 참조. Schwend(주 V/40), S. 172ff, S. 186ff, S. 215ff.

8) 예컨대, Hans Nawiasky, *Grundprobleme der Reichsverfassung*, Teil I(*Das Reich als Bundesstaat*), Berlin 1928, passim, bes. S. 111ff.; Konrad Beyerle, "Reich und Länder", in; *Volk und Reich der Deutsche*, Bd. II, Berlin 1929, S. 244ff.; Schwend(주 V/40), S. 315ff.; Werner Gabriel Zimmermann, *Bayern und das Reich 1918~1923, Der bayerische Föderalismus zwischen Revolution und Reaktion*, München 1953, S. 150ff. Vgl. die Literatur bei Weber(주 VIII/5), S. 41ff.

9) Heinrich Triepel, "Zweierlei Föderalismus", in: *Süddeutsche Juristenzeitung* 1947, S. 150f. 남독일 연방주의에 대해서 또한 다음도 참조. "Gegen den Einheitsstaat" der *Süddeutschen Monatshefte* 25(1928), S. 233ff.

원들은 정부에 의해서 임명되어서는 안 되는 것이었다. 이 국가회의는 제국경제위원회(*Reichswirtschaftsrat*)의 기능을 담당하며 제국의회의 중앙집권적 과잉 권한을 제한해야 할 것이었다.[10)]

중앙집권주의적 견해들은 본질적으로 보다 더 통일된 관점을 갖고 있었다. 무수히 많은 언론매체의 주장들 중,[11)] 점진적인 제국권한 강화를 통해 중도적 중앙집권국가를 건설하려는 시도가 가장 두드러졌다. 이에 따르면, 행정은 탈중앙화되어야 하지만, 또한 지방정부 자치로 완전히 이관되어서도 안 되었다. 왜냐하면 이는 주 자치와 중앙의 권한이 서로 보충하는 방향에서 작동하도록 하기 위함이었다.[12)] "탈중앙화된 통일국가"(*dezentralisierte Einheitsstaat*) 사상은 공화국의 새로운 편재와 제국과 주들 간 새로운 권한배분에 대한 수많은 제안들로 구체적으로 나타났다.[13)] 슈타인(Freiherr von Stein)의 자치사상에 주

---

10) 예컨대, Willibalt Apelt, *Vom Bundesstaat zum Regionalstat*, Berlin 1927, S. 48ff.; ders., "Staatstheoretische Bemerkungen zur Reichsreform", in: *Festgabe für Richard Schmidt*, Leipzig 1932.

11) *Reich und Länder* 2(1928), S. 2ff., S. 129ff., S. 257ff.; *Welche Wege führen zum deutschen Einheitsstaat*? Verhandlungsberichte der Fährertagung des deutschen republikanischen Reichsbundes vom 25.-26. September 1926, Frankfurt a. M. 1927. 프로이센이 영도하는 중앙집권국가에 대한 선전 중 특히 공격적인 예는 하필 바이에른에서 출판된 콘라트의 저술이었다. R. W. Konrad, *Das deutsche Volk will den Einheitsstaat*, München 1925, S. 4ff.

12) Hans Peters, *Zentralisation und Dezentralisation*, Berlin 1928; Otto Frielinhaus, *Der dezentralisierte Einheitsstaat*, Berlin 1928, S. 38ff.

13) *Die Reichsreform*, hrsgg. vom Bund zur Erneuerung des Reiches, Bd. I, Berlin 1933, S. 216ff., S. 429ff.; Walther Vogel, *Deutsche Reichsgliederung und Reichsreform in Vergangenheit und Gegenwart*, Leipzig 1932; W. Münchheimer, "Die Versuche zur Neugestaltung der deutche Länder von 1919 bis 1945", in: *Die Bundesländer, Beiträge zur Neugliederung der Bundesrepublik*, Frankfurt a. M. 1950, S. 119ff., 147,

목하고 이로부터 관료체제의 갱신을 기대하기도 하고,[14] 되도록 많은 주(州) 권한을 제국으로 이관하고 주 행정기구와 의회의 주권적 권한 축소를 통해 불필요하고 비용이 많이 드는 이중구조를 개선하려는 시도도 있었다.[15] 하지만 "프로이센 파괴"의 문제에 대해서는 주저하기도 했다. 왜냐하면, 바로 여기에서 중앙집권주의 위험을 보기 때문이었다.[16] 또한 주들을 중앙의 정책형성에 참여하면소 재정적으로 독자적인 자치행정을 보유한 광역지방단체로 만드는 헌법기술적 개혁이 필요하다는 제안도 있었다. 즉, 주들도 크라이스(*Kreis*)나 행정구역(*Bezirk*)처럼 간단히 광역자치 행정체로 파악되어야 한다는 것이다.[17]

이 모든 제안들에 공통적인 것은 제국 구조를 합리화하고 의회의 권한을 축소해야 한다는 생각이었다.[18] 이때 프로이센 문제에서 가장 크게 서로 다른 견해들이 대립되었다. 과도기에 먼저 남독일 주들과 작센 주들의 독자국가적(*eigenstaatlich*) 재배치와 함께 북독일을 제국의 직할행정구역으로 만들 것을 주장하는 "세밀하게 구분하여 국가적 차원에서 시도하는" 개혁계획이 가장 중요하게 다루어졌다.[19] 예컨대,

---

die Kartenbeilagen.

14) Hans Lohmeyer, *Zentralismus oder Selbstverwaltung*? Berlin 1928, S. 4ff.

15) 경제단체와 자치에 관한 논의에서 가장 큰 비중을 차지한 것은 재정적 관점이었다. 예컨대, die Entschließung des Wirtschaftsverbandes Mitteldeutschland, Halle, v. 3. Dezember 1927 und die Forderung der Spitzenverbände der deutschen Wirtschaft, bei Walter Becker, *Föderatistische Tendenzen im deutschen Staatsleben seit dem Umsturz der Bismarckschen Verfassung*, Breslau 1928, S. 173ff.; *Der deutsche Städtetag, Sonderheft Reichspolitik und Städte*, Oktober 1927.

16) Erich Koch-Weser, *Einheitsstaat und Selbstverwaltung*, Berlin o. J. (1928), S. 6ff., S. 39ff., S. 55ff.

17) Richard Thoma, "Die Forderung des Einheitsstaates", in: *Heidelberger Universitätsreden* 3 (1928), S. 17ff.

18) 상세한 것은 다음을 참조. Günter Weber (주 VIII/5), S. 62ff.

프로이센에 속한 지방들을 "제국 (내의 독립된) 주"(*Freies Reichsland*)로 승격시키는 것이 그 중 하나였다. 이 제국주(帝國州)는 남독일 주들과 동격이지만 그들에서 나타나는 주(州) 중심주의가 없는, 말하자면 지방자치행정기구와 주 사이에 존재하는 것으로서 제국의 하부구조를 형성해야 할 것으로 상정되었다.[20] 일정한 과도기가 지난 후 모든 주들은 제국이 직접 관리하는 "제국주"가 되어야 하며, 제국대통령은 의회로부터 자유로운 주(州) 통치위원회(*Landesdirektorium*)와 주(州) 재상을 임명하고, 주(州) 의회는 입법기능을 보유하지만 제국의 확대된 입법권을 인정해야 한다는 것이다.[21] 이와 조금 다른 안이 "제국개선연맹"(*Bund zur Erneuerung des Reiches*)에 의해 많은 출판물들을 통해 제기되었는데, 그것은 비스마르크 국가의 조직원칙에 근거한 것이었다. 민족자유주의를 기조로 하는 이 연맹은 민족자유주의자였으며 독일인민당과 중공업에 가까운 단체였으며, 그 장은 전임 제국총리이자 후에 제국은행장이 될 루터(Luther)였다. 그는 "프로이센은 제국의 중심지역이며 다른 주들은 점차적으로 프로이센에 편입되어야 한다"고 말하였다.[22] 하지만 또 하나의 북독일 제국주(*ein norddeutsches Reichsland*) 창설을 주장한 만큼,[23] 그리고 제국의회입법권 강화를 그다지 강조하

---

19) 이 개념은 북독일 주들을 남독일 주들과 다르게 다루어야 한다는 점을 강조하기 위한 용어이다.

20) Erwin Ritter, *Freie Reichsländer*, Köln 1927, S. 51. 새로 만들어질 것들을 리터는 "주와 동등한" 지방(*länder-gleiche Provinz*)이라고 명명하였다.

21) Ebda., Artikel 70-75 des Vorschlags. 이 주장들에 대해 또한 다음을 참조하시오. Fritz Poetzsch-Heffter, *Grundgedanken der Reichsreform*, Berlin 1931, S. 31ff.

22) Wilhelm Kitz, *Reichsland Preußen*, Düsseldorf 1926, S. 13ff. S. 32ff.; Hermann Höpker-Aschoff, *Deutscher Einheitsstaat. Ein Beitrag zur Rationalisierung der Verwaltung*, Berlin 1928, S. 20ff.

23) *Reich und Länder, Vorschläge, Begründung, Gesetzentwürfe*, hrsgg. vom Bund zur Erneuerung des Reiches, Berlin 1928, S. 8ff.; Hans Luther,

지 않고[24] 오히려 제국상원이 진정한 하원으로 발전하도록 더 많이 촉구하는 만큼,[25] 프로이센이 더 많이 강조되었다.

제국상원의 진정한 하원으로의 발전에 대한 제안은, 오랫동안의 사전논의 결과 1928년 소집되어 1930년까지 지속된 지방정부회의(*Länderkonferenz*)의 헌법위원회가 제안했던 대안들과 비슷하였다.[26] 제국 대표들과 주 대표들이 절대다수로 찬성한 의결안(법안)에 의하면, 프로이센을 나누어서 그 지방들은 주로서의 지위를 누리지만 입법권은 제국에 의해 제약받으며 오직 개별적인 사안들만을 자신의 의회를 통해 의결하게 되어 있었다. 그러나 브뤼닝 위기내각이 프로이센의 지지가 중요했기 때문에 프로이센의 입장을 고려하여 모든 결정적 개혁프로그램 실현을 연기해야 했을 때, 이를 위한 협상은 중지될 수밖에 없었다.[27]

전체적으로 보았을 때, 연방주의와 중앙집권주의 간의 이론적 논쟁보다 특별한 사안에 대한 권한과 한계 문제가 가장 중요한 문제였다.

Weimar und Bonn (Schriftenreihe der Hochschule für Politische Wissenschaften München, Heft 11), München 1951, S. 12ff. 바이에른의 반대가 매우 강했다. 이에 대해서 다음을 참조. Schwend (주 V/40), I, S. 319ff.

24) *Die Reichsreform* (주 VIII/13), I, S. 319ff.

25) Reich und Länder (주 VIII/23), S. 15f., S. 70ff.

26) Franz Albrecht Medicus, *Reichsreform und Länderkonferenz*, Berlin 1930, S. 65ff. ; Gerhard Krebs, *The Länderkonferenz and the Problem of Federal Reform in Germany*. University of California 1937 (다음에서 재인용. Arnold Brecht, *Federalism and Regionalism in Germany. The Division of Prussia*, New York 1945, S. 73) ; Nawiasky (주 VIII/8), S. 132ff. ; Die Bundesländer (주 VIII/13), S. 124ff. ; Schwend (주 V/40), S. 396ff.

27) 이에 대한 상세한 사항은 다음을 참조. Arnold Brecht의 보고서, in: *Reich und Länder* 2 (1928), S. 349ff., 3 (1929), S. 70ff., S. 265ff., 4 (1930), S. 67ff.

특정 지역의 특별한 국가감정(*Staatsgefühle*)이 이 협상에서 중요한 요소로 작용하였다. 이것은 모든 법률적-개념적 또는 행정기술적 주장들과 관계없이 무시할 수 없는 요소였으며, 예컨대, 바이에른의 바이에른인민당(BVP)과 같은 정당을 통해서 정치적 차원에서 실질적으로 강한 영향력을 발휘하였다. 이로부터 연원하는 구체적인 문제들 중 가장 중요했던 것이 프로이센과 제국의 관계였다. 프로이센 헤게모니의 부활은 지방정부회의 내내 이 사안에서 통일된 입장을 견지했던 바이에른과 기타 남부독일 주들의 강력한 반대에 부딪쳤다. 이 때문에 파펜의 권력지향적 조치들을 저지할 수 있는 수단인 프로이센의 "파괴"를 통한 제국 재편은 거의 불가능하였다. 바이에른의 입장에서 상당 정도 스스로 권한 제한을 인정했음에도 불구하고[28] 제국개혁 문제는 주의 권한 문제(특히 경찰권과 사법권에서)와 같이 거의 해결되지 못했다. 파펜이 권위주의적 방식으로 신속하게 문제의 급진적 "해결"을 시도했을 때, 그는 일련의 헌법적, 행정기술적 주장들의 전선뿐 아니라 정당, 그룹 그리고 이익단체들의 입장들이 대립하는 전선에 직면했다.

2. 정치적 차원에서의 제국개혁 논의

공화국의 지방정부 구조의 문제를 외면했던 바이마르 헌법의 해석과 개정을 둘러싼 논쟁은 모든 종류의 정치분파 내부에서 재현되었다.

---

28) *Denkschriften der bayerischen Staatsregierung*. 1924년도의 최초 기획안(*Zur Revision der Weimarer Reichsverfassung*)은 전적으로 주의 헌법적 자치를 목적한 것이었고, 1926년도의 두 번째 기획안은 주의 독자국가성을 점진적으로 제한하는 경향에 대해 비판했다면, 1928년의 세 번째 기획안(*Material zur Verfassungsreform*)은 "주어린이들"(*Landeskinder*)의 참정권 제한을 승인했다. Schwend(주 V/40), S. 315ff, S. 338ff, S. 376ff.

가장 강력하게 연방주의적 입장을 주장했던 중앙당의 입장이 가장 파악하기 어렵다. 이미 국민회의에서 중앙집권주의가 중앙당의 분위기에 일정한 영향력을 행사했다. 특히 당시 재무부장관으로서 베르사유조약이 독일에 부과한 의무를 이행하기 위해 중앙집권적 재정정책의 불가피성을 강조했던 에르츠베르거(Erzberger)는[29] 이러한 정책기조 변화에 영향력을 행사했다. 이 때문에 중앙당의 바이에른 분파의 분열과 새로운 바이에른인민당 내 바이에른 연방주의자들의 결속이 이제 저지될 수 없었다.

중앙당 스스로는 주(州) 자치주의와 경미한 반프로이센 경향이 뒤섞인 연방주의적 중앙집권주의를 유연하게 계속 견지하였다.[30] 중앙당은 문화정책과 경제정책에서 탈중앙화를 주장하지만[31] 신질서를 비스마르크 국가체제보다 더 나은 것으로 보았다.[32] 이해 대립 지형은 분명했다. 즉, 정치적 가톨릭주의자들은 오직 바이에른과 바덴 주에서 주 자치 확립에 관심이 있었고, 그 밖의 주에서는 강력한 전국의 지지자들을 결집시킴으로써, 즉 강력한 제국적 권력을 통해 정치권력을 획득하였다. 독일제국 시기 중앙당의 연방주의를 유발시켰던 프로이센-

---

29) Mathias Erzberger in: *Stenographische Berichte über die Verhandlungen der verfassunggebenden Deutschen Nationalversammlung* 1919/1920, Berlin 1920, S. 2376, S. 3803f, S. 3807, S. 4459.

30) Curt Bloch, *Die Reichsgestaltungstendenzen in Deutschland von 1918 bis zur Gegenwart*, 1931; Max Schulemann, *Parteien und Reichsreform*, Diss. Tübingen 1946(ungedr.), S. 99ff. 이 박사학위 논문은 칼 슈미트의 입장과 그의 바이마르 헌법 비판을 토대로 하여 서술되었으며 부분적으로는 나치주의적인 생각의 흔적들도 발견된다. 그렇지만 자료 측면에서는 유용하다.

31) 예컨대, 당시 중앙당 의장이요 원내총무인 Karl Trimborn의 제국의회에서의 발언, *Reichstagsprotokolle*, 345, S. 824. 제 1회 중앙당 전국대회(1920년 1월 19~22일)에서의 발언, *Offizieller Bericht des 1. Reichsparteitages der Deutschen Zentrumspartei*, Berlin 1920, S. 9.

32) 예컨대, Eugen Bolz의 발언, *Reichstagsprotokolle*, 330, S. 2989.

프로테스탄트 지배권력자들과 대립했던 입장은 바이마르공화국에서 제국정치에 적극적·지속적으로 참여하는 방향으로 바뀌었다. 중앙당의 가장 중대한 이해관심은 바로 여기에 있었다. 특히 연방주의적인 바이에른인민당이 중앙당과 갈라선 이후에는 더욱 그러했다.[33]

물론 중앙당의 주요 대표자들은 제국총리와 프로이센 주 총리가 한 개인에 집결됨으로 인한 프로이센의 헤게모니 부활은 더욱 격렬하게 반대하였다. 또한 바로 이 점 때문에 중앙당을 배반한 의원인 파펜이 독일민족인민당의 견해에 부합하는 복고적인 프로이센 정책을 실시할 때 가장 강력한 반대를 예상해야 했다. 중앙당은 "제국주 프로이센"(*Reichsland Preußen*)[34] 주장도 깊이 고려하였고, 동시에 제국 권력의 강화를 다각도로 추진하였지만,[35] 특히 가톨릭적인 라인란트와 베스트팔렌의 입장에서 프로이센의 분할이 중앙당의 지배적인 정책이 되었다. 바이마르 헌법에 내재해 있는 여러 가능성들을 더욱 발전시킬 것을 브뤼닝은 주장했는데, 이와 같은 그의 주장의 근거가 바로 이 "연방주의적 중앙집권국가" 입장이었고,[36] 중앙당이 보다 더 강한 연방주의적 경향으로 새롭게 기울고 있는 현상을 특징짓는 기본입장이 바로 이것이었다. 바이에른인민당과의 협력이 1927년 이래 다시 개선되었고, 이로써 바이마르의 중앙집권주의를 비판하던 남독일 분파가 다시 중앙당에 강력한 영향력을 행사할 수 있었다.[37] 중앙당은 반(半)

---

33) Nawiasky(주 VIII/8), S. 79f., S. 83.; Schulemann(주 VIII/30), S. 119ff.

34) Kitz(주 VIII/22), S. 15ff., 37. 이 주장은 당원 다수와 브뤼닝에 의해 거부되었지만, 파펜은 이 주장을 지지하였던 것 같다.

35) Friedrich Grebe, Preußen und das Reich, in: *Das Zentrum*, 1922, S. 250f. 이와 비슷하게 슈테거발트도 지방의 권한 확대가 프로이센이 제국으로 편입되는 가장 좋은 방법이라고 주장하였다. Adam Stegerwald, *Zusammenburch und Wiederaufbau*, Berlin 1922, S. 27f.

36) 라인지방 중앙당대회(1927)에서의 Heinrich Brüning의 발언, *Kölnische Volkszeitung*, Nr. 901 v. 7. Dezember 1927.

공식적 차원에서는 에르츠베르거의 결정을 지지했지만, 이제 다시 중도적인 연방주의를 더 강조하기 시작하였다.[38] 이것은 두루 퍼져 있는 의회주의 개혁에 대한 입장에서도 나타났고,[39] 또 정당의 다양한 내부 견해들 모두를 고려할 수 있었던 타협적 태도였다. "제국개선연맹"의 제안들조차 중앙당의 중도적 연방주의자들 일부에 의해 긍정적으로 받아들여졌다. 물론 이것은 바이에른인민당이 우려했던 "대프로이센"의 건설이 그 배후의도가 아닌 한에서였다. 당시 바로 파펜이 이러한 우려들이 근거 없음을 강력하게 주장했다는 것은 대단히 흥미 있는 일이다.[40]

1930년 주 정부회의가 흐지부지 사실상 종결된 이후 브뤼닝의 위기관리정부에서 중앙당에게 주요한 역할이 주어짐에 따라 확실히 나치라는 새로운 문제에 직면하여 이러한 종류의 모든 견해들이 사라졌다. 중앙당이 중요한 역할을 하는 프로이센 주 정부는 브뤼닝의 필수불가결한 버팀목이 되었다. 1932년 4월 24일 중앙당은 선거에서 패했고, 방금 전 브뤼닝 정부의 붕괴를 야기했던 배신자 중앙당원 파펜에 의해

---

37) 뷔르템베르크 지부의 의장 이외에(*DAZ*, Nr. 519 v. 6. November 1927) 특히 후에 대통령이 되는 볼츠(Eugen Bolz)도 이러한 입장을 갖고 있었다(*Kölnische Volkszeitung*, Nr. 901 v. 7. Dezember 1927).

38) 예컨대, "Zentrum und Föderalismus" 조항, in: *Kölnische Volkszeitung*, Nr. 960 v. 30. Dezember 1927. 다양한 입장들의 변형과 협상에 대해 다음을 참조하시오. G. Senger, *Die Politik der Deutschen Zentrumspartei zur Frage Reich und Länder, 1918-1932*, Hamburg 1932, S. 13ff.

39) 이에 대해 특히 정치적 책임 제고를 위한 선거제도와 교육의 개선이라는 관점에서 의회주의 개혁에 찬성했던 슈라이버(Georg Schreiber)의 발언을 참조하시오. *Reichstagsprotokolle*, 392(1927), S. 9633; 395(1928), S. 13641; 425(1925), S. 2179; ders., *Zentrum und Reichspolitik*, Köln 1930, S. 32.

40) Franz v. Papen, "Reichsreform", in: *Germania* v. 12. Oktober 1928. "우리는 연방주의자이며 그렇기 때문에 대프로이센으로 귀결되는 제국개혁을 반대한다!"

중앙당은 정권에서 제외되었다. 그 결과 독일민족인민당의 비스마르크 방식에 따른 프로이센 문제해결에 대한 중앙당의 오래된 반대는 원칙적인 반대입장으로 강화될 수밖에 없었다.

이와 달리 독일사민당은, 비록 프로이센 정부의 구성정당으로서 개혁노력이 권력투쟁으로 변질되었던 마지막 국면에 중앙당과 같은 입장이긴 했어도, 처음부터 수미일관하게 "탈중앙화된 통일국가"를 지지하였다.[41] 사민당의 중요한 강령 중 하나가 바로 이것이라는 점은 사민당의 사회정책 및 경제정책의 이해구조를 설명해 준다. 사민당 지지자들의 생활조건과 노동조건이 더욱더 표준화되는 것은 전국적 차원에서 정치적, 사회적 그리고 경제적인 의견수립을 집중화할 것을 요구하며, 바로 이 전국적 차원에서 사민당은 자신의 중앙집권적 조직의 영향력을 가장 효율적으로 발휘할 수 있었다. 이러한 경험은 이미 제 2제국 시기 투쟁에서 얻었던 것이다. 이러한 경험 때문에 사민당은 자신이 신국가에서 주도적 역할을 하는 것을 심대하게 방해했던 바이마르 헌법의 타협들에 대해 만족하지 못했다. 많은 비판자들은 바이마르 질서가 이미 붕괴된 제 2제국이 단지 군주 없이 재생된 것이라고 보았다.[42] 프로이센 정부 내에서 사민당이 자신의 위치를 방어하는 문제로 사민당 지도부 내에 아주 서로 다른, 종종 너무 전술적이라고 여겨지는 평가들이 내려졌다. 중앙집권적 개념과 다른 브라운과 제버링의 견해에 직면하여 프로이센 문제가 강요했던 직접적인 정치적 이해관계[43]로 사민당의 중앙집권주의는 프로이센의 보존과 — 경우에 따라서

---

41) 예컨대, 괴를리츠 강령(1921)이나 하이델베르크 강령(1925)을 보시오.

42) M. Cohen의 발언, in: *Sozialistische Monatshefte* 1919, S. 773; H. Kranold의 발언, *ebda.*, S. 853ff.; *ebda.*, 1920, S. 835f.

43) Otto Braun, *Deutscher Einheitsstaat oder Föderationsystem?*, Berlin 1927, S. 9, S. 14, S. 31; Carl Severing, "Einheitsstaat oder Reichsverfassung?" in: *Jahrbuch der deutschen Sozialdemokratie* 1928, S. 309; Schulemann(주 VIII/30), S. 189ff.

는 — 지역적 연방주의(*regionaler Föderalismus*)로 변질되었다.[44] 특히 브라운은 제국 총리와 프로이센 총리가 한 사람에 집중되는 것을 스스로 결코 반대하지 않았다. 이러한 태도는 파펜의 간섭을 틀림없이 경감시켰을 것이다.[45]

사민당의 입장은 실천적-정치적 상황판단에 크게 영향을 받았지만, 원칙적으로 탈중앙화된 자치에 기초한 중앙집권국가 개념을 고수하였다.[46] 하지만 바이마르 최종국면의 정당정책인 "보수적" 입장을 규정했던 것은 예컨대, 다수대표제 선거제도 도입[47]을 통한 바이마르 의회 개혁보다 브뤼닝 정부 아래에서도 여전히 유지되었던 사민당의 정치적 위상을 보존하고 최후의 결전을 회피하는 전략이었다. 지방정부회의에 대한 사민당의 회의적 판단은[48] 사민당을 수동적 타협으로 몰아넣고 결국 방어적 자세로 내몰았으며 의회민주주의를 원외투쟁으로 몰아붙였던 사태의 진전에 직면하여 전면적인 포기로까지 발전하였다.[49] 중앙집권주의에 대한 정당의 초기입장을 희생하는 대가로 프로

---

44) 사민당원이며 바덴 주 총리인 레멜레(Adem Remmele)는 주들을 유지할 것과 "선거구호로서의 중앙집권국가"를 반대하였다. A. Remmele, "Gegen den Einheitsstaat, Der Standpunkt der süddeutschen Staatsoberhäupter", in; *Süddeutsche Monatshefte* 25(Januar 1928), S. 242ff. (여기에 뷔르템부르크 주와 바이에른 주 총리들의 비슷한 견해가 수록되어 있다). Adam Remmele, in: *Karlsruhe Zeitung*, Nr. 290 v. 13. Dezember 1927.

45) Otto Braun, *Von Weimar*(주 I/5), S. 354f. "Angleichung Preußens an das Reich auf dem Wege der Personalunion in den letzten Ämternä", S. 507.

46) "Dezentralisierte Selbstverwaltung als Weg zum Einheitsstaat" in: *Leipziger Volkszeitung* v. 27. Februar 1928.

47) 이를 주장했던 사람은 팔(Walter Pahl)이었다. "Politische Willensbildung und Parlamentsreform", in: *Sozialistische Monatshefte* 1929, S. 292ff.

48) *Vorwärtz* v. 17~19. Januar 1928.

49) Gregor Bienstock, *Kampf um die Macht. Zur neuen Politik der Sozialdemokratie*, Berlin 1932, S. 5ff.

이센과 제국을 현상 유지한다는 입장으로의 선회는, 파펜의 폭력 쿠데타가 이론적 형식을 갖출 수 있었던 건설적 개혁계획의 부활을 가능하게 했던 때까지, 사민당의 지배적인 태도가 되었다.

국가정당으로서 독일민주당은 진보적 자유주의의 중앙집권적 전통을 수미일관하게 주장하였다. 이에 반해 독일인민당은 전략적 고려에서 — 이것은 대부르주아지가 전국적 차원에서보다 몇 배 더 강력한 정치적 위상을 누릴 수 있는 그런 주들에서의 권력관계에 따라 서로 달랐다 — 중앙집권주의를 명확히 비판하였다.[50] 바로 이러한 점에서 볼 때, "중앙집권주의" 전선의 강화를 위해 바이마르공화국 정부구성정당들의 협력뿐 아니라 사회적-직업적 이익단체들간의 협력도 중요하였다. 그 자신 전국적 조직이라는 성격 때문에 각 정당들에게 중앙집권적 관점을 강요했던 제국의회 이외에 특히 제국공무원들도 전면에 등장하였다. 이들은 자신들의 영향력과 권한을 강화시키자 하였는데, 이러한 노력은 주 정부의 권한을 축소시키고 다양한 절차를 수직적으로 간소화시키려는 노력을 당연히 포함하였다.[51] 그들은 이러한 노력을 다양한 행정적 수단으로 실현하고자 하였다. 자신의 정해진 임기 때문에 즉각적이며 눈에 보이는 확실한 성공을 추구하는 제국장관들도 이와 마찬가지의 입장이었다. 중앙집권적으로 조율되고 전국적인 영

50) Nawiasky (주 VIII/8), S. 79ff.

51) 예컨대 중앙공무원위원회(Ministerialrat)의 다음과 같은 입장을 보시오, Frielinghaus(주 VIII/12), S. 39f. "우리에게 필요한 것은 독일의 중앙집권적 행정이다. 이 중앙집권적 행정체제는 제국 차원의 문제에서 통일된 의지가 필요한 경우 가장 낮은 말단행정까지〔!〕 관철될 수 있도록 해야 할 것이다. 그러므로 우리는 그 정상에 제국대통령과 제국정부가 서 있고 주에는 주 총리와 그 정부가 중앙의 관리를 받는 그런 중앙집권적 행정국가를 필요로 한다." 이것은 제국관료들의 획일적 위계질서 구축 주장이 정치적 영역까지 확장되었다는 것을 보여주는 하나의 좋은 예이다. Karl Bilfinger, *Der Einfluß der Einzelstaaten auf die Bildung des Reichswillens*, Tübingen 1923, S. 39ff., (빌헬름 시대의 영향력 문제에 대해서는) S. 13ff.

향력 지역 및 경제지역에서 효율적으로 활동하기 위해 정치구조가 기술적으로 단순화되고 합리화될 것을 요구하며 그 최고중앙기구로 인해 나름대로 중앙집권적 경향을 강화했던 이익단체들도 위와 마찬가지의 입장이었다.

연방주의 측면에서 볼 때, 주 의회, 주 정부 그리고 주 관료들이 역사적, 지역적으로 특수한 자신의 권한을 방어하기 위해 전개했던 활동들이 자신들의 입장에 따른 행동이었다. 제국 기관들이 주차원까지 간섭하려 드는 것을 불필요하고 불쾌하게 생각했던 주의 공무원들이 특히 이러한 활동을 하였다.[52] 제국의회에서 활동하는 원내교섭단체와 주 의회에서 활동하는 원내교섭단체의 대립에서도 이러한 갈등은 분명히 확인되었다. 모든 정당은 상황에 따른 일시적 변화에 불과했지만, — 예컨대 프로이센에 대한 사민당의 입장 변화 — 어쨌든 중앙당과 사민당에 존재했던 기본방향의 흔들림 현상의 원인으로 작용했던 긴장관계에 처했었다. 이와 달리 한편에서 바이에른인민당과 독일하노버당(Deutschhannoverische Partei)과 같이 지방에 뿌리를 둔 정당들과 다른 한편 — 제국 차원에서 아주 다른 동기와 목적을 지닌 — 독일민족인민당이 흔들림 없이 연방주의적 입장을 견지하였다. 독일민족인민당의 이상은 비스마르크 헌법과 그들의 첫째 전제조건인 프로이센 헤게모니의 기본적인 부활이었다. 전체주의적 정당들과 "민족적 반대파" 일반[53]의 전적으로 기회주의적이며 불분명한 중앙집권 선전과 달리,

---

52) 예컨대 주 VIII/28에 인용된 바이에른의 각서를 참조하시오. 이것은 주로 바이에른 공무원들의 대표들이 작성한 것이었다. Nawiasky(주 VIII/8), S. 86f.; Gustav Otto Müller, "Gegen den Einheitsstaat. Die Fragen des Beamtentums", in: *Süddeutsche Monatshefte* 25(1928), S. 250ff.

53) 표명된 목적이 서로 달랐던 "민족적 야당"의 어려움은 또한 이 점에서도 분명히 드러난다. 이들에게서 대독일주의적 민족주의와 특히 파편주의, 즉 전통적인 "독일 분열"에 대해 분노하는, 급진적인 중앙집권주의에 기반 한 반박이 철저한 프로이센 이데올로기와 대립되어 있다. "강한 외교"에 대한 요

독일민족인민당은 그야말로 흔들림 없이 바로 이러한 그들의 이상을 간직하였다.

프로이센의 여전히 존재하는 사명이라는 사상에서 확인되는, 독일민족인민당의 이 헤게모니적 연방주의는 권력국가적이고 군국주의적이며 군주주의적인 자신의 주장들 때문에 종종 세계시민적이며 평화주의적인 바이에른의 "진정한" 연방주의보다 더 날카롭게 바이마르 국가와 처음부터 대립하였다. 군주주의적 복고에 대한 희망이 실현가능성이 없어졌다고 판단되었지만,[54] 독일민족인민당은 연방주의 방식으로 재건된 연방국가에서 강력한 제국권력의 기초로서 프로이센의 맹주 역할에 그만큼 더욱 집요하게 매달렸다.[55] 힌덴부르크가 제국대통령에 선출됨으로써 그들에게는 제국대통령이 이 잠재적 군주주의 국가구성을 보장하는 존재였다. "프로이센을 통해 제국으로 진출하자,"[56] 이것이 독일민족인민당의 정당구호였다. 그들은 이런 방법으로 1918년 잃어버렸던 권력을 다시 찾기를 희망하였다. 이들은 잠시 의회주의적 정부정책에 참여한 것을 계기로 공화국 시기 중간 시점에서는 당시의 헌법문제와 개혁문제에 약간 건설적인 입장을 견지하였다. "그들의" 힌덴부르크

구, 특히 독일이 연방주의적 방식으로 재편되기를 바라는 프랑스의 소망을 붕괴시킬 것에 대한 요구가 프로이센 이데올로기와 제국이데올로기가 가장 불철저하게 마구 섞인 잡탕으로 어떻게 귀결됐는가에 대한 한 예는 비밀재판 변론자들(*Feme-Verteidiger*)의 문서이다. Friedrich Grimm, *Reichsreform und Außenpolitik*, Hamburg 1933, S. 7ff., S. 39ff.

54) 독일민족인민당의 사무총장 바이스(Max Weiß)의 의견이 이에 대한 예이다. "Verfassungsfragen", in: *Politisches handwörterbuch*, Berlin 1928, S. 938, 921ff.; Kaufmann(주 I/89), S. 117ff.

55) Paul Baecker, *Die deutsche Frage*〔제 2차 하노버 당대회(25. Oktober 1920)에서의 연설〕, Berlin 1920, S. 11ff.; Axel Frhr. v. Freytah-Loringhoven, "Verfassungsfragen", in: *Der nationale Wille*(주 VIII/6), S. 145.

56) Oskar Hergt, *Unser Ziel*〔제 2차 하노버 당대회(25. Oktober 1920)에서의 연설〕, Berlin 1920, S. 15.

가 제국대통령으로 선출된 것 또한 사태가 체제전복의 중요성을 확산하는 방향으로 전개되리라는 그들의 희망을 부추겼다. 하지만 바이마르 국가구조에 대한 그들의 철저한 비판은 여전하였으며, 친정부적 방향에 대한 후겐베르크 분파의 승리로 프로이센에 대한 열망은 새로워졌다. 독일민족인민당이 비스마르크적 국가구조를 복원하고 의회주의를 근본적으로 억제하는 권력투쟁의 승리를 위한 열쇠가 바로 여기에 있었다.[57] 헌법문제는 이러한 의미에서 제국개혁의 도구로 여겨졌다. 결정적인 장애물인 이 의회주의는 지도자 원리(*Führerprinzip*)의 강화, 즉 제국대통령의 권한확대를 통해 제거되어야 하며 힌덴부르크를 통해 프로이센에서의 권력쟁취의 길이 놓여야 한다고 그들은 생각하였다.[58]

그러므로 "모든 것을 파괴하는 의회주의" 문제를 회피하고 프로이센을 제국 주(州)로 전환시켜야 한다고 주장하는, 제국갱신연맹의 중앙집권주의 역시 독일민족인민당의 반대에 부딪쳐야만 했다.[59] "개혁의 핵심"은 "우리의 공공영역의 과잉 의회주의화를 제거하는 것"[60]이며 "변화무쌍한 의회다수파의 절대적 전권을 억제하는 것"이지, 결코 혁명을 성취할 수 없고 비스마르크 국가를 갈기갈기 찢어버릴" 그런 개혁이 아니라는 것이 독일민족인민당의 입장이었다.[61] 독일민족인민당

---

57) 이에 대한 증거들은 많다. Schulemann(주 VIII/30), S. 53ff.

58) *Politisches Handwörterbuch*(주 VIII/54), S. 944ff.; Friedrich Everling, *Reichszerstörung oder Reichsreform*, Berlin 1928, S. 34, S. 36.

59) 예컨대, 발표하기 전에 승인받기 위해 그에게 제시된 제국갱생연맹 기본원칙에 대한 후겐베르크의 반대를 보시오. *Kölnische Zeitung*, Nr. 362a v. 4. Juli 1928. 후겐베르크의 공식적 반대의사는 당 대표위원회의 의결(9. April 1929)을 통해 공표되었다. *Wege zur Reichsreform. Deutschnationale Schriftenvertriebsstelle*, Flugblatt Nr. 518; *Deutsche Zeitung*, Nr. 87 v. 14. April 1929.

60) 독일민족인민당 대변인 발표, *Deutsche Tageszeitung*, Nr. 374 v. 4. August 1928.

61) *Deutsche Zeitung* v. 7. August 1928; *Kreuzeitung*, Vr. 557 v. 25 November

은 지방정부회의의 노력을 격렬하게 반대하였는데, 후겐베르크와 독일민족인민당 대표위원회는 "프로이센에 제국운영의 책임을 부과함으로써" "제국과 프로이센의 이원구조를 제거하기 위한" 연방주의적-반의회주의적 구상을 대안으로 제안하였다.[62]

마지막 국면을 장식한 것은 프로이센에서 약해진 독일민족인민당이 사민당 정권에 맞서 벌인 격렬한 투쟁이었다. "프로이센을 마르크스주의로부터 해방하라!",[63] 이것이 프로이센의 브뤼닝 정부 지원세력을 분쇄하기 위한 구호였다.[64] 전술적 국면전환에서 "마르크스주의자, 중앙당 민주주의자 그리고 유대인 민주주의자들의 반프로이센적 프로이센인들을 제거"하기 위해 헌법적인 논거가 동원되었다.[65] 반면에 독일민족인민당은 오래전부터 사민당의 "프로이센-열광"(*Preußen-Schwärmerei*)에 맞서 투쟁했으며[66] 주의 권리들을 새롭게 강조했다. 독일민족인민당은 오래전부터 나치의 궤적을 따르고 있었지만, 프로이센의 길을 통해 권력을 쟁취할 수 있을 것이라 믿었다. "프로이센 없이는 구원도 없다!" 1932년 프로이센 선거에서 독일민족인민당의 완전한 패배는 나치당에게 이익이 되었는데, 그 이후에도 당의 노선은 마찬가지였다. 조금 후 힌덴부르크가—독일민족인민당은 힌덴부르크의 대통령

1928; Everling(주 VIII/58), S. 11ff.; Axel Frhr. v. Freytah-Loringhoven, "Dr. Luthers Reichsreform", *Der Tag* v. 13 Oktober 1928.

62) Alfred Hugenberg, in: *Der Tag*, Nr. 37 v. 12. Februar 1929; vgl. *Unsere Partei* 1929, S. 79; "Entschließung …" in: *Deutsche Zeitung* am 25. März 1931 in Marienburg.

63) 마리엔부르크(Marienburg)에서 행한 후겐베르크의 연설(25. 3. 1931)

64) 1931년 9월 20일 슈테틴(Stettin)에서 개최된 독일민족인민당 전당대회에서 행한 후겐베르크 연설 in: *Unsere Partei* 1931, S. 232.

65) Eduard Stadtler, *Preußen wider preußsich*, Kirchhain 1931, S. 46f.

66) *Deutsche Tageszeitung*, Nr. 511 v. 29. Oktober 1928 zum *Vorwärtz*-Interview Severings v. 28. Oktober 1928.

재선 반대투쟁을 벌였다 — 독일민족인민당의 구미에 따라 대통령 독재권을 발동하자, 비스마르크식 해법은 곧 성공할 것 같았다. 방해받았으나 프로이센에서 권력장악에 성공한 독일민족인민당원인 파펜의 원외 쿠데타가 비스마르크 국가구조를 바이마르공화국이라는 막간극을 넘어 제국 차원으로 확산하는 것을 도울 수 있었는가?

3. 프로이센 쿠데타로의 길

제국개혁의 문제를 둘러싼 격렬한 논쟁은 주 정부회의의 위기국면에서 다시 이론적인 논의 차원으로 후퇴하였다. 브뤼닝 내각의 대통령 비상령 정책으로 제국 입법권이 지속적으로 주 권한을 침식하였다. 1930년 이전에는 이러한 일반적 경향이 기본적으로 정상적인 의회 의결을 통해 확산되었던 데 반해 이제 이러한 경향은 바이마르 헌법 제48조에 의거한 원외적 조치를 통해 관철되었다. 이로써 이러한 경향의 확산속도가 급격히 빨라졌고 그 영향범위도 더욱 확대되었으며, 이것은 온갖 저항과 반대에도 불구하고 법률적으로나 실질적으로 억제되지 않았다. 이러한 배경에서 1931년 12월 5일 국사재판소(*Staatsgerichtshof*)는, 제국대통령은 주의 권한 영역에 대해서도 효력이 있는 명령을 발할 수 있다는 판결을 내렸다.[67] 제국 내무부장관은 이미 이 전에, 제국대통령은 "헌법 제 48조에 의해 그에게 주어진 권한을 실행할 때 제국과 주의 권한에 관한 헌법규정에 구속되지 않는다"는 해석을 근거로 1931년 8월 24일 주와 기타 지방 자치단체의 재정확보를 위한 조치를 내린 바 있었다.[68] 이 규정은 주 정부들에게 그들의 재정보완을 위한

67) Hans-Heinrich Lammers/Walter Simons, *Die Rechtsprechung des Staatsgerichtshofs für das Deutsche Reich*, Bd. V. S. 154ff, 4e, 202, Ziff. 3a.

68) *RGBI.*, 1931, S. 453. 제국대통령은 "주입법권자의 권한과 단순한 제국입

규정 제정권을 부여했지만, 실제로 비상령입법에 익숙해져서 제국대통령의 비상대권이 점점 더 유일한 입법권의 근거가 되었다. 주들은 제국상원을 통해서 이 입법권에 대해서 자신의 주장을 별 효과 없이 내세울 다름이었다.[69] 제국대통령의 원외입법권 때문에 연방에 관련된 모든 사항을 논의하고 결정하는 합법적 기구인 제국상원은 배제되었다. 헌법 제 48조에 근거해서 비상령이 내려질 경우 주의 권한은 전혀 보장되지 못했다.[70]

1930년 이래 주의 경제법과 노동관련 법 및 주 소속 자치지역의 재정, 실업정책, 사회정책에 대한 주의 권한에 제국권력이 지속적으로 간섭했던 것은 이러한 사태진전에 상응하는 것이었다.[71] 그리하여 이러한 것과 관련된 제국기구들이 설립되었다. 이리하여 제국총리 소속의 현지출장소가 제국대통령령에 의해 설립되었다. 이 현지출장소는 프로이센과 제국에 의해 관리되었다가[72] 후에 오로지 제국위원들을 통해 관리되었다.[73] 1932년 6월 16일 주 노동관련 업무 전담을 위한 제국노동부장관 예하의 제국위원이 임명되었다.[74] 이러한 흐름은 결국 "제 3제국"의 중앙집권주의에 유리하게 될 사태진전이었다. 무엇보다 경제정책 분야에서 실현된, 제국위원을 통한 제국행정의 확대는 수

법권자의 권한을 모두 가진다. 주입법권에 속한 사항에 대한 조치를 이러한 규정에 근거에 의해 취하고, 주의 규정이 이 조치와 상반될 때, 대통령의 조치가 우선권을 가진다."

69) *Ebda.*

70) Poetzsch-Heffter, "Vom Staatsleben"(주 I/131), S. 136ff. 비상령 발동의 예들이 여기에 수록되어 있다.

71) 이와 관련된 규정, *Ebda.* S. 15ff.

72) Erlaß des Reichspräsidenten v. 14. August 1930: *RGBl.*, 1930, I, S. 434; Otto Braun(주 I/5), S. 386ff.

73) Erlaß des Reichspräsidenten v. 5. November 1931: *RGBl.*, 1931, I, S. 665; o. 주 IV/119; Schlange-Schöningen(주 I/78), S. 48ff., S. 56ff.

74) Verordnung über den freiwilligen Arbeitsdienst: *RGBl.*, 1932, I., S. 352.

많은 제국행정위원회 설치를 통해 지원되었다.[75] 이 위원회들은 특히 농업에 관련된 주의 권한을 제약하는 결과를 초래했고 종종 중복행정의 문제를 야기하기도 했다. 예컨대, 은행이나 복지 관련 입법 등에서 확인되듯이, 모든 영역에서 "제국화"(Verreichlichung)의 경향이 농후했다. 보다 더 결정적인 것은, 주의 경찰권이 바이마르공화국 안전에 관한 1922년 법[76] 개정을 통해[77] 그리고 정치적 폭력행위 근절을 위한 제국대통령 비상령(1931년 3월 28일)[78]를 통해 사실상 점점 더 제국 내무부장관의 지시에 의존하게 되었다는 사실이었다. 파펜과 가일이 주도한, 유니폼 착용금지와 데모 금지령 폐지에 대한 주들의 저항이 공화국 대통령령으로 인해 — 2주 후의 두 번째 영(令)을 통해 이 대통령령은 주들에게 더욱 강한 구속력을 갖게 되었다 — 무산되었을 때, 이러한 경향은 최고점에 도달하였다.[79] 유혈적인 거리의 투쟁과 충돌 이후 단행된 새로운 폐지가 사태를 되돌리지 못했다.

그러나 이 모든 징후들이 특히 의회 입법권이 축소되고 관료들의 사실상의 입법권이 확대되는 현상 아래에서 아무리 문제 있는 것으로 보였을지라도, 이 징후들은 이제 특별한 헌법적 재검토로 귀결될 수 없었다.[80] 이 징후들은 공화주의 이론가들과 이해단체들의 중도적 중앙집권국가 관념들뿐 아니라, 헌법질서를 일방적인 정치적 의도를 지닌 폭력적인 방식으로 파괴하지 않은 채 그것을 심각히 변경하는, 당시의 다른 국가들의 중앙집권적 비상령에도 부합하는 것이었다. 이때 브뤼

75) Poetzsch-Heffter, "Vom Staasleben" (주 I/131), S. 25.

76) *RGBl.*, 1922, I, S. 585.

77) Gesetz zum Schutze der Republik v. 25. März 1930: *RGBl.*, 1930, I, S. 91.

78) *RGBl.*, 1931, I. S. 79.

79) Verordnungen des Reichspräsidenten gegen politische Aussschreitungen: *RGBl.*, 1932, I, S. 297 (14. Juni), S. 339 (28. Juni), Vgl. o. S. 483.

80) Ernst Hamburger, "Dialektik der Staatsrechtlichen Entwicklung" in der Wirtschaftskrise in: *Die Gesellschaft* 9. Heft I (Januar 1923), S. 20ff.

닝의 실각에 따른 여러 사건들은 가장 중요한 부분문제인 프로이센 문제를 구체적인 정치적 결전의 장으로 만들었다. "흑-적 정부"인 브라운 정부에 대한 "민족적 반대파"의 수년 동안의 비판은 이제 더욱 강화되어 직접적인 원외투쟁의 형태를 취하게 되었다. 왜냐하면 안정적 다수의결을 할 수 없는 지방의회가 자신이 붕괴시킬 수 있으나 대체할 수 없는 내각과 대립하고 있기 때문이었다. 그렇지 않아도 극우적 파트너와 독일민족인민당의 영향을 받고 있는 파펜 내각의 가장 큰 관심사는 가장 거대한 지방정부(프로이센)를 신속히 제압하여 자신의 권위주의적 욕구를 충족시키기는 것이었다. 프로이센 정부도 제국 정부와 마찬가지로 바이마르 정당연합으로 구성된 것이었다. 내정에 관한 제국군대 참모부의 구상은 결국 특히 프로이센 경찰의 통제에 주안점을 둔 것이었다. 이와 같은 다양한 동기에 의해 쿠데타가 발생한 것이었다. 운신의 폭이 좁아진, 대통령 비상령으로 운영되던 정부가 마지막 순간에, 즉 자신의 과도기적 성격을 종식시킬 선거 11일 전에 운신의 폭을 넓히려했는데, 그 수단이 바로 쿠데타였다.

프로이센에서 브라운 정부는 새롭게 구성된 주 의회의 첫 모임(5월 24일)에서 총사퇴할 것을 선언했다. 다음 날 나치당 소속 의원 케를(Kerrl)이 주 의회 의장으로 선출되었다. 케를이 선출된 의회 모임에서 공화국 사법부에 대한 나치당 소속 의원 프라이슬러(Freisler)의 공격 이후,[81] 그리고 나치의 테러에 대한 공산당 소속 의원 피크(Pieck)의 비판 이후에 이 2개의 전체주의적 정당간에 유혈의 난투극이 발생했다.[82] 그 이후 중앙당과 나치당의 협력으로 프로이센 다수파 정부

---

81) 후에 나치 최고인민법원장이 될 악명 높은 프라이슬러의 비판근거는 차르노프(Gottfried Zarnow)의 전적으로 반공화주의적인 사건일지였다. *Gefesselte Justiz, Politische Bilder aus deutscher Gegenwart*, 2 Bde., München 1931/1932, 이 책은 법률해설서가 아니라 우익야당의 입장에서 정치적으로 폭로하는 책이었다.

를 만들어내고자 하는 모든 노력이 실패했는데, 이때 파펜의 새 정부가 간섭할 것이라는 소문이 파다하게 퍼졌다.[83] 프로이센은 1919년 이래 짧았던 두 번의 예외(슈테거발트 내각과 마르크스 내각)를 제외하면 사민당 주도의 바이마르 연정에 의해 통치되었다. 이전보다 더 정치적 타협준비가 되어 있는 사민당이 "부르주아 블록" 내에 계속 머물렀고, 중앙당이 철저한 민주정치를 더욱 결연하게 주장했던[84] 바로 이 순간의 프로이센 정치상황은 제국의 그것보다 본질적으로 더 안정적이었다. 그러나 이제 전반적인 권력이동이 바이마르 질서의 가장 중요한 이 토대(사민당 주도의 연정구조)를 고립시켰다. 오토 브라운은 여전히 당시 프로이센 총리이었지만, ―당시 프로이센 지방의회는 브라운 내각에 대해 불신임할 수는 있었지만, 그것을 대체할 내각구성에 대해 합의할 수 없었다[85] ―6월 6일 "다시 복직하지 않겠다는 결심으로" 절망 가운데 휴가를 떠났다.[86] 그의 참모들 중 가장 연장자인 히

---

82) o. S. 442f.

83) Carl Severing, "20 Juli 1932", in: *Die Gegenwart* 2, Nr. 13/14(v. 31. Juli 1947), S. 15: "제국 내무부장관으로 임명될 가일(Freiherr von Gayl)이 프로이센 문제 전담 제국위원으로 임명될 것이라는 소문이 이미 6월 2일 신문에 보도되었다."

84) 제2제국 시기 프로이센 정치계에서 프로테스탄트적 요소들이 지배적인 역할을 했고, 이러한 현상이 프로이센 중앙당을 일찍이 "진보적인" 정책을 취하도록 강제했고, 공화주의적 프로이센을 가톨릭주의의 정치적 해방을 위한 전사로 만들었다. 바로 이러한 사실들에 중앙당의 위와 같은 입장의 역사적 이유가 있다. 여기서 가장 의미 있는 예외가 파펜이 속해 있던 가톨릭 지방귀족 그룹이었다. 1932년 2월 4일, 프로이센 지방의회 중앙당 원내총무 헤스(Heß)가 사망하여 중앙당이 우익화하도록 카스(Kaas)와 브뤼닝의 영향력을 발휘하기 시작하였다. Schwering, "Joseph Heß"(주 II/8), S. 5.

85) 프로이센 지방의회 다수는 6월 3일 정부 불신임에 대한 공산당 동의는 받아들였지만, 〔!〕 다수결제도 폐지에 대한 독일민족인민당의 동의는 부결시켰다(o. S. 442).

86) Otto Braun(주 I/5), S. 396; Heiden(주 I/16), S. 305. 브라운의 성격에

르트지퍼(중앙당)가 그를 당분간 대신했다.

이제 사태는 분명한 윤곽이 들러났다. "강한 사람", 프로이센의 "붉은 짜르"인 브라운은 파괴적인 지방의회 다수파의 과도한 횡포에 더 이상 좌지우지되지 않기 위한 조취를 자발적으로 취했다.[87] 이러한 상황에서 의회를 통해 정부 위기극복은 생각할 수 없었기 때문에, 그는 분명 "프로이센 총리로서 간신히 존재"했을 것이다.[88] 그러나 그 다음날 파펜은 후겐베르크 및 나치 대표들과 논의한 후 나치당 소속 지방의회의장 케를에게, 즉시 정상적인 프로이센 정부를 구성해서 당시 과도적인 정부를 대체할 것을 문서로 요청하였다. 이 문서가 프로이센 과도정부와의 사전논의 없이 작성되었고, 정부구성협상에 실패할 경우 프로이센 전담 제국위원이 임명될 것이라는 친파펜계 언론보도와 함께 이 요청문서가 전달되었다는 것은 이후 사태진전에 대한 하나의 징후였다. 이 요청문서 보도에 대한 언론반응은 독일민족인민당 계열에서도 통일적이지 않았던 것 같다.[89] 제국의 연방주의적 기본구조에 이것이 영향을 미칠 것에 대한 두려움이 대체적으로 독일민족인민당에게 있었던 데 반해, 민주적이며-사회주의적 세력들은 이 조치의 정치적 이유를 심각하게 의심하였다.

사실 프로이센의 상황은 다른 큰 주들의 상황과 본질적으로 다르지 않았다. 바이에른과 작센(1930년 이래), 헤센(1931년 12월 이래), 뷔르템베르크(1932년 3월 이래), 그리고 함부르크(1931년 이래)에서도 과도정부(*geschäftsführende Regierung*)가 합의능력 없는 지방의회와 대치하고 있었다. 가장 강력한 "의회주의적" 정당의 비타협적인 연정구

대해서는 다음을 참조. Siegfried Marck, *Große Menschen unserer Zeit, Portraits aus drei Kulturkreisen*, Meisenheim am Glan 1954, S. 68ff.

87) 브라운 자신이 제시한 근거: Otto Braun(주 I/5), S. 394ff.

88) *Ebda.*, S. 397.

89) Horkenbach, 1932, S. 175.

성능력을 고려하지 않는다면, 바로 이 지점에서 "의회주의의 실패", "자동적인 제국개혁과 미래의 권위주의적 재구성을 위한 준비의 일단"을 볼 수 있는 것이었다.[90] 프로이센 내각은 파펜에게 프로이센 내정간섭의 법률적 계기를 주지 않으려고 그런 만큼 더욱더 노력하였다. 이러한 간섭의 근거는 무엇보다 "공공의 안전과 질서가 위험에 처해 있다"는 이유일 것이다. 이 이유는 — 자주 인용되는, 작센과 튀링엔에 대한 제국간섭(9년 전)의 예에 따른[91] — 헌법 제 48조의 적용을 정당화해 주는 것이었다. 이러한 맥락에서 프로이센에만 특수한 것은 없었기 때문에, 파펜은 히르트지퍼의 항의에 대한 답변으로서 다음 날(6월 8일) 모든 관련된 소문을 부인하였다.[92] 6월 9일 제국의회에서 가일은, "중대한 문제인 민족문제에서 제국정부와 통하며 우리와 실질적인 협력을 할" 합법적인 정부가 프로이센에 만들어지는 것이 자신에게 가장 중요한 문제라는 점을 다시 한 번 강조하였다. 제국 개혁과 헌법개혁이 아무리 필요하다고 하더라도 "긴급한 과제" 뒤로 물러나야 한다고 그는 주장하였다. 그 자신이 가장 적절한 국가형태라고 생각한 군주제를 위한 노력도 이와 같이 뒤로 물러나야 한다고 보았다.[93] 칼스루에서 회동한 바이에른, 뷔르템베르크 그리고 바덴 주 총리들이 같은 날 제국대통령에게 베를린에서 환영식을 거행해 줄 것을 전보로 요청했을 때, 남독일 주들의 이 요청을 파펜은 공식성명을 통해 거부함으로써 파펜의 간섭계획에 대한 남독일 주들의 저항은 힘을 잃었다. 전쟁영웅 힌덴부르크가 주의 권한에 대한 제국의 간섭이 초래한 우려들을 확인하고 프로이센에 대한 제국의 통제권 강화가 제국의 나머지

90) Poetzsch-Heffter(주 I/131), S. 38.

91) 당시에도 좌파정부에 대한 것이었다. 이에 반해 바이에른의 카르(Kahr)의 합법적인 독재규정에 대한 강력한 제제조치는 실시되지 않았다.

92) Severing, *Lebensweg*(주 I/18), II, S. 339.

93) Horkenbach, 1932, S. 178f.

5분의 2에 해당하는 주들에게 초래한 그러한 멈출 수 없는 중앙통제 상황을 지적하고 난 후, 힌덴부르크는 파펜도 참석한 가운데 이들 3명의 총리들에게 파펜의 거부를 공식적으로 확인시켜 주었다.[94)]

하지만 그사이 프로이센 정부에 대한 투쟁은 지속되었다. 케를(Kerrl)은 히르트지퍼에 대한 항의편지(6월 10일)에서 파펜과의 협상을 통해 프로이센 정부를 새롭게 구성할 수 있는 권한이 자신에게 있음을 주장하였다. 이 상호연결이 파펜의 공언들과 어떻게 조화될 수 있는지 6주 후에 입증될 터였다. 이때에 나치주의자 괴벨스도 파펜에게, 프로이센에서 "새로운 길들을 모색해 볼 것"을 요구하였다.[95)] 프로이센 주 의회 내 바이마르를 부정하는 다수파는 여전히 존재하는 질서들을 붕괴시키는 정책을 지속했으며, 6월 15일에는 사민당원 경찰청장 그르체진스키(Grzesinski)의 해임과 경찰책임자 하이만스베르크(Heimannsberg) 및 그의 부하들에 대한 유죄판결을 요구하였다. 그러나 다수파는 사민당원인 장관들을 프로이센 최고법원에 고소하는 데 필요한 3분의 2에 약간 미치지 못했다. 이와 달리 나치당과 중앙당의 협력을 위한 노력은 이제 최종적으로 좌초된 것으로 보아야 했다. 공화국을 반대하는 다수(나치당, 독일민족인민당, 독일인민당, 독일공산당)는 현존하는 질서에 대한 부정적 의결은 관철시켰지만, 정부구성에 대해서는 합의할 수 없었기 때문에, 나치 원내총무 쿠베(Kube)가 6월 16일 중앙당과의 협력을 철저하게 거부한 것은 정상적인 정부구성을 위한 모든 노력의 종말을 의미했다. 5일 후 케를이 나치당 소속 총리

---

94) o. S. 483. 이때 파펜은, 자신은 평온과 질서유지에 위험이 닥칠 경우에 한해서 프로이센에 간섭할 것이라고 강조하여 말하였다: *ebda.*, S. 182; Severing, "20 Juli"(주 VIII/83), S. 15; Miller(주 I/40), S. 415ff.; Schwend(주 V/40), S. 439; "Der Konflikt zwischen Reich und Ländern" in: *Der Zeitspiegel I*, Nr. 13(7. Juli 1932), S. 194ff.

95) Joseph Goebbels, "Die Frage Preußen", *Der Angriff* v. 11. Juni 1952.

선출을 도와달라고 중앙당에게 요청했을 때, ―그러나 나치당 출신 총리는 중앙당에게 아무런 구속을 받지 않으며 내각구성에서 완전히 자유로워야 한다는 단서를 달기도 하였다(!) ―예상한 대로 그의 제안은 거부되었다. 새로운 총리 선출은 제국의회 선거 이후 시점으로 연기되었다.

그사이 심각한 무력충돌 및 폭력행위들이 많이 발생했는데, 이는 파펜 내각이 우익 반대파에게 많은 것을 양보한 결과였다. 이러한 무력충돌은 연기된 제국간섭 계획들에 새로운 활력을 불어넣어 주었다. 나치 돌격대 금지 및 시위금지 해제에 대한 서로 다른 견해들이 있었는데, 이와 같은 맥락에서 우익 반대파 계열의 신문은 나치당의 활동을 억제하는 조치를 계속 유지하던 프로이센, 바이에른, 바덴 그리고 헤센 정부들에 강력한 조치를 취할 것을 요구하였다. 〈데어 탁〉(*Der Tag*)은 필요한 경우 제국정부가 무력을 동원해서라도 간섭할 것을 요구했으며, 〈도이체차이퉁〉(*Deutsche Zeitung*)은 비상사태를 선포할 것을 요구하였으며, 나치당보는 "독일 전역에 비상사태를 선포하여 공산당과 그와 관계된 모든 조직을 즉각 금지하고 흑-적 경찰세력을 청산할 것을, 특히 프로이센에서 이 조치를 취할 것"을 요구하였다.[96] 이러한 때 황태자도 여러 번 슐라이허에게 비슷한 요구를 하였다.[97] 이러한 희망을 따르고자 하고 또 실제로 그 실현을 강요받았던 정부의

96) Horkenbach, 1932, S. 206f., 211.

97) 1932년 6월 24일자 편지에서(Schleicher-Nachlaß, S. 66f.) 그는 "모든 민족적 인사들과 함께" 파펜 내각을 환영했다. "주 정부들이 제복 금지규정 폐지에 계속 저항한다면 비상령이나 제국위원을 통해 주 정부들을 제국정부에 복종케 함으로써" 이러한 해결은 이제 프로이센에도 실시되어야 하며, 무엇보다 내정 "깊숙이 간섭해야" 한다고 그는 말했다. 그가 희망한 사항은 결과적으로 실현되었다. 그리고 그는 또한 독일공산당에 대해 강력한 조치를 취할 것을 요구하였다(이러한 금지가 "유일한 가장 좋은 수단"이다). 더 나아가 "정간조치를 통해 … 좌파신문을 통제할 필요가 있다"고 그는 지적했다.

즉각적인 행동이 있을 것이라고 기대되었다. 주 정부 회의의 결말은, 새로운 정부의 최초의 조치들이 3주 후 독일의 내전상황을 어느 정도 더욱 극단적으로 몰아갔고 제국과 주들 간의 극도의 분쟁을 야기했었는지를 분명히 말해주었다.[98]

"민족적" 우익들은 점점 더 강력하게 제국위원을 프로이센에 파견할 것을 요구하는 동안 — 독일민족인민당과 나치당은 많은 점에서의 의견대립에도 불구하고 이 점에서 협력하였다[99] — 케를은 프로이센 주 의회 의장으로서, 프로이센 주 의회에서 나치당원 사면안이 부결되고[100] 프라이슬러(Freisler)가 최고위 경찰공무원들인 그르체진스키(Grzesinski), 바이스(Weiß) 그리고 하이만스베르크를 사법 소추할 것을 다시 주장한 이후 프로이센 의회가 결국 의결할 수 없을 정도로 분열되도록 만드는 데 힘을 쏟았다. 7월 8일의 프로이센 주 의회 집회에서 의회주의 국가로서의 프로이센의 역사는 종말을 고했다. 기회가 있을 때마다 늘 그렇듯이, 나치당 의원들이 "하일-히틀러"(*Heil-Hitler*)를 세 번 외치고 호르스트-베셀의 노래(*Horst-Wessel-Lied*)를 불렀으며, 이에 대해 공산당 의원들이 인터내셔널가로 답했을 때 케를이 의장자리를 떠남으로써 7월 8일 집회는 끝났다. 프로이센 주 의회가 이렇게 의결하지 못하고 서로 분열되고 난 이후, 독일민족인민당이 새로운 제안을 하였다. 그들은 자신들의 강력한 도움으로 만들어진 상황에 근거해서 제국정부가 간섭할 것을 요구하였다. 독일민족인민당 프로이센

---

98) 위의 S. 46f.

99) 히틀러가 중앙당과의 협력을 거부한 후 3일 후에 독일민족인민당 전국지도자회의(베를린, 6월 25일)에서 프로이센 주 당 대표인 빈터펠트(Winterfeld) 및 후겐베르크는 프로이센 내각을 반대하는 "행동"을 취할 것을 주장하였다. "Her mit dem Reichskommissar für Preußen!", in: *Der Tag*, Nr. 165 v. 10. Juli 1932(deutschnational).

100) 이 발의는 프로이센 상원의 이의제기 때문에 필요하게 된 3분의 2 다수결을 얻지 못했다.

주 의회 원내총무 빈터펠트(Winterfeld)는 같은 날 가일 및 파펜 내각의 국무차관인 에르빈 플랑크(Erwin Planck)와 이와 관련된 논의를 했다. 출발상황은 구비되었다. 파펜 내각이 우익에 대한 일방적인 양보를 통해 이러한 상황의 조건들이 비로소 마련되었듯이, 이제 프로이센의 측면에서 "진정하지 않은"(*unecht*) 다수파의 사이비 의회주의적 작전을 통해 이미 계획된 정치권력의 재편에 필요한 헌법적 근거가 마련되었던 것이다.

그러므로 제국개혁에 대한 옛 기획들을 다시 불러올 필요가 거의 없었다. 그럼에도 불구하고 쿠데타에 대한 합법성을 가장한 준비가 진행되었다. 6월까지도 가일은, 1931년 11월 초 제국과 프로이센을 비스마르크와 같은 방식으로 한 사람이 두 차원의 총리를 겸직하여 연합하는 문제에 대한 브라운과 브뤼닝의 논의에서 중요하게 다루어졌던 점을[101] 제버링에게 알아보았다.[102] 힌덴부르크에게 했던 브라운의 진술 속에서 당시 실패했다고 판단됐던 것이 이제 파펜 시대의 정치적 조건들 아래서 완전히 새로운 면모를 갖추게 되었다. 제버링 스스로가 가일에게 프로이센 경찰을 접수하도록 권했으며 제국위원을 임명할 것을 간구했다는 주장에 대한 자신의 순진한 발언이 — 이것은 아마 가일의 의도적인 비밀누설에 의해 흘러나갔을 것이다 — 나치계 신문에게 환영할 만한 것이었다는 점은 제버링 자신도 의아할 것 없는 일이다. 이러한 생각이 그를 통해 옛 프로이센 계획들로부터 정치적 지원과 외관상의 정당성을 얻었다는 것을 공식적 부인도 막을 수 없었다.

프로이센 쿠데타를 헌법적으로 정당화시키기 위한 주요 논거는 이른바 공산주의자들의 위험이었다. 1933년의 제국의회 방화사건 이후, 우익이 활용했던 그 오래된 전술, 즉 공산당의 "마르크스주의"와 사민당의 "마르크스주의"를 — 실제 의미와는 상관없이 — 동일시하여 사민

101) Severing(주 I/18), II, S. 340f.

102) Otto Braun(주 I/5), S. 354f.

당을 포함한 모든 연정을 "볼셰비즘적"이라고 비난하는 전술은 파펜과 힌덴부르크의 마지막 의구심을 잠식시킴으로써 새로운 승리를 거두었다. 관건은 극단적으로 분열된 의회가 정상적인 후속정부를 구성하지 못할 경우 정부운영의 문제였다. 그러나 프로이센 정부에 공산주의자들이 침투해 들어왔다는 주장이, 의회소수파인 "민족적 야당"이 폭력을 통해서만 달성할 것을 기대할 수 있는 그런 정부교체의 "국가 정치적" 근거를 다시 한 번 더 제공해야 했다.

독일민족인민당이 6월 말에 이미 내세웠으며,[103] 파펜에게 보낸 독일민족인민당의 서신에서 반복되었으며,[104] 그 이후 제국정부가 받아들인 이러한 주장은, 참사관이며 후에 나치비밀경찰의 초대 청장이 될 루돌프 딜스(Rudolf Diels)가 제버링의 차관 아벡(Abegg)을 위해 공산당 소속 의원 카스퍼(Kasper: 프로이센 주 의회)와 토글러(Torgler: 제국의회)와 6월 4일 나누었던 대화에 관계된 것이었다. 아벡과 딜스가 후에 행한 진술[105]이 서로 너무 달라 최종적으로 결론짓기 어렵다. 딜스가 주장하듯이, 아벡이 제버링 몰래 그리고 독일사민당과 특히 그 파트너 정당인 중앙당의 반공주의적 입장을 명확히 인식하고 프로이센에서 바이마르 연정이 독일공산당을 용인하는 비현실적인 계획을 추진하였다는 것은 사실과 부합하지 않는 것 같다.[106] 이 사건은 기울어가

103) 독일민족인민당 전국지도자대회회의(1932년 6월 25일)에서 행한 빈터펠트(Winterfeld)의 연설.

104) 1932년 7월 8일자 편지, in: Unsere Partei 1932, S. 210: "프로이센 고위 공직자들은 나라의 적 공산주의자들과 협상하는 것이 옳다고 생각하고 있다…. 프로이센 정권은 상황을 지배하는 주체가 더 이상 아니다…. 프로이센 전담 제국위원과 함께 하기를!"

105) 아벡의 진술은 주 VIII/122에서 재인용한 프로이센 정부의 문서에 들어 있고, 루돌프 딜스의 보고는 ebda에 진술된, 제국정부의 근거의 핵심이다. 딜스의 자기정당화에 대해서는 다음을 보시오. *Lucifer ante portas, Es spricht der erste Chef der Gestapo*, Stuttgart 1950, S. 150.

106) Severing(주 I/18), II, S. 342; Arnold Brecht in: *Preußen contra Reich*

는 브라운 정부를 일찍 버리고 파펜의 프로이센 쿠데타 근거 마련에 의미 있는 기여를 통해 새로운 권력자에 접근하고자 했던 야심찬 공무원의 수작이라는 것을 국사재판소 심의를 위해 제출된 진술서들이 뚜렷이 밝히고 있다.[107] 파펜의 진술에 의하면, 슐라이허가 이 사건에 깊이 관여했었다.[108] 특히 국사재판소의 심리와 함께 이 사건들은, 딜스 사건과 유사한 것이 그들이 속해 있는 정부의 교체 전후 시기 새 정권이 단행할 인사 여파를 모면하고자 했던 다른 프로이센 공직자들의 불분명한 태도에서도 확인된다는 것을 보여준다.[109] 파펜이 7월

---

vor dem Staatsgerichtshof, Berlin 1933, S. 24f.

107) 딜스는 7월 20일 이후 최고참사관(*Oberregierungsrat*)으로 놀라울 정도로 신속하게 진급했고, 약 6개월 후 제국의회 방화사건 전후에 괴링(Göring)의 프로이센 정책에 동조하여 나치비밀경찰 초대청장으로서 눈부신 역할을 했다. 이러한 연관은 너무도 뚜렷하여 아놀드 브레히트(Arnold Brecht)도 국사재판소에서 딜스의 진급을("설명하기 어려운 근거들로 고위급 공무원으로 승진하여 — 무슨 근거들?") 일방적인 인사교체의 확연한 예로 삼을 수 있었다. *Preußen contra Reich*(주 VIII/106), S. 91.

108) 슐라이허가 로잔느에서 돌아온 후 카스퍼(Kasper)와 아벡(Abegg)의 "담판"에 대해 자신에게 알려주었다고 파펜은 설명한다. 이 통보는 "프로이센 내무부의 어떤 고위 공직자"가 슐라이허에게 알려주었다고 한다. 파펜은 오늘날도 좌파의 위험한 "통일전선"과 공산주의 "침투"에 의한 독일사민당의 "파괴"에 대한 이 견해를 고집하고 있다. 이러한 견해들은 그의 행동을 유발시켰다고 그는 설명한다. *Nürnberger Dokumente*, Bd. XVI, S. 276. 이와 같은 맥락에서 슐라이허의 역할은 — 그리고 이 논거에 의거한 힌덴부르크의 영향력 행사에서 그의 역할은 — 마이스너(Meißner)에 의해서도 강조되었다(주 I/159), S. 235.

109) 충성스럽거나 조금 일찍 교체된 공직자들의 정보에 근거한, 프로이센 정부와 제국정부 간의 서신교환(S. 558f.) 이외에 제버링이 특히 7월 16일에 어쩔 수 없이 처해 있던, 좌파 출판물 금지에 대한 갑작스런 강제 또한 프로이센 정부에 대한 위협과 계획이 많은 공직자들에게 준 영향과 그들의 괴멸의 정도를 분명히 드러내 준다. Severing(주 I/18), II, S. 347. 또한 1951년 10월 30일 저자에게 보낸 편지도 참조: "나는 공직에 있을 때, 제

20일에, 그리고 프로이센 내무부와 그 휘하 경찰 내부에 친공산주의적인 경향이 있다는 자신의 주장을 둘러싼 설전에서 활용했던, 불충분한 근거들은 결코 객관적이라고 할 수 없는 그러한 공직자들의 우연한 인상들에 근거한 것이었다. 이 근거들은 이후의 재판에서[110] 명확하게 반박되었다.

실제 파펜 정부는 다가온 제국의회 선거에 직면하여 공산주의적 전복의 위험보다 더욱 활발한 활동을 전개하고 있던, 파펜 정부의 전체주의적 파트너의 강력한 압력 아래 다시 한 번 더 놓여 있게 되었다.

국정부 부처에서 공직자의 정치적 신뢰문제가 충분히 강조되지 않은 것에 대해, 그리고 개개의 공직자들의 성격적 특성들이 공직자들에 대한 평가에서 별로 중요시되지 않는 것에 대해 늘 불만이었다. 그래서 제국정부의 가장 큰 부처들에서, 특히 체신부와 재정부에서 이미 1920년대 말, 거의 방해받지 않지 않고 자신의 독자적인 활동을 하는 세포들이 만들어질 수 있었다. 나는 제국정부가 해고한 제국총리경비대 공무원 전부를 프로이센 경찰이 재고용하고 싶지 않았기 때문에 제국 교통부장관 게라르(Guérard)와 한 차례 충돌하였다. 나는 문제가 되었던 공직자 다수의 공화국에 대한 충성심을 확신할 수 없었기 때문에 이러한 방식의 총체적 재고용은 할 수 없었다. 1930년 9월 나치당이 선거에서 최초로 대승을 거둔 이후, 잘 알려진 바와 같이, 나치가 공직자들을 요동시키고 나치 이데올로기의 침투에 대한 공직자들의 저항을 최소화하고자 본격적으로 시도하였다. 특히 주 차원에서 이들에게 난폭한 폭력이 가해졌고 그때까지 좌파정당에 속해 있던 공직자들의 세력은 점차 약화되었다. 의무에 충실한 용맹스럽고 충성된 공직자가 없지 않았지만, 이들에게도 가해지는 지속적 위협으로 이들이 결국 절망하거나 심지어 사직하는 경우까지 있었다. 파펜 정부에 의해 1932년 여름 실시된 제제조치들은 이러한 퇴락현상이 더욱 진해되는 데 가장 효과적으로 기여하였다. 경찰국장 딜렌부르거(Dillenburger)에 의해 조직된 일단의 경찰간부들을 언급해야 하겠다. 내가 질서유지를 위해 여러 차례 동원했던 이 경찰부대는 전 경찰공무원을 우경화하고자 하는 목적을 갖고 있었다. 딜렌부르거가 보기에 경찰들은 아직 충분히 우경화하지 않았던 것이다. 어쨌거나 1932년 7월 베를린 보안경찰은 헌법의 수호를 위해 투쟁할 준비가 되어있었다."

110) u. S. 558ff.

적색전선전사동맹의 금지조치가 1929년 이후 지속되었고, 나치 돌격대(SA)는 2개월 후 다시 완전히 자유로운 활동공간을 확보하게 되었다. 1932년 7월 그 정점에 달했던 테러와 유혈행동들에 대한, 이 두 전체주의 정당들의 책임 여부를 비교하는 것은 불필요한 일이다. 대통령 긴급권에 기초한 정부는 극단주의의 한 유형인 공산주의에 대해 일방적인 제제조치를 가했다는 점, 그리고 파펜 정부가 이 2개의 전체주의 정당들을 대할 때 우익 파트너의 입장을 두둔했지만, 계속해서 나치의 반공주의와 이데올로기 차원의 경쟁을 벌였다는 점, 그리고 극우주의의 발전에 제동을 걸 수 있기를 희망했다는 점은 분명하다. 알토나(Altona)에서의 살육사건 이후 파펜이, 이전에 노상테러를 가능하게 했던 조치들을 다시 활용해야 했을 때조차 나치당에게 일방적으로 유리한 성격의 그의 정책이 가져온 유혈적 결과들이 그에게 당파적 자의에 의한 행동을 더 취할 이유만을 주었다.[111]

7월 14일 노이데크에 있던 파펜은 로잔느로 가던 힌덴부르크에게 보고하고 가일을 참여시킨 후 자신의 내정적 계획을 논의하였다. 슐라이허가 자신에게 건네주었던, 딜스가 수집한 자료들을 파펜은 힌덴부르크에게 보여주었다.[112] 준비는 즉시 구체적인 모습을 갖추게 되었다. 파펜의 국무차관 플랑크(Planck)가 대단히 중요한 역할을 하였다. 그는 헌법적 문제와 아울러 긴급명령의 문건을 만들었다. 프로이센 정부가 공산주의자들과 긴밀한 관계라는 증거들을 수집했던 딜스, 비상사태에 대비한 군작전을 준비한 슐라이허 휘하의 오트(Ott) 중령 또한

---

111) 딜스(Diels)가 사건이 있던 날 밤 그는 자신의 상관 제버링과 함께 있었으며, 그날 밤 베를린으로부터 알토나의 경찰서장에게 전화를 걸어 사건의 상세한 점을 알아보았다는 것은 이러한 맥락에서 흥미로운 일이다. Severing(주 I/18), II, S. 346. 프로이센 쿠데타 3일 전 시점에서 관건은 의심할 바 없이, 계획된 조치의 정치적 이유였다. 이 정치적 이유 형성에 딜스가 자신의 부하들을 통해서 중요한 기여를 한 바 있었다.

112) Papen(주 VI/35), S. 216; 앞의 주 VIII/108.

중요한 역할을 하였다. 힌덴부르크의 의구심을 극복하기 위해 쿠데타 근거들을 평가하는 데 있어 칼 슈미트의 주장을 활용했던 것 같다.113) 제국정부가 같은 시기 제국위원과 긴급조치(*Ausnahmezustand*) 발동에 대한 소문을 공식 부인한 반면, 케를은 공식적으로, 파펜에게 보낸 서신에서 프로이센의 상황을 바꿀 것을 요청하였다.114) 하루 뒤 힌덴부르크는, 프로이센 정부가 라인란트에 여전히 유효한 철모단 단체 금지 조치를 해제하지 않을 경우 라인란트를 여행하지 않을 것이라고 엄포를 놓았다. 철모단 지도부가 "프로이센을 소유한 자가 독일을 소유한다!"라는 구호 아래 "프로이센에서의 마르크스주의 독재"에 대항하여 계속하여, "제국관리자인 제국대통령이 앞으로 프로이센 대통령직을 겸해야 한다"고 요청하지 않았던가?115) 7월 18일 후겐베르크도 지겐(Siegen)에서의 한 연설에서 프로이센에서의 "끔직한 마르크스주의 유령들을" 제거하고 프로이센의 무질서에 책임이 있다고 여겨진 브라운 정부를 제국위원으로 대체할 것을 주장하였다. 이렇게 할 때만, 제국정부는 권위를 회복할 수 있고 악을 뿌리에서부터 제거할 수 있다고 그는 생각했다.116) 나치당도 곧 닥칠 것을 알고 있었고, 더욱이 누가

113) 파펜의 아들에게 보낸 오이겐 오트(Eugen Ott)의 서신(1949년 12월 26일) 일부(뮌헨 현대사연구소에 복사본이 있음). 오트는, 힌덴부르크가 바이마르 헌법 제 48조 적용에 관한 자료를 본 후 비로소 다음과 같이 말했다고 강조한다. 그는 "필요한 경우 법원에서 자신의 행동을 정당화할 수 있는 반박할 수 없는 명백한 사실관계를 확신할 때에 한해서 프로이센 정부를 제재하는 조치를 취할 것이라고 이전에 확실히 말했다."

114) Horkenbach, 1932, S. 243.

115) "연방대표부 의결"(주 III/61)

116) Horkenbach, 1932, S. 248. 이상하게도 후겐베르크는 파펜 쿠데타에 대한 독일민족인민당의 기여에 대해 완전히 침묵했다. 이 쿠데타는 히틀러의 승리였다고까지 그는 말하였다. *Hugenbergs Ringen*(주 I/6), I, S. 20f. 이 책의 기본논조는 다음과 같다. "그러나 연관관계를 명확하게 설명함에 있어서 후겐베르크에게 이 결정적인 해에 히틀러에게 유리한 수많은 상황

제국위원이 될 것인가도 대강 알고 있었다.[117)]

7월 19일 프로이센 주 의회 의장 케를이, 모든 정부구성 시도가 실패했다는 소식을 파펜에게 전할 서신을 공표했다는 것은 위의 상황에서 결코 우연이 아니었다.[118)] 이 편지는 주 의회로서는 어찌할 수 없는, 그렇지만 진정한 헌법적 질서를 복원하기 위해 반드시 바뀌어야 하는 프로이센 "위기상황"의 제거를 제국총리에게 요청하였다. 나치당 소속 총리에게 내각구성과 정부정책에 관한 자유로운 전권을 위임하자는, 프로이센 주 의회의 정부구성안은 중앙당의 반대로 부결되었다는 점을 케를은 거리낌 없이 공표하였다. 그도 모든 정치적 불안을 브라운 과도정부의 책임으로 돌림으로써, 바이마르 헌법 제48조에 의거해서, "프로이센 주민 다수의 의지에 반하는 무가치한 상황"을 변경하고 동시에 프로이센 경찰력을 제국이 인수할 것을 요구하였다. 가장 커다란 의미를 지닌 헌법질서의 결과적 재편이 당시의 권력관계 아래에서 두드러졌다. 즉, 해당 주 의회가 정부구성을 할 능력이 없다는 이유만으로, 원외 차원에서 승인받은, 대통령 전권 정부가 대통령의 전권조치로 과도적 지방정부를 교체할 수 있다면, 이것은 거의 모든 거대한 주들에 대해, 그야말로 바이마르공화국의 전체 정치구조에 대해 간과할 수 없는 의미를 지니게 될 것임이 분명했다.

들 가운데 어떤 것에 대해서도 그 어떤 책임을 부가할 수 없다."

117) Goebbels, *Kaiserhof*(주 V/23), S. 130, 괴벨스는 7월 18일 브라흐트(Bracht)를 거명하였다.

118) Poetzsch-Heffter(주 I/131), S. 39~41.

4. 1932년 7월 20일

프로이센을 제국 차원으로 편입한 것은 제국개혁 노력의 정점이 아니라 민주주의에서 독재로 이행하는 권력이동의 과정에서 결정적인 전환점이었던 것이다. 프로이센을 제국 차원으로 편입한 것은 프랑스의 국민 수만큼의 주민수를 보유한 한 독일 주의 정치적 자치권의 상실을 의미했다. 즉, 프로이센의 쇠퇴를 의미했다. 이것은 동시에, 파펜 내각이 자신의 정치적 의존성을 감추고자하는 겉치장인 경솔한 자기 영광을 의미했으며, 그리고 모든 민주주의적-의회주의적 개념들 내에 존재했던 권력개념을 새로운 기초 위에 재규정하려는 그러한 경솔한 자기 영광을 의미했다. 이것은, 파펜 이데올로기와 산업과 농업분야의 경제정책적 뿌리에 근거한 정부구성과 입법권에서 독일사민당을 완전히 배제하는 길로 나아가는 일보였다.[119] 파펜의 주도면밀한 해석에 의하면, 바이마르공화국 제48조가 오직 제국대통령과 그의 구상에 대해서만 책임을 지고자하는 권위주의적 체제의 기초이며, 헌법을 무시하는 "개혁"의 유일한 근거였다.

7월 18일 파펜은 당시 프로이센 총리 히르트지퍼와 제버링을 7월 20일 간담회에 초대하였다. 제버링이 구체적인 협의대상에 대해 문의했고,[120] 그에 따라 그것이 재정과 농업에 관계된 것이라고 통보받았기 때문에, 재무부장관 클레퍼(Klepper)도 함께 초대되었다. 하지만 그 회동에서 내정문제는 약간 논의되었을 뿐이었다. 프로이센 입장에서 이러한 위장된 놀라운 시도에 대해 일반적인 법률적, 사실적 방어논리

119) Eschenburg(주 VI/171), S. 161f.

120) Severing(주 I/18), II, S. 348. 제버링은 이러한 이유 때문에 브라운의 부처국장 노비스(Nobis)를 제국총리실로 보냈다. 그러나 그는 노비스도 장차 권력자와 동일한 패거리라는 사실을 알지 못했다.

가 고려되었지만, 위협적인, 이제는 실제로 예상되는 간섭을 저지하기 위한 어떠한 준비도 되어 있지 않았다.[121] 이후의 진행과정에 대한 제버링의 해석이, 프로이센 과도정부가 해체적인 주 의회 다수파와 분쟁을 찾아내려고 안간힘을 쓰는 제국정부 사이에서 힘겹게 피해갔던 8주간 겪었던 심리적 딜레마를 입증하는 유일한 증거이다. 사람들은 법이 지켜진다고 생각했고, "합법적 상태"를 침해하는 자에게 그 피해가 돌아오며 피해자 스스로가 폭력으로 저항할 필요가 없다는 의견을 다시 갖게 되었다. 12년 이후에야 비로소 이러한 견해가 독일에서도—그리고 비슷한 운명적인 상황 아래서—수정되었다.

7월 20일 오전 10시 제국총리 집무실 문들이 열리고 히르트지퍼, 제버링 그리고 클레퍼가 들어왔다. 이들은 회의탁자에 앉았고, 맞은편에 파펜, 가일 그리고 플랑크가 앉았다. 프로이센 편에 브라운 부처 국장 노비스(Nobis)가 더 나와 있었다. 인사를 한 후 파펜은 즉시 이른바 안건을 언급하기 시작하였다. —이것 때문에 클레퍼가 왔던 것 아닌가! —"내가 옳다고 생각한 대로 프로이센의 상황은 되어가지 않고 있다."[122] 제국정부는 얼마 전부터 계속 근심 걱정하면서 사태의

---

121) 경찰청장 그르제진스키(Grzesinski) 스스로도 자신의 사상 때문에 제버링으로부터 비판을 받았고 심지어 면직위협까지 받았다(*Inside Germany*, New York 1939, S. 155). 후에 클레퍼(Klepper)는, 7월 19일 브라흐트(Bracht)의 임명에 대해 들었으며 그의 동료들에게 강력한 대응조치를 취할 것을 경고하였다고 말하였다(*Die Gegenwart* 2, Nr. 42/43, 30. September 1947). 이 주장은 제버링에 의해 강력하게 부인되었지만, (주 I/18, II, S. 352f.; Die Gegenwart 3, Nr. 56/57, 1. April 1948) 후에 파펜에 의해서, 프로이센에서 안정과 질서가 깨졌고 이제 "이 끝장난 음모"에까지 이르렀다는 자신의 주장을 지지하는 한 근거로 활용되었다. 괴를리츠(Görlitz)는 이 점에서, 그 대부분에서와 마찬가지로, 너무나도 무비판적으로 파펜을 추종하고 있다(주 I/67, S. 380).

122) "Aufzeichnung des Staatsminisers Hirtsiefer" in: *Anlageheft zu der Erklärung des preußischen Staatsministeriums* v. 10. August 1932, Anlage

진전을 관찰한 후 이 문제해결을 힌덴부르크에게 의뢰하였다는 것이다. "프로이센의 공공의 안전과 질서가 더 이상 보장되지 않기 때문에"123) 힌덴부르크는 바이마르 헌법 제 48조 제 1항과 제 2항에 의거, 제국총리에게 프로이센 전담 제국위원을 임명할 권한을 부여하는 영을 내렸다는 것이다.124) 이 대통령령에 의거해 파펜은 브라운과 제버링을 면직시키고 에센(Essen) 시장 브라흐트를 프로이센 내무부 관리의 책임자로 임명하였다고 파펜은 말한다.125) 즉시 제버링은, 프로이센이 헌법과 법률을 위반하고 공공의 안전과 질서를 유지하는 노력이 다른 주들보다 못하다는, 헌법 제 48조에 근거한 주장에 반박하였다. 프로이센은 가장 크고 가장 심각한 위험지역을 갖고 있지만, 이러한 주장은 결코 입증될 수 없다는 것이 그의 생각이었다. 제국정부의 조치는 위헌이라는 제버링의 주장에 대해 파펜은, 우리들은 갈 길을 "충분히 숙고했고" 이제 "그것을 실현할 것이다"라고만 답변하였다. 자발적으로 브라흐트에게 자신의 업무를 넘길 것인지에 대한 파펜의 질문에 제버링은 이 위헌행위의 역사적 의미와, "도주의 오명"을 쓰고 자발적으로 물러서서는 안 되는, 공화국 장관의 의무를 언급했다. 즉, 공화국 장관은 "오직 폭력에만 굴복한다"는 것이다.126)

1, S. 1(법원 심리문건, 저자는 1951년 가을 제버링의 허락으로 볼 수 있었다).

123) "Aufzeichnung des Staatsminister Severing", ebda., S. 3f. 히르트지퍼와 제버링의 문건은 중요치 않은 부분까지 제국정부가 작성한 문건(프로이센의 공공의 안전과 질서회복을 위한 제국대통령의 영 시행에 관한 서술, 1932년 7월 20일)과 일치한다. Anlageheft zu der Gegenerklärung der Reichsregierung v. 5. August 1932, Anlage 1. S. 17(법원 심리문건, 저자는 1951년 가을 제버링의 허락으로 볼 수 있었다).

124) *RGBl.*, 1932, I. S. 377; u. 주 VIII/136, VIII/148.

125) 브라흐트는 중앙당 우익 출신의 보수주의적 가톨릭교도였다. 그는 1923년 마르크스 총리 시절 제국총리실 국무차관을 역임하였던 바 있다.

126) "Aufzeichnung des Staatsminister Severing"(주 VIII/123), S. 5; Severing

프로이센 대표들의 짧은 특별회의에서 공동성명을 의결할 것을 촉구하는 클레퍼의 행동이 많이 인용되는 위의 말을 이었다.[127] 제버링은, 자신의 입장을 바꾸지 않겠다는 자신의 확신을 말하면서 이 제안을 거절했다고 한다. 이에 대해 "쿠데타에서도 신사"[128] 인 파펜은, 제버링의 체면을 유지할 수 있는 "협정"을 제안함으로써[129] 확실히 제버링을 "설득하고자" 하였다.[130] 제버링의 새로운 강력한 저항에 이제 히르트지퍼도 합류했다. 이러한 방식은 "한 번도 들어본 적이 없기 때문에" 나(히르트지퍼)는 "어떠한 역사에서도 이에 대한 예를 찾을 수 없다. 프로이센에서 잘못되어가는 것에 대해 우리에게 단 한 번도 알리지 않은 채, 프로이센에서의 항의를 제거할 기회를 우리에게 주지 않은 채 우리는 말하자면 명령 수령자가 되도록 명을 받았다. 수년 동

(주 I/18), II, S. 349; Severing의 진술, in: *Nürnberger Dokumente*, Bd. XIV, S. 286f.; "Aufzeichnung des Staatsminister Hirtsiefer"(주 VIII/123), S. 2; Papen(주 VI/35), S. 217; "Darstellung der Durchfürhung"(주 VIII/123).

127) 후에 클레퍼는, 제국정부가 공격기회를 다시 포착하기 전에 반격하기 위해 이 휴식시간을 이용하고자 했다고 주장했다. 그러나 이 시도는, 히르트지퍼가 그를 문까지 따라왔지만, 제버링은 그 자리에 그대로 머물러 앉아 있었기 때문에 실패했다는 것이다(주 VIII/121). 제버링은 이 주장을 강력하게 부인했다. 오히려 그는, 클레퍼가 이 순간 타협하고자 했고 그래서 제버링을 자발적으로 사직하도록 부추기고자 하였다고 생각한다(주 I/18, II, S. 351). 클레퍼의 주장은 또한 "장관 히르트지퍼 문건"(*Aufzeichnung des Staatsminister*)에도 확인되지 않는다.

128) Stampfer(주 I/4), S. 630.

129) "Aufzeichnung des Staatsminisers Hirtsiefer"(주 VIII/122), S. 2.

130) "Aufzeichnung des Staatsminister Severing"(주 VIII/123), S. 6; Severing(주 I/18), II, S. 349. 파펜의 유연한 코멘트(주 VI/35, S. 27): "제버링의 권한(!)에 대한 간섭은 내가 그에 대해 늘 갖고 있는 존경과는 아무 상관이 없다는 말을 함으로써 그의 정치가다운 식견(!)에 호소했지만 이것은 성공하지 못했다."

안 제국상원에서 주의 이해를 대변했던 제국장관 가일이 … 이러한 일에 어떻게 동참할 수 있는지 나로서는 절대로 이해할 수 없다."[131] 법정에서 피고인도 "판결 전 적어도 항변할 기회가" 주어진다는 말로 자신의 항의를 끝맺었다. — 이 타협에 대해 제버링과 클레퍼가 항의했었다 —. 그러나 파펜은 평소의 방식대로 대단히 신속하게 진행된 협의를 "이것은 결국 국가이성의 활동이다"[132] 라는 말로 끝냈다.[133]

이로써 결국 법치국가 사상에 대해 권력국가 사상이 우위에 섰다는 것이 아주 공개적으로 표현되었다. "프로이센에 대한 제국의 간섭"은 결코 은밀한 쿠데타가 아니었다. 이것은 오히려 동원된 제국군대에 의해 지원받았고, 독재의 계관법률가 칼 슈미트에 의해 법정에서 변호되었다. "헌법을 상황에 맞게 해석해야 한다"는 것이 그의 논거였다.[134] 그러나 다른 한편 헌법적 근거를 내세움으로써 간접적으로 파펜은, 대중, 언론, 법정에서 자신의 행위를 정당화했던 사실적 근거를 희생했다. 2개의 바이마르공화국 헌법규정을 반대하는 데 "국가이성"이 동원되었다.[135] 반년 뒤 파펜은, 슐라이허와 함께 연합하여 행한 쿠데타

---

131) "Aufzeichnung des Staatsminisers Hirtsiefer"(주 VIII/122), S. 2f.; Severing(주 I/18), II, S. 349f.

132) "Aufzeichnung des Staatsminister Severing"(주 VIII/123), S. 7; Severing(주 I/18), II, S. 350.

133) Papen (주 VI/35), S. 217): "나는 일어났고, 짧은 회의는 끝났다."

134) 법정에서 제국 정부 변호사로서 카를 쉬미트는 "상황 정합적" 헌법해석 이론(*Deutschte Juristenzeitung* 1931, Heft 1)을 1932년 7월 20일 사건에 적용했다. "시민전쟁 상황"에 놓여 있다고 해석한 그는 프로이센으로부터 "자신의 독자적 정치권"을 권력 정치적-민족적 이유에서 박탈하고 헌법 제 48조에 의거해 모든 헌법적 관계를 폐지하기를 원했다. *Preußen contra Reich* (주 VIII/106), S. 39ff; 주 IX/170.

135) 제 17조 1항 "주는 자유주의적 헌법을 갖추어야 한다. 인민대표는 일반, 평등, 직접 그리고 비밀선거로 제국 시민에 의해, 비례대표의 원칙에 따라 선출되어야 한다. 주 정부는 인민대표의 신임을 필요로 한다." 제 63조 1항

에서 물리칠 수 있다고 믿었던 그런 쿠데타의 명수를 만났다. 하지만 히틀러의 부총리로서 파펜은, 히틀러가 자신을 위해 헌법 전체를 폐지하는 데 “국가이성”과 “국가이익”을 어떻게 활용할 수 있는지 지켜보게 될 것이었다.

우선 파펜은 제버링의 거부를 자신의 독특한 방식으로 답했다. “폭력”이라는 말이 나왔을 때, 제국총리는 국방부와 긴밀한 협력을 취했다. 국방부의 잘 준비된 군사지원은 지체 없이 두 번째 대통령령을 통해 승인되었다.[136] 7월 20일 오전에 이미 베를린과 브란덴부르크에 비상령이 내려졌고, 이로써 프로이센 경찰은 무력화되었다.[137] 슐라이허는 권력 집행자로 해당 주의 사령관 룬트슈테트(Rundstedt) 장군을 임명하였다. 며칠 전 그는 에센에서 브라흐트와 대화를 나누었던

“주는 제국상원에서 정부의 대표를 통해 대변된다. …”

136) “Darstellung der Durchführung”(주 VIII/123), S. 2. “Verordnung des Reichspräsidenten, betreffend die Wiederherstellung der öffentlichen Sicherheit und Ordnung in Groß-Berlin und Provinz Brandenburg” in: *RGBl.*, 1932, I, S. 377ff. 파펜은 이에 대해 오늘날 자랑스럽게 말하고 있다. “슐라이허와 나는 이러한 진행과정을 예상했으며, 예컨대 제버링이 자신의 경찰을 제국정부에 대항하여 동원하지 못하게 하기 위한 조치들을 취했었다”(주 VI/35, S. 217).

137) 그르체진스키(Grzesinski)도 룬트슈테트(Rundstedt)로부터 11시 조금 지나서 사임명령을 전달받았다. 그르체진스키는 그 명령을 지체시켰지만, 그의 계속된 요청에도 불구하고 제버링은 어떤 지침도 내리지 않았다. Grzesinski(주 VIII/121), S. 157ff. 당시 프로이센 문화부장관이었던 그림(Grimme)도 가블렌츠(O. H. v. d. Gablentz)와의 대화(21. Juni 1951)에서, 그르체진스키가 제버링에게 자신이 곧 체포될 것이라고 전화했다고 확인해 주었다. 제버링은 히르쉬펠트(Hirschfeld)에게 점심시간 동안 법질서 유지를 명하였다(그리고 난 후 그는 나타나지 않았다). 제버링은 그르체진스키로 하여금, 그가 지금 긴급한 회의에 참석해야 하고 아무것도 결정할 수 없다고 말하게 하였다. 이에 대해 *Bericht Heimannsbergs*, u. Anhang S. 641ff.

인물이었다.[138] 베를린의 모든 중요한 곳에 무장군인들이 배치되었다. 제국정부가 "확실한 강제력 활용이 필요하다"고 간주한 사실은,[139] 다시 한 번 계획의 쿠데타적 성격을 입증한 것이었다. "저항의 가능성을 고려해야 한다"는[140] 새로운 주체세력의 예상은 민주세력의 내외적 힘을 과대평가한 결과였다. 제버링은 효과 없는 일련의 저항을 했을 뿐이었다. 이후 나타난 것들은 의회민주주의의 전투적인 담지자들이 위기, 절망, 염세주의로 인해 빠져 들어간, 일반적인 권력상실의 표현일 뿐이었다.

3명의 프로이센 장관들은 "필요한 조치들"을 취하기 위해 제국총리실에서 11시경 지체 없이 제버링의 내무부 장관실로 이동하였다. 제버링 부처국장 노비스는 물론 파펜의 집무실에 계속 머물렀다. 히르트지퍼에 의하면,[141] 이 프로이센 고위공직자는 자신의 선임자 제버링의 지시 없이 그 모임에 참석하였고 조금 후 프로이센 정부에 불리한 자료들을 파펜의 "혐의 추적" 작업에 도움이 되도록 공개하였기 때문에,[142] 쿠데타 준비와 근거마련에 대한 그의 기여는 과소평가해서는 안 된다. 프로이센 내무부에서의 논의는 — 여기에 제국상원에 파견된 프로이센의 전권대사 브레히트(Brecht)와 바트(Badt)도 참석하였다 — 파펜에 대한 답변서 작성과 전달에 관한 것이었다.[143] 프로이센 정부

138) Severing(주 I/18), II, S. 350, 파울 뢰베(Paul Löbe)는 에센의 한 레스토랑에서 브라흐트와 룬트슈테트가 대화를 나누었었다고 전하고 있다. 그르체진스키도 비슷한 주장을 하고 있다(주 VIII/121), S. 155f.

139) "Darstellung der Durchführung"(주 VIII/123), S. 2.

140) *Ebda.*

141) "Aufzeichnung des Staatsministers Hirtsiefer"(주 VIII/122), S. 3.

142) Vgl. u. S. 530. 노비스에 대해서 또한 다음을 참조. Braun(주 I/5), S. 446.

143) Arnold Brecht, in: Preußen contra Reich(주 VIII/106), S. 48. 내각 인사 중 이 자리에 없던 자는 브라운(Braun)과 슈타이거(Steiger)뿐이었다.

가 자신이 취할 앞으로의 조치들도 "합법성"의 한계를 엄격하게 지킬 것을 이들은 결정하였다. 클레퍼도 이에 대해 전혀 반대하지 않았던 것 같다. 내각은 전원일치 결정으로 국사재판소의 판단을 요청했고, 동시에 국사재판소가 파펜의 조치에 반대하는 결정을 내릴 것을 요구하였다.[144] 아직 해체되지 않은 프로이센 내각은 — 즉, 브라운과 제버링을 제외한 모든 내각위원 — 그 밖에 파펜과의 협력준비가 되어 있다고 선언하였지만, 파펜이 "제국전권위원"(*Reichskommissar*)으로서가 아니라 "주 총리"(*Ministerpräsident*)로서 소집한 17시 회의에 참석하지 않기로 결의했다.[145] 파펜에 대한 답변서에서 프로이센 내각은 제국정부를 "제국헌법 위반 및 프로이센 헌법 위반"으로 고소하였고, 국사재판소의 소집을 알렸으며 그리고 프로이센 정부는 새로운 장관의 해임과 임명을 헌법 제 17조에 의거해서, 그리고 제국상원의 새로운 구성을 헌법 제 63조에 의거해서 간섭으로, 그러므로 "유효하지 않으며 현존하지 않는 것으로 본다"는 점을 강조하였다. 바로 여기에 헌법 제 48조를 공화국 대통령이 적용하는 데 한계가 있다는 것이다. 그 밖에 장관들은 파펜의 회의소집을 거부했는데, 그것은 "프로이센 정부의 회의는 오직 한 프로이센 장관의 진행으로 개최될" 수 있기 때문이라는 것이다.[146] 결론이 없는 비슷한 선언을 그들은 잠시 후 공개하였다.

이들은 이 논의 결정에 따르겠다는 선언을 이미 한 바 있었다.

144) Severing (주 I/18), II, S. 351.

145) 이에 대한 상세한 사항은 다음을 참조. Brecht in: *Preußen contra Reich* (주 VIII/106), S. 46ff. 회의주무부처장은 "총리", 테마는 "정치적 상황"과 "인사변경"의 내용을 담고 있는 소집장은 다음에 있다. *Anlageheft zu der Gegenerklärung der Reichsregierung* (주 VIII/123, Unterlage b, S. 6). 이 회의는 7월 21일 예정되었다는 파펜의 진술은 그러므로 잘못되었다(주 VI/35, S. 219).

146) "Schreiben der preußischen Staatsregierung vom 20. Juli 1932 an den Reichskanzler", *ebda.* (Unterlage c), S. 7f. 이것은 다음에서도 확인할 수 있음. Preußen contra Reich (주 VIII/106), S. 48.

제국총리실에서 11시부터 12시까지 제버링과의 회의가 진행되었다. 이와 같은 때에 제국 국무총리 플랑크는 "일상적인 기자회견"에서 파펜의 조치를 공개하였다. 이러한 공개는 여태까지 프로이센 장관들에게도 허락되지 않았던 일이었다. 이제 비로소 그들은 오토 브라운의 공보담당관 히르쉬펠트에 의한 언론보도로 대통령령의 공식적 이유를 알게 되었다.[147] 이 기자회견에서 제국정부는 자신의 비상령의 임시적 성격을 강조하였다. "프로이센 정부가 공산주의 운동에 대해 계획적이고 의식적인 대응을 하지 못한 관계로" "공산주의가 야기한 유혈의 프로이센 불안정에 대한" "필요한 만큼의 조치가" 취해지지 않았기 때문에, 그래서 제국정부가 "스스로 독일의 가장 큰 주의 안전과 평화를 위해 조치를 취해야" 하기 때문에, 이러한 제국의 비상령이 필요했다는 것이다. 대통령 비상령의 전적으로 당리당략적인 성격을 거의 감추지 않는, 이 일반적인, 순전히 정치적인 근거에 유일하게 첨가된 구체적 근거는 다음과 같은 점이었다. 즉, 바로 프로이센에서 공산주의자들의 활동은 "우연"이 아니라 오히려 이에 대한 "근거 있는 혐의"가 존재하는데, "베를린과 다른 중요한 지역의 고위관리기관이 자신의 임무를 수행하기 위해 필요한 내적 독립성을 더 이상 갖지 못하고 있다"는 것이 바로 그 혐의였다는 것이다. 프로이센의 국가적 권위가 실추된 것과 함께 제버링과 다른 고위공직자들의 제국정부에 대한 "무분별하고 격렬한 공격"이 위와 같은 위기를 초래하였다고 한다. "필요한 신뢰할 만한 협력이" 전혀 결여되어 있고, "이러한 환경 아래에서는 제국권력과 프로이센 권력을 임시적으로 통합하여 프로이센 전담 제국위원으로서 제국총리의 수중에 몰아주는 것이 가장 커다란 독일주의 신속한 평화에 이르는 유일한 방법이다."[148] 이어서 "제국내무부의 한 대

---

147) 이때 이와 반대되는 의견발표는 히르쉬펠트에게 허용되지 않았다. Brecht in: *Preußen contra Reich*(주 VIII/116), S. 53.

148) "Amtliche Begründung zur Verordnung des Reichspräsidenten,

변인"은, 파펜은 "아직 해임되지 않은 6명의 프로이센 장관들과 협력하여 프로이센 주의 업무를 함께 이끌 준비가 되어 있다"고 강조하였다.[149] 그러나 이 제안을 거부하는 이들의 답신이 도달하자, 그들은 7월 20일 저녁에 해임되었고, 그들의 임무는 다음 날 프로이센 국무차관들인 샤이트(Scheidt), 라머스(Lammers), 횔셔(Hölscher), 슐로이제너(Schleusener)와 제국식량부 국무차관 무셀(Mussehl) 그리고 금융담당 제국위원 에른스트(Ernst)에 의해 접수되었다.

프로이센 총리 브라운은 병가 차 머물러 있던 베를린-첼렌도르프의 자택에서 해임소식을 접했다. 그 이유가 명기되지 않은 짧은 해임통보를 받은 후[150] 그는 자신의 집무실로 전화했다. 그는 이를 통해, 제국군대가 방금 그의 집무실을 점령해서 그의 출입을 불허할 것을 명령했다는 사실을 알게 되었다. 그는 제버링과 다른 장관들과 전혀 연락을 취하지 않은 상태에서 파펜에게 항의서신을 전달하였다. 파펜은 다음

---

betreffend die Wiederherstellung der öffentlichen Sicherheit und Ordnung im Gebiete des Landes Preußen, Vom 20. Juli 1932" in: Anlageheft zu der Gegenerklärung der Reichsregeirung (주 VIII/123), Unteranlage a, S. 4f. Anschließend abgedr. in: *RGBl.*, 1932, I, S. 377. 슐라이허의 전적인 신임을 받고 있는 자로서 "공산주의의 위험이라는 완전히 날조된 주장"으로 "불행한 근거"를 제시하는 데 협력한 카를로비츠(Carlowitz)도 오늘날, 이중구조의 사실 자체만으로 헌법 제 48조의 적용이 정당화될 수 없었다고 힘주어 강조한다. 카를로비츠와의 인터뷰, ungedruckter Teil (주 VI/72), S. 97.

149) "Darstellung der Durchführung" (주 VIII/123), S. 2.

150) "프로이센 총리 브라운(Dr. h. c. Dr. e. h. Braun, Berlin-Zehlendorf, Dessauer Straße 3)에게, 제국대통령이 1932년 7월 20일(Reichsgesetzblatt I, S. 377) 자로 나를 프로이센 주 전담 제국위원으로 임명하고 난 후 나는 그대를 프로이센 총리직에서 해임하였다. 파펜의 서명", *Preußen contra Reich* (주 VIII/106), S. 19. 이 대통령령은 이 시점에서 아직 발표되지 않았고 브라운의 항의에 대한 파펜의 답의 수신인 난에 이미 "주 총리 브라운" (Herr Ministerpräsident a. D. 〔!〕 Braun)이라고 기재되어 있었다.

날 공개된 자신의 성명을 참조하라는 내용의 답을 하였다. 브라운은 더 항의하였지만, 이에 대해서는 아무런 답변이 없었다. 파펜이 제시한 근거에 대해 라디오에서 입장을 밝힐 수 있는 기회제공에 대한 요구도 아무런 답변을 받지 못하고 무시되었다. 신문은 브라운의 항의를 게재하였지만, 브라운의 태도는 4월 24일의 패배에 너무나도 영향을 받아서 그는 저항할 생각 자체를 갖지 못했다.[151] 브뤼닝에 의하면, 프로이센에 대해 적지 않게 결정권을 갖고 있었고 자신의 정당에서 힌덴부르크의 재선을 위해 애썼던 그 또한 힌덴부르크 원수의 변덕스러운 신의의 희생자로 전락하였다.

7월 20일 사건이 진행되면서 제국에 의한 프로이센 권력 인수는 "계획에 따라 불상사 없이" 실현되었다.[152] 브라흐트는 제버링이 자발적으로 인수인계하도록 16시에 나타났다. 그러나 제버링은 직책의 정치적 의무에 따른 것이 아닌, 다시 한 번 합법성에 근거해서 이를 거부하였다.[153] 그러자 20시 신임 베를린 경찰청장 멜허(Melcher; 그는 이전 에센에서 브라흐트의 경찰청장이었다)가 2명의 경찰간부와 함께 제버링의 집무실에 나타나 즉시 집무실을 떠나라는 폭력적인 명령을 하달하였다. 17시에 이미 프로이센 경찰청장 그르체진스키, 부청장 바이스(Weiß) 그리고 프로이센 보안경찰 사령관 하이만스베르크가 새로운 베를린 경찰청장에 의해 군사적 무력의 위협 아래 자신들의 집무실들에서 장교형무소로 인도되었다. 그들은 제버링의 퇴출 이후 풀려났지만,[154] 자신의 직무수행을 포기해야 했다. 프로이센 국무차관들인 아

151) Otto Braun(주 I/5), S. 407~411. 이에 대해 다음을 참조. Papen(주 VI/35), S. 218.

152) Papen, *ebda*.

153) Severing(주 I/18), II, S. 352. 자발적인 사임을 "나는 거부하였는데, 왜냐하면, 나는 슐라이허, 파펜 그리고 다른 이에 가담한 동지들이 헌법파괴의 길을 끝까지 가는 것을 면할 수 있는 길을 주고 싶지 않았기 때문이었다." 그러나 사태는 변하지 않았다.

벡(Abegg), 슈타우딩어(Staudinger), 바이스만(Weismann) 그리고 크뤼거(Krüger)의 해임이 결정되었다.[155)]

파펜이 7월 20일 저녁 자신이 이해한 방식대로의 국가이성에 근거한 자신의 조치를 정당화한 비난들과 논박들을 라디오 연설에서 반복할 때, 공화국의 요새 프로이센은 저항을 위한 어떠한 효과적인 시도도 없이 무너져버렸다. 파펜의 연설은 다수결 결의를 할 수 없는 프로이센 주 의회로부터 시작하였지만, 그 이유를 예컨대 나치당의 비타협성에서 찾지 않고 많은 논쟁의 원인이었던 주 의회 규정의 변경에서 찾았다.[156)] 파펜의 논거에서 특징적인 것은 그가 프로이센 주 의회를 세 부류로 나누어 그 무능함을 비판했다는 점이다. 그에 따르면, 주 의회는 47%의 나치당과 독일민족인민당이 37%의 "기타 정당"과 대립하고 있어 나치당과 독일민족인민당은 정부구성 다수의결을 관철시키지 못하고 그사이에 16%인 공산당이 결정적 역할을 할 수 있었다는 것이다.[157)] 모든 부정적 표결에서 좌우의 전체주의적인 정당들이 협력하고 있다는 사실에 대해서는 그는 침묵하였다. 1930년 이래 그리고 특히 1932년 대통령 선거 이후 확실하게 모든 옛 정파들의 지형을 대체했던, 민주주의 정치와 전체주의 정치의 대립이[158)] 당시 파펜에게는 의미 없었고 지금도 그에게는 의미가 없다. 파펜이 자신의 연설

---

154) 자세한 것은 다음을 참조하시오. Grzesinski(주 VIII/121), S. 157ff.

155) Severing(주 I/18), II, S. 352; Papen(주 VI/35), S. 218; Horkenbach, 1932, S. 249f.

156) 위 S. 369.

157) Amtlicher Text der Rede in: *Anlageheft zu der Gegenerklärung der Reichsregierung*(주 VIII/123), Unteranlage d, S. 9f.; Schultheß, *1932*, S. 121~123. 파펜은 후에 나치당에게 아첨하는 자신의 연설부분을 줄였던 데 비해, 연립내각 구성 준비를 갖춘 중앙당에게 정상적인 절차에 의해 형성된 정부가 성립되지 못한 데 대한 책임을 부가하는 부분은 확대하였다.

158) Papen(주 VI/35), S. 181 u. a.

에서 가장 강조한 것이 공산주의자들의 파괴활동과 전복활동의 위험이었으며, 프로이센 정부가 "공산주의자들과 나치주의자들을 정치적으로 그리고 도덕적으로 동일시한다"고, 그리고 "반국가적 세력인 공산주의자들을 나치의 발전적 운동을 적대하는 통일전선에 배치한다"고 프로이센 정부를 파펜이 비판한 것은 바로 위와 같은 맥락과 닿아있는 측면이다.[159] 배신자 딜스(Diels)의 문제 많은 보고에 근거한 이러한 진술을 한 후 파펜은 사민당원 고위 공직자들의 반파시즘적 발언과 조치를 공격했다. 파펜이 자신이 취한 조치의 임시적 성격을 확언하였을지라도, 그리고 그가 "정상적인 법치상태의 복원이" 자신의 유일한 목표라고 선언했다 하더라도,[160] 자신의 쿠데타로 그가 누구의 이익을 추구하는가는 의심의 여지가 없이 명백했다.

제국정부의 유일한 권력기반인 제국군대는 이제 프로이센 경찰력으로 강화되었다. 이리하여 제국정부는, "발전적인 나치당"을 환영하고, 임박한 선거에서 승리를 장담할 수 없겠지만, 그래도 자신의 독자적인 목적들을 위해 나치당을 활용할 수 있으리라 희망했다. 프로이센에 대한 쿠데타가 힌덴부르크의 인기를 높임과 동시에, 좌파에 대한 제국정부의 공격을 인정하지 않을 수 없으며 그래서 관용정책을 지지해야 할, 이미 다시 불순해진 나치당을 온순하게 만들 수 있을 것이라고 생각했던 것 같다. 괴벨스는 메모에서 관용정책에 대한 나치당의 항의가 계속 커졌으며,[161] 파펜과 특히 슐라이허가 프로이센의 주요 직책들을—프로이센의 경찰요직을—나치가 차지하는 것을 막으려 했다고 적었다.[162] 제국정부는 이제 아직 남아있는 헌법적, 정치적 방해요인

159) *Anlageheft zu der Gegenerklärung der Reichsregierung*(주 VIII/123), S. 11.

160) *Ebda.*, S. 13.

161) Goebbels, *Kaiserhof*(주 V/13), S. 122, 124ff. usw.

162) 파펜의 라디오 연설이 다른 언어로 말했을지라도 파펜은 이것을 주장한다. 슐라이허에게는, 나치와 관련된 자신의 정치적, 군사정책적 의도와 관련하

을 제거했다. 법치국가에 대한 쿠데타를 성공한 후 제국정부는 자기도취에 빠져 다음과 같이 공표할 수 있다고 생각했다. 즉, "제국정부는 스스로가 올바른 길이라고 생각한 길을 따라 방해받지 않고 전진할 것이다."[163]

1933년 사건의 예행연습인 프로이센의 "청산"은 곧바로 시작되었다. 며칠 뒤 벌써 지방의 수많은 최고위 행정관료들이 비밀스런 공무원에 의해 대체되었다. 광범위한 교체대상자 명단에 국장 바트(Badt)와 브레히트(Brecht), 베를린 경찰 최고간부들 이외에 니더슐레지엔(뤼데만: Lüdemann) 작센(팔크: Falck), 슐레스비히-홀스타인(퀴르비스: Kürbis), 헤센-나사우(하스: Haas)의 경찰총감들, 그리고 프랑크푸르트(Frankfurt a. O.)(피츠너: Fitzner), 리그니츠(한스 지몬스: Hans Simons), 막데부르크(베버: Weber), 메르제부르크(에르스트 하르나크: Ernst v. Harnack), 뤼네부르크(Herbst), 뮌스터(아멜룩센: Amelunxen), 쾨닉스베르크(바르펠트: v. Bahrfeldt)의 광역자치단체장(*Regierungspräsident*)들 및 오펠른과 슐레스비히 지역의 부광역자치단체장(*Vizepräsident*)들을 포함하고 있다. 동시에 쾨닉스베르크, 킬, 쾰른, 에빙, 하겐, 카셀, 오펠른, 알토나, 막데부르크의 경찰청장들과 빌헬름스하펜, 슈나이데의 경찰국장들이 자리를 떠났다. 이어서 수많은 군수(*Landrat*)들이 교체되었다.[164] 총 94명의 공무원이 해임되었고, 11명이 강제로 면직되었다. 64명의 고위공직자가 새로운 직책을 갖게 되었고, 이 중 33명은 결국 그 자리에 임명되었다. 대부분은 10월에 열린 국사재판소 바로 직전에 임명되었다.[165]

여 볼 때, 이러한 목적은 그럴싸하다. 또한 브뤼닝도 이것이 슐라이허의 주요 목적이라고 생각한다("Brief", 주 I/9, S. 13).

163) *Anlageheft zu der Gegenerklärung der Reichsregierung*(주 VIII/123), S. 14.

164) Horkenbach, 1932, S. 253f., S. 262; Severing(주 I/18), II, S. 359f.

165) "Brecht", *Preußen contra Reich*(주 VIII/106), S. 90ff.; vgl. u. S. 556ff.

파펜의 최초의 조치들의 목적은 제국위원들의 임명을 넘어 파펜의 구미에 맞는, 협상력과 결정권을 지닌 정부의 구성이었다. 조금 후 커다란 정치적, 헌법적 어려움이 등장하고, 제국상원처럼 국사재판소도 파펜에게 유리하게 반응하지 않는 듯할 때 비로소 책임자들은 눈에 띄게 뒤로 물러났다. 그러나 먼저 모든 장관들은 규정에 의거해서 교체되었던 것으로 다루어졌다.[166] 이미 7월 22일 제국위원으로서 정부 부처를 책임질 국무차관들을 위임적 장관(*kommisarischer Minister*)으로 임명하고 장관선서를 하도록 하였다. 이러한 과정은 프로이센 내각운영규정에 의할 때 오직 장관의 권한인 공무원 인사변경 집행을 수월하게 하기 위한 것이었으며, 그러나 무엇보다 커다란 영향을 미치는 중앙집권계획들은 최고의 차원에서 추진하기 위한 것이었다. 어쨌든, 제국위원들은 곧 각 부처의 모든 업무를 인수하였다. 특히 공무원 해임과 임명 업무를 인수하였다. 내정의 혼란은 이를 통해 다양한 방면에서 증폭되었다. 프로이센에서는 계속해서 2개의 "합법적" 정부가 존재했다. 제국정부에 의해 지지되는 정부가 그 하나요, 주들에 의해 지지받는 정부가 또 다른 하나였다. 격자로 서로 분리된 한 테이블에 2명의 대표들이 마주보고 앉아 있는 내용의 한 풍자만화의 제목은 "브레히트는 권리(*Recht*)를, 브라흐트는 권력(*Macht*)을 갖고 있다"였다.[167]

이것이 파펜 시기의 최정점이었다. 며칠 후 벌써, 파펜을 부각시키고 슐라이허를 내정의 결정적 인물로 부각시켰으며 이들을 권력공백상태의 조정자로 만들었던 환상들이 그러한 방식으로는 임시적으로만 통제될 수 있는 그런 권력투쟁의 현실에 직면해 식어가기 시작하였다. 이제 두 가지 선택만이 남아있었다. 하나는 사람들이 무시하고 두려워하는 민주주의적 길이고 또 다른 하나는, 사람들이 군사독재의 전통적 수단으로 통제할 수 있다고 생각했던 전체주의적 전복의 길이었다. 공

166) 이에 대한 예들과 입증자료에 대해 다음을 참조. *Ebda.*, S. 88ff.
167) François-Poncet, *Von Versailles* (주 I/9), S. 166.

산주의에 대한 일방적 전투는 그러나 그것이 단지 전술적 선전수단으로 활용되지 않는 한에서, 민주주의적 법치국가를 반대하는 전체주의적 욕구들의 돌진에 지속적인 저항지점(*point de résistance*)을 설정하지 않은 채 우익극단주의에 더 많은 힘을 실어주었다. 왜냐하면, 1932년 7월 20일은, 그것이 민주주의의 극복을 위해 얼마나 필요하지 않은 것인가를 입증하는 한 증거였다.

5. 민주주의의 패배와 저항의 문제

7월 20일의 사건, 배경, 그리고 그 결과에 대한 논쟁은 곧 시작되었다. 이 논쟁은 다양한 의미해석과 설명방식으로 문제의 헌법적 측면, 정치적 측면 그리고 개인적 측면을 가늠해보고자 하였다. 이때 파펜과 슐라이허의 쿠데타에 대한 저항이 어느 정도 가능했고 의미 있었는가라는 개개의 사건진행 차원을 넘는 문제가 오늘날에도 여전히 논쟁의 전면에 부각되고 있다. 붕괴되는 공화국을 독재적 간섭에 대항하여 방어하는 데 지원세력을 제공할 수 있었던 정치세력의 심리적 상황과 투쟁수단들에 대한 문제가 이 논의에서 관건이다. 이것은 당시 독일 국내정치의 전면으로 부각되었던 독재적이며 전체주의적인 경향에 대한 민주주의적 대안의 기회가 어느 정도 가능했는가라는 문제였다.[168)]

즉각적인 저항, 논의, 계획들이 없었던 것은 아니었다. 파펜과 독일민족인민당에 우호적인 신문들과 독일인민당 집행부는 파펜의 쿠데타를 환영하였으며 나치당 기관지 〈푈키셔 베오바하터〉(*Völkischer Beobachter*)지는 그것을 인정할 뿐 아니라 더 확대된 조치를 취할 것을

168) 아르놀트 브레히트(Arnold Brecht)와의 논쟁 in: *Zeitschrift für Politik* 2(1955), H. 4; 3(1956), H. 2 u 3.

요구한 데 반해 중도파와 좌파의 신문들은 즉시 파펜의 폭력실험을 비판하고 나섰다. 동시에 독일사민당, 중앙당, 사회주의 노조와 크리스트교 노조 그리고 공무원 노조는 프로이센에 대한 위헌적 조치에 대한 격렬한 비판을 하였다. 해체된 프로이센 내각은 제국총리와 제국대통령에 대한 많은 서신을 통해 계속 쿠데타에 대한 파펜의 근거들을 공격하였다. 더 나아가 바이에른과 바덴은 제국정부를 국사재판소에 제소하였다. 이들은 제국정부의 조치가 모든 다른 주들에 대한 직접적 위협이라고 생각하였다. 뷔르템베르크 정부가 제국대통령과 제국총리에게 보낸 서신에서[169] 행한 저항대상은 무엇보다 주 장관들과 주 공무원들 그리고 정부의 권한과 대표권을 보유한 제국위원들의 해임과 임명이었다. 그러나 언론의 저항과 헌법논리적 저항을 넘어[170] 분노를 정치적으로 효과적으로 묶어내고 저항에 구체적 기초를 제공했을 수도 있는 반대운동은 일어나지 않았다. 독일사민당 당수가 "7월 20일 사건 직후"〔!〕 노조들, 정당 그리고 제국기치에 대한 설문조사에서 저항행동에 대한 일반적인 거부감이 있었다고 말했다고 제버링이 말했는데, 이것은 거의 기이하게 들린다.[171] 독일사민당 집행부가 이 사건에 대한 대응보다 훨씬 더 중요하게 여긴 것은 제국선거 준비였다. 이 제국선거를 통해 그들의 지지세력이 확대될 것이라고 사민당 집행부는 기대할 수 있다고 생각했다. 이 아주 근거 없는 기대가 7월 20일 사건에 대한 입장표명(이것은 항의와 위로를 모두 담고 있다)에서의 독일사민당의 유일한 정치적 답변이었다.[172] 독일사민당 집행부는 이로써

---

169) Miller(주 I/40), S. 420f.; Schwend(주 V/40), S. 454ff.

170) Horkenbach, 1932, S. 251~255; "Einsetzung des Reichskommissars in Preußen", in: *Der Zeitspiegel* 1, Nr. 14(28. Juli 1932), S. 216ff. Vgl. *Der Bundekanzler*(주 VI/97), S. 61f.

171) Severing(주 I/18), II, S. 355f.

172) Stampfer(주 I/4), S. 631f.

"합법성", 즉 헌법을 철저히 지키는 노력에 집착하는 자신의 입장을 근거지우고 있었다.

본래 쿠데타는 진정한 내전상황을 초래했다. 한편에서는 힌덴부르크와 슐라이허에게 충성하는 제국군대가 서 있었고, 다른 한편에서는 프로이센 정부의 기관으로서 프로이센 경찰과 아울러 바이마르 연정정당, 제국기치, 그리고 총파업이라는 가장 효과적인 투쟁수단을 갖고 있는 노조가 서 있었다. 그리고 서로 극단적으로 대립하고 있고 각자 고유한 목표에 기초한 이 전선 사이에는 또한 나치 전투조직과 공산주의 전투조직이 서로 대립하고 있었다. 경찰지도부, 특히 베를린 경찰지도부가 저항을 위해 전력을 기울였던 것 같았음에도 불구하고, 이 모든 저항의지를 원천적으로 억제하는 데 있어서 제국군대에 대한 결코 부당하다고 볼 수 없는 존경심만으로도 충분했다.[173] 지속적인 경제적 위기 속에서, 대통령제의 변덕스러움에 대한 적응 속에서 그리고 특히 전통이 되어버린, 무질서에 대한 혐오 속에, 즉 겉보기에 막강하며 성공적인 국가폭력에 대한 혁명적 저항에 대한 혐오, 관헌국가로부터 전수된 이러한 혐오 속에 근거한 일련의 금기사항들이 위와 같은 존경심과 더불어 한 역할을 하였다. 당시의 세력관계를 객관적으로 평가하고 파펜 쿠데타에 대한 저항의 결과를 냉정하게 평가하는 것은

173) 야콥 딜(Jakob Diel)은, 국장 클라우제너(Klausener), 그르체진스키(Grzesinski), 그리고 하이만스베르크(Heimannsberg)가 제버링에게 다음과 같은 제안을 했다고 전한다(주 VI/98, S. 28). "베를린 경찰의 즉각적인 전면적 투입, 총파업, 제국정부와 대통령의 즉각적 체포, 대통령의 법적 자격 박탈선언 그리고 국사재판소소장 지몬스(Simons)의 대통령직 인수 그리고 모든 수단을 동원한 저항. 내무부장관은 — 다른 프로이센 내각 각료들과의 합의하에, 특히 브라운관의 합의하에 — 이러한 제안을 거부하였고 모든 조치를 금지했다." 이 진술은 조금 더 세심한 조사를 필요로 한다. 왜냐하면, 지몬스가 아니라 붐케(Bumke)가 국사재판소소장이며 헌법 제51조 RV에 의거 제국총리가 합법적인 대통령직 인수자였기 때문이다. 이러한 사실은 하이만스베르크의 진술에 의해서도 지지된다(부록 II, S. 354ff.).

오늘날에도 여전히 어렵다. 이미 1932년 12년 전 카프 폭동(*Kapp-Putsch*)을 저지하기 위해 성공적으로 취해진 저 공화주의적 저항행동을 반복하는 데 방해가 된 중요한 환경과 동기가 있었다. 12년 뒤 이제 공화주의적 저항은 그 마지막 장을 경험하게 되었다.

파펜 내각은 처음부터 자신의 목표를 숨기지 않았다. 파펜 내각이 제국의회를 완전히 무력화시킴으로써 의회주의적 공화국을 제거하려고 하였다는 점은 파펜 내각의 자랑스럽게 공표된 새로운 성격의 특징이었다. 파펜 내각이 합법적 권력담지자들의 희생으로 좁은 자신의 권력기반을 확장하려 했고 이때 무엇보다 주들의 권한에 종속되었던 경찰을 생각했다는 것은 그의 권위주의적 출발점과 그의 권력정치적 세계관에서 볼 때 이해되는 것이었다. 심각하게 흔들렸지만 권력요소로서 여전히 불쾌했던 프로이센 정부에 대한 최초의 공격이 중요했다는 것은 그만큼 놀랄 만한 일이 아니었다. 프로이센 권력을 제거함으로써, "신국가" 철학자들이 근대 대중민주주의의 다양한 문제에 거의 영향을 받지 않았던 그들의 단순한 사상에 따라 그들에게 유리한 방향으로의 결정적인 권력이동을 기대했을 것이다. 그것도 파펜 실험 속에서 부활한 저 오래된 음모정치의 형식으로 말이다. 그러나 브뤼닝, 브라운 그리고 제버링에 의해 1930/1931년 추진되었던, 프로이센-제국의 인적 연합계획이[174] 힌덴부르크의 저항 때문에 한번 실패한 이후, 프

174) 위의 S. 72. 이에 대해 발터 멘첼(Walter Menzel: 제버링의 사위)을 참조하시오. "Carl Severing und 20. Juli 1932", in: *Die Gegenwart* 7, Nr. 168(8. November 1952), S. 734f. 힌덴부르크는 브뤼닝의 해임 때까지, "나치당이 1932년 봄 프로이센 주 의회 선거에 이후 프로이센 정부 내 자리를 비타협적으로 계속 요구할 경우 프로이센을 분할하고 북독일의 사법행정과 경찰행정의 통제를 제국에게 위임하는 것에 대한 1930년 지방정부회의 결정을 실현하는" 영에 서명하기를 거부했다. Brüning, "Brief"(주 I/9), S. 9. 이제 파펜은 나치당을 속이기 위한 자신의 계획을 위해 그리고 자신의 위상을 강화하기 위해 이것을 승인하였다. 여기서도 파펜은 브뤼닝

로이센 정부는 모든 통찰들과 경고에도 불구하고 가능한 억제조치의 준비를 포기했었다.[175] 프로이센 정부는 그때그때 간단한 도움을 받는 데 그쳤고, 자신의 임박한 해체에 직면하여 의회주의적 정부형태의 보호에 대한 책임을 더 이상 질 수 없었던 "임시정부" 해체만으로 이 위험스런 상황에 대처했던 것 같았다. "프로이센에서의 공화주의 권력은 실제적으로 4월 24일 퇴락했고", "통치자 교체는 단지 시간문제다"[176] 라는 생각, 그리고 사람들은 이제 "더 이상 '권력'이 아니라 권력의 환상(이것도 실제 오래전부터 더 이상 존재하지 않았다)을 〔잃어버렸다〕"는[177] 생각에 프로이센 정부는 스스로 위로하였다. 정치적 책임을 진 자들이 이 사건들의 "커다란 세계 정치적 의미"를 이해했지만 결국, 이것을 "대중은 아직 인식하지 못했다"는 이유로 전면에 나서지 않았다는 사실은 오직 위와 같은 것을 배경으로 해서만 설명될 수 있다.[178]

프로이센 내외부의 주목할 만한 저항세력의 동원에 관한, 크고 작은 일련의 확실한 단서나 계획들은 존재했다. 남독일 주들은 저항활동에

의 준비작업을 생각 없이 자기의 방식대로 활용하였다.

175) 그르체진스키만 경찰영역에 대해서 이러한 사실을 확인한 것이 아니다. (주 VIII/121), S. 154ff. 당시 프로이센 교육부장관인 그림(Grimme)도 가블렌츠(O. H. v. d. Gablentz)와의 인터뷰(21. Juni 1951)에서 그르체진스키의 반복된 경고들(이미 4주 전)을 언급했다. 경찰은 더 이상 신뢰할 만하지 않다고 했다고 한다.

176) *Sozialistische Monatsheften*(1932 Heft 8)에 실린 카를로 미렌도르프(Carlo Mierendorff)의 논문에 의하면, 제버링의 변명(*Lebensweg*, 주 I/18, II, S. 359)은 다음 주의 인용에 근거한 것과 같은 정도로 이러한 기본생각에 근거하고 있다. 이것은 오토 브라운의 절망적인 확인에 의해 보충된다. "1932년 4월 주 의회선거에서 프로이센 다수 주민은 투표를 통해 나에게 권력을 빼앗아갔다"(주 I/5, S. 410).

177) 노조의 입장에 대해서는 다음을 참조. Franz Josef Furtwängler, *Bedeutung und zukünftige Aufgaben der Arbeiterbewegung*, Frankfurt/M. 1947.

178) 제버링의 자기정당화(주 I/18), II, S. 356.

거부감을 갖지 않았다.[179] 프로이센 자체에서 거의 14년 동안의 통치 기간 동안 바이마르 연정 정당들은 가장 중요한 정치적, 행정적 권력 지점들을 보유하고 있었다. 제국기치의 한 회원의 말을 믿는다면, 조직을 강화하고, 모든 반공화주의적 노력들에 적극적으로 대처하며 "영구적인 공화국 긴급보호 상황" 선언에 전력투구할 강한 세력이 제국기치 내에 있었다고 할 수 있다.[180] 하지만 무장은 대단히 불충분하였다. 그리고 결정권은, 7월 20일 헌법에 근거한 항의로 대항했지만, 민주주의적 정당성을 지닌 자신들의 직책에 따른 의무인, 구체적인 정치적 책임의식을 지니고서 대항하지 못했던, 너무 조심스런 집행부와 공화주의적 장관들, 정당집행부, 노조집행부에게 있었다. 이러한 사건들 속에서 공화국의 위기와 공화국을 극복할 세력의 위협적인 강화가 자라날 징후들과 현상들이 일반적인 전환시기에서처럼 집결되었다. 합법성 유지가, 권위주의적이며 전체주의적인 헌법 적대세력에 의해 합법성이 일방적으로 이용되는 "상황에 맞는" 유사합법성으로 전환되는 곳에서 그 한계를 갖고 있다는 점은 대단한 이론적 통찰이었다. 그러한 광범위한 고려들은 마지막 민주주의 권력의 위험을 의미하는 직접적 다툼에 대한 두려움보다 자꾸 덜 중요하게 여겨졌다.

제버링은 7월 16일 독일사민당 대표단 회의(여기에 벨스 외에 브라이트샤이트, 힐퍼딩, 포겔, 크리스피엔 그리고 슈탐퍼가 참석했다)에서 제

---

179) Miller(주 I/40), S. 420f. 바이에른에 대해서는 다음을 참조. Sendtner(주 VII/125), S. 547ff.; Schwend(주 V/40), S. 454ff.

180) 이에 대해서 당시 청년깃발(Jungbanner)의 지도자였던 후베르투스 프린츠(Hubertus Prinz zu Löwenstein)의 진술과 기획들을 참조, *Die Tragödie eines Volkes, Deutschland 1918~1934*, Amstermdam 1934, S. 135ff. 저항활동에 대해 남독일 주들을 지지를 얻기 위한 그의 모험적인 노력들에 대한 묘사는 그러나 비판적인 검토가 필요하다(S. 143f.).
〔역주〕 융반너는 1926년부터 1933년까지 초당적인 공화국 수호조직인 제국깃발 흑-적-금(Reichsbanner Schwarz-Rot-Gold)의 청년조직이었다.

국의회 선거 전에 이미 프로이센에 대한 파펜의 공격의 뚜렷한 징후가 있다는 점을 말한 바 있다. 그는 이때, 제국위원 임명이 어떤 방식으로 행해질지 좀더 지켜보자는 의견을 피력했다. "합헌적 규정들이 지켜질 것"에 대한 가능성을 그가 어떻게 예상할 수 있었는지 매우 불충분하게 보인다.[181] 더욱 주목할 것은, "제국군대가 관여된 불법적 개입에 대해 철의 전선〔*Eiserne Front*: 나치에 저항하는 제국깃발, 전독일 노조연맹, 일반자유사무원연맹(Afa-Bund), 사민당, 노동자 체조·스포츠 연맹(ATSB)의 연합조직〕이 대중의 지지를 받는 경찰을 투입하는 것이 가능하며 절대적으로 필요한 일이 아닌가"라는 제버링의 문제제기에 대해 프리드리히 슈탐퍼(Friedrich Stampfer)는, 자신의 경찰공무원의 희생 위에 용맹스러운 척할 권리가 제버링에게는 없다고 답변하였다는 점이다. 슈탐퍼가 "모든 파괴공작"에도 불구하고 베를린 경찰의 신뢰성을 강조하였으며, ― 제국군대에 대해 베를린 경찰의 무력이 열등함에도 불구하고 ― 최소한 "단기간의 데모"의 가능성, 즉 절제된 저항의 가능성이나 또는 현시적 저항의 가능성을 이미 긍정했음에도 불구하고, 이제 제버링도 곧 이 시각을 갖게 되었다. "그것은 나의 의견이기도 하다"고 제버링은 답변했다.

독일사민당의 최고결정기구는 7월 20일 사건 4일 전 "어떤 일이 발생하더라고 헌법의 법적 기초에 벗어나는 행동은 하지 않겠다는 결론을 만장일치로" 내렸다.[182] 그러나 파펜과 슐라이허가 사민당과 같이 생각하지 않을 경우 저항은 원천적으로 불가능하게 되는 것이었다. 이것을 예상했어야 했다. "힌덴부르크, 파펜 그리고 슐라이허가 7월 20일 그들의 행동으로 헌법수호에 대한 그들의 맹세를 위반했다"는[183] 지적은 아주 적절한 것인데, 그렇다 하더라도 슈탐퍼나 브라운 및 제

181) Severing(주 I/18), II, S. 347.

182) *Ebda.*

183) Stampfer(주 I/4), S. 631.

버링이 오늘날도 참담하다고 받아들여지는 이 결정에 대한 책임을 면할 수는 없는 것이다.[184] 사민당 주요 당직자와 비슷한 주저함을 갖고 있지 않았던 파펜과 슐라이허는 처음부터 이러한 사민당의 결정을 자신의 행동에 수반될 위험을 계산할 때 이미 고려할 수 있었다. 어쨌든 이들과, 그리고 제국정부, 제국군대 사령부 그리고 제국대통령은 두려워하지 하지 않았다. 즉, 이들은 헌법과 민주주의를 책임지고 방어해야 할 자들이 좀더 나은 통찰력과 당연한 의무에 반하여 물러섰던 그런 시민전쟁의 위험을 두려워하지 않았다.[185] 헌법이 어떻게 침해되었을지라도, 이 헌법수호자들은 헌법보호를 위한 어떠한 조치도 취하지 않았을 것이다.

이러한 이유 때문에 7월 20일 쿠데타는 파펜이 놀랄 정도로 "계획대로 그리고 우발적 사고 없이" 착착 진행되었다.[186] 바이마르공화국 주도세력의 심리적 장애요인 이외에 모든 구체적 저항에 대한 포기가 좋은 선택이었다고 보이게 한 당시의 사실적 관계들은 어렵기는 했지만, 정치적으로 실제적으로 결정적인 설득력을 갖는 요인들은 아니었다. 이에 대한 평가는 결국 성공가능성에 따라 달라졌다. 권력정치적 측면에서만 정당화될 수 있는 폭력적 쿠데타를 통한 바이마르 헌법의 훼손

---

184) Braun (주 I/5), S. 409~411; Severing (주 I/18), II, S. 352~359; Stampfer (주 I/4), S. 631~633; Grzesinski (주 VIII/121), S. 160~162. (그의 논지는 "너무 늦었다!"는 것이다); Wilhelm Gerviens [Severing]: *Der 20. Juli in Wahrheit und Dichtung*, Bielefeld 1946, passim. 많은 비판가들에 대해서, Georg Bernhard, *Die deutsche Tragödie, Der Selbstmord einer Republik*, Prag 1933, S. 298: "모든 권력수단을 보유했음에도 불구하고 이러한 항복을 한 것에 대한 전적인 책임은 사민당에 있다."

185) 이 점에 대한 마이스너(Meißner)의 진술은 주목할 만하다(주 I/156, S. 237). 적극적인 저항행동을 예상해서 "사람들"은 "만일을 생각해서" 군사적 개입에 대비했었음에도 불구하고, 저항을 포기한 행위는 "심각한 경악"을 초래했다는 것이다.

186) Papen (주 VI/35), S. 218.

으로 결정적으로 타격을 입은 공화국의 모든 도덕적 자산을 되찾기 위한 인상적인 데모는 공화국 정치책임자들의 생각 속에 아무런 자리를 차지하지 못했다.[187] 이전 카프쿠데타(*Kapp-Putsch*)의 진압이 가능했던 상황과 이 상황은 비교될 수 없다. 당시 프리드리히 에버트(Friedrich Ebert)와 같은 제국대통령이 헌법질서 파괴자에 대한 투쟁을 독려했으며 이것이 이때 노동자들뿐 아니라 공무원들 그리고 제국군대와 경찰의 대다수에 의해 지지되었던 데 반해, 이제 비무장의 노동자들과 혹은 일부의 경찰들과 공무원만이 힌덴부르크라는 대통령, 그의 정부 그리고 모든 저항을 폭동을 다루듯 할 것인 모든 무장세력들과 대치할 것이 예상되었다.

거기다가 프로이센 정부는 자신의 결정에서 전혀 자유롭지 못했다. 프로이센 정부는 상황을 오인하여, 국사재판소를 통한 해결을 가능하게 하는 합헌적이며 평화적 대안에 의지했다. 더 나아가 프로이센 정부는, 반복해서 붕괴되는 임시적 소수내각이 약해졌을 때, 제국개혁을 통한 프로이센-제국의 이원구조에 따른 문제해결 방안을, 그것이 합헌적 방식으로 진행될 경우, 긍정적으로 생각하고 있었다. 프로이센 정부는 중앙당의 지지도 전적으로 확신할 수 없었다. 그리고 여전히 좋지 않은 조언자들에 의해 둘러싸여 있지만, 권위와 신화의 화신으로서 존경하고 두려워하는 힌덴부르크에 대한 저항을 프로이센 정부는 기꺼워하지 않았다. 비극적인 대통령 선거의 그림자들이 이 결정을 아직도 어둡게 하였다. 파펜의 헌법파괴 행위가 정당한 저항의 마지막 기회를 제공했다는 점을 오늘날 우리는 알고 있다. 1년 후 모든 정당이 강제적으로 해산될 때까지, 특히 히틀러의 능숙한 심리전술 덕에, 헌법에 대한 명확한 훼손행위는 발생하지 않았던 것이다. 그러나 당시 전선의

---

187) 브라운(Otto Braun)은 이러한 저항활동 가능성을 다음과 같은 쓴 비평을 통해 부정한다. "당시 문제의 핵심이 확신의 문제인 것처럼" 생각한다고 그는 비판적으로 말한다(주 I/5, S. 411).

혼란으로 이러한 견해는 주목받지 못했다. 파펜에 대한 투쟁은 히틀러에 대한 투쟁 때문에 약화되었다. 왜냐하면 파펜은 우선 좌파에 적대하는 정책을 펼쳤지만, 그러나 이와 동시에 무조건적으로 폭력을 행사하려는 히틀러에 대해서도 억제정책을 실시했기 때문이었다. 그러므로 프로이센 정부의 입장에서 볼 때, 특히 헌법질서 자체를 지키고 파펜과 힌덴부르크에게도 유효한 헌법 한계설정이 가장 중요하였다. 그러나 이것은 승리의 전망이 그리 많지 않은 내전의 형태를 띤 투쟁으로부터가 아니라 독자적인 무력사용을 통해 위험하게 만들고 싶지 않았던 최고의 국사재판소의 판결에 의해 달성될 것으로 기대되었다.[188]

사실, 한번 모든 준비가 제대로 되지 않았기 때문에, 7월 20일의 구체적인 힘관계는 승리에 유리하지 않았던 것 같다. 제국군대에 대해 경찰이 무기나 사기 면에서 열세라는 점[189] 그리고 경찰공무원이 분열될 것이 불가피했다는 점을 차치하더라도,[190] 헌법 제 48조가 실제적인 불안정의 경우 프로이센 경찰을 인수하여 활용할 권한을 대통령인 힌덴부르크에게 주고 있다는 점에 대해서는 반박할 여지없이 명확하였다. 이에 대한 사례는 대통령 에버트의 재임시절에 여럿 있었다. 이러한 맥락에서 대통령 비상령은, 경찰을 룬트슈테트(Rundstedt)에게 복속시켰고,[191] 룬트슈테트는 곧 한 명령을 통해 "국가의 권위를

---

188) 이러한 의미에서 특히 다음을 참조하시오. Brecht, *Vorspiel* (주 I/84), S. 98~101.

189) 제버링에 따르면, 8만 5천~9만 명의 프로이센 경찰공무원 중 현합규정(*allierte Bestimmungen*)에 따라 단지 3만 명만이 숙영을 하고 무장투입에 준비되어 있었다(주 I/18, II, S. 354).

190) 경찰은 7월 20일 사태의 상황에 따라 저항명령에 더 이상 따르지 않았을 것이라는 것이 그르체진스키(Grzesinski)의 확신이다(주 VIII/121, S. 161). 1932년 7월 20일 이후 해임된 리그니츠(Liegnitz)의 시장인 한스 지몬스(Hans Simons)는 1951년 저자와의 대화에서, 바로 지방경찰관들이 커다란 변화에 대한 기대로 "자신을 위험에 처하게 할" 의사가 전혀 없었다는 점을 강조하였다.

지키기 위해" 신속하고, 능동적이며 "완전한" 무력사용과 무조건적인 의무이행을 경찰에게 요구하였다.[192] "적지 않은 수의 고위 경찰공무원의 예상가능한 이탈을" 막기 위해 제버링은 아무것도 하지 않았다.[193] 7월 21일 룬트슈테트는 총파업에 대한 모든 종류의 호소도 역시 금지했다.

그러므로 제국군대, 경찰, 돌격대, 철모단, 그리고 아마도 공무원들이 제국기치의 저항과 노조의 총파업에 반대하여 한데 뭉쳤을 것이다. 더 있다. 공산당은 "브뤼닝 정부와 그것의 브라운-제버링 프로이센 분점(*ihre Braun-Severing-Filiale in Preußen*)"[194]에 대한 투쟁에서와 마찬가지로, 계속 비타협적 태도를 견지하였다. 독일공산당은 브라운과 제버링의 정부가 전복된 것을 환영하였으며, 어떤 경우든, — 지방의회에서의 활동과 공개적 발언에서 확인되는 바와 같이[195] — 그들의

191) *RGBl.*, 1932, I, S. 377ff.

192) Horkenbach, 1932, S. 254.

193) Severing(주 I/18), II, S. 354. 저자에게 보낸 제버링의 편지(1951년 10월 30일): "일반적으로 경찰은 절대적으로 신뢰할 만하다. 그러나 〔!〕 1931년 이미 몇몇의 경찰관은, 우익적인 경찰간부들이 자신들의 반대입장을 실천할 시기만을 기다리고 있다고 말했었다." o. 주 VIII/109 및 *Bericht Heimannsbergs*(u. Anhang S. 641ff.)

194) Thälmann, "Schmiedet die Rote Einheitsfront"(주 IV/65).

195) 예컨대, Ernst Thälmann, *Der revolutionäre Ausweg und die KPD*, Berlin 〔Februar〕 1932, S. 23: "브뤼닝-그뢰너(Groener) 정부와 그들의 프로이센 지점인 브라운-제버링 정부의 방향이 파시스트 방향과 관계있다는 점에 대해 문제제기하는 사람은 오늘날 한사람도 없다…." 그리고 Thälmann (1931년 12월) (*Die Internationale* 14, S. 499f.): "전투능력 없고, 분열되었고, 좌충우돌하는 프롤레타리아와 맞서 있는 사회민주주의 연립정부는 계급의식적이며, 결연한 투쟁의지로 차 있으며, 일심 단결한 프롤레타리아에 맞서 있는 공개적인 파시스트 독재〔!〕보다 천 배나 커다란 악일 것이다." 또는 "사회민주주의에 대한 투쟁에서 승리하지 못한다면, 우리는 파시즘을 붕괴시킬 수 없다"(*ebda.*, S. 492). 바드(Bad) 주 의회 공산당 원내교

독자적인 길을 갔을 것이었다. 총파업에 대한 공산당의 호소는 이후에서와 마찬가지로 지금도 적지 않은 영향을 미쳤다.[196] 독일공산당이 선전한 "적색 통일전선"은 민주주의 붕괴를 목표로 하는데, 이 목표의 중요도는 적지 않다. "파시즘과 민주주의는 동일한 것의 두 형태에 불과하다"[197] 고 그들은 말하였다.

그런데 위의 조직들보다 더 많은 주저함을 보인 것이 노조였다.[198] 경제공황의 영향으로 그들의 연약함이 바로 지금 최고점에 달했다. 오직 소수의 노조원만이 여전히 안정적인 일자리를 갖고 있었고, 총파업은 주어진 당시의 조건 아래에서 조직된 노동자가 손해를 입는 방향으로 그리고 실업자인 나치 추종자에게 유리한 방향으로 고용관계의 변화를 초래할 위험을 내포하고 있었다. 이 주장의 이익정치적 외관을

섭단체는 철의 전선(*Eiserne Front*), 제국깃발 그리고 다른 모든 사민당 조직 금지 법률안을 제출하기까지 하였다. Flechteim(주 III/86), S. 170ff. 이것은 사민당계 노조에 대한 독일공산당의 투쟁에 대한 기록이 포함하고 있다. 페촐트(Petzold)가 수많은 자료를 근거로 수행한 연구도 이 점을 부정하지 못한다(주 III/85).

196) Franz L. Neumann, *European Trade Unionism and Politics*, New York 1936, bes. S. 28ff.

197) Thälmann, "Schmiedet die Rote Einheitsfront"(주 IV/65), S. 40. 멘쉐비키 마크 아브라모비취(Mark Abramowitsch)의 소책자도 참조. 이런 의미에서 특히 제목을 주목하시오. *Diktatur oder Demokratie? nein: Diktatur durch Demokratie!*, Berlin 1932, S. 8ff.

198) 당시 프로이센 교육부장관 그림(Grimme: 그는 독일사민당 당원이었다)은 가블렌츠(O. H. v. d. Gablentz)와의 대화(1951년 6월 21일)에서 특히 브라운과 라이파트(Leipart)의 적은 연락도 강조하였다(이 둘은 서로 인접해서 살고 있었음도 불구하고 말이다). 이 진술은 물론 저자에게 보낸 제버링의 편지(1951년 10월 30일)에 의해 부정되었다. 다른 한편 특히 슐라이허는, 노조를 곧 다시 좋은 분위기로 전환시키고자 노력하였다. 제버링이 테오도르 라이파트(Theodor Leipart)와 나눈 대화(7월 30일)가 그의 견해의 근거였다(vgl. Keil, 주 I/3, II, S. 455). 이 대화에서 "노조축"(*Gewerkschaftsachse*)에 대한 슐라이허의 후기계획이 잘 나타나 있다.

차지한다면,[199] 그러므로 총파업의 정치적 영향은 대단히 의심스러운 것이었다. 즉, 실업자 산업예비군들이 총파업으로 폐쇄된 일자리를 신속하게 차지할 것으로 예상되었기 때문이었다. 그러므로 7월 20일 사태는 민주주의적 공간에서 발생한 권력공백(*Machtvakuum*), 즉 폭력적 쿠데타를, 공화국과 이미 많이 훼손된 공화국 헌법의 마지막 해체를 유혹했음에 틀림없는 그런 힘의 공백의 한 현상이 되었다.[200]

작동하는 민주주의에서 자명한 동기들과 우려들을 책임 있는 프로이센 정치가들이 갖고 있었는데, 이들의 이러한 동기들과 우려들에 대해 인간적으로 존중하지 않기는 쉽지 않다. 그러나 주어진 정치적 필요성들에 그들이 부응하지 못했다. 하지만 일시적으로 우월한 폭력적 행위에 대한 민주주의의 끊임없는 자기주장 의지의 표현, 즉 지속적인

---

199) 극단주의로 경도된 사람들은 무엇보다 노조교육을 받지 않은 젊은 실업자라는 사실은 정치적 논쟁에 노동계 내부의 경쟁을 부가시켰다. 이러한 이유에서 노조들을 지배하던, 반파업적 분위기는 1930년 모든 정치적 이성에 어긋나게 대연정의 붕괴를 초래했던 진정한 정치적 안건들보다 임금정책적, 노동정책적 안건이 사실상 더 중요했다는 점을 다시 한번 더 입증하는 것이었다(vgl. o. S. 269f.). 노조의 변명에 대하여 다음을 참조하시오. Furtwängler(주 VIII/176). 또한 저자에게 보낸 제버링의 편지(1951년 10월 30일)를 참조하시오: "나치적 요소에 의해 부패했다고 말하는 것은 옳지 않다. 노조 입장에 결정적으로 중요했던 것은 어마어마한 실업을 특징으로 하는 당시의 경제적 상황이었다. 총파업을 호소할 때, 실업자인 나치주의자들이 어느 정파에서도 자유로운 조직으로 갈 것이라는 우려는 근거 있는 것이었다. 그래서 노조지도부는 총파업으로 그들의 노조 내 위치뿐 아니라 노조원의 일자리도 잃지 않도록 애써야 했다." 이에 대한 문제제기에 대해 다음을 참조하시오. Sturmthal(주 III/121), S. 83ff.

200) 파펜의 "제국이념"에 우호적인 국법학자들이 프로이센 정부의 저항 없는 해체 속에서 "제국국가의 힘과 우월성이 뚜렷하게 들어났고"—"보다 더 강력한 형태의 문제와 관계없이"—오랜 "내적 발전"의 필연적인 결과를 확인했다는 것은 이러한 점도 상응하는 것이다. Poetzsch-Heffter, "Vom Staatsleben"(주 I/131), S. 51.

데몬스트레이션의 가능성은 존재했다. 이러한 행동은 정당한 사실적 고려를 넘어 새로운 권력자들이 자신의 길을 가는 데 하나의 장애로 작동할 수 있으며, 앞으로의 발전을 저지하고 억제할 수 있는 민주주의에 대한 확신을 공화주의 세력들의 심리적-도덕적 붕괴로부터 구했을 것이다. 그러므로 사민당 지도부의 소극적 태도는 사민당 지지자들의 내적 단결과 정치적 신념에 커다란 충격을 가져다주었는데, 이 충격은 사민당을 결정적으로 마비시켰으며 히틀러의 권력찬탈에 대한 수동적 대응과, 결국 — 11개월이 채 지나지 않아서 — 그들의 해체를 이미 결정했던 것이다.[201] 나치당의 권력찬탈은 마지막 순간에, 즉 나치당의 붕괴현상이 점증하는 시점에서 그리고 경제공황의 여파가 점점 사라지는 시점에서 나타났다는 평가가 옳다면,[202] 위와 같은 생각이 한가로운 사변에 불과하다고 치부되어서는 안 될 것이다. 1932년 7월 20일이 공화국의 외적, 내적 힘에 대한 확신과 공화국 자체를 받쳐주는 척추를 부셔버렸다는 평가가 옳다면, 최소한 제한된 저항행동의 성공가능성에 대한 논의는 어쨌든 오늘날, 실제적 위험은 매우 컸지만, 이후의 공화국 파괴라는 비교할 수 없는 커다란 희생을 억제하거나 또는 최소한 제한하는 가능한 결과의 이익은 이보다 더 컸다는 근본적 확신 뒤로 물러나야 한다.[203]

---

201) 레버의 엄격한 자기비판을 보시오. Julius Leber(주 I/37), S. 190f., 242.

202) 아래 주 IX/115 참고.

203) 바로 이러한 이유 때문에, 권위주의적인 돌푸스 정권(Dollfuß-Regime)에 대한 항거 이후 찾아온 오스트리아 사민당의 유혈적 붕괴와의 대략의 비교도 — 오토 브라운의 변명(주 I/5, S. 409)은 이에 근거하고 있다 — 완전히 공허한 것이다. 프로이센에서는 정당 자체에 관계된 것이라기보다 폭력에 대한 정당한 정권의 항거와 관계된 것이다. 또한 오스트리아의 진행과정은 세밀히 구분하여 관찰할 때 양자의 조건과 결과의 모든 유사성에도 불구하고 완전히 독자적인 모습으로 드러난다. 이에 대하여 다음을 참조하시오. Joseph Buttinger, *Am Beispiel Österreichs, Ein geschichtlicher Beitrag zur Krise der sozialistischen Bewegung*, Köln 19534, S. 7ff.

정확히 12년 후 저항운동이 히틀러 전복을 위한 절망적인 마지막 시도를 감행했을 때, 그 최초의 시작이 모든 예견에도 불구하고 합법적으로 가장된 단념 속에서 감내되었던 그런 파국은 이미 끝났다. 결국 1944년 7월 20일 파펜 쿠데타에 대한 저항을 결정적으로 마비시켰던 그런 합법성 요구는 사라져버렸다. 파펜 스스로는 그리고 룬트슈테트도 마지막까지 보다 더 강한 자에 안정적으로 봉사했지만, 당시 그를 지지하여 도움을 준 자들, 군, 공무원 그리고 대지주, 특히 파펜 내각의 국무차관 에르빈 플랑크는, 민주주의 수호자들이 그렇게 경솔하게 만들어 놓았던 1932년 합법성 환상들을 거부하면서, 자신들보다 더 철저하고 주저 없이 폭력정치를 구사하는 제 3제국에 대한 저항에서 진정한 합법성을 유지하고 재획득하기 위해 자신의 생명을 바쳤다. 물론 그들뿐 아니라 나치정권 시기 공화주의적 저항자들, 즉 민주주의자, 노조원 그리고 사민당원들이 그들과 함께 행동하였다. 이 두 부류가 — 하나는 자신들의 수동적 태도로, 다른 하나는 권력정치적 맹목과 권위주의적 실험을 위해 — 고통스러운 책임을 져야 할, 바이마르 공화국 파괴 12년 후 단결하였다.

제9장

파펜 내각의 고립

프로이센에 대한 작전은 파펜 시대의 절정이었다. 하지만 불과 며칠 후, 7월 31일 선거가 반대진영의 압도적인 다수득표와 함께 대통령 내각의 자화자찬격 정부계획에 등을 돌리는 결과를 낳은 순간 환상은 산산이 깨지고 말았다. 파펜이 제국의회 해산과 선거일정의 최대한 연기를 통해 자신의 출발을 위해 벌었던 8주의 기간은 이날로 막을 내렸다. 모든 정당이 기대와 우려 속에서 기다렸던 결과는 7월 20일 사태를 무색케 했다. 선거결과는 프로이센 작전 당시 당사자들이 적극적 대응을 주저하고 일단 사태를 관망하게 했듯이 이제는 성공적 작전의 주역들이 희망했던 명예획득을 저해하였다. 성공의 주역들은 명예획득을 통해 공화주의자들뿐 아니라 "민족적 야당" 진영에게 강한 인상을 심어주고자 했으며 권력공백 상태에 대한 자신의 장악력을 공고히 하고자 했었다. 왜냐하면 프로이센 작전은 헌법상 정당성이 의문시되었을 뿐 아니라 정치적으로도 파펜 노선에 또 하나의 부담을 의미한다는 사실이 곧 드러났기 때문이다. 프로이센 작전은 공화국 지지파의 약점을 노출시키면서 동시에 나치당의 권력장악 기대감을 강화하였고 전체주의 운동권이 자신감을 갖도록 하는 결정적 선도자 역할을 수행하였다. 이 며칠 동안 "신국가"의 몰락이 시작되었다. 폭력적이고 소란스러운 프로이센 장악은 강화된 국가권위가 표현이 된 것이 아니라 단지 그것에 대한 민주적 정당들의 외면을 확고하게 한 동시에 반항적인 나치당에게 그들의 권력장악 구상을 위한 좋은 사례를 제시하였다.

1. 제국의회 선거 이전

정당들의 선거전 돌입은 대통령 내각의 영향행사 및 통제시도에 별로 강한 인상을 주지 않았다. 파펜은 우선 7월 23일 슈투트가르트에서 열린 한 회의에서 제국전권위원 파견은 프로이센에 국한된 임시조치이며 제국은 시종일관 연방주의적 토대에 서 있다는 사실을 확인함을 통해 각 주의 지사들을 안정시키고자 하였다.[1] 이틀 후 프로이센 법원이 파펜조치 무효화 가처분 소송을 기각하여 브라흐트의 광범위한 프로이센 개혁안에 자유공간을 주자 그는 또 하나의 성공을 거둘 수 있었다.[2] 파펜은 이제 프로이센 장관으로부터 제국상원에서 그가 보유한 프로이센 전권대사로서의 기능도 해제하고 그 전권마저 브라흐트와 그의 내각에게 위임하였다. 7월 27일 제국상원 소위원회들의 연합회의에서 거의 모든 주는 이에 대해 재차 항의했다. 히르트지퍼가 보란 듯이 한 위원회에 나타나자 가일과 프로이센 전권정부 대표이자 부처국장으로 승진하여, 7월 20일에 아주 애매한 역할을 수행했던 노비스는 이에 항의하면서 제국상원에 대통령 비상령을 인정하지 않았다.[3]

---

1) DAZ, Nr. 343/44 v, 26. Juli 1932; Poetsch-Heffter, "Vom Staatsleben" (주 I/131), S. 49f. Miller(주 I/40), S. 421f. 도 참조; Schwend(주 V/40), S. 461ff.

2) 법원의 이러한 형식주의적인 판결은 독일 국사재판소의 정치적 실패를 보여주는 좋은 예이다. Preußen kontra Reich(주 VIII/106), S. 487ff. 3개월 후 최종판결이 났을 때(아래 S. 177ff. 참조), 파펜은 프로이센 장악을 쉽사리 돌이킬 수 없도록 기정사실화하였다. 여기에서 민주진영의 대표들이 7월 20일에 결정했던 "대안"의 취약점이 분명히 드러난다.

3) Schultheß, *1932*, S. 131f.; Horkenbach, 1932, S. 362.

여기서도 사안은 미해결로 남았으며 파펜의 임시조치들은 사실상 관철될 수 있었다.

그러나 이제 대부분 정부에 반대입장을 표명했던 정당의 공세 증가와 동시에 오랫동안 밀려났던 의회기구들이 활기를 띠고 움직였다. 반정부적인 의회의 임박한 총공격은 이미 선거 전부터 그 그림자를 드리웠다. 몇 주간 의회감시위원회(인민대표권 보호위원회)를 소집하려는 민주정당들의 노력은 위원회 의장 그레고어 슈트라서의 반대로 실패하였다.[4] 이 점에서 나치당은 아직 파펜과 맺은 관용협정을 준수하고 있었다. 결국 7월 11일 제국의회 의장 뢰베가 이 위원회 최고령 위원인 사민당의 하이만에게 회의소집을 요청하였다. 그러나 농촌주민당, 경제당, 독일인민당을 포함한 우파정당들은 7월 25일로 소집된 위원회에 불참하여 전체 28명 가운데 16명만이 참석하였다. 이 시점에 가일, 슐라이허와 함께 위원회 협의에 참여했던 파펜 자신은 아직도 일정부분 의회의 지지를 예측할 수 있었다. 그들의 지지는 분명 파펜 정권의 절정기였던 그 당시에도 여전히 7월 20일까지 공포된 모든 비상명령의 무효화 동의안 통과를 저지하는 데 충분치 않은 정도였다.[5] 물론 참석한 정부구성원이 힘을 다해 막고자 했던 이러한 힘의 과시는 단지 형식적 의미만을 지닌 것이었다. 하지만 선거가 다가오고 있었고, 더구나 선거는 파펜에게 그리 불리하지 않은 세력관계를 배제하지 않는 상태였으므로 나치진영의 선거운동은 “묵인되고 있는” 정부에 노골적으로 대항하는 방향으로 전개되었다. 6월 말 이래 더 이상 침묵할 수 없었던 나치의 반(反)가일 공세는 원하는 바대로 이루어진 프로이센 작전 후에 다시 신속히 강화되었다. 나치의 한 진영은 파펜이 너무

4) Poetzsch-Heffter(주 I/131), S. 94ff.에 수록된 서신교환.

5) 6월 14일과 28일, 7월 20일 비상명령의 해제동의안과 7월 30일, 31일에 공포된 정당제복착용금지 동의안이 채택되었다; Schultheß, *1932*, S. 126~128 참조.

하는 일이 없다고 생각했던 반면에, 다른 나치지도자들은 "이 내각이 너무 많이 움직여서 우리에게 남은 일이 더 이상 없게 될" 상황을 우려하였다.[6]

이처럼 서로에 대한 불신, 우려되는 "상대방"의 권력강화에 대한 두려움은 하나도 바뀌지 않았다. 권력공백의 특징적 상황, 즉 필사적으로 "우리가 권력을 장악해야 한다"는 의지만으로 상호 반목하는 집단들에 의해 중립화된 공간 속으로 어쩔 수 없이 끌려들어가는 이러한 상황이 선거결과가 나오기 전 마지막 며칠을 지배하였으며 7월 31일 권력이동 후에도 완화되지 않고 지속되었다. 그것은 괴벨스의 메모에 적나라하게 표현되었으며,[7] 정부가 다가온 선거에 직면해서 그들의 불안한 행보를 가리기 위해 개최했던 집회에도 뚜렷하게 영향을 주었다. 후겐베르크가 모든 원칙과 이해관계에서 파펜의 노선에 깊이 관련되어 있음에도 불구하고[8] 독일민족인민당조차 파펜의 인기 없는 노선에 동의하지 않으려 하였다면[9] 파펜 추종자들은 어느 당을 뽑아야 했을까? 정치적 전선들 사이의 "초당적인" 내각은 좌파와 중도파 정당에 대한 첨예한 대립노선을 추구하면서도 우파 정당과는 불명확한 관계를 갖고 있었고, 이 전선들은 다시금 의회제 공화국 지지냐 반대냐 하는 결정을 놓고서는 싸우면서도 파펜 문제에 대해서는 싸우지 않았던 것은 진기한 상황이었다. 이 내각의 일시적 성격은 이보다 더 분명하게 드러날 수 없었다. 그럼에도 불구하고 내각의 담지자들은 민주주의냐

---

6) Goebbels, Kaserhof(주 V/13), S. 133(zum 22. Juli).

7) 예를 들어 같은 곳, S. 134f.; S. 137.

8) 따라서 "후겐베르크는 자신이 정당에 구속받지 않는 인물을 천거한다는 대통령의 기본방침에 동의했기 때문에 내용과 인물에 대한 우려에도 불구하고 파펜 내각, 그리고 훗날 슐라이허 내각의 구성에 대해 이의를 제기할 수 없었다"는 후겐베르크 옹호자들의 논리는 매우 순진한 것이다.

9) 후겐베르크는 7월 27일 파펜에게 보낸 한 서신에서 7월 14일 비상령의 수정을 요구했다. Horkenbach, 1932, S. 261.

독재냐 하는 대립각 앞에 서 있는 다가오는 선거도 "신국가"의 모호한 권위주의적 특수경로를 위해 주장할 수 있다고 믿었다.

선거 전부터 슐라이허도 처음으로 공개적인 토론과정에 개입하려 시도했다. 7월 26일 베를린, 브란덴부르크에 대한 계엄령 해제 몇 시간 후[10] 국방상은 라디오방송을 통해 자신의 첫 연설을 내보냈다.[11] 그는 자신이 군사독재 전문가로서 자신의 이미지를 익살맞은 표현으로 부인하였으며 재차 중단된 제네바 군축협상 촉진을 요구하였고 또 다시 협상이 지체될 경우 제국군대의 효율적인 재건을 실시하겠다고 공포하였다. 슐라이허는 제국군대의 전통적인 비정치성을 특히 강조하면서 "국가가 제국군대에게 부여한 지위"를 어떤 군사적 성격을 지닌 "사적 조직"과도 공유하지 않는다는 제국군대의 주장을 돌격대에게는 보류했다. 그러나 그는 돌격대 같은 방위단체들이 베르사유 조약을 통해 봉쇄된 "청소년 단련"에 종사하는 한 그들을 환영하고 "자발적 노동봉사"로부터 유사한 것을 기대했으며 그들의 이주활동(*Siedlungstätigkeit*)[12]을 향토방위 수단으로 간주했다. 그가 마지막으로 자신의 사회주의에 관해 언급한 것은 철모단 방식의 "전선사회주의"의 구속력 없는 이데올로기에 해당하는 것이었다. 연설은 "국방군의 독재정부"에 대한 어떠한 구상도 거부한다는 상황분석으로 끝을 맺었다. 제국군대의 총검에 의지한 정부는 "진공상태의 공간에서 신속하게 소진될 것이며 결국 실패로 끝날 것이다"는 판단이었다. 슐라이허는 지난 몇 주간 자신의 노력이 정부는 폭넓은 국민계층에 의해 지탱되어야 한다는 판단에서 나온 것으로 이해되기를 원했다. 3주 후 그러한 계획은 분명 새로운 수정을 가져올 일대 전환점에 도달하였다.[13]

---

10) *RGBl.*, 1932, I, S. 387.

11) Schultheß, *1932*, S. 128~131.

12) 파펜 내각을 국내정치적으로 뒷받침하기 위해 그토록 중요했던 영역에서 모든 광범위한 계획은 기대된 바대로 철회되었다. (…)

권력주체들이 심각하게 영향을 행사할 수 없었던 임박한 선거결과에 대한 대통령 내각의 환상은 7월 30일 파펜의 대 국민 선거참여 호소에서 절정에 달하였다. 언론과의 인터뷰 및 미국 라디오방송을 통한 연설에서 "질서"회복을 위한 자신의 권위적 특별방식을 외국에게도 설명하려 시도하는 동시에 재차 모든 독재구상을 부인하고 특히 혁명적 공산주의와 "국가적 회생"을 갈망하는 나치즘 사이의 차이를 강조하면서, 파펜은 그 기회를 최고의 투표참가율로써 이룩하자고 호소하는 데 몰두하였다. 만일 파펜이 — 그가 오늘날 인터뷰에서 부인하듯이[14] — 대통령 선거나 주 의회 선거결과와 상응하여 제국의회 내 나치 분파의 확대를 기대하지 않았다면, 그가 모든 독일인의 "투표의무"를 강조하면서 어떤 희망을 품었는지 파악하기는 어렵다. 물론 그는 자부심을 갖고, 당시까지 당파적으로 구성되었던 제국정부들을 종식시킨 그의 "완전히 초당파적인 국가운영"을 강조하였다. 하지만 그는 동시에 "제국의회와 상호신뢰에 의거한 공조"가 필수적임을 역설하였다. 파펜에게는 아직도 정부를 관용할 의지가 있는 우파들의 과반수의석 확보가 가능하다는 환상이 굳게 자리잡고 있었다. 7월 1일 선거를 통해 손쉽게 얻게 될 의회 권력지형의 변화는 제국의회에서도 주 의회들의 탈출구 없는 상황을 만들어내게 될 텐데, 정부가 어떤 다른 것을 기대할 수 있었겠는가? 파펜은 마지막 순간까지 관용세력의 과반수 획득에 대한 환상에 집착하였다. "그러므로 독일은 국민여론을 반영할 뿐 아니라 그에게 헌법을 통해 주어진 책임의 범주 안에서 강력한 내각과 손잡고 나아갈 의지와 능력을 가진 제국의회를 보유해야 한다".[15]

축출된 프로이센 정부에 대한 새로운 책임추궁을 제기함을 통해 마지막 순간에 바이마르 연립정부를 구성했던 정당들을 격하시키려는 시

13) 아래 S. 143ff. 참조.

14) Papen (주 VI/35), S. 220.

15) Poetzsch-Heffter (주 I/131), S. 77에 있는 정부의 선거공고문.

도도 이에 속하는 움직임이었다. 이는 다시 한 번 선거광고가 쿠데타의 본질적 목표였다는 사실을 증명해 주었다. 7월 27일 다양한 우익신문들에는 프로이센에서 국가예산이 정당활동에 전용되었다는 뉴스가 등장하였다. 문제가 된 돈은 사회질서와 헌법수호를 위해서뿐 아니라 힌덴부르크-선거운동을 위해 배정된 자금이었다.[16] 파펜이 즉각 포착해서 나중에 프로이센 작전의 근거로 포함시켰던 대단히 왜곡된 전후 맥락의 폭로에서도 노비스 국장의 중간자 역할이 중요한 기능을 수행하였다. 노비스가 이전에 프로이센 정부의 모든 회의에서 관료주의적 침묵을 계속 지켰듯이, 이번에는 적절한 증언을 통해 자신의 새로운 상관에게 봉사하는 법을 알고 있었다.[17] 문제가 된 자금이 당시 연립정부의 성공을 위해 임박한 주 의회선거에 사용되었다는 비방은 보도매체에서뿐 아니라 국사재판소의 심리를 위해 활발히 제기되었다.[18] 그것은 정작 재판소 심리에서는 별 역할을 수행하지 못하고 결국 노비스 자신의 오해로 부인되었음에도 불구하고[19] 나중에 나치집권 후 바이마르 연립정당들에 대한 비방 캠페인에서 "브라운과 제버링 2백만 마르크 훔치다"라는 선전기사에서 거친 형태로 다시 태어났다.[20]

아마 바이마르공화국 사상 최대의 격렬한 선거전을 뒤돌아보는 관

---

16) 이 책의 제 2권 S. 320 참조.

17) 이에 관해서는 Severing (주 I/18), S. 360f. ; 그 후에 노비스는 새 주인에 봉사하는 목적을 위해 7월 30일 자신의 직위에 따르는 침묵의무를 당당히 벗어던졌다.

18) 해당 자료는 제국정부 국사재판소 관련 비망록 "Feststellungen des Recskommissars Dr. Bracht" 여기저기에서 발견된다. Anlageheft zu Gegenerklärung (주 VI/123), S. 42~52. 이 서술은 명백히 노비스의 증언에 근거를 둔다.

19) 해당부분은 노비스가 나중에 아놀드 브레히트(Arnold Brecht)에게 보낸 서신 가운데 나오며 이 서신은 Braun (주 I/5), S. 447에 수록.

20) Severing (주 I/18), II, S. 379ff. ; Braun (주 I/5), S. 446ff.

찰자들도 선거에 참여한 정당들이 정부의 비현실적 선거정책의 결과, 선거 슬로건과 기대감에서 권력공백이 수반한 내적 동요, 진퇴양난의 상황을 반영하였다는 인상을 받을 것이다. 외적 상황은 개선되지 않았었으며 자의적인 정부노선은 정치적 격앙상태를 단지 고조시켰을 뿐이었고 계절적으로 유리한 시점에도 실업률 감소를 거의 가져오지 못했다. 개별정당들은 그들의 특수한 요구나 항의사항을 당연히 정부에게 특별히 부담을 가중시켰을 수밖에 없는 이러한 선동의 핵심논지와 접목시켰다. 독일민족인민당은 정부와의 밀접한 연관에도 불구하고 나치당 못지않게 정부노선에 대한 책임으로부터 벗어나기 위해 고심하였다. 물론 그들은 나치당의 탁월한 선동효과로부터 강한 인상을 받았기 때문에, 자신들이 주장해온 군주제적 민족주의와 하르츠부르크 동맹이 추구하는 사회주의적으로 치장된 선동정치 사이에 임시적 구분선을 긋고자 노력했다.[21] 독일인민당은 주 의회선거 이후 새로운 비극 앞에 서 있었다. 딩엘다이는 프릭이 제안한 나치당과의 선거동맹을 거절하였지만 이미 7월 2일 독일민족인민당과 선거협정을 맺어 사민당이나 중앙당에 의지하는 연립정부 참여를 거부하기로 의무화하였다. 딩엘다이는 6월 중순까지만 해도 아직 부르주아적 중도파의 연합 시도를 지지하고 나섰지만, 그후 "자유주의" 정당들은 이 선거협정과 더불어 슈트레제만의 유산을 포기하였으며 결국 의회민주주의에 반대하는 전선으로 나섰다.

다른 한편, 커다란 패배로 나아가던 군소정당들을 선거동맹이나 합당을 통해 강화시키려는 모든 여타의 노력들도 실패하였다.[22] 베스타

---

21) 7월 17일 Mülheim/Ruhr에서 열린 독일민족 청년단체 집회에서 후겐베르크는 "씨를 뿌리고 그를 아래로부터 자라게 하는 노력 대신에 로마적, 파쇼적 모델에 따라 문제를 위로부터 명령하려는" 시도를 비판하였다. 그의 비난은 나치당을 향하였다.

22) 6월 14일 베를린에서 창당모임을 갖고 준비위원회 선출을 여론지상에 알렸

르프와 민족보수당은 온건한 브뤼닝 해법이 실패하고, 파펜 노선이 정치적 모험으로 변해가자 이제 결국 정치무대에서 퇴장하였다.[23] 동시에 국가당의 어두운 전망은 나치의 소용돌이를 거부하는 많은 개신교 민주주의자들을 중앙당으로 향하게 하였다.[24] 중앙당의 입장은 온건하였다. 바이마르공화국 사상 처음으로 야당이 된 중앙당은 스스로를 중도적 세력블록으로 인식하고 화해와 실용적 정치를 내세웠다. 그들은 제 1후보 브뤼닝과 함께 보수적인 해결책을 제시하면서 독재에 대한 대안으로 권위주의적 민주주의를 고수하였고[25] 따라서 본래 브뤼닝 계획을 확대한 의미에서 우파연립정부의 가능성을 열어 놓고 있었다. 바이에른인민당 지도자들은 파펜과 극우정당에 대해 강하게 반대하는 입장이었다. 바이에른 주 총리 헬트는 7월 21일 쾰른에서의 한 연설에서 바이에른식 자위 사상을 신중히 숙고했던 셰퍼의 반나치 활동을 지지한다고 확인하였다.[26]

던 중도파 신당 노력도 별 가시적인 성과를 거두지 못했다. Horkenbach, 1932, S. 192 참조.

23) Westarp-Akten: Brief Westarps an Rademacher vn 7. Juni 1932 über die letzten Bestimmungen zur Sammlung. 이미 5월 초 베스타르프는 딩엘다이와의 협의에서 나치에 맞서는 "민족-부르주아적" 또는 "국가부르주아적-민족" 정당 창당에 동의를 표명하였다. 이를 위해 인민당, 경제당, 농촌민중당은 해산되어야 하며 그들 조직을 제공해야 한다고 밝히고 있다. 마라운(Mahraun)도 이에 대한 지원을 약속하였다. 그는 민족인민당의 협조를 얻기 위해 노력해야 하지만 후겐베르크라는 장애물이 제거될 때까지 기다릴 수는 없다는 입장이었다. 그러나 계속된 협상과정은 딩엘다이의 망설임에 부딪혔으며 경제당과 농촌주민당 사이의 의견차이도 노출되었다. 게레케(Gereke)의 보고에 따르면 농촌주민당은 민족인민당으로의 복귀로 기울었다. …

24) 자유주의적 논객 파울 로어바흐(Paul Rohrbach)는 공개적으로 이런 방향전환을 지지하고 나섰다. Horkenbach, 1932, S. 118. 한 개신교 민주주의 지방정치가가 볼츠(Bolz)에게 보낸 편지 참조. Miller(주 I/40), S. 422ff.

25) Horkenbach, 1932, S. 227.

26) 이런 맥락에서 7월 중순 이래 나치의 거리폭력 방어를 위한 바이에른 투쟁,

사민당은 새로운 비상명령이 초래한 사회적 피해 외에도 파펜의 프로이센 정책을 강력하게 비판하였으며, 선거에서 1928년 이래 감소해 온 득표율의 새로운 상승을 기대하는 경향을 보였다.[27] 여기에 명백한 야당지위의 상승효과에 대한 믿음이 여전히 작용하였다. 그를 위해 당이 오랫동안 취해왔던 야당도, 집권당도 아닌 어중간한 위치로부터 이제 — 자신과 무관하게 — 해방되었던 것이다. 그러나 동시에, 7월 20일의 비극이 당을 프로이센이라는 짐으로부터 해방시키자, 이러한 방향으로부터도 제도개혁을 위한 건설적인 제안이 나왔다. 사민당은 반동적인 복수투표권과 상원 프로젝트에는 반대하였지만 의회제의 수정과 개선의 여지가 있는 바이마르공화국 구조에 대해서는 좀더 자유로운 정치적 유동성을 권고하였다.[28]

그러나 선거운동의 선두에는 나치당이 달리고 있었다. 그들의 분노

— 자위동맹 배치가 추진되었다. Schwend(주 V/40), S. 447f.

27) 슈탐퍼(Stampfer)가 당 중앙위원회를 위해 이를 보고하였다. (주I/40), S. 631f.; S. 633f. Carlo Mierendorff, "Sommer der Entscheidungen", in: Sozialistische Monatshefte 1932, HEft 8(29. Juli), S. 656ff. 참조.

28) 일련의 소장파 사회주의적 국법학자들이 이것을 지지했다. 예컨대 Otto Kirchheimer, *Die Verfassurgslehre des Preußen Konffikts*, Berlin 1932, S. 207; 같은 이 *Weimar-und was dann*, Berlin 1930, S. 44ff; Ernst Fraenkelm, "Ver fassungsreform und Sozialdemokratie", in: *Dei Gesellschaft* 9(1932), S. 492ff. Kirchheimer처럼 칼 슈미트의 비판을 사회주의적이고 민주주의적으로 수정하기 위해 노력하는 프랭켈은 1919년의 임시해결책에 그렇게 치명적으로 완고하게 매달려서는 안 된다고 요구한다. 헌법이 의회를 자율적으로 제거함으로써 제 기능을 발휘하지 못하고 병들어 있으면 그 헌법으로부터 결별해야 한다는 것이다. 헌법개혁은 법질서와 실제적 권력행사의 일치를 재건해야 하며, 물론 기존의 비민주적인 지배의 분배를 정당화해서는 안 된다는 것이다. 그에 반해 의회민주주의를 단호히 지키고 복원하는 견해로는(그것만이 기본권을 보장할 수 있는 한): Martin Drath, "Regierung und Grundrechte", in: *Die Arbeit*(Dezember 1932), S. 724ff.

에 찬 공격은 "실세들의 내각"(*Kabinett der Barone*) 앞에서도 더 이상 멈추지 않은 지 이미 오래였다. 그들은 독일민족인민당을 신랄하게 공격하였으며[29] 자신들 진영에 속하지 않은 인물 가운데 오직 슐라이허만을 공격하지 않았다.[30] 파펜 내각에 대한 그들의 입장에 그처럼 중요한 영향을 미쳤던 그에게 아직도 연결고리가 이어져 있었기 때문이었다. 나치 지도부는 권력장악에 이르는 마지막 장애물인 힌덴부르크와 제국군대 극복을 위한 도움을 그로부터 기대하였다. 선거결과는 슐라이허로 하여금 자신의 정치구상과 전술적 계획의 운명에 중대한 의미를 지니는 결정 앞에 서게 하였다. 왜냐하면 파펜이 그동안 정당들 사이에서 자신의 특수한 노선을 개발했던 반면, 냉정히 정치적 계산에 몰두한 그의 보좌진은 아직도 대중정당의 억제에 핵심적인 문제가 있다고 보았는데, 무력한 사이비보수주의의 이데올로기적 자체 구상물(*Eigenkonstruktion*)에 대한 그의 현실적 감각으로부터는 이를 기대할 수 없었던 것이다.

2. 1932년 7월 31일 선거

1932년 7월 31일 선거는 내정적 정쟁(政爭) 중지와 집회금지 명령[31]에도 불구하고 유혈충돌로 분출된 극도의 긴장과 흥분 분위기 속에서 치러졌다. 전반적으로 선거결과는 모든 진영에 실망을 초래했다고 말

---

29) Hugenbergs Ringen(주 I/6), I, S. 69 ff. 에 있는 많은 예들이 나타나 있다.

30) 이 사실은 거친 추측으로 이어졌다. 무엇보다 슈트라서가 작성한 문건 *Die schwarze Fronten*, Nr. 24 von 31. Juli 1932에서는 슐라이허가 히틀러를 이끌고 있었다. 선거에서 기권하도록 호소하였는데, 왜냐하면 "선거에 참여하면 슐라이허를 선출하는 것"이라고 보았기 때문이다.

31) *RGBl.*, 1932, I, S. 389. 이 비상령은 8월 10일까지 시한부였다.

할 수 있을 것이다. 1930년에 비해 증가된 투표율에서 나치당은 그들의 제국의회 의석을 충분하게 배가할 수 있었으며 주 의회에서 차지했던 규모에 도달할 수 있었지만 대통령 선거 2차 투표에서 얻었던 득표 이상을 많이 넘어서지는 못했다. 동시에 시행된 튀링엔 주 의회선거에도 마찬가지가 적용된다. 자유롭고, 민주적인 선거조건 아래에서 나치가 이룩한 확장의 최종점은 이미 도달했던 것이다. 독일유권자의 62.8%가 이 시점에조차 나치지배에 반대하기로 결정했던 반면 나치가 도달한 상한선은 37.2%였다. 나치당은 사민당이(독립사민당 없이) 1919년 바이마르 국민의회 선거에서 당시 단독지배권을 주장할 정도는 아니었지만 그때 얻었던 득표율보다 낮은 지지를 얻었다.

다른 곳에서 서술할 선거진행에 대한 종합적 분석은 이 선거결과의 의미를 조명해줄 것이다. 여기서는 선거결과가 의회에 미친 영향에만 국한해 언급하기로 한다.[32]

1. 나치당은 230석(37.8%)으로 이제 제국의회에서 최다수 의원단을 형성하였다. 그러나 독일민족인민당이 또 다시 실망스런 결과를 얻어 1930년에 비해 4석을 상실하여 단 37명의 의원을 배출(1930년 7.1%에 비해 6.1% 획득)하였기 때문에 "민족적 야당" 세력의 전체 비중은 기대에 훨씬 못 미치는 수준에 머물렀다. 거대한 주 의회들에서처럼 제국의회에서도 전체 의석의 43.9%(267 : 341)로 건설적인 다수 확보로부터는 멀리 떨어져 있었다. 독일민족인민당과와의 선거동맹으로도 비극적인 득표수 감소로부터 자신을 지킬 수 없었던 독일인민당

32) 이에 관해서는 Sidney L. W. Mellen, "The Germa People and the Postwar World, A Study Based on Election Statistics, 1871~1933", *The American Political Science Review* 37(1943), S. 601; S. 621. 선거통계에 관한 전반적인 해석은 1932년 1월 6일 제국의회 선거결과와의 연관 아래에서 그 적절한 기준이 비로소 얻어진다. 따라서 아래 S. 190ff. 참조.

이 합류하고 적지 않게 감소된 온건 우익(기독-사회당, 농촌동맹, 경제당, 농민당) 정당들이 합류했음에도 불구하고, 우익 연합은 총 의원수의 46.5%(283 : 325)를 형성하여 명백히 소수에 머물렀다. 내적인 권력이동이 지속적인 영향을 남겼기는 하지만 의회 세력구도에 대한 분명한 결정이 내려진 것은 아니었다.

2. 의회 권력구도의 이동은 예견된 바와 같이 자유주의 정당과 부르주아적 중도진영의 온건보수 정당의 희생 아래 이루어졌다. 중앙당과 바이에른인민당이 야당으로도 어느 정도 자신의 입지를 방어하고 증가된 투표율로부터 일정부분 득표를 추가할 수 있었다면, 앞서 언급한 정당들은 제국의회의 시작단계에서, 그러나 지방의회에서는 이미 오래전부터 몰락하기 시작했다. 1930년 그들은 총 122명의 의원으로 의석의 22%를 건질 수 있었으며 의회의 관용노선에서 중요한 역할을 수행할 수 있었다. 그러나 그들은 이제 22명의 의원으로 단지 3.6% 의석을 확보하는 데 그쳤다. 나치당이 이들로부터 이탈한 유권자들로부터 최대의 수혜를 보았다는 것은 의심할 여지가 없었다. 두 번째로는 1930년과 마찬가지로 기존의 기권자, 새로운 투표참여자들이 나치의 득표에 책임이 있는 것으로 보인다.[33] 1930/1932년 민주적인 브뤼닝 내각을 뒷받침했던 다수파는 이제 독일인민당과 경제당을 합친다 해도 단지 겨우 42.7% 의석을 얻었으며 이로써 최종적으로 권력에서 밀려났다.

3. 왜냐하면 사민당도 그들의 희망과는 달리 계속 손실을 입어야 했다. 21.8%로의 의원수 하락과 함께 사민당은 1912년 이래 최대정당을 유지했지만 이미 1930년에 도전받기도 했던 그들의 지위를 잃었다.

---

33) Reinhard Bendix, "Social Stratification and Political Powers", *The American Political Science Review* 46(1952), S. 368ff., 특히 주 29.

파펜 내각에 대한 단호한 반대노선을 통해서도 막을 수 없었던 하락세는 매우 소수의 경우만 간접적으로 극우파의 영향에 의해 이루어졌다. 이는 무엇보다 새 유권자와 기존의 기권자로부터 적은 지지를 얻는 결과였다. 차라리 예나 다름없이 "사회파시스트적인" 경쟁정당을 그들의 주 공격대상으로 잡았던 공산당은, 물론 수적으론 거의 무의미한 사회주의노동소속당(SAP)의 분당에서 표현되듯이, 사민당의 견고하지 않은 외곽지대로 진입하여 성장했다. 그러나 공산당도 정부나 극우진영의 의도적인 공포시나리오와 달리 겨우 14.6%(1928년 11%, 1930년 13.3%) 정도로 성장할 수 있었기 때문에[34] 좌파정당의 하락은 전체적으로 계속되었다. 그들의 의석수는 42%(1928년)에서 38.1%(1930)를 거쳐 36.5%로 하락함으로써 나치당의 의석수에 뒤쳐졌다(222 : 230).

4. 오직 개괄적인 반마르크스주의 선동을 통해서만 모호해진 사민당과 공산당의 분명한 차이점에 직면해서 볼 때 실질적으로 중요하지 않았던 이러한 발전보다 더 중요했던 것은 양대 전체주의 정당이 제국의회에서도 이제 "가상적인 다수"를 차지했다는 점이었다. 나치당과 공산당 분파(52.5%)는 어떠한 민주적 과반수 형성도—심지어 독일민족인민당이 이를 지원한다 해도(319석 대 기타 전체 정당 총수 289석)—막을 수 있었다. 프로이센 주 의회에서 실시되었던 반대표결에서의 공조는 이제 제국의회에서도 시행되었다. 그곳에서처럼 여기서도 건설적인 과반수 형성을 위한 단 하나의 가능성이 있었다. 중앙당과 나치당의 연립정부였다. 이러한 극적인 상황에서도 중앙당은 바이에른 인민당과 함께 의석의 거의 16%를 차지하여(1928년 15.95%, 1930년

34) 1930년 선거 때처럼(위의 S. 323f. 참조) 이때도 공산당은 맹목적인 자기도취 속에서 스스로를 선거에서 "유일하게 승리한 당"으로 표시하였다. Ernst Thälmann, "Die neue Etappe der Bolschewisierung der KPD", in: Die Internationale 15(1932), S. 309.

15.1%), 좌 또는 우로의 과반수 권력중심 이동을 위해 반드시 필요했던 열쇠의 역할을 유지했다. 1933년 3월 5일 노골적인 테러하에 실시된 '테러선거' 결과는 수십 년간 지속되어온 — 한때 나우만이 이러한 중앙당의 지위에 대항하여 베벨로부터 바서만에 이르는 전선을 동원하려고 시도한 바 있었다[35] — 중앙당의 핵심적 역할과 동시에 비스마르크 이래의 독일 의회민주주의 역사에도 비로소 종지부를 찍었다.

5. 다른 한편 1932년 7월 31일 권력구도 형성 이후, 의회제 요소로서의 독일민족인민당은 그 어느 때보다도 훨씬 뚜렷하게 나치당의 추종자로 격하되었다. 그들은 자신의 역사에서 완전히 최저점에 도달하였으며 좌, 우로의 어떤 정치적 제휴구도에서도 아무런 의미를 갖지 못하였다. 후겐베르크의 노선은 한때 그토록 비중이 컸던 우익정당에게 하르츠부르크 전선에 대한 완전한 굴복 외에 단 하나의 대안만을 남겨주었는데, 반의회주의적인 대통령내각의 항로 속에서의 고립이 그것이었다. 이 노선이 파펜 실험의 실패와 함께 막다른 골목에 다다르자 후겐베르크에게도 오직 첫 번째 가능성으로 후퇴하는 운명적인 비상책만 남게 되었다.

그러나 전체적으로 각 정당진영의 경계가 분명해지고 굳어지게 된 지난 선거의 물결을 막는 하나의 댐이 놓여졌다. 부르주아적 중도진영은 사라졌으며 "민족"진영과 "마르크스주의" 진영의 공고화 이후 나치당의 더 이상의 팽창이 어려워 보였던 반면에, 그 양 진영 사이에 중앙당은 동요 없이 서 있었다.[36] 이처럼 정당진영의 경화와 포화상태 속에서 정당의 종식을 바라볼 수 있었다. 그들은 자신들의 의지를 관철시킬 수 있거나 — 논의의 여지가 조금이라도 있다면 — 유리한 타협

35) Friedrich Naumann, *Die politischen Parteien*, *Berlin*, 1910, S. 47ff.

36) 1932년 8월 3일 Rumbold가 Simon에게 보낸 편지에서도 그렇게 언급, *Documents on British Foreign Policy*(주 II/53), 2nd Series, vol. IV, No. 8.

을 가능하게 하였을 자기 진영의 성장에 대한 희망은 상실한 채 서로 맞섰다.[37] 그러나 선거결과는 무엇보다 대통령 내각의 막대한 패배였다. 그의 유일하고 안전했던 의회 내 기둥이었던 독일민족인민당과 독일인민당은 대폭 약화되어, 정부는 중앙당과 나치당 협력에 의해 문제없이 무너질 수 있었다.[38] 그런 유리한 과반수는 파펜 정부를 헌법상 정식으로 축출시킬 수 있었다. 이러한 경우를 막을 수 있는 길로서는 파펜과 히틀러의 협력 아니면 제국의회의 해산, 이 두 가지 가능성만이 있었다.

그러므로 뒤이은 몇 주 동안 정치권의 활발한 움직임은 3개의 상이한 차원에서 이루어졌다. 거대진영은 전과 다름없이 국내정치적 마비상태하에 있었으며 이는 선거 후 더욱 경직되었던 반면, 대통령 내각은 의회 밖의 권력수단을 통해 버티면서 권력공백 상태를 통제하거나 또는 예전의 길들이기 계획을 자신들의 뜻대로 관철하려고 시도하였다. (1) 한 차원에서는 나치당과 중앙당 사이에서 상호 불신과 우유부단함으로 특징지어지는 접촉이 머뭇거리면서 시작되었다. (2) 이에 대해 슐라이허는 우선 안전대책이 잘 강구된 대통령 내각으로 나치당을 끌어들이려는 노력으로 맞섰다. 이로써 부드럽고 동시에 유리하게 "민족운동"의 발목을 잡으려는 2년에 걸친 노력의 전환점에 도달하였다. (3) 그러나 그 뒤에는 여소야대형 제국의회를 장기적으로 배제하려는 최후수단과 헌법 제48조에 힘입은 단호한 제도개혁의 구상이 있었다. 그가 구상한 제도개혁은 파펜 이론가들이 계획했던 바처럼 어떤 방식

---

37) 특히 반의회제 집단들의 해석은 당연히 이런 방향으로 흘렀다. 예를 들어 Otto Strasser, "Mit der politische Kamera durch Deutschland und die Welt", in: *Die Schwarze Front* 7, Nr. 25 von 7. August 1932.

38) 따라서 파펜이 훗날 자기 옹호식으로, 선거결과는 "국민이 아직 바이마르 연립정당으로 구성된 일련의 내각과 결별하기를 원한다"는 "또 하나의 증거"라고 한 주장은 자신의 정치에 대한 파멸적인 평가를 의미했다. Papen(주 VI/36), S. 220.

으로든 대통령 내각을 의회에 대한 종속으로부터 해방시키는 것이었다. 첫 번째 두 가지 시도가 실패하자, 이 구상이 파펜식 정책의 전면에 등장하였다.

3. 히틀러와의 결별

나치 진영의 상황분석은 결코 승리에 도취되어 있지 않았다. 절대과반수 달성은 이루어지지 않았다. 그들은 지난 해 선거결과를 넘어서 더 나아가지 못했다. 지도부의 구상 속에서는 이미 1923년 쿠데타 실패 이후 채택했던 의회장악을 통한 "합법적인" 집권의 길로는 목표를 달성할 수 없을 것이라는 전망이 대두되었다. 히틀러는 8월 1일 호소문을 다음과 같이 다짐하는 문장으로 끝맺었다: "이와 같은 우리 운동 최대의 성공에 직면하여 우리는 누구에게도 고마움을 돌릴 필요가 없으며 이제 새로이 강화된 힘으로 투쟁을 시작하고 지속하는 것만이 우리의 의무일 뿐이다."[39] 그리고 괴벨스는 자신의 지역구에서는 심지어 부분적인 득표율 감소를 야기한 새로운 긴장상황을 분석하면서 뮌헨에 있는 나치당 본부에 이런 메모를 남겼다: "우리는 권력을 잡아야 한다. … 우리는 지금 권력을 잡아야 한다."[40] 그의 메모는 나치 지도부가 처해 있던 어찌해야 할 줄 모르는 상황, 즉 그들이 어떤 계기, 그들이 지금 거의 무력하게 수동적으로 마주하는, 많이 인용된 "권력"으로부터의 제안을 기다리고 있다는 강한 인상을 전해준다.[41] 권력으

39) Horkenbach, 1932, S. 250. 그리고 Die Zeitspiegel 1, Nr. 15 (13. August 1932), S. 230ff. 에 있는 언론보도.

40) Goebbels, Kaiserhof (주 V/13), S. 135; S. 137.

41) 같은 곳, S. 136: "이 순간 우리는 어떤 결정을 내릴 수 없습니다. … 우리는 깨어있어야 합니다." S. 137: 히틀러는 "어려운 결정 앞에 서 있다. 합법적?

로 가는 길은 제국군대와 대통령의 신임을 받는 인물, 대통령 내각의 "늙은 각하", 권력을 통제하는 인간관계의 영리한 중재자를 거쳐야 할 것으로 보였다.

슐라이허가 모든 나치의 공격대상에서 제외된 것은 우연이 아니었다. 브뤼닝 내각 붕괴 때와 마찬가지로 이제 다시 한 번 양대 경쟁세력의 노력은 접근해갔다. 한 진영은 자포자기식으로 권력을 요구하고 있었던 반면, 다른 진영은 정치위기로부터 "민족적 이득"을 창출해낼 하나의 해결책을 실현할 수 있는 적절한 시점이 언제인가에 대해 침착하게 계산하고 있었다. "히틀러의 권력요구를 제어하고"[42] 그의 대중운동을 "긍정적인" 민족주의 안에서 강력하고 제국군대에 의해 통제되는 대통령 내각으로 이끈다는 오랫동안 추진되어온 계획은 이제 결정적 단계에 접어들었다. 물론 그것은 슐라이허와 브뤼닝의 결별 이후 수정되었으며 동시에 좀더 상세하게 다듬어졌다. 그의 측근의 증언에 따르면[43] 슐라이허는 1932년 7월 중순에 이르는 첫 단계에 나치가 파펜 정부를 암묵적으로 묵인케 하려는 노력을 통해 자신의 기본구상을 —"어떻게 하면 내가 파도를 제어할 수 있을까?"—실현하고자 했다. 7월 31일은 새로운 단계를 열었으며 그 결과는 히틀러를 전문가들이 보증하는 정부의 총리로 만드는 것이었다.[44] 슐라이허가 볼 때는 상황이 아직 그런 조치를 허용하는 것으로 보였다. 즉, 제국군대와 국가

중앙당과 … 지도자는 우리와 함께 숙고하지만 어떤 최종결론에 이르지 못한다. 상황이 아직 무르익어야 한다. … 자, 주의하자. … 무엇인가 일어나야 한다"(31. 7-2. 8).

42) 슐라이허의 의도가 이러했다. Noeldechen(주 IV/39), S. 274.

43) Carlowitz의 인터뷰, 미출판 부분(주 VI/72), S. 96.

44) Holtzendorff의 기록 참조, 미출판 부분, im Institut für Zeitgeschichte, München, S. 106ff.; S. 110. 슐라이허 주변인물들의 당시 상황분석을 위해서는 Hans Zehrer, "An der Wende", in: Die Tat 24, Heft 6 (September 1932), S. 453ff.

기구는 온전해 보였고, 슐라이허와 힌덴부르크의 입지는 신뢰할 만한 제어력과, 대통령 독재적이고 전체주의적인 야망에 대한 균형추를 보증하고 있었다.[45] 이 계획이 실패할 경우에는 — 제 3단계로서 — 나치당을 분열시키는 대안만이 남아 있었다. 1932년 8월에 나치문제를 해결할 수 있는 결정적인 기회를 놓쳤고, 1933년 1월에 파펜을 통한 슐라이허 구상을 재개했을 때에는 비슷하게 유리한 안전장치에 더 이상 기댈 수 없었다는 것이 슐라이허와 주변인물들의 확신이었다.[46]

어쨌든 1932년 7월, 8월 슐라이허가 추진한 계획의 전환은 그로 하여금 하는 수 없이 자신이 충분한 경험이 없으며 제국군대의 권력토대가 충분치 않았던 영역에 발을 들여놓게 하였다.[47] 세부사항에 관해서는 아직 충분히 알려지지 않은 히틀러와의 협상은 분명히 8월 4일에 이루어졌다. 이날 히틀러는 "슐라이허 장군과 만나 그의 요구사항을 전달하기 위해"[48] 베를린으로 갔다. 8월 6일에 사람들은 조급하게 기대하고 있던 결정, 즉 나치 지도부의 요구에 따라 히틀러에게 재상직과 프로이센 주 총리직을, 당에게는 제국과 프로이센 내무상직, 새로 설치될 국민교육과 선전부 장관직 — 괴벨스가 좋아했던 계획[49] —, 그리고 나아가 농림부와 법무부 장관직을 제공하기로 하는 결정에 거의 근접해 있다고 믿었다.[50] 그리고 나면 제국의회는 히틀러에게 전권을 위임하는 법을 승인해야 하거나 아니면 해산될 것이라고 믿었다.

---

45) Paul Löbe(주 VI/82, S. 142)가 이 시점에 "2자회담"에 대해 보고. 이 보고에서 슐라이허는 히틀러-브뤼닝 결합을 통제불가능한 것으로 거부하였으며 그 대신 히틀러를 "중간에" 넣어서 그에게 2개의 신뢰할 만한 무게를 얹어야 한다고 보았다. Veteljahrshefte für Zeitgeschchte 2(1954), S. 296f.

46) Holtzendorff의 기록, 미출판(주 IX/44), S. 110.

47) Carlowitz의 인터뷰, 미출판(주 VI/72), S. 96.

48) Goebbels, Kaiserhof(주 V/13), S. 138.

49) 같은 곳, S. 140.

50) 같은 곳, S. 139.

"만약 우리가 권력을 잡으면, 우리는 직책에서 시체로 실려 나오지 않는 한 그 권력을 결코 다시 포기하지 않을 것이다. 전체 해결책은 이렇다."[51] 슐라이허의 노력에 대해 나치는 이와 같은 제3제국, 전체주의적 통치방식, 그리고 그 종식에 대한 비전으로 대응하였다. 히틀러의 총리직에 대한 힌덴부르크의 반대[52]뿐 아니라 슐라이허 계획의 실행조건이 나치의 권력기대감을 전혀 오판한 채 구상되었다는 점도 협상실패의 원인이 된 것이 분명하다. 불신과 회의감이 이제 "권력 문턱 앞에" 서 있는 나치본부의 분위기도 결정하였다.[53] 그들은 전진하고자 했지만 사기당할 것을 우려하였다. 왜냐하면 슐라이허의 계획은 오래전부터 더 이상 비밀이 아니었기 때문이다.[54]

다른 한편, 파펜 자신은 이미 선거가 있던 날에 자신의 정부는 어떤 경우에도 제국의회 연립정부 구성을 애쓰지 않을 것이며, 중앙당의 관용노선 채택, 그리고 대통령 내각의 노력에 대한 나치당의 협조를 기대한다고 선언한 바 있었다. 아울러 그는 양원제를 도입하고 새로운 선거제도를 실시할 제도개혁을 구상한다고 밝혔다. 파펜이 그후 자아르 지역에서 짧은 휴가를 보내는 동안 히틀러와 파펜 사이의 협상은 절정에 도달했다.[55] 나치 진영에서의 기대감은 고조되었다. "당 전체가 이미 권력장악을 기정사실처럼 생각하고 있었다." 돌격대(SA)와 간부들은 위대한 그 날을 기다렸으며, 벌써 당과 국가의 결합을 논하

---

51) 같은 곳.

52) 이것이 Carlowitz의 주요 논지였다. 인터뷰, 미출간(주 VI/72), S. 96. 그리고 Hotzendorff의 기록, 미출간(주 IX/44), S. 106도 마찬가지였다.

53) Goebbels, Kaiserhof(주 V/13), S. 139.

54) 같은 곳, S. 136 참조. "저들은 우리에게 수갑을 채우고 길들이려 시도하고 있다. 따라서 우리는 사냥개처럼 깨어 있어야 한다. 우리 자신의 힘 이외에 누구도 믿어서는 안 된다"(S. 144). "히틀러와 당을 이용하려는 시도가 있다."

55) Associated Press를 위한 인터뷰: Schultheß, *1932*, S. 136; Papen(주 VI/35), S. 220f. 참조.

고, 아마도 무솔리니의 선례에 따른 "베를린으로의 행진"을 진지하게 고려하지 않고 투쟁단체를 동원하여 베를린의 정치 1번가인 빌헬름 거리를 압박하려 시도하였다.[56] 이 순간에 — 아마도 8월 10일에 — 반전이 일어났다.

세부사항은 자세히 알려지지 않았지만 슐라이허가 이때 처음으로 힌덴부르크의 결정적인 저항에 부딪힌 것으로 보인다. 힌덴부르크의 측근들이 이러한 결정을 촉진했던 것은 아닐까? 파펜 자신이 그의 총리직을 희생시킬 슐라이허 구상을 마지막 순간에 좌초시킨 것일까? 아니면 1931년 여름 브뤼닝이 대통령 앞에 헛수고로 대안 — 나치당의 축출이냐 아니면 그들에게 정치적 책임을 부과할 것인가[57] — 을 제시하였을 때 이미 그 자신의 손을 묶었던 문제, 즉 나치문제에 대한 힌덴부르크의 애매한 지위가 그 원인이었을까? 아마도 개인적인 동기가 가장 설득력 있어 보인다. 힌덴부르크는 단순히 그가 그동안 매우 익숙해진 총애하는 파펜을 별 호감이 가지 않는 광신자 히틀러로 교체할 생각이 없었다는 것이다.

틀림없이 8월 9일 베를린으로 돌아온 파펜 자신에게도 히틀러의 총리직 요구는 우선 거절할 수 없으며 그 요구를 오직 제한적 조건에 종속시켜서만 이행할 수 있을 것으로 보였다. 그럼에도 불구하고 8월 10일 오전 파펜의 보고에 대해, 노이데크에서 도착한 힌덴부르크가 히틀러에게 오직 부총리직을 맡길 준비가 되어 있으며 "정당과 의회로부터 벗어난 독립된 정부"로서의 대통령 내각은 당 지도자인 히틀러에 의해 이끌어질 수 없다고 밝혔을 때[58] 슐라이허는 자신의 계획을 철회하였다. 반년 후 힌덴부르크는 이러한 유보사항을 저항 없이 철회하였다. 그러나 그때에도 파펜 자신은 히틀러식 대통령 내각의 첫 지지자에 속

56) Goebbels, Kaiserhof(주 V/13), S. 140f.
57) 위의 S. 379f.; Brüning, "Brief"(주 I/9), S. 6.
58) Schultheß, *1932*, S. 138.

하였다. 개인적 동기를 신중히 평가한다 해도, 1932년 8월 12일 힌덴부르크의 결정은 — 1933년 1월 30일 내려진 정반대 결정과 같이 파펜의 야망에서 본질적인 버팀목을 보았던 것이 분명해 보인다.[59] 8월 10일 오후에 열린 각료회의도 가일의 개혁 및 쿠데타 계획에 대해 진지하게 검토하였지만 위의 문제는 아직 미정상태로 남겨졌다.[60]

하지만 힌덴부르크의 사전결정 이후에 있었던 8월 12일과 13일 면담[61]에는 형식적 의미만 남아 있었다. 히틀러는 우선 시간을 끌다가[62] 8월 12일에 자신의 돌격대 대장 룀과 돌격대의 베를린 책임자 헬도르프 백작 — 슐라이허의 중요한 접촉책임자였던 두 사람 — 을 파펜에게 보냈으며 그동안 자신은 슐라이허와 다시 한 번 협상을 벌였다. 파펜이 나치의 요구사항을 거절하고 슐라이허도 힌덴부르크의 행동으로부터 받은 인상 때문에 동일한 행동을 보였을 때, 다시 말해 자신의 계획을 포기한 후에야 비로소 히틀러는 프릭을 동반한 채 파펜과도 만났다. 자신의 설명에 따르면 파펜은 오랜, 그리고 격앙된 대화 끝에 히틀러에게 힌덴부르크의 유보적 입장과 동시에 구성중인 내각에 나치당이 참여하길 바란다는 요구사항을 전달하였다. 그는 히틀러에게 다음 사항에 대한 약속을 통해 이 해결방안에 구미가 당기게 만들려고 시도하였다. 즉, "나치운동과 신뢰 있고 생산적인 공조를 하고 난 후

---

59) Carlowitz도 그 입장에 머물렀다. 슐라이허 계획은 히틀러에 대한 힌덴부르크의 거부감뿐 아니라, 단지 과도기를 넘어서도 실제 정치과제에서 총리의 역할을 수행하고자 했던 파펜의 야심 때문에 실패했다.

60) Thilo Vogelsang, "Zur Politik Schleichers gegenüber der 나치당 1932", in: *Vierteljahresheft für Zeitgeschichte 6* (1958), S. 93ff.

61) 정확한 날짜표기는 어렵다. 왜냐하면 파펜의 기록(주 VI/35, S. 222 ff.)은 Schultheß, *1932*, S. 140f. 이나 Horkenbach, 1932, S. 285ff. 에 요약되어 있는 동시대인들의 보고, 그리고 괴벨스/디트리히의 메모와 차이를 보이기 때문이다.

62) Goebbels, Kaiserhof(주 V/13), S. 142 참조.

에 대통령이 히틀러를 더 잘 알게 되면" 히틀러에게 총리직을 넘겨주겠다는 약속이었다.[63] 이 유보사항조차도 반년 후, 전제조건은 오히려 더욱 불리하게 되었음에도 불구하고 파펜의 개인적 입장변화에게 희생되었다. 이제 히틀러는 파펜이 — 7월 20일 제버링에게 보였던 기사도적 자세와 마찬가지로 — "지도자"의 명예를 고려할 것을 약속하면서 그 때문에 다른 나치간부에게 부총리직을 주겠다고 제안하고 나아가 히틀러에게 나치당이 계속 야당에 머물 경우 나치 선전의 효과가 떨어질 것이라고 지적하면서 히틀러 "자신의 이익"에 호소했을 때에도 거절입장을 고수하였다. 끝으로 히틀러는 야당으로서 나치당은 완전히 자유롭다는 점을 확실히 하면서도 아직 힌덴부르크와 대화할 용의가 있음을 밝혔다.[64] 이는 그 심리적 효과가 여론상에서 나치당의 지위에게 오히려 부정적으로 작용할 행보였다.

앞서 파펜 및 슐라이허[65]와 함께 자신의 입장을 조율했던 힌덴부르크는 8월 13일 오후에 파펜, 마이스너가 배석한 가운데 꼭 반시간 정도 히틀러, 괴링을 만났다. 마침내 힌덴부르크 원수가 주 총리들과 장관들에게 강조하곤 했던 애국주의에 대한 호소마저 별 성과를 거두지 못하자, 대화는 "냉랭한 결별"로 끝나고 말았다.[66] 8월 13일은 양측 모두에게 패배였다. 즉각 더욱 강력한 야당노선을 말과 행동으로 옮기기 시작한 나치당의 경우 간부들과 기회주의자들이 기껏 높이 세웠던 희망의 끝을 의미했을 뿐 아니라 조직 외부의 추종자와 단순지지자들에 대한 커다란 명예실추를 초래했다.[67] 그 결과 이제 — 근본적으로

---

63) Papen (주 VI/35), S. 222f.

64) Dietrich (주 IV/3), S. 117; Affidavit Meißners vom 28. November 1945, in: Nürnberger Dokumente, Bd. 32, S. 148 (Dokument Nr. PS-3309).

65) 우리가 파펜 (주 VI/35, S. 223)을 믿어도 된다면 슐라이허는 이 시점에 자신의 원래 계획을 포기하고 야당 상태의 나치당을 이용하기를 희망하면서 가장 열렬히 히틀러의 요구 거부를 주장했다.

66) 같은 곳, S. 224.

—히틀러가 힌덴부르크에게 대해서 내걸었던 전체주의적 권력요구 또는—기회주의적으로—권력정치적 전술의 실패에 대한 비판이 일었다. 대통령 내각에게 히틀러와의 결별은 벌써 몇 주 전부터 위험에 처했던 본래 위기타개책의 기본토대 상실을 결정짓는 것이었다. 동시에 이는 브뤼닝의 몰락을 초래했고 파펜 실험에게 정당들의 막강한 전선 사이에 그의 존재를 확고히 하도록 구상된 외관상 잘 짜인 계획의 포기를 의미했다. 관용협약과 마찬가지로 슐라이허의 길들이기 구상도 나치의 권력요구 규모를 과소평가하고 오직 힌덴부르크와 제국군대에 의지한 정부의 권력 심리적 가능성에 대한 과대평가에서 파생된 환상으로 드러났다. 지난 10주간의 사전작업, 과반수 확보가 가능한 제국의회와 거리의 안정을 희생하면서 쿠르티우스, 비르트, 그뢰너, 브뤼닝, 브라운이 시도했던 지난 한 해 동안의 위기해결 노력들, 이 모두가 허사인 듯했다. 이 실패는 정치의 향방을 오직 불행하게 악화시켰을 뿐이었다. 모든 조치는 결국 이 방향으로 조종되었다. 그것은 민주주의적 해결로의 복귀로가 이미 차단되고 브뤼닝식 비상책으로 가는 다리마저 끊어진 시점에 막다른 골목에서 끝나고 말았다. 나치당을 둘러싼 파펜과 슐라이허의 계속된 노력에도 불구하고 이제 폭력이냐, 굴복이냐 하는 단 하나의 선택만이 남았다는 사실이 곧 드러날 것이었다.[68] 힌덴부르크는 폭력을 거부했다. 파펜, 그리고 슐라이허도 그 문제에 걸려 넘어졌다. 이제 남은 것은 굴복이었다. 파펜의 실패는 힌덴부르크의 굴복을 쉽게 만들었다.

---

67) Goebbels, Kaiserhof(주 V/13), S. 143; S. 145f.; S. 148.

68) 같은 곳, S. 146(zum 13. August): 슐라이허 장군은 다리가 완전히 끊어지지 않도록 노력했다…. S. 147(zum 16. August): 파펜은 "지도자와의 연결이 완전히 끊어지지 않기를 원했다. 그는 완전히 오해에서 빚어진 정체상황의 전개에 유감을 표명하였다."

4. 반(反)파펜 전선

새로운 상황은 이미 8월 13일 전반적인 상황보고에서 뚜렷하게 드러났다. 총리실의 공식보도 자료는 히틀러가 대통령에게 내각 총리직과 "국가권력 전체"를 이양해줄 것을 요구했다는 사실을 발표하였다. 이에 대해 힌덴부르크는 "그가 자신의 양심과 조국에 대한 의무감에 비추어 볼 때 전체 국가권력을 일방적으로 사용하려는 나치운동에게만 넘기는 것은 무책임한 것이라고 설명했다고 밝혔다. 나아가 힌덴부르크는 히틀러가 제국의회 선거 전에 발표한 선언에 따라 대통령의 신임하에 소집된 민족적 정부를 지원할 수 없는 것을 유감으로 생각한다고 알렸다."[69] 양자의 결별을 심리적으로 유효하게 만들면서 통치자의 권력의지를 강조하는 형식으로 공개된, 이러한 의도적으로 날카롭게 표현된 협상결과 발표문에 비해[70] 히틀러는 단지 "내각에 대한 분명한 지도권"[71]을 요구했다는 나치 측의 변명어린 맹세는 사실상 수세에 처했다. 힌덴부르크가 언급했던 파펜-슐라이허-힌덴부르크와 히틀러 사이의 관용협정에 대한 갈등도 새로운 사실을 폭로한 것은 아니지만 단호한 야당투쟁으로 나가려는 전환기의 나치당에게 대단히 불리하게 나타났다. 힌덴부르크가 끝으로 "이제 정치상황이 분명히 정리되었다"고 확인하며 노이데크로 돌아간 반면에 내각은 정당들과 더 이상의 협상 없이 제국의회에 상정할 고용창출 프로그램을 확정하였다. 제국의회가 분명히 "의결불능의 상황"에 도달해 있음에도 불구하고 파펜은 의회에서 "이제 취할 조치를 위한 과반수"의 확보를 희망하고 있었다.[72]

---

69) Poetzsch-Heffter(주 I/131), S. 161에 수록된 텍스트.

70) Papen(주 VI/35), S. 224 참조.

71) 나치당 홍보부의 성명: Poetzsch-Heffter(주 I/131), S. 161과 *Völkische Beobachter*, Nr. 229a von 16. August 1932; Nr. 230 von 17. August 1932.

이런 희망은 어떤 것으로도 정당화될 수 없었다. 광범위한 여론상에서도 새로운 상황에 대한 평가가 파펜 내각에 대한 이제까지의 논평보다 불리했다. 내각의 입지는 더욱 좁아져서, 내각에는 이제 극우 파트너정당과 거리를 두기로 한 독일민족인민당만 남아 있었다. 이에 반해 나치 언론은 고심 끝에 나치당에게 권력은 주지 않으면서 책임을 짊어지게 하여 "냉정한 방식으로" 제거하려는 의도가 들여다보이는 슐라이허 계획에 대해 신랄한 논조로 분노를 표현하였다.[73] 괴벨스는 "영주클럽의 봉건적 귀족들", "보수적 국가권위(힌덴부르크—옮긴이)와 그의 아마추어 말타기", 그리고 "어리석은 술책과 약삭빠른 계획을 통해" 나치당을 "권력에서 떼어놓으려" 하는 민족에 어울리지 않는 "신조 꾸러미"에 대해 분노에 찬 공세를 개시하였다.[74]

또한 나치당은 즉각 예전의 파괴전술로 되돌아갔다. 괴링과 룀에 대한 슐라이허의 경고가 혹시 발생할지 모르는 돌격대의 봉기계획을 봉쇄하는 데 충분했음에도 불구하고 유혈충돌이 증가하였다.[75] 이미 1일에 브라흐트는 쾨니히스베르크와 프로이센의 기타 지역에서 발생한 주로 나치에 의한 난동을 진압해야 했다. 8월 9일에는 제국정부 자신도 무엇보다 제국기치와 사민당 구성원에 대한 또 다른 난동 때문에 원래의도와 달리 공산당 소요선동자들뿐만 아니라 극우파 소요선동자들에 대해서도 제재조치를 강구하지 않을 수 없었다. "정쟁중지"는 8월 31일까지 연장되었고, 3개의 명령을 통해 정치폭력행위에 대해서 최고 사형까지의 처벌이 규정되었으며—항소나 상고가 없는—약식

---

72) Papen(주 VI/35), S. 225.

73) Nationalsozialistische Korrespondenz von 16. August 1932; Horkenbach, 1932, S. 287; *Der Zeitspiegel 1*, Nr. 16(27. August 1932), S. 249ff. (다른 언론보도도 수록).

74) Joseph Goebbels, "Politische Erbschleicherei", in: *Der Angriff* von 9. 9. 1932; "Die Macht an Hitler", 같은 곳, von 15. 8. 1932.

75) Foertsch(주 VI/61), S. 21.

재판을 통한 신속한 처벌을 위해 일련의 특별재판소가 설치되었다.[76] 바로 그날 밤, 오버슐레지엔의 포템파란 곳에서 제복을 입은 5명의 돌격대 대원이 한 공산주의자의 집에 침입하여 침대에 있던 그를 그의 모친이 보는 앞에서 구타, 사망케 하였으며 그의 형제 역시 비슷한 폭력으로 중상을 입힌 사건이 발생하였다.

포템파의 살인사건은 잠재적인 내전 징후를 알리는 사건 이상이었다. 그것은 드디어 여론에 나치 지도부에게 명확한 입장을 밝히도록 압박하고 나치에 대한 파펜의 관계도 오해의 여지없이 밝힐 수 있는 눈을 열어주었다. 8월 22일 새 명령에 따라 보이텐에 설치된 특별재판소는 5명의 살인자에게 사형을 언도하였다. 이 판결은 주로 나치당원들에 의해 가득찼던 법정에서 격앙된 상황을 초래하였다. 정식 단복 차림으로 참석한 슐레지엔 돌격대 지도자 하이네스는 — 그는 2년 뒤 히틀러에 의해 직접 "제거"되었다 — 재판 도중 고함을 치며 미래의 나치 법정은 오늘의 재판관들을 심판할 것이라고 위협하였으며 히틀러는 유죄판결을 받은 나치당원들에게 친히 전보를 보내, 그들을 자신의 "무한히 충성된" "동지"로 단언하며 그들의 자유는 "우리의 명예문제"이며 "이 판결을 가능하게 했던" 정부에 대한 투쟁이 "우리의 의무"라고 명시하였다.[77] 같은 날 히틀러는 나치 당기관지 〈종족의 감시자〉(*Der völkische Beobachter*)에 큼직한 호소문을 통해 살인행위를 "우리 민족의 영원한 권리를 위한" 나치의 투쟁과정에 한 단계로 정당화하는 동시에 파펜의 "피묻은 객관성"을 격렬히 비난하면서 대통령 내각에 대한 "투쟁, 또 투쟁"을 선포했다. 자신을 "민족적 독일"과 동일시하면서 이러한 "객관성"으로부터 "민족적" 개념을 해방시킬 것이라는 약속과

---

76) Verordnungen des Reichspräsidenten gegen politische Terror (*RGBl.*, 1932, I, S. 403f.).

77) Schultheß, *1932*, S. 142; 이제 Paul Kluke, "Der Fall Potempa", *Vierteljahrshefte für Zeitgeschichte* 5 (1957), S. 279ff.

함께, 히틀러는 자신의 합법노선의 본질과 이미 나치 독재의 진면목을 깊이 들여다보이게 하였다.[78] 히틀러는 이미 2년 전에 그의 합법성을 다짐하면서도 나치의 집권 후엔 "여러 명의 목이 뒹굴 것"이라는 말을 덧붙였었다.[79] 2년 후 독일은 무법상태, 전체주의적 테러, 강제수용소로 가득찼으며 1934년 6월 30일 천여 명의 재판 없는 살인극을 겪었다. 법적인 "객관성"은 전적으로 "민족적 이해"와 히틀러의 의지 안에 뿌리를 내렸으며 국가주도의 살인은 "나치에 의해 강제통폐합된 의회"를 통해 추후 승인되었다. 법학 교수 칼 슈미트(Carl Schmitt)는 "총통(*Führer*)이 법을 보호해준다"며 이 상황을 칭송하였다.[80]

드디어 1932년 8월, 때묻지 않은 법의식을 가진 사람들에게 나치즘의 진정한 성격이 뚜렷해져야 했다. 개념들은 분명했고 "민족운동"을 둘러싼 환상은 히틀러 자신의 행동을 통해 깨어졌다. 2년 후 스스로와 측근에 대한 나치의 폭력행사를 통해 나치의 법이해가 어떤 것인지 체험—그로부터 어떤 결론을 끌어내지는 않았지만—하게 될 파펜도 사면의 중재자로서 그가 짊어져야 했던 결정의 정치적, 도덕적 파장을 깨달았다.[81] 그러나 만일 그가 "정부는 결코 나치의 압력에 굴복할 것"[82]이라는 인상을 주지 않기를 원했다면, 대개 구성원이 보수진영 출신으로 사형제도를 지지했던 내각의 수반으로서 히틀러의 테러 협박

---

78) Joseph Goebbels, "Die Juden sind schuld", in: *Der Angriff* vom 24. August 1932.

79) 위의 S. 332ff. 참조.

80) Carl Schmitt, "Der Führer schützt das Recht", *Deutsche Juristenzeitung* 39 Heft 15(1. August 1934), S. 945f. ders., *Positionen und Begriffe im Kampf mit Weimar-Genf-Versailles 1923~1939*, Hamburg, 1940, S. 199ff. 에 수록.

81) Papen(주 VI/35), S. 227: "내가 법률적 결정이 아니라 정치적 결정을 내려야 했다는 것은 분명 사실이다."

82) 같은 곳.

에 대해 관대함으로 대응해서는 안 되었다. 이 경우는 일부 잘못된 나치들의 산발적인 탈선이 아니라, 명백히 당의 공식 지도부를 통해 합리화된 테러 과시가 문제였다. 그러나 오래전부터 나치즘에 대한 힌덴부르크의 입장을 결정했으며 이미 브뤼닝의 조치를 방해한 적이 있는 모순되는 노선이 히틀러와의 결정적인 결별 이후에도 대통령 내각의 노선을 특징지었다. 파펜이 바로 이 시기(8월 29일)에 뮌스터에서 열린 베스트팔렌 농촌동맹의 "감동적" 집회에서 행한 연설에서 "정치도덕의 황폐화"에 대해 자기 내각의 보수적이고 법치국가적인 이상을 대비시키면서 "항구적인 법규범에 대한 신념"을 고백하면서 나치의 내전과 독재계획을 강한 어조로 비판했음에도 불구하고[83], 그는 하루 전에 공포된 명령에 대한 살인범의 무지를 인정할 수 있다고 믿었던 자기 내각의 법무성 귀르트너의 주장에 따랐다. 그는 힌덴부르크에게 사형을 무기징역형으로 감형해줄 것을 추천하였다. 해당 인물이 석방되고 공훈을 세운 옛 투사로 칭송되기까지는 불과 몇 달도 걸리지 않았다.

오늘날 파펜 자신은 "이 경우 사면은 정치적 과오였다"[84]고 확신한다. 그러나 당시 그는 표본적인 처벌 위협만으로 충분하며, 반면 처벌의 실시는 극단주의자들에게 새로운 선동자료를 제공할 뿐이라고 믿었다. 나치당이 오해의 여지없이 총체적으로 법치국가에 대항하는 노선을 걸었던 순간에 법치국가의 권위 주체들은 물러섰다. 파펜은 심리적 기회를 놓쳤으며 중요한 힘겨루기에서 졌다. 히틀러가 자신의 합법노선을 노골적으로 벗어던지면서 감행했을 때 바로 이것이 핵심관건이었다. 파펜이 아직도 오른쪽으로 가는 모든 다리를 무너뜨리고 싶지 않았다는 것은 분명 추측일 뿐이다. 또한 그가 정치현실에 대한 자신의 판단이 당시 "우리가 아직 살던 부르주아 세계의 법칙"[85]에 적합했다

83) Schultheß, *1932*, S. 144~149; 요약본은 Horkenbach, *1932*, S. 296~298.

84) Papen (주 VI/35), S. 227.

85) 같은 곳.

고 항변한다면, 이는 파펜으로 하여금 이미 당시에—그리고 어쨌든 조금 후에라도—그러한 낙관주의를 갖지 못하도록 했어야 했을 차기 집권자의 분명한 진술과 행동을 망각하는 것이다. 전체주의 운동의 본질에 대한 오판, 사이비 합법주의에 대한 낙관적 평가로 인해 파펜, 슐라이허, 힌덴부르크뿐 아니라 바이마르공화국의 합법적 주축 모두가 실패하였다. 그러나 파펜은 왜 그가 포템파 사건 후 자주 단언했던 기독교적-보수적 법 이해에도 불구하고 연이어서 그토록 결정적으로 히틀러를 위해 일했는지 해명해야 한다.

분명 당시 대통령 내각과 그 뒤에 서 있는 독일민족인민당의 관심은 두 번째 국면에서의 슐라이허 계획의 실패 이후 나치 진영이 펼칠 새로운 활동에 집중되었다. 제국과 프로이센에서 파펜 정권을 위협했던 것은 나치당의 강화된 야당투쟁이 아니라 히틀러와 중앙당 사이의 협상이었다. 두 협상파트너의 입장과 목표가 상이하기는 했지만, 몇 주간 접촉시도를 계속한 양측의 전술적 고려는 매우 비슷했다. 슐라이허 내각이 여론상에서나 제국의회에서 뚜렷한 지지를 얻지 못하더라도 힌덴부르크가 그토록 완고하게 내각을 후원한다면, 중앙당-바이에른인민당-나치당 연합이 보유한 의회 다수의석을 통해서 이것이 와해될 가능성은 남아 있었다. 이 가능성은 대통령 내각과 그런 의회적 해결을 통해 거뜬히 배제될 수 있었던 독일민족인민당에게는 악몽이 되었다.[86]

이 시도가 어느 정도로 실제로 진지하게 의도되었는지는 말하기 어렵다. 짐작컨대, 그 지지자들은 우선 실효성 있는 야당활동을 원했으며 모든 권력의 통제로부터 벗어난 권력주체들에게 직접 압력을 가하고자 했다. 물론 여기에서도 마비된 권력공백 극복을 위한 효과적인 시도라기보다는 희미한 야당존재의 필요성이 문제였다.[87] 볼츠, 요스,

86) 파펜은 이 계획에 대한 결연한 반대의사를 표명했다. 그의 기고문, *DAZ*, Nr. 410(석간) vom 1. 9. 1932.

87) 주 IX/92에 인용된 저자와의 대화에서 Vockel이 한 증언이 이를 위해 특징

셰퍼, 그리고 일시적으로 브뤼닝도 참여했던 협상은 어느 정도의 중앙당 측의 환상[88]에도 불구하고 희미한 시작을 넘어 진행되지 못했다. 중앙당 지도부 카스의 당의 공식입장 설명은 중앙당의 의도가 무엇보다 항의에 있었다는 사실을 입증해준다. 카스가 반복해서 분명하고 법적으로 뒷받침될 수 있는 책임정치 회복을 요구했을 때,[89] 그는 나치당을 참여시킨 연립정부 구성을 의미했다. 카스가 불과 1년 전에 나치를 참여시킨 어떤 실험도 배제한다고 선언한 후, 이미 브뤼닝의 지명을 통해 시작된 중앙당의 우경화는 이제 명백히 정점에 도달했다.[90]

나치당 내부에서는 명백히 의견이 양분되었다. 히틀러의 합법노선 자체와 마찬가지로 중앙당-나치당 연립정부 구상이 괴벨스와 나치 권력구상의 급진적 옹호자들에게 단지 억지로 그리고 위협을 위한 전술적 수단으로 받아들여진 반면,[91] 누구보다도 타협노선의 옹호자였던 슈트라서에게는 이 같은 건설적 권력참여를 위한, 그리고 "반동적이고" 정당정치를 배제해가는 대통령 내각 축출을 위한 실용적인 가능성은 내용상 옹호될 수 있는 것으로 보였다.[92] 슈트라서가 7월 파펜의

적이다.

88) 1932년 8월 31일에 Eugen Bolz가 그의 부인에게 보낸 서신 참조: "어제 우리는 히틀러를 방문했다. 내가 히틀러로부터 받은 인상은 예상했던 것보다 좋았다. 그의 설명은 논리적이었고 명확했으며 그의 생각은 전반적으로 우리 것과 비슷했다"(Miller, 주 I/40, S. 425). 협상에서 BVP가 가진 비중에 대해서는 Schwend(주 V/40), S. 485ff.

89) Germania vom 13. August 1932 참조.

90) Kassel에서 열린 정당 사무직원들을 위한 한 집회에서 한 그의 연설, "Der Nationalsozialismus im deutschen Kultur, Staats und Wirtschaftsleben" (in: *Volkswohl* 22, Heft 9, Jni 1931): 만일 우리가 책임을 짊어지지 않는다면 우리는 교육학적 이유에서 나치에게 자리를 넘겨주게 된다. 그러면 독일민족은 그들의 피흘리는 무지를 깨닫게 될 것이다.

91) Goebbels, Kaiserhof(주 V/13), S. 142(zum 11. August).

92) 당시 중앙당 사무총장이었던 Vockel은 저자와의 대화에서 Gregor Strasser

한 친구에게 자신은 7월 31일 이후의 우파 과반수 형성은 믿지 않지만 "늦어도 가을까지, 나치의 정권장악까지는 아니더라도, 적어도 내각 참여"를 기대한다고 얘기했다는 사실도 이를 뒷받침한다.[93] 하지만 슈트라서에게 우호적이었던 DHV(Deutschnationaler Handlungsgehilfen-Verband, 독일민족견습상인동맹)와 노동조합의 동원을 염두에 두었던 그의 제안은 히틀러에게서도 진지한 후원을 얻지 못했다.[94] 오히려 히틀러는 괴벨스의 교묘한 보좌와 유명한 재계인사들[95]의 고무를 받아, 변함없이 모든 정치적, 심리적 특별권과 함께 대통령 내각 수반직 위임을 요구하는 입장이었다. 사실상 나치당은 오직 힌덴부르크를 통해서만이 그들의 목표에 도달할 수 있었다. 무솔리니 모델에 따르는 혁명적 전복이 힌덴부르크와 제국군대에 의해 이미 봉쇄되었을 때, 그들은 모든 대통령 내각 방식에 붙어 있으면서 국가와 사회질서의 전환을 위한 심리적 전제조건을 합법적으로 제공했던 합법적인 "불법의 냄새"가 필요했다.[96]

하지만 권력 주체들이 그들의 대통령 내각이 연립정부 구상을 통해

집단은 무엇보다 노동조합을 통해 중앙당에 대한 다양한 채널을 모색하였다고 밝혔다. 이는 히틀러에 의해 관용, 촉진되었다는 것이다.

93) 1932년 6월 24일 Humann이 파펜에게 보낸 서신(Schleicher-Nachlaß, S. 163). 위의 주 VII/118에서 인용.

94) Goebbels, Kaiserhof(주 V/13), S. 149f. : "당의 특정 기구가 중앙당 해결방식을 강력히 추진하고 있다. 총통께서는 구 노선의 지속 추진을 지지하신다. 나는 그를 따를 의무가 있다."

95) 샤흐트는 8월 29일 히틀러에게 지난 후퇴를 위로하였으며 지금 노선을 견지하며 다른 잘못된 우상을 뒤쫓지 말라고 조언하였다. 그는 특히 천4백만 추종자를 일치시킬 수 없는 상세한 경제계획 초안에 대해 경고하였다. 서신은 히틀러가 자신, 샤하트를 신뢰할 수 있는 후원자로 여겨도 된다는 확약으로 끝맺었다. Nürnberger Dokumente, Bd. 36, Dok. Nr. EC-457, S. 536f.

96) Goebbels, Kaiserhof(주 V/13), S. 150: "나는 대통령 내각이 유일한 가능성이라는 생각을 버리지 않는다. 그는 최소한 불법의 냄새를 지니고 있다."

위협받는다고 본 것은[97] 중앙당에 대해 파펜이 나중에 제기한 비판뿐 아니라 이제 막 선출된 제국의회를 해산하려는 준비를 통해 내각을 지키려는 그의 결단에서도 드러난다.[98] 슐라이허가 기독교 노조라는 우회로를 통해서 새로운 대안을 모색하면서[99] 내정상의 권력투쟁은 세 번째 국면으로 옮겨갔다. 8월 마지막 주 대통령 내각이 재차 그의 권위주의 노선 강화를 위한 시간과 공간을 얻고 모든 의회 내의 대안을 봉쇄하기 위해 구상한 제국의회해산 계획은 그 형태를 드러냈다. 8월 26일, 파펜은 과시적으로 솔직하게 이 목적을 위한 노이데크 방문을 발표했다. 바로 그날 그는 히틀러 정권이 "기능을 상실한 민주주의로부터 벗어나 권위주의 정부로 가자는 우리 국민의 요구를 내가 얼마나 중요하게 느꼈는지" 입증해주었다는 주장으로 자신의 계획을 뒷받침했다.[100] 8월 30일 파펜, 가일, 슐라이허는 힌덴부르크, 마이스너와 함께 노이데크에서 새롭고 대폭적인 경제 및 제도계획에 관해 논의했다. 이 기회에 최종적으로 의회해산 명령이 결정되었으며, "국가비상사태"를 선포하고, 재선거를 수개월 연기하며, 그동안 비상명령을 통한 대규모 제도개혁을 실시하는 계획이 진지하게 논의되었다. 여기에서 파펜과 가일은 전보다 더욱 힌덴부르크의 후원을 받았다.[101]

8월 30일 새로운 제국의회는 모스크바에서 돌아온 공산당 소속 원로회장 클라라 체트킨(Clara Zetkin)의 선동연설로 개회되었다.[102] 이번에는 나치 의원들이 의회의 "업무능력"을 과시하고 의회해산을 방지하기 위해 모범적으로 행동했다. 하지만 뢰베 대신에 괴링이 제국의회

97) 같은 곳, S. 150(zum 26. August).

98) Papen(주 V/35), S. 236.

99) Schleicher-Nachlaß, S. 131ff.

100) Papen(주 V/35), S. 225.

101) 1932년 8월 30일 노이데크에서의 회동에 관한 Meißner의 기록(*Schleicher-Nachlaß*, S. 138~147).

102) *Reichstagsprotokolle* von 30. August 1932, S. 1ff.

의장으로 선출되고 사민당이 의장단과 모든 서기직으로부터 배제되자 이미 상황은 급변하였다. 신임 의장이자 의회에 적대적인 "운동"의 대표인 괴링은 의회와 대통령 내각을 반목시키고, 의도된 의회해산에 대한 항의의 표현으로 이미 대통령 선거를 통해 입증된 제국의회의 다수 확보 능력과 업무능력을 강조함으로써 나치당의 전술적 능력을 과시하였다. 이틀 후 연립내각 협상의 지속을 알리는 중앙당과 나치당 공동성명이 뒤따랐다.[103]

이제 정부는 거의 완전히 고립되었으며 사방으로부터 동시에 위협받고 있음을 깨달았다. 그는 제국의회에서 독일민족인민당과 독일인민당을 제외한 모든 정당의 반대를 예상해야 했다. 모든 불확실성에도 불구하고 사민당은 처음부터 그렇게 세부방침을 확정했다.[104] 사민당의 사전 원내교섭단체에서 거듭해서 — 힐퍼딩 측으로부터 — 파펜을 "소악"으로 받아들여야 한다는 구상이 등장했다. 이에 반해 과격파는 나치당-중앙당 연립내각에 우선권을 주어야 한다는 노선을 내걸었다. 이 구도가 오히려 제거하기 쉽다고 보았기 때문이었다.[105] 그러나 전반적인 야당 노선 분위기가 지배적이었다. 무엇보다 노동조합 진영은 9월 4일과 5일에 굵직한 긴급조치 묶음을 통해 추진되었던 새로운 경제 및 노동창출프로그램에 대해 항의를 표명하였다.[106] 그러나 제국농촌동맹도 자신의 이익이 새로이 위협받고 있다고 느꼈다. 이 프로그램은 임금 단체협상권의 계속된 해체[107]와 사회정책 축소를 포괄하고

---

103) Schultheß, *1932*, S. 151.

104) Keil (주 I/3), S. 454ff.

105) 같은 곳, S. 456f.

106) "Verordnung des Rcichspräsidenten zur Belebung der Wirtschaft", *RGBl.*, 1932, I, S. 425ff.; "Verordnung der Reichsregierung zur Vermehrung nd Erhaltung der Arbeitsgelegenheit", *RGBl.*, 1932, I, S. 433ff.

107) Papen (주 VI/35, S. 237) 은 이것을 자유로운 임금측정 원칙을 회복하는

있었던 반면에, 사기업들은 근본적인 세제완화를 통한 구애를 받고도 "과도한" 노동창출 계획에 반대하는 입장을 표명했다.[108] 제국상원에서 파펜은 대부분 주의 계속된 항의 때문에 임시집행관으로 프로이센 의석을 채운 것을 철회할 수밖에 없었다. 동시에 나치 주 정부들은—나치는 이제 튀링엔에서도 독일민족인민당과 농촌동맹의 지지로 권력을 장악했다—공동성명을 통해 파펜의 경제정책을 비판하였다.

이제 사민당의 강력한 저항에도 불구하고 관료계에 대한 사회정책 개혁이 실시되던 프로이센에서조차 임시집행관직 폐지를 둘러싼 갈등이 재차 불붙고 있었다. 여기서도 나치당은 반 파펜 노선을 택하여 민족인민당만 7월 20일 쿠데타의 유일한 방어자로 남았다. 케를은 브라흐트와의 협의에서, 그리고 파펜에 보낸 서신에서(8월 26일) 개혁조치가 실시될 경우 프로이센 의회는 계속 배제된다는 사실에 대해 항의하였다.[109] 이와 같은 시점에 게마인데위원회는 나치의 발의에 따라 이 개혁조치의 철회를 요구하였다. 반면에 임시집행정부는 파펜의 지지하에, 자신들은 오직 힌덴부르크에게만 책임을 진다는 입장에 기초했다. 그들은 동시에 그들이 7월 20일 그들의 개입을 뒷받침하기 위해 지탄했던 바로 그 의사규칙 수정안의 철회를 거부하였다.[110] 이제는 그것이—상황에 적합한 해석을 통해—자신들의 입장을 주장하는 데 유용했기 때문이었다. 8월 30일, 프로이센 의회는 독일민족인민당의

것이라 지칭했다. Hermann Mönch, "Tarifvertragsdiskussion", *Jahrbücher für Nationalökonomie und Statistik* 137, 3. F. 84(1932), S. 355ff.

108) 인플레 위험이 있는 경제계획에 대해 8월 17일 RDI 의장단이 발표한 성명 참조. Horkenbach, 1932, S. 289와 언론의 반응 Der Zeitspiegel 1, Nr 17(10. September 1932), S. 265ff.

109) Kerris의 서신과 파펜의 답신(28. August, 1932)은 Poetzsch-Heffter(주 I/128), S. 4ff. 에 수록.

110) 업무절차 변경을 통한 의무위반에 관한 비난에 대해 옛 프로이센 정부가 입장을 밝힌 문건, *Anlageheft zu der Erklärung*(주 VIII/122), S. 57~73.

반대하에 제국위원 파펜에 대한 불신임을 표현하는 나치의 동의안을 채택하였다. 아울러 프로이센 의회는 마찬가지로 압도적인 다수로 7월 20일의 긴급조치의 해제를 요구하는 동의안도 채택하며 법원의 신속한 판결을 요구하였다. 파펜의 프로이센 정책에 대한 기타 결의안도 대통령 내각이 처한 변화된 상황, 즉 이제 프로이센 정책에서조차 완전히 고립된 상황을 뚜렷이 보여준다. 7월 20일은 파펜의 입지를 강화시켜준 것이 아니라 오히려 상처받기 쉽게 만들었을 뿐이었다. 바이에른이 파펜 개혁안에 대해 계속 불신을 맹렬히 표시하는 동안 많은 주와 이익단체들로부터도 항의 또는 지원요청이 동시에 들어왔다.

반면 독일민족인민당, 철모단, 전독일동맹(Alldeutsche) 등은 파펜에 대해 독일이 선거하다 망하기 전에 "국가비상사태"를 "국가비상대권"을 통해 정당화되는 의회제도 폐지에 이용해야 한다는 그들의 요구를 강화하였다.[111] 눈에 띄게 특징적인 사실은 나치가 새로운 의회전략을 통해 이러한 선동과 거리두기를 하고 있다는 점이었다. 히틀러가 여러 연설에서 파펜을 신랄하게 공격하고 노골적으로 힌덴부르크 사망의 임박을 추정하는 동안,[112] 정부는 나치당에게는 매우 불쾌하게도[113] 철모단에게서 그의 부족한 대중적 기반을 얻으려 시도하였다. 정부는 파펜과 여러 장관들을 9월 초 베를린에서 열린 철모단의 날 — 이 행사에는 황태자, 아이텔 프리드리히(Eitel Friedrich) 왕자와 오스카 폰 프로이센(Oskar von Preußen) 왕자 및 오스트리아 향토방위단 슈타른베르그 대공도 참석하였다[114] — 들을 참석하게 하였다. 15만

111) Alldeutschen 지도자 사법고문 Claß의 말. *Deutsche Zeitung*, Nr. 198b und 199 von 24. und 25. August 132.

112) 9월 7일 베를린 Zirkus Krone에서의 연설, "제국대통령은 85세이다. 나는 43세이다. 나는 매우 건강하게 느끼며 이를 대통령에게 보장할 수 있다. 내가 85세가 될 때까지 힌덴부르크는 살지 못할 것이다." *Berliner Nachtausgabe*, Nr. 211 von 8. Setember, 1932.

113) Goebels, *Kaiserhof*(주 V/13), S. 156f.

명 철모단원의 대규모 행진이 바이마르와 그 헌법에 대한 명백한 반대 시위로서, 군주제에 대한 실상 노골적인 지지로서 의회제에 맞섰을 때, 전선은 기이하게 이동하였다. 나치당은 이제 군주제의 도움으로 파펜을 축출하려 하였다.

5. 제국의회와의 갈등

모든 정황은 파펜 내각에 관한 논쟁이 이제 결판이 나는 쪽을 향하고 있음을 가리키고 있었다. 9월 8일 중앙당과 나치당은 공동성명에서 최근의 비상령들을 신랄하게 공격했고, 동시에 국민(*Volk*)의 신의를 받는 능력 있는 다수파가 존재하고 있음을 그들의 협상의 결과로서 발표했다. 최근의 경기보고에 의하면[115] 최악의 경제위기가 상당히 극복되고 긴급정부의 날들이 얼마 남지 않았다고 보였던 것이 이러한 임

---

114) 슐라이허는 이 기회에서도 파펜으로부터 거리두기를 하고 철모단의 날에 대한 망설임을 통해 나치당에의 문을 열어놓은 듯하다. 슈트라서의 조직은 이를 히틀러에 대한 슐라이허의 구애로 해석하였으며 동시에 대중행진은 제국군대 지도부가 더욱 강하게 철모단 편으로 만들 것이라고 짐작했다. "Stahlhelm maarschiert, Nachdenkliches zum Stahelmtag", *Die Schwarze Front* 7, Nr. 30 vom 11. Septeber 1932.

115) 8월 27일의 경기연구소의 계간보고서는 "지속적으로 그리고 광범한 영역에서 세계경제의 급선회를 인식할 수 있다"고 믿었다: Horkenbach, 1932, S. 295~296; Der Zeitspiegel 1, No. 17(10. September 1932), S. 265 ; Gustav Stolper, "Krisenwende", in: *Der deutsche Volkswirt* 6(1932), II, S. 1635 이하(9. September 1932) 역시 참조. 이러한 낙관적 예측은 사실상 위기의 전환을 표현하는 것이었다. 그 파장이 단지 점진적으로 그리고 나치의 집권 이후에 가서야 일반적으로 감지될 수 있었던 것은 경제 정책적으로 볼 때 자연스러운 것이었으나, 특히 바이마르공화국의 비극을 확증하는 것이었다.

시적 합의를 쉽게 했던 것 같다. 따라서 9월 12일로 확정된 새 내각의 첫 직무회의의 결과에는 의심할 여지가 없었다. 노이데크에서는 제국의회 의장단의 방문을 거절했으나 이제 베를린으로 돌아온 힌덴부르크는 9월 9일에 괴링과 부의장인 에서(중앙당), 그래프(독일민족인민당)와 라우흐(바이에른인민당)를 연단에 맞이했다. 괴링은 단연 유능한 다수파가 차지한 제국의회를 해산하고자 하는 근간의 계획들에 대해 정력적으로 항의했다. 그래프가[116] 파펜의 견지에서 에서와 라우흐의 지지를 받은 괴링에 대해 반대하자, 여기서도 예전의 하르츠부르크의 동맹세력들간의 충돌이 벌어졌다. 그러나 괴링의 표현을 "정치적"이라고 거부했던 특히 힌덴부르크 자신은 결정하기 전에 다시 한 번 당 지도자들을 불러들여서 제국의회의 해산을 막아보자는 에서의 청에 대해 분명히 승낙하기를 거절했다. 파펜이 어떤 상황에서든 제국의회에 대해 반대입장을 취하리라는 것은 명백했다.[117]

9월 12일 오후 괴링은 긴장감이 감도는 속에 꽉 찬 청중 앞에 제국의회 회의를 시작했다. 제국정부의 설명 하나만 잡혀 있었던[118] 의사일정에 들어가기에 앞서, 공산당 의원 토글러가 발언을 신청했다. 즉시 그는 절대다수의 의도 — 제국의회 해산의 저지 — 와는 반대로 결정적인 반전을 일으키게 될 돌격을 감행했다. 2주 전에 확정된 의사일

---

116) 그래프의 보고서는 *Unsere Partei*, No. 18(9. September 1932), S. 273과 *Hugenbergs Ringen*(주 I/6을 볼 것), I, S. 62에 게재되었다.

117) 마이스너의 기록에 의하면 힌덴부르크는 헌법에 따른 신임투표를 의결할 것을 위임했으나 "그러나 이 경우에도 나는 제국정부를 떠날 것을 결심하지는 않는다"고 덧붙였다. 슐라이허도 그의 애초의 계획이 좌초된 후에 그가 7월 26일의 연설에서와는 반대로 9월 10일에 발표할 때에는 독립적인 대통령 내각, 특별히 기존 정부를 무조건 고수하고 정당들로 구성된 내각을 거부하는 입장을 더욱 강조하는 듯 했다: Schlutheß, 1932, S. 158.

118) 파펜(주 VI/35, S. 234)은 이 기회에 특히 그의 거대한 경제프로그램을 개발할 의사를 갖고 있었다.

정은 새로운 비상령들에 의해 무효하다는 이유에서 그는 의사일정의 폐지와 파펜 정부에 대한 불신임안 제출에 대한 즉석투표를 제안했다. 독일민족인민당이 예상대로(오버포렌이 원로회에서는 선포까지 했던) 이의제기를 할 경우, 그는 회의를 종결하고 바라는 의사일정을 가지고 새로운 회의를 소집할 것을 제안했다.[119] 폐지안을 적어도 두 번째 안건으로 미리 기장해두자는[120] 사민당의 제안에 따라, 괴링은 공산당의 제안에 대해 아무런 반대가 제기되지 않았고 안건이 토글러의 뜻대로 수정되었음을 확인했는데, 많은 이들이 놀랐다.[121] 프릭이 좌파의 불만을 알리면서 30분간의 휴식을 요구하고, 이어서 나치당과 중앙당의 표결로 휴식이 결정 — 그것은 그들의 곤경의 표현이었다 — 되고서야 긴장은 완화되었다.[122]

짧은 휴식시간은 열띤 활동으로 채워졌다. 파펜에 대한 불신임투표에 관해 중앙당과 합의를 본[123] 나치 당파는 카이저호프에 체류하고 있던 그들의 "총통"으로부터 공산당 제안을 지지하라는 명령을 받았다.[124] 반면에 자신의 예정된 연설에 관한 수일간의 논쟁을 예상하고 가장 중요한 서류들을 잊고 왔던 파펜은 그사이에 황급히 제국의회의 해산에 관한 준비된 법령을 제국 수상청에서 갖고 오게 했다.[125] "그

---

119) Reichstagsprotokolle v. 12. September 1932, S. 13~14. 제국의회의 운영규칙(71장 3조)에 따르면 의원의 반대를 무릅쓴 의사일정의 확대는 불가능하다: Reichstags-Handbuch, V. Wahlperiode, Berlin 1930, S. 99.

120) Reichstagsprotokolle v. 12. September 1932, S. 14(Löbe).

121) *Ibid*. 오버포렌은 후에 나치당과 중앙당 간의 우려했던 연정을 막기 위해서 의도적으로 제국의회를 "해산"시키고자 했다고 설명했다.

122) Reichstagsprotokolle v. 12. September 1932, S. 15.

123) 1951년 6월 13일의 포켈의 제보(주 IX/92 비교).

124) Goebbels, Kaiserhof(주 V/23), S. 162. S. 153 비교: "총통은 자신의 역할을 궁정으로부터 수행한다. …" 디트리히 또한(주 IV/3, S. 131) "지도자가 9월 12일의 기억할 만한 20분간의 회의 휴식시간에 이웃해 있던 제국의회 대통령관저로부터 번개같이 지휘했던 대가적인 조처"를 칭찬했다.

래도 가까스로 적시에" 악명 높은 빨간 파일을 통해 그의 반의회적 진로의 가장 중요한 무기가 확보되었다고 파펜은 믿었다. 독일 의회사상 처음으로 제국의회가 첫 직무회의가 개최되기도 전에 해산될 수 있는 가능성이 여기에 있었기 때문이었다.[126] 그러나 특기할 만하게도 바이마르공화국의 재상으로는 유일하게 한 번도 제국의회에서 발언하지 못했던 파펜이 이제 발언을 신청하자, 괴링은 재빨리 전체 안건들에 대한 표결을 시작해버렸다.[127] 그는 자신의 방식으로 독일민족인민당을 경악케 하기 위한 복수를 한 것이었는데, 즉 표결의 진행을 지시함으로써 파펜과 플랑크가 그의 강단에 놓인 해산령을 낭독하도록 만들려는 수차례의 시도들을 무시해버렸던 것이다.[128] 파펜에게 남아있는 선택권이란 그의 처참한 패배가 발표되기 전에 격분 속에 전 내각과 더불어 회의장을 떠나는 것뿐이었다. 512표 대 42표(기권 5표) 로[129] 의회는 보기 드문 "합의" 속에 "신국가"의 환상을 깨뜨렸고, "민족적 집중" 중에서는 독일인민당과 독일인민당만이 남게 되었다. 오래 지연되

---

125) Papen(주 VI/35), S. 235.

126) 해산령은 이미 노이데크에서 작성되어 있었다(주 IX/101 비교). 단지 추후적으로 "노이데크"가 삭제되고 "베를린"으로 대체되었으며, 문서날짜는 9월 12일로 표기되었다(Schultheß, *1932*, S. 159).

127) *Reichstagsprotokolle* v. 12. September 1932, S. 15.

128) Löbbe, S. 101~102도 비교. 그의 뉘른베르크에서의 발언에 따르면 "제국대통령에게 동기를 유발하고 그런 내각으로는 어떤 강력한 비상금 없이 결코 지배할 수 없다는 것을 보여주기 위해서" 공고된 공산당-불신임안건의 도움으로 파펜 정부를 무너뜨리려는 것이 괴링의 의도였다: *Nürnberger Dokumente*, Bd. IX, S. 278~279.

129) 파펜에 동의한 것은(1932년 9월 12일 제국의회 의사록, S. 15~16) 독일인민당 의원 35명과 독일인민당 의원 7명이다. 기권을 행사한 것은 3명의 기독교사회당 의원, 1명의 독일인민당 의원, 인민권리당(Volksrechtspartei) 의원 1명이다. 국가당(Staatspartei)의 의원들은 표결에 참여하지 않았다. 표결결과는 대부분의 서술에서 잘못 기록되어 있다.

었던 데뷔장에서 독일 정부가 경험한 유례가 없는 의회의 패배였다. 곧이어 괴링은 규정들을 아랑곳하지 않고 해산령을 무효로 선언했는데, 그것은 이미 무너진 정부에 의해 연서(連署)된 것이기 때문이었다. 이제 독일민족인민당 원내교섭단체 역시 회의장을 떠나는 동안, 괴링은 다수파의 우레와 같은 박수갈채를 받았다.[130)]

괴링이 원로회에서 의사일정을 즉시 정해서 또 다른 회의를 다음 날 열 것을 제안했기 때문에, 당시로서는 의회와 정부 간의 개방적인 접촉이 가능한 것처럼 보였다. 집권자들은 과연 의회소집을 폭력으로 저지하고 비상사태를 선포할 것인가? 파펜은 괴링에게 보내는 한 날카로운 편지에서 괴링이 해산령의 낭독을 저지했더라도 제국의회는 어떤 경우에도 해산되어야 하며 표결은 무효임을 즉각 지적했다. 실질적으로는 붕괴했더라도 아직 국정운영자인 정부가 해산령의 연서에 대한 권리를 갖는다는 것이었다. 더더욱 의심스러웠던 것은 분명히 "제국의회가 금년 9월 4일의 나의 비상령을 폐지할 것을 요구할 위험이 있기 때문에〔!〕"[131)] 라는 재차의 해산의 근거였다. 이로써 대통령의 독재권력의 유일한 통제기구는 독재권력 자체에 의해 자의적으로 차단될 수 있었다. 제48조의 무제한적인 적용으로 인한 헌법적 내지 정치적 순환논증이 이보다 더 심하게 나타날 수는 없었다.

그러는 사이에 9월 12일의 사건에 대한 격렬한 토론이 시작되었다. 사민당은 — 괴링에 보내는 뢰베의 편지를 통하여 — 처음부터 제국의회 해산을 인정했기 때문에, 예정된 원로회에 참석하지 않았다. 그

130) *Ibid.*, S. 16; 카일의 회의록(주 I/3), II, S. 460 이하.

131) *RGBl.*, 1932, S. 441. 9월 12일 저녁 가일이 라디오 방송에서 밝힌 근거 역시 모든 의회적 통제에 대한 긴급법령책에 관한 관료적 이해의 특징을 잘 보여준다. 정부에 의해 오랫동안 준비되어서 9월 4일에 효력이 발생하게 된 프로그램이 갑자기 무효화된다면 — 이것은 의심할 여지없이 현존하는 위험이다 — 이는 경제가 더 이상 견디기 힘든 일이었기 때문에, 의회해산이 불가피해졌다(Schultheß, *1932*, S. 162).

대신 뢰베는 관할권이 있는 국민대표권한보존위원회를 소집했는데, 이 위원회는 그의 주재하에 있었고 해산의 영향을 받지 않았다. 중앙당 역시 이러한 입장을 취하자, 괴링이 예정되었던 원로회의와 총회의 소집을 포기했던 반면에, 사민당은 물론 실패는 했지만, 즉각 가일에게 9월 4일자 긴급법령의 사회정책 부분의 폐지를 위한 국민청원에 대한 허가를 신청했다.[132] 독일민족인민당의 원내교섭단체는 "국정에 대한 열린 반란"이라는 성명서에서 나치당과 중앙당의 과오를 고발하고 "변함없이 의회와 정당지배에 대한 제국대통령 힌덴부르크의 권위주의적인 국정운영을" 지지했다. 반면에 다른 모든 정당들은—저마다 자기 방식으로—대통령 내각의 이처럼 극히 과두정적인 진로에 대한 투쟁을 선언했다.[133] 공공연히 무제한적으로 권위주의적인 국가를 옹호하던 친정부적인 신문의 선전은 이제 정점에 달했다. 제국의회가 그의 목표를 추구함에서 정부를 지지하지 않았기 때문에, 파펜 내각은 초지일관 자기 길을 홀로 계속 가야만 한다는 것이었다. 이제 정부는 권위주의적인 국가운영이 의회주의보다 열매가 풍부함을 증명할 수 있는 일대 기회를 맞이했다고 보도했다.[134] 동시에 하르츠부루크 동맹세력의 향방이 마침내 갈라질 듯이 보였다. 여하튼 공론상의 격렬한 논쟁들과 특히 국민대표권한보존위원회 및 괴링의 서류전쟁에도 불구하고[135] 독일 역사상 최단기 의회회기 이후 국민들은 새로운 선거전

---

132) Poetzsch-Heffter, S. 201 비교.

133) Erklärungen und Presseauszüge bei Horkenbach, 1932, S. 321 이하 비교.

134) 1932년 9월 13일자의 *Berliner Börsen-Zeitung*.

135) 위원회협상은 이미 9월 13일에 시작했고 우선 괴링에 의한 제국의회 해산의 인정을 유도했다. 그러나 괴링은 표결의 효력을 고집했다. 파펜과 가일이 위원회에 출두하기를 거부하자, 위원회원의 다수는 위헌의 비난을 반박했던 힌덴부르크에게 호소했다. 괴링은 파펜에게 2통, 힌덴부르크에게 3통의 편지를 보냈는데, 힌덴부르크는 결국 마이스너를 통해(9월 14일) 그가 제국의회의 투표를 인정하지 않는다고(Poetzsch-Heffter, S. 68 이하,

— 그해 다섯 번째 — 에 돌입하게 되었다는 사실과 이것은 단지 절망적으로 고립된 대통령 내각의 자화자찬적인 개혁계획들에게 여지를 주기 위한 것이었다는 사실에는 변함이 없었다.

파펜 정부의 이 마지막 단계의 특징은 제국재상이 3개월 전처럼 또 다시 그의 정부성명서를 제국의회 대신 방송을 통해 발표했다는 점이다. 9월 12일 저녁 독일 전 방송사를 통해 나간 정책연설은[136] 정부가 새로운 독자적인 국가운영의 길, 즉 구시대로부터 신시대로의 길을 흔들리지 않고 계속할 것이며, 독일의 동등한 권리획득을 위해 모든 의회의 방해에도 불구하고 "전 독일 국민의 지지"를 확고히 의식할 것을 강한 어조로 강조했다. "신국가"의 허구는 그 마지막 절정에 달했는데, 힌덴부르크와 대외정책에 의거하여 파펜은 다시 한 번 그들의 국내정치적인 고립을 무마시키고자 했다. 그는 새로이 "국가생활의 개조"를 위한 7주간의 행동자유를 — 새 선거는 11월 6일로 정해졌다[137] —확보했다. 파펜의 보장에 의하면, 연정정부도 일당정부도 아닌 힌덴부르크의 은혜에 의한 "진정으로 비정당적인 민족적 국가운영"이 장차 정치권력을 재량대로 사용하게 될 것이었다.[138]

독일인민당 분파의 좌우익에 위치한 모든 정당들과 집단들이 "얄팍한 상층"의 파펜 정부와 그들의 "가장 원시적인 아마추어리즘"[139]에 대

S. 84 이하; Der *Zeitspiegel* 1, No. 18, 24. September 1932, S. 285 이하) 해명했다. 이후의 협상들은 나중에 출두를 해야만 할 것으로 간파한 파펜과 가일에게 여기서도 심리적인 패배를 안겨주었다.

136) *Kölnische Zeitung*, No. 501, 13. September 1932.

137) *RGBl.*, 1932, I, S. 485.

138) 파펜은 여기서 의식적으로 그의 "선배 비스마르크"에 의거하고 있다. 게다가 연설문(Horkenbach, 1932, S. 323 이하에 인쇄)은 "신국가"의 이데올로기의 요약본이다.

139) 슈테거발트가 기독교 노동조합 총연맹의 제 13차 회의에서 했던 파펜 정부에 대한 신랄한 연설에서 한 표현이다: Horkenbach, 1932, S. 331.

항하여 펼쳤던 새로운 선거전이 진행되는 동안, 파펜으로부터 이제 위신 있는 성과 요구에 직면한 노이라트는 무장해제 문제[140]에 적극적으로 나섬으로써 그렇지 않아도 정체상태에 있던 제네바 회의와 특히 프랑스 및 영국의 파트너들을 매정하게 물리쳤다.[141] 그러고 나서 파펜도 쓴 경험을 해야 했는데, 12월 10일 군비축소와 독일의 군사적 평등권에 관한 기본적 합의의 성과가 그의 후계자의 몫이 되었던 것이다.[142] 그러나 국내정치적으로도 적어도 앞으로의 선거에 유리한 전제조건들을 마련하려는 모든 시도에서 실패했다. 힌덴부르크와 파펜에 맞추어진 광범한 "대통령당"(*Präsidialpartei*)의 계획은 더 이상 진척

---

140) Papen(주 VI/35), S. 22 이하 비교: "나는 그래서 〔내정의 어려움의 해결을 위하여〕 노이라트에게 제네바에서의 우리의 평등권 문제를 모든 수단을 동원하여〔!〕 진척시킬 것을 지시했다." 로잔느 사건은 되풀이되었다: 파펜은 프랑스 정부에게 "비밀리에" 돌격했으나, 즉시 실망스럽게도 그의 협박이 — 제네바로부터 독일 사절의 철수 — 즉각 프랑스와 영국의 날카로운 반응을 유발했다는 것을 확인해야 했다. 이러한 반응은 나중의 경험에서 볼 때는 다분히 근시안적인 것이었으나, 파펜의 돌파방식은 서방세력들로 하여금 베르사유의 낡은 차별의 청산을 위한 결단을 분명 쉽게 만들어 줄 수 없었다. *Documents on British Foreign Policy*, 2nd series, vol. III, S. 589; vol. IV, S. 178, S. 195~196, S. 201, S. 285~286, S. 328 이하도 비교. Gordon A. Craig, "The German Foreign Office from Neurath to Ribbentrop", in: *The Diplomats*(주 II/53), S. 410 이하.

141) 프랑스 외교관 프랑스와 퐁세는 이 기간에 영국 동료에게 독일이 동등한 권리를 폭력적으로 취하려 한다고 불평했다: Rumbold an Simon, 19. Sep. 1932: *Documents on British Foreign Policy*, 2nd series, vol IV, S. 178. 이외에도 *Der Zeitspiegel* 1, No. 17(10. Sep. 1932), S. 270 이하; No. 18(24. Sep. 1932), S. 278 이하.

142) 파펜 스스로(주 VI/35, S. 233) 그가 브뤼닝과 논쟁하고 내쳤던 것을 인정하고 있다: "내 노력들이 마침내 목표를 달성했을 때, 나는 더 이상 관직에 있지 않았다…. 로잔느 회의의 성과로서 내 정부를 결정적으로 강하게 만들었을 수 있었을 것은 또 다시 너무 늦게 왔다." Francois-Poncet, *Botschafter*(주 I/80), S. 52 이하와 비교.

을 보지 못했다. 이러한 시도는 어떠한 폭넓은 영향력을 기대할 수 없었다. 그것은 당연히 즉각 독일인민당의 경쟁심을 불러일으켰을 뿐 아니라, 파펜 정권의 "초정당적인" 자기정당화와도 모순적인 노력이었다.[143] 따라서 8월 13일의 패배가 나치당의 승승장구에 파열을 가한 만큼 파펜에 대한 호감이 증가한 것을 부인할 수 없다 하더라도, 유권자가 후겐베르크의 독일인민당에게 표를 던지지 않으려고 하는 한, 현 제국의회 선거에서 파펜에 반대하는 결정을 내리지, 지지하는 결정을 내릴 수는 없었던 것이 사실이다. 가일의 안대로[144] 선거법을 수정하는 것은 오직 제국의회의 2/3 동의에 의해서만 달성될 수 있었기 때문에, 파펜은 그가 이해하는 "능률적인 의회"의 창출을 위한 "위헌"에 관한 생각을 결국 선거 이후의 시점으로 미루었다.[145]

실제로 헌법개혁과 "국가생활의 개조"의 위협은 선행계획들[146]에도 불구하고 당시에도 논의 차원을 벗어나지 못했다. 따라서 이런 위협을 정부의 수많은 표현들 속에서 되풀이하고 독일민족적 주도성에 대한 격렬한 주장들 속에서 강조함으로써,[147] 아직 "신국가"의 모호한 이론

143) 참여자들이 저자에게 밝힌 기밀정보들(1951). 파펜도 그러한 시도를 언급하고 있다: 그러나 그는 그것을 초당파주의라는 원칙에 위배된다고 누락시켰다.

144) 앞의 31쪽 및 1932년 10월 28일 베를린 언론협회의 무도회에서의 가일의 연설: "우리는 그러나 적극적 수동적 선거연령을 5살 높이 잡는 것과 자영업 종사자 가장들과 … 참전자들에게 한 표 더 행사할 수 있도록 하는 것을 옳다고 생각한다. …"(Peotzsch-Heffter, S. 76). 다음의 제국정부의 공식 성명도 참고할 것: "참전병사들과 가장의 속성이 일치할 경우, 최고 3표까지 축적된다"(*Frankfurter Zeitung*, No. 816/18 v. 1. Nov. 1932).

145) Papen, S. 238; 파펜은 주 총리들과 협상을 수행했다. 여기에 대해서는 Miller, S. 426.

146) Neudeck-Konferenz v. 30. August 1932(주 IX/101); *Der Zeitspiegel* 1, No. 20(22. Oktober 1932), S. 310 이하.

147) 제국의회 부의장 그래프는 9월 27일 브레스라우에서의 연설에서 독일민족

과 주장들을 넘어서지는 못하면서 공화국의 마지막 헌법적인 지주들의 해체를 가속화했던 것은 분명히 경솔하기 짝이 없는 행위였다. 그사이에 나치당은 파펜이 스스로 집권하기를 원한다면 예전의 길들이기 계획을 더 이상 고려하지 않겠다고 할 정도로 반대를 확고히 했다. 즉, 우리가 파펜의 논지를 따른다면, 희망은 나치당이 선거결과에 의해 그의 주도적 지위로부터 밀려날 것이라는 기대에 있었다. 이것은 능률적인 제국의회는 구성되지 않을 것이라는 분별까지 아예 포기한 신빙성이 없는 환상에만 그치지 않는다.[148] 파펜이 오늘날 갑자기 — 시대에 맞는 자기정당화에서 — 비나치적 다수당 정부를 나치당과 공산당을 배제한 채 구성하는 것이 당시의 그의 선거기대의 목표였다고 한다면, 그는 그 자신의 대통령 이데올로기와 개혁프로그램까지도 반박하는 꼴이 된다.[149]

나치당은 9월 12일 파펜과의 갈등의 해결이 어느 편에도 이득을 가져오지 못하자 어려운 상황에 처하게 되었다. 10월 2일 포츠담에서의 "제국 청소년대회"가 새로운 선전무대로 잘 활용되기는 했다. 청소년에 대한 당의 부단한 매력은 7만 명의 히틀러 청소년들의 행진을 통하여 과시되었다. 그러나 당의 야당으로의 새로운 선회, 당의 힌덴부르크와 하르츠부르크 동맹세력들과의 충돌[150] 그리고 과열된 집권욕의 잠

인민당의 견해에 의하면 바이마르체제는 위헌 없이는 제거될 수 없으나, "파펜이 알아서 처리할 것이다"고 설명했다(*BZ am Mittag*, No. 233, 29. September 1932). 후겐베르크도 10월 26일 베를린에서의 독일민족인민당의 제국지도자대회에서 유사한 입장을 표명했다. Georg Schreeber, *Regierung ohne Volk*, Köln 1932, S. 120 참조.

148) 슐라이허의 측근이었던 Hans Zehrer 역시 "Worum geht es?" in: *Die Tat* 24, Heft 7(Oktober 1932), S. 530 이하에서 그렇게 말했다.

149) Papen(주 VI/35), S. 238~239.

150) 후겐베르크의 신랄한 반히틀러 캠페인에 대해서는: Hugenbergs Ringen, I, S. 65 이하. 또한 *Der Nationalsozialismus und wir*, *Weg und Kampf des Scherl-Verlags*, Berlin, 29. September 1932, S. 4 이하를 볼 것.

정적 실패를 지지대중들이 무심히 지나치지 않았다는 징후들이 늘어갔다. 모든 것의 신속한 변화에 대한 수많은 기대, 당 지도부의 폭탄 같은 약속들에 대한 수많은 믿음, 이권정치적인 소망의 성취에 대한 많은 희망이 퇴색했고, 스스로 "권력의 성문 앞에 서 있다"고 믿었던 앞으로의 지배자에 대한 수많은 낙관적인 관념은 이제 시기상조처럼 보였다. 합법성의 구호와 혁명의 구호의 결합은 당을 심각한 딜레마로 이끌었다.[151]

나치당 지도부도 할 수만 있다면 기꺼이 면하고 싶은 선거의 결과에 대해서 1929년 이래로 더 이상 친숙하지 않았던 회의주의의 시각으로 바라보았다. 이제 다시 지난 2년 동안보다 더욱 강력하게 "반동에 대적하여"[152] 라는 구호를 당의 선전의 정상에 내세웠지만 이는 당내 좌파에게는 이득을 가져다주기 힘들었고, 당내 우파에는 손해만 가져올 수 있었다. 특히 파펜의 경제정책에 대한 당의 공격, 사회주의적 구호와 경제보수적인 구호 사이의 당의 동요, 성과 없는 협상들의 교차, 그리고 나치당의 출구 없어 보이는 의회 내 야당의 입지에로의 후퇴는 대기업가들 사이에 새로운 의구심을 불러일으켰다.[153] 전체적 지배에

151) Zehrer(주 IX/148), S. 532ff. 나치당에 대해 "이 국가 내에 발을 딛고, 자신의 업무에 참여"하라는 명백한 요구를 포함. 슐라이허는 한 달 후에 여기에 관련시켜 언급했다.

152) 9월 13일 제국의회 당파 앞에서 히틀러가 그렇게 표현했고 이는 괴벨스의 기조이기도 하다: Kaiserhof, S. 163 이하와 S. 183 이하. 수백만의 팸플릿을 통해 선전되었던 부르주아-독일인민당 언론에 대한 광범한 보이콧 역시 이에 속한다(S. 168 이하).

153) 《슐라이허 유고집》(S. 153 이하)에는 1932년 8월 31일 질버베르크와의 대화에 관한 귀족클럽의 활달한 중개인 베르너 폰 알펜스레벤이 쓴 히틀러에게도 전달된 기록이 들어있다. 9월 2일로 기록된 보고서는 얼마나 강하게 "경제"가 벌써 히틀러에게(질버베르크 역시) 생각되었는지 보여준다. 그러나 질버베르크는 경제는 이제 "평온, 질서와 일정한 정치적 노선"을 필요로 한다고 설명했다. 계속해서 그는 "경제는 민족적 열정과 즉각 접점을 이룬

대한 주장(*Totalanspruch*)이 고집스럽게 고수되었던 만큼, 이제 "권력"에 대한 주장은 거의 회의적으로 들렸다.154) 새로운 선거캠페인이 다시 온갖 수단을 동원하기는 하였으나—이제 괴벨스의 〈공격〉(*Angriff*)(선전지)은 하루 두 번씩 발간되었다—근심 없이 추진되지 못했다. 즉, 당의 재정적 상황도 지난달의 대대적인 선전전 때문에 심각해졌다.155)

파펜이 그 국내정치적 경제정책적 심각한 결과는 염려하지 않고, 의회주의를 부조리하게 이끌고 자신의 지배를 주장하는 방편으로만 삼았던 연쇄적 선거들은 이제 소모전으로 발전했다. 대통령 집권자가 모든 유의 가능한 다수파 형성을 차단하려는 의지를 단호히 했지만 그들의 개혁계획을 위해 필요한 기반은 얻을 수 있는 능력이 없게 되자, 그 소모전의 끝은 보이지 않았다. 이미 8월 13일과 9월 12일에서처럼 파펜은 그의 정부와 정부구성에 대한 독점권한을 내어 줄 생각을 하지 않았다.156) 대내 및 대외정책에서 그의 돌격은 계속해서 좌초되었다.

나치운동과 함께 갈 준비가 되어 있다. 그러나 운동은 경제의 질서욕구를 이제까지 충분히 고려하지 않았고 따라서 경제가 나치로부터 돌아서서 파펜 정부의 구호를 따를 가능성이 있는데, 파펜의 경제프로그램이 질서의 보장에 대한 희망과 사회주의와 마르크스주의로부터의 단호한 선회를 가져왔기 때문이었다. 예전부터(질버베르크의 1926년 드레스덴 연설) 독일 기업가가 노동자와 그의 정치적 대변자와 함께 가야 한다는 생각을 가진 경제계의 인사들로서는 따라서 경제와 나치들의 협력을 지지하기가 점점 더 힘들어질 것이다. 그러나 기업가와 경제 없이는 나치는 수백만의 실업자들을 공장으로 되돌려 보내고, 국민에게 고용과 빵을 제공하고 그로써 민족적 목표의 수행을 위한 전제조건들을 창출하는 것은 불가능할 것이다."

154) 히틀러는 10월 17일 쾨니히스베르크에서 "나는 오직 권력만을 원한다. 우리가 일단 집권하면, 신의 가호 아래 그것을 지킬 것이다. 그 누구도 그것을 우리에게서 빼앗지 못하게 할 것이다"고 했다: Horkenbach, 1932, 346.

155) Goebbels, Kaiserhof, S. 165, 181, 200.

156) 이에 대해 카스는 10월 17일에 다양한 정치 진영의 동맹을 통한 "독일 위기 및 다수공동체"의 형성—분명히 나치당과의 연정협상을 계속 추진하는 중에—을 요구했던 그의 유명한 반파펜 연설에서 반대의사를 밝혔다.

내각 내에서조차 객관적이고 전술적인 의견분립이 강화되었다.[157] 그뿐 아니라 프로이센의 국가제국이 권위주의적인 개혁계획들에 대해서 또 다른 장애물을 만들어낸 피러스의 승리였음이 바로 지금 새롭게 드러났다. 힌덴부르크와 슐라이허가 그의 등 뒤에 있는 한, 파펜은 권력을 아직 자신할 수 있었을 것이다.

6. 프로이센 문제와 국사재판소

파펜 정부의 본래의 기반과 목표를 폭로하고 동시에 중요한 지점에서 파괴한 8월 13일로부터 대통령 내각의 지위는 점점 더 지탱하기 힘들게 되었다. 그것은 여러 측면에서 그러했다. 정당들의 대립전선 외에도 파펜의 프로이센에 대한 폭력행위가 제국과 주 사이의 긴장된 관계에서도 드러냈던 낡은 대립관계가 변함없이 강세를 보였기 때문이었다. 정부 정책의 특징은 지속적인 진정정책을 통해 우선 바이에른 같은 주 정부의 공격기반을 무너뜨리지만, 동시에 프로이센에서는 일단 획득한 권력지위를 계속 확대하고 사면초가의 제국정책을 위해 활용한다는 데에 있었다. 그러나 이러한 노력들 역시 종국적으로 별 효과가 없었다.

Horkenbach, 1932, S. 346~347.

157) 여기에는 특히 산업계의 자유경제적인 요구와 농업계의 자급자족경제적인 개혁계획이 바름볼트와 폰 브라운과 맞서고 있었다. 이들은 내각회의 및 공식연설에서 그들의 각각의 이익집단들 앞에서 상당히 대립적인 입장들을 대변했는데, 이것이 정부의 객관적 전술적 활력을 계속 축소시켰고 전문가들의 "독립적인 국가주도"라는 환상을 부조리하게 이끌었다. 이러한 대립은 9월 4일자의 12개월 프로그램에서도 극복되지 못했고 정부를 특히 비사회적인 임금정책을 통해 이윤을 추구했던 압력집단들로부터의 신랄한 공격에 노출시켰다.

따돌림을 당한 프로이센의 주 의회를 포함한 주 정부들의 온갖 헌법적 저항에도 불구하고 파펜과 브라흐트는 프로이센에서의 인사 및 행정정책상의 "개혁들"을 추진했다. 수많은 지방관구들과 지방법원들이 폐지되었고, 관료들이 추가해고 및 신임발령으로 압력을 받았으며 프로빈스장과 행정구역장(*Regierungspräsident*)들 및 하급 행정기관들의 권한이 중앙집권적인 의미에서 위로부터 규제되고 "간소화"되었다.[158] 그러나 정부는 동시에 특히 바이에른에서의 연설에서 이 "개혁들"은 프로이센에만 해당하고 단지 긴축행정을 목표로 함을 재차 보증했다.

이로써 오랫동안 지연되었던 국사재판소를 통한 헌법상의 해결에 대해 완료된 사실을 내세워 맞섰던 파펜식의 프로이센 정책의 다분히 권력정치적인 의미는 단지 급한 대로 감추어지기는 했다. 그러나 파펜의 신임자가 남독일로 파견되고,[159] 재상이 뮌헨을 방문하고(10월 11일), 연설과 비밀회의가 있고 나서야 사람들은 진정했고, 다른 주들까지도 제 48조에 기초하여 제국전권특사의 임명을 거부할 수 있게 된 바이에른과 바덴의 국사재판소에의 확정소송으로 만족했다. 수없이 논의된 헌법개혁 자체의 문제에 대해서는 바이에른 측이 제국상원(*Reichsrat*)을 통한 연방주의적인 방식을 추천했는데,[160] 이는 "신국

---

158) 계속적인 행정개혁을 원활히 하기 위하여 9월 28일에 복지부, 농업경제부, 통상부의 국가사무원들에게 1932년 4월 1일자로 사전 해고통지를 발행한 것도 이러한 조치의 일환이었다.

159) 9월 9일에 남독일에서의 제국대표로 — 남독일 정부들과 작센에서의 제국정부의 신임자 — 폰 레어스너가 임명되었다. 그는 슐라이허 측근 출신의 외교가였다. 바이에른 주 홍보실의 보도를 참고하라: Poetzsch-Heffter, *Frankfurter Zeitung*, Nr. 676/78 v. 10. Sept, 1932; S. 50.

160) BVP 의장 프리츠 셰퍼가 툰텐하우젠에서 9월 18일에 열린 기독교 농민협회의 연대회에서 이처럼 권고했다: 제국상원은 아직도 기능을 다하고 있는 유일한 입법기관이다(Horkenbach, 1932, S. 330~331). 파펜의 진정정책에 대해 유동적인 바이에른의 입장에 대해서는 Schwend, S. 463 이하에서 상세히 참고.

가"의 양원 이론에는 부합되나, 파펜 정부의 권력정치적인 의도와는 맞지 않는 것이었다. 그들의 헌법개혁은 이제 그 어느 때보다도 지배권력의 기본지주가 되어버린 제 48조를 통해서만이 실현될 수 있었다.

9월 27일 집권자는 한 걸음 더 나아갔다. 프로이센에서 신구 정부의 병존이 지속되고 앞으로 있을 국사재판소에서의 공판에 의해서야 비로소 관할권 문제는 구속력 있는 해결을 볼 수 있었음에도 불구하고, 헌법상의 결정에 앞서서 제국상원 내의 새로운 프로이센 대표자들이 임명되었는데, 그 중의 우두머리는 방금 승진된 노비스 차관이었다.[161] 10월 10일 국사재판소장 붐케의 조심스러운 주재하에 7월 20일의 조치에 대한 공판이 라이프치히 국사재판소에서 시작되었을 때, 양측의 권력정치적인 비중은 처음부터 그처럼 확연히 달랐다.

독일 근대사상 최대의 이러한 헌법논쟁에서 프로이센 구정부 및 사민당과 중앙당의 지방당파들이 제국정부에 맞섰던 반면, 바이에른과 바덴은 완료된 제국정부의 집행의 불허용성을 기본적으로 확인하기를 바랐다. 동시에 6일간의 공판은 제한적인 동기를 넘어서서, 나치 권력국가가 모든 헌법 논의들을 전체주의적인 "국가이성"의 일방적인 명령에 종속시키기 전에, 바이마르 정치질서의 민주적 법치국가적인 기초와 정당국가의 문제 및 권위주의적 개혁의 추세에 관한 마지막 대논쟁의 기회와 공간을 제공했다. 다시 한 번 국사재판소에서 법치국가냐 권력국가냐에 관한 논쟁과 정책의 법적인 한계 및 합법성의 정치적 한계에 관한 언쟁이 펼쳐졌다. 제국개혁의 문제와 그 방법 외에도 이 경계소송에서는 의회민주주의 자체에 대한 문제제기가 이루어졌고 전체

---

161) 이처럼 중요한 인사변동 외에도 바로 재판 시작 전 2주간에 걸쳐 대략 30건의 주요한 관료임명이 계획되었다. Arnold Brecht, *Preußen contra Reich*(주 VIII/106), S. 91 이하 비교. 전체적인 상황에 대해서는 Ernst Hamburger, "Die personelle und organisatorische Verwaltungspolitik der neuen Machthaber", *Der Beamte* 1932, Heft 4, S. 216 이하.

주의적인 정적들의 돌진으로 헌법논쟁은 정치영역으로 옮겨졌다.

관건이 되는 것은 제국개혁운동의 절정이었다. 그러나 더욱 중요한 것은 제48조에 힘입은 대통령 독재권력의 가장 강력한 표현들 중의 하나였다. 여기서 국가이론들과 헌법해석들이 마지막으로 상호 대립했는데, 그들의 적대관계는 바이마르공화국의 발전, 특히 그의 마지막 단계를 동행하면서 그에 영향을 끼쳤다. 그러나 소송은 헌법논쟁의 전선의 초점으로서뿐만 아니라, 정치적 공개토론장으로서도 중요해졌다. 심리들은 집단들, 사람들, 사건들 사이의 수많은 구체적인 관련성을 공개했고 그의 문서적 기록은 헌법적 숙고를 위한 자료들로서뿐만 아니라, 역사적 정치적 사료로서도 결코 손색이 없다.[162] 이 심리는 "프로이센 대제국" 소송을 헌법재판적 정치적 원인들, 판결들과 운동들 간의 긴밀한 상관관계에 대한 유일무이한 사례로 만들었다. 소송의 전체 경과와 결과를 이렇게 요약해도 된다면, 정치적 의미의 실제적인 우위가 사법적 결정과 같은 소송기술상의 절차를 본질적으로 실제 권력자에 유리하게 결정지었다고 할 수 있다.

프로이센 대표들은 일단 파펜이 7월 20일자의 그의 라디오 연설에서 그리고 브라흐트가 기회주의적인 관료들의 심문과 자의적인 자료해석을 추후에 요약한 비망록에서 프로이센 정부에 대한 조처를 정당화하는 데 사용했던[163] 객관적인 유죄를 반증하는 데 성공했다. 그러나 법원은 판결에서 제국정부의 집행 자체(정치적으로)와 제48조의 적용(헌법적으로)에 대한 심층적인 비판을 포기했다.[164] 특히 프로이센에

---

162) 회의록집 Preußen contra Reich(주 VIII/106)은 따라서 국가법적, 정치학적 역사학적 숙고를 위한 진정한 발굴장이다.

163) "Feststellungen des Reichskommissars Dr. Brach", in: *Anlageheft zu der Gegnerklärung*, Anlage 4, S. 21~52.

164) 논거규명에서 제국이 주장했던 바와 같은 프로이센의 제국에 대한 책임유기는 없었음을 확인했으나, 막연히 "그것은 명백하다"(!)는 표현과 함께 긴급법령이 기초하는 공적 질서와 안정의 위협(제48장 2조)을 유효케 했

서 요구했던 제국정부의 결정적인 인사들과 중개인들의 심문이 포기되었고,[165] 국가권위가 위협되어서는 안 되며 따라서 독재권한의 발휘에서 제국대통령의 "판단"에 상당한 여지를 유보해야 한다는 것을 근거로 힌덴부르크 자신과 연관된 모든 문제에 대한 토론이 거부되었다.[166] 따라서 대통령 법령 자체의 적법성에 대한 심사는 이루어지지 않았다. 권위주의적-권력국가적 사고가 사법적 주장 내로 침입한 지점 못지않게 중요했던 것은 제국위원회의 인사 및 행정정책적인 영역에서의 조치들이 사실상 이미 새로운 상황을 창출했다는 사실이었다. 분명히 사법적인 반대결정은 엄청난 정치적 결과를 낳았을 수 있었다. 그러나 제국대통령을 포함한 제국정부의 특권과 활동에 대한 이러한 참작까지도 합목적적인 숙고와 다분히 정치적인 기본생각들로부터 나왔던 것이다.

그처럼 프로이센으로부터 공격을 받은 7월 20일의 비상령의 법적 기초가 의식적으로 토론을 면하게 되었기 때문에, 법정의 판결은 집행의 일부에 대해 내려질 수 있었을 뿐, 그의 준비와 근거에 대해서는 내려질 수 없었다. 판결은 공적인 안전을 어떤 다른 동기도 프로이센에 대한 행동을 일차적으로 결정하지 않았고 따라서 제 48조의 적용에서 재량권 오용은 없었다는 것에 대한 충분한 증거로 간주했다. 국가

고, 그로써 조치 자체의 정당성을 총괄적으로 인정했다: *Preußen contra Reich*, S. 511 이하.

165) 프로이센은 특히 파펜 정부의 나치당과의 사전협상을 확인하려고 글라이헨, 히틀러, 파펜, 슐라이허, 플랑크와 프릭스의 심문을 신청했으나, 실패했다: *Ibid.*, S. 65~66; S. 73 이하.

166) 여기서 행정법과 유사하게 국가권위의 위협과 파괴는 그로 인해 비객관적이고 비적법적인 동기가 발견되는 경우일지라도 감행되어서는 안 된다고 간주되었다. 그에 따라 법정은 법률고문들의 보증으로 만족했는데, 이를 통해 프로이센 조치에서의 파펜 정부와 나치당 간의 협력에 대한 상세한 증거들은 아무런 객관적인 추가검토 없이 손쉽게 반박된 것으로 간주되었다: *Ibid.*, S. 514 비교.

이성의 우위와 관료적 효율성을 직설적으로 표현한 상론에서[167] 법정은 피해자들에게 그 속에서 표현된 보편적 이해가 어떤 것보다 앞선다고 지적했다. 이로써 관료적 관헌국가의 철학이 개별성에 대한 보편성의 우위가 아니라 헌법적으로 확립된 연방체제의 테두리 내에서의 최대한의 독일국가의 존립문제가 달려 있었던 사건에 적용되었다. 달리 표현하자면, 정치적으로 위험에 처한 법적 위상의 원칙이 관건이었는데, 그의 확증은 공중에 대한 판사의 대통령 비상령의 확인 못지않게 의미가 큰 것이었다. 그러나 이 점에서조차 헌법재판의 딜레마는 적나라하게 드러났다. 그것은 사법적일 뿐만 아니라 정치적인 심급이며, 정당성의 원칙을 국가와 사회를 위한 유용성의 원칙과 결합시킬 것을 추구한다. 그 밖에도 헌법재판은 그의 판결이 공중에 미칠 영향, 여론의 정치적 반응을 참작하고 다양한 권력집단들과 당파들 간의 국내적인 긴장을 고려한다.[168] 이것이 관헌국가적 권위의식의 전통과 충돌하자, 출생신분으로 보나 특권으로 보나 그처럼 개인적으로 이러한 전통과의 연계가 뚜렷한 제국대통령의 비상령권의 권력 앞에서 국사재판소의 굴복은 한층 뚜렷해졌다.

이러한 정황 속에서 제국 전권특사의 집행조치들만이 국사재판소가

---

167) 여기서도 행정법과 유사하게 이러한 동기는 — 즉, 주관적 사실 — 충분히 객관적 사실이 주관적인 목적을 인식케 하지 않는, 즉 드러나지 않는 한, 법률적으로 무관하다. 즉, 그러한 부당성은 국가 관청에 기만을 비판할 수 있음으로 해서 생겨나는 손실보다 감수하기가 용이하다고 주장되었다. 이러한 의미에서 법정은 1932년 8월 27일자의 주 의회장 케를에게 보낸 파펜의 편지 역시 사법적으로 무관하고 법정에서 검토할 수 없다고 무시했는데, 그 편지는 7월 20일의 공식적인 근거의 변명적 성격, 즉 재량권 오용을 명백히 기술한 것이었다. "나는 또한 당신의 견해에 동의할 수 없다"면서, 여기서 파펜은 "단지 헌법에 맞는 상태의 재건과 평온과 질서의 재건에만 국한하는 것이 제국의 위임을 받은 프로이센 정부의 의무"라고 기술했다. *Preußen contra Reich*, S. 93~94.

168) Apelt, *Geschichte der Weimarer Verfassung*(주 VIII/1), S. 285~286.

10월 25일에 내렸던 판결영역에 들어가게 되었다. 판결은 프로이센 장관들, 즉 브라운과 제버링의 최종적인 면직은 무효로 선고하고 실제 권한을 제국 전권위원에게 임시적으로 위임하는 것, 즉 권력위임 자체만을 인정하기는 했다. 그러나 그것은 법정 측에서 볼 때 인사 및 행정정책적인 변화를 정당화하는 데까지 걸쳐 있었다. 다른 한편에서는 물론 제국 전권특사가 자신의 대리인을 제국상원에 프로이센의 대표로 파견할 수 있는 권리가 부정되었는데, 제국의 헌법구조는 제국상원에서의 주의 독자적인 대표를 요구하고 이는 적법적인 장관의 일이라는 근거에서였다.[169] 그것은 기괴하게 분열적인 판결이었다. 그의 법적인 부분은 프로이센의 입장을 옹호했던 반면에, 그의 정치적 기조는 기정사실을 인정함으로써 제국 대통령의 권위와 제국군대의 권력수단에만 의지하는 정부의 쿠데타적 의향과 부합하는 것이었다. 사실상 만들어진 상황이 최고법원을 통하여 사법적으로도 정당화되었던 것이다. 프로이센 장관들의 이론적인 법적 지위를 보존했지만 동시에 실제적 지위는 더욱 혼란스럽게 만든 헌법적 제한들은 이러한 기본 사실들에서 아무런 변화를 가져오지 못했다.

전체적으로 볼 때, 이 소송은 헌법재판권 이론 자체가 얼마나 허술했는지 그리고 국사재판소의 관할권이 얼마나 불충분하게 규정되었는

---

169) 판결 내용: "프로이센 주에서의 안전과 질서회복을 위한 1932년 7월 20일자의 제국대통령의 법령은 제국재상을 프로이센 주를 위한 제국 전권특사로 지명하고 그에게 프로이센 장관들의 직무수행권을 임시적으로 박탈하고 이 권한을 스스로 맡거나 다른 제국전권위원에게 위탁할 수 있는 권한을 수여하는 한, 제국헌법과 일치한다. 그러나 이 같은 권한부여는 프로이센 국무장관과 그의 구성원들로부터 제국의회와 제국상원에서, 그 외에 제국 혹은 주 의회, 추밀원(*Staatsrat*) 혹은 다른 주들에 대해서 프로이센 주의 대표권을 박탈하는 것으로 확대될 수 없다." *Preußen contra Reich*(주 VIII-106), S. 493; Lammers-Simons(주 VIII-67), V(1933), S. 24와 S. 30 이하를 참조.

가를 입증했다. 법정 절차에 따른 어려운 정치적 위기의 공판은 단지 표면적으로만 법적 규범의 해석에 국한될 수 있었다. 현실적으로 공판은 그 정치적 기본관념에서 원칙적으로 상이한 두 정부들간의 정치적 권력투쟁에 직면해 있었다. 저명한 국법학자들이 양측을 대변했던 것은 이처럼 구체적인 정치적 딜레마를 감당할 만한 수준에 있지 않았던 헌법재판의 비극을 헌법재판이론 자체의 비극으로 만들었다.[170] 국사재판소는 사건으로부터 양측을 중재할 수 있는 조심스러운 결정을 이끌어내고자 했지만, 그를 통해 헌법적 문제들의 건설적인 규명에도, 권력정치적인 갈등의 실제적으로 유용한 해결책에도 길을 열어주지 못했다. 그의 판결은 비실용적이었던 만큼 비논리적이었다. 즉, 국사재판소 스스로가 석 달 전에 바로 그의 중립성을 이유로 가처분을 거부했음에도 불구하고, 국가권력과 입장을 같이 했던 것이다.[171]

아마도 한 법원이 이를 결코 쉽게 감당할 수 없었다는 것과 그가 사법적인 근거만으로 정치적 행위에 대응했을 때, 1932년 7월 20일의 피해자들에게는 단지 그들 자신의 오판이란 과오만이 되돌아왔다는 것을 인정하는 것이 정당할 것이다. 법원이 권위에 복종하지 않은 채 오직 자신의 권위만 손상시켰던 정치적 권력투쟁들에 대해 한 얼마나 무력하게 대면해야만 했던가는 오늘날에도 흔한 사법적 형식의 정치 슬로건을 통해 암시될 수 있다. 그러나 정치적 대립을 조정할 수 있는

170) 제국 측에서는 칼 슈미트가 단연 두드러진다. 1932년 10월 17일의 폐막연설 참고(주 IX/80): "프로이센의 위엄과 명예는 도대체 어디에 있는가, 다시 말해서 7월 20일 그의 관직에서 해임된 장관들에게 있는가…(환호: 상황법학이다!). 아니면 힌덴부르크 제국대통령에게 있는가?〔!〕." 칼 슈미트의 또 다른 발언: "Die Verfassungsmäßigkeit der Eisetzung eines Reichs-kommissars für das Land Preußen", *Deutsche Juristen-Zeitung* 37, Heft 15(1932), S. 953 이하.

171) Hermann Höpker-Aschoff, "Das Urteil von Leipzig", *Der deutsche Volkswirt* 7(1932~1933), S. 105 이하.

길은 이것뿐이었다는 것과 제국상원, 제국의회 그리고 기능하는 민주주의의 다른 기구들이 그를 위해 더 이상 개입할 수 없었다는 것은 공화국 자체의 깊은 위기의 또 다른 징후였다. 그리고 이번에는 바로 민주진영이 권위적 권력정치에 대항하여 이제까지 정당국가의 반대자들이 민주적 의회의 입법권을 붕괴하는 데 사용했었던 사법적 심사권을 주장했다는[172] 사실은 동시에 옛 집권자의 절망적인 수세를 명백히 해주었다. 1932년 7월 20일의 피해자들의 행동을 결정했던 "합법성"에 대한 호소는 민주적 자의식과 정치현실에서의 권력지위의 몰락을 징후적으로 보여주는 일종의 자기기만임이 드러났다.

그 때문에 기소인의 의미에서도 파펜의 행동의 근거가 모순적이었다고 해도, 그로부터 나온 거의 모든 조치들은 유효한 채로 남았다. 그에 반해 프로이센의 도덕적 승리는 중요하지 않았다. 1923/1924년의 선례와는 근본적으로 달리,[173] 제 48조(2항)를 매우 넓게 해석함으로써 파펜은 프로이센 전 행정에 대한 권력정치적인 재량권을 인정받았다. 헌법긴급사태가 헌법변경으로 악용되고 헌법이 다시는 소생하지 못하고 위기상태가 확대되는 것에 대해서 법원의 판결은 전혀 고려하지 않았다. 이처럼 '실제로-주장' 앞에서 헌법적으로 굴복한 진정한 원인은 제국대통령을 보호하려는 모든 참여자들의 일반적인 노력 속에 있었다.[174] 따라서 피해자들조차도 모든 항의에도 불구하고 의식적으

---

172) I장, S. 173 이하 비교. 소송의 테두리 내에서의 토론은 preußen contra Reich(주 VIII/106), S. 366~391.

173) 당시에는 제엑트가 임시적으로 집행권한의 소유자로 임명되었으나, 해당 영역의 국가 행정기구는 그대로 두었다. 특히 바이마르 헌법의 129장(관료의 기득권)이 대통령 독재권한에 의해 무효화될 수 있었던 헌법규정하에 속해 있지 않았다. Joachim Kampfer, "Die Ereignisse vom 20. Juli in ihrer Bedeutung für das Verfassungsleben", in: *Der Beamte* 1932, Heft 4, S. 210 이하.

174) *Preußen contra Reich*(주 VIII/106)의 여러 곳에서 국사재판소장 자신과

로 "뚜렷한 자제"를 보여주었는데, 그것은 "당연하게도 그들에게 불리하게 작용했다."[175] 마찬가지로 국사재판소도 좀더 나은 통찰력에도 불구하고 대통령의 긴급법령에 대해 감히 작은 수정의 선을 넘지 못했고, 정치적인 이유에서 명확한 결정을 꺼렸다. 여기서도 힌덴부르크 신화는 공화국의 숙명이 되었다. 국사재판소가 힌덴부르크의 권위를 파괴하든지 국사재판소 자신의 권위를 파괴하든지의[176] — 그 구성원들로서는 해결할 수 없었던 — 대안 앞에 서 있었기 때문에, 힌덴부르크는 이제 오직 대통령 권한을 엄청나게 확대함으로써만이 스스로 그의 법령의 범위와 결과를 완화할지도 모른다는 행간의 희망을 결합하는 허위적 타협을 하는 수밖에 없었다.[177]

이러한 "솔로몬적"이기는 했으나 결코 명확하지 않았던 결정의 결과들은 프로이센의 문제를 실제로 해결하는 데에도 도움이 되지 못했다. 양측은 즉시 판결의 "각자 해당" 부분에 기초하여 프로이센 관할권의 양분을 밀어붙이고자 했는데, 거기서 명백히 유리했던 것은 판결에서 인정받은 제국 대통령의 권위와 판단의 자유를 통해 뒷받침을 얻고 실제적인 행정권과 입법권을 갖고 있었던 파펜이었다. 그러나 정부는 프로이센에서의 제국 전권위원의 권력지위를 확립하고 최대한 활용하려는 노력을 즉각 다시 강화하기 시작했지만, 브라운 내각이 그 헌법적 지위에서 인정을 받고 게다가 10월 25일에도 모여서 파펜과 힌덴부르크에게 자신의 인정받은 권리의 복권을 위한 조치를 통고한 상태여서 이제 정부와 정면 대치하게 되었다. 나흘 후에 힌덴부르크는 파펜과

같은 소송 파트너에 대한 언급이 있었다. Hans Krüger, "Der Staatsgerichtshof und der Preußen-Konflikt", in: *Der Beamte* 1932, Heft 4, S. 287 이하 비교.

175) Otto Braun (주 I/5), S. 447.

176) 1932년 10월 17일자 뮌스터에서의 카스의 연설: 주 IX/156.

177) Krüger (주 IX/174), S. 287 이하. 판결에 대해서는 Schwend (주 V/40), S. 472 이하 참고.

마이스너의 참석하에 오토 브라운을 맞았다. 브라운은 긴급법령을 철회하든지 제국 전권위원의 권한을 "평온과 질서의 유지"에 명확히 국한시킬 것을 요구했던 반면에, 파펜은 "국가정책적인 숙고"라는 모호한 암시와 더불어 그의 "개혁"의 계속추진을 고수했고, 힌덴부르크가 프로이센과 제국의 권력수단의 통일을 계속 필수적이라고 설명했던 이 대화 역시 과묵한 발표로 끝났다: "합의는 이루어지지 않았다."[178] 같은 날 결정적인 "개혁안들"이 다시 수용되어서 하필이면 지속적인 사회적 위기에 직면해서 프로이센의 히르트지퍼의 복지부가 해체되고 그의 직무가 수많은 부서들로 분배되었다.[179] 바이에른 정부까지 가세한[180] 격렬한 저항도 파펜이 프로이센 정부와의 사전접촉 없이 이틀 뒤에(10월 31일) 포피츠 차관에게 재경부를, 폰 브라운 식량장관에게 농업부를, 켈러 교수에게 문화부를 임시적으로 위탁하는 사실 정책(*Politik der Tatsache*)을 계속하고 동시에 브라흐트와 포피츠를 업무영역이 없는 제국장관직에 임명하는 것을 막지 못했다. "응급처리가 지속적으로 이루어졌고",[181] 프로이센에 대한 무절제한 지배가 "신국가"의 실현의 첫 단계로서 뚜렷이 확립되었다.

오토 브라운의 저항은 힌덴부르크에게 그리고 파펜과의 담화에서 계속되었지만 성과가 없었고 오히려 새로운 대통령의 비상령들을 통해 합법화된 파펜의 조처를 현저히 가속화시켰던 것으로 보인다.[182] 참

---

178) 브라운의 서술(주 I/5)을 비교; 힌덴부르크는 브라운에게 이 마지막 회담에서 실제 정황에 대한 정보가 너무나 부족하고 동시에 너무나 노인처럼 무력해 보여서, 무책임한 주변세력에 의해 노골적으로 이용당한 한 남자에 대한 동정심만 유발했을 뿐이었다.

179) 전 프로이센의 구정부는 이처럼 철거된 부서들의 몇몇 방들로 만족해야 했다.

180) Poetzsch-Heffter(주 I/128), S. 62; Schwend(주 V/60), S. 475 이하. 헬트는 여기서도 분명하게 뷔르템베르크와 바덴을 통한 그의 저항의 지지에 기초했다.

181) Severing(주 I/18), II, S. 369.

을 수 없는 상황은 이를 통해 의식되어, 정치적 이성을 무시하고 극단으로 치달았다. 프로이센에서의 실제 정치로부터 완전히 차단되었던 장관과 각료들이 실제 정치를 주 의회, 추밀원, 제국의회와 제국상원에서 대변 "해도 된다"는 것은 무책임성의 권위주의적인 원칙에 대립될 뿐이었다. 게르하르트 하웁트만이 그의 70세 생일을 맞아 11월 15일 오전에는 그림메로부터, 저녁에는 또 다시 브라흐트로부터 프로이센의 국가메달을 증정받았던 기이한 사건이 일어나기에 이르렀는데, 분명히 국새(國璽)와 메달을 갖고 있었던 사람은 브라흐트만뿐이었다. 그러나 파펜의 날들 역시 얼마 남지 않았다. 프로이센에서의 가속화된 활동도 그것을 더 이상 막을 수는 없었다. 7월 20일의 쿠데타의 본래 목적은 민주주의의 정치적 공간 속에서는 절망적으로 고립되어 있었던 권위주의적인 정부의 확대와 안정이었다. 이제 프로이센 경찰과 관료단에 대한 제도적 통제가 잘 정비되었고 고유한 지배개념에 따른 제국개혁의 선전도 강화되었다. 그러나 정치적 파급효과는 프로이센에 대항한 극우적 캠페인의 지지와 집행이 한때 약속했던 신망 획득과 마찬가지로 불발로 끝났다.

제국의회 해산, 히틀러와의 협정, 친위대 금지의 폐지와 헌법개혁과 함께 한 협박과 같은 대통령 내각의 모든 정력적인 기도들은 창시자 자신을 대적하고 돌아섰다. 국사재판소의 판결에 울린 반(反)파펜적인 반향은183) 프로이센에 대한 폭력행위도 국민과 정당들 위에서 부

---

182) Braun(주 I/5), S. 418 이하. 힌덴부르크는 이번에는 제 48장 2조에 의지했는데, 그것은 국사재판소가 지금 현재에 — 그리고 제국전권특사하에서! — 다시 한 번 공공안전과 질서의 위협이 주장될 수 있다는 것을 전혀 생각지 않고, 7월 20일에 여전히 "국가이성"의 유지를 위해 그에게 인정해 주었던 조항이었다. 그러나 이것이 바로 장차의 조치의 근거로 사용되었다: 국사재판소의 판결로 성립된 권한의 구분은 위험하기 짝이 없다는 것이었다! Die Verordnung in: *Deutscher Reichsanzeiger und preußischer Staatsanzeiger* v. 18. Novemer 1932.

유했지만 힌덴부르크와 제국군대의 온정으로부터 매우 "독립적이었던"이 정부의 수중에서 효과 없이 소실될 것임을 나타내는 한 표시였다. 무분별한 인사정책은 "신국가"의 의미에서 강력하게 계속 추진되었다. 그러나 이는 파펜에게도 그의 고문이자 후계자였던 슐라이허에게도 이롭지 않았다. 단지 민주적 국가질서의 종국적인 파괴와 전체주의적 성격의 "신국가"의 관념을 보다 광범한 기반 위에서 발전시키고 일관되게 수행할 줄 알았던 정권에 의한 거의 순조로운 권력이양을 용이하게 했을 뿐이었다. 그때에도 파펜은 여전히 프로이센을 위한 제국전권특사로 활동했다. 그러나 그는 과도기의 어려움이 극복되고 자신의 총리 시절에 그의 정치적 효과에 큰 기대를 걸었던 통폐합 조정작업이 실제로 완료되자마자, 그의 지배자를 발견했고 그의 직책을 잃었다.

---

183) Horkenbach, 1932, S. 351~352의 언론의 목소리들을 비교; "Um die Grenzen von Politik und Recht", in: *Der Zeitspiegel* 1, No. 21 (5. Nov. 1932), S. 327 이하 참고. 파펜에 적대전선은 여기서 독일인민당을 제외한 모든 정당들과 파펜의 무분별한 행위의 분열된 판결에 대한 대답으로서 "사실"의 창출, 제국정부의 "수비위치"에서 "공격"에로의 이행을 주장했던 집단들을 포괄했다(특히 *Deutsche Zeitung*, *Berliner Lokalanzeiger*, *DAZ*). 그 대표적인 사례는 *Der deutschnationale Tag*, No. 258 v. 27. Oktober 1932.

제10장

파펜에서 슐라이허로

1932년 11월 6일의 제국의회 선거는 바이마르공화국의 마지막 국면을 개시했다. 선거는 지역적 성격을 지녔을 뿐이었지만, 동시에 이제 모든 정치적 그룹들이 파펜과 함께 있었던 협로에 매우 징후적인 결과들을 수반했다. 11월 3일에 나치는 공산주의자들과 함께 노동조합의 결의에 맞서 베를린 운송기업 노동자들에게 파업을 호소하였다.[1] 이 두 전체주의적 경쟁자들은 선동적인 이유에서 유사 사회주의적 급진주의에 아무것도 양보하려 하지 않았다.[2] 그리고 이들이 공동으로 펼친 이 작전은 사실상 실패로 끝났다. 그러나 이 작전은 바로 이 선거가 있었던 시점에 베를린의 운송수단을 5일간이나 마비시켰을 뿐만 아니라, 동시에 정치상황을 돋보이게 조명해 주었다. 공산당은 다시 한 번 그 지도부를 "숙청"하였고, 그 "극좌" 노선을 더욱 강화시켰다.[3] 나치

---

1) 조합원 전원투표에서 불과 66.7%만 파업에 찬성했기 때문에 파업결의에 필요한 3/4 다수가 달성되지 못했다.

2) Goebbels, Kaiserhoff(주 V/13), 191ff. 와 공산당 측으로부터는 모음집 "Das Ende der Hitlerpsychose", *Der Rote Aufbau* 5, Heft 21(1. November 1932), S. 963ff.

3) 공산당에서는 오랜 내부투쟁 끝에 10월 20일에 노이만(Heinz Neumann)은 그룹정책 및 대중정책을 추구했기 때문에 자신의 그룹과 함께 텔만 내지 중앙위원회와 전국당회의에 의해서 권력을 상실했다. 그러나 실제로는 사람들이 통일전선 선동에서의 실패에 대한 희생양을 필요로 했기 때문이었다.

당의 정치적 전술은 가시적인 위기상황에 있었다. 여기서도 일시적으로는 혁명적·사회주의적 인사들이 저 합법적·반볼셰비키적인 요구보다 우위를 획득한 듯이 보였다. 나치즘은 이러한 요구조건들을 이용하여 반노동조합적인 경제계와 반사회주의적인 부르주아층의 상당한 부분을 획득했다. 그것은 "권력장악" 시기까지 지속된 당 전체의 위기였다. 그러나 동시에 노동조합들, 정당들 그리고 특히 정부 자체의 취약함은 명백해졌다. 그리고 정부는 제국군대 지도부와 함께 거리에 있던 좌우급진주의의 그러한 협력으로부터 권력공백의 통제권을 심각하게 위협받은 듯이 보였다.[4] 11월 6일의 선거 및 그 직접적인 결과들은 상황을 해결할 수 없었으나, 파펜뿐만 아니라 그에 뒤이은 슐라이허의 마지막 해결시도에 아직 기회를 제공하는 듯이 보였다. 그들은 실제로 권력공백의 단계를 그 극단적인 결과로까지 이끌었다. 이를 위해서 여기서는 선거에 대한 종합적인 고찰이 시작되어야 한다.

1. 1932년 11월 6일의 선거

1932년 11월 6일에 선출된 제국의회는 새로운 연립가능성을 전혀 제공하지 못했다. 이제 전체주의적 정당들의 부정적 다수(의석의 50.7%)는 옛 브뤼닝 블록에 대응했다. 이제 사민당에서 인민당까지 "대연립"(38.2%)도 하르츠부르크 전선도(42.3%) 정부구성 능력이 없

Flechtheitm(주 III/90), S. 163ff., S. 180f.

4) 특징적인 것은 점차 커지고 있던 슐라이허의 신경과민 상태이지만, 예컨대 브라흐트(Bracht)가 자신의 부참사관(*Oberregierungsrat*)인 델스(Dels)를 괴링에게 보내 운수노동자들의 파업에 베를린 경찰의 투입에 대해서 그를 "진정시키고", 제국군대도 감당하지 못할 것이라고 생각한 총파업을 막으려 했다는 사실이다. Dels(주 VIII/105), S. 173f.: "제국의회에서 있었던 나와 괴링의 물밑 대화는 기대했던 성공을 거두었다."

었다. 그러나 이 기본적 상황 내부에서 중심축의 이동이 이루어졌는데, 그것은 이론적으로도 중앙당-바이에른인민당과 나치당 사이의 연립을(48.8%) 불가능하게 했고, 민족인민당은 7월 31일에 잃었던 핵심적 위치를 되찾았다. 우익급진 파트너의 해체 및 파펜정부의 후원은 오랜 몰락의 길을 걸은 후겐베르크 당에 마침내 다시 수적으로나 정치적으로 감지할 수 있는 추동력을 주었다.[5)]

의회의 조합(제국의회 의석비율)[6)]

	1928.5	1930.9	1932.7	1932.11
하르츠부르크 전선(NSDAP- DNVP)	18.4	25.8	43.9	42.3
히틀러-카스(Zentrum- BVP- NSAP)	18.4	33.6	53.8	48.8
브뤼닝블록 (Z, BVP, DDP, SPD, DVP, WP, 온건우파)	89.2	56.15	42.7	39.55
대연정(SPD, DDP, Zentrum, BVP, DVP)	61.2	50.4	39.6	38.2
바이마르 연합(SPD, DDP, Zentrum)	48.6	40.0	34.9	33.05
좌익 정당들(SPD-KPD)	42.0	38.1	38.5	37.8
전체주의적 정당들의 부정적 협력(NSDAP-KPD)	13.5	31.9	52.5	50.7

5) 물론 이러한 증가는 독일민족인민당이 오랫동안 나치당에게 잃은 것과는 아무런 관련이 없었다. 비록 우리가 독일민족인민당에 가까운 집단들이 고려한다고 할지라도 — 이들은 예전에 이익정책적인 이유에서 분열되었거나 또는 1928/1930년에 후겐베르크의 지도부로부터 빠져나왔다 —, 당의 심각한 몰락과 더불어 파펜 정부의 영향 아래서 상대적인 회복이 나치당의 유권자들에 기인할 수는 없었다는 사실은 그대로 남는다.

정당	1924.5	1924.12	1928.5	1930.9	1932.7	1932.11	
독일민족인민당	19.5	20.5	14.3	7.0	5.9	8.3	유효표의 비율
농민연맹(Landbund)	2.0	1.6	0.6	0.6	0.3	0.3	
농촌주민(Landvolk)	-	-	1.9	3.2	0.2	0.1	
보수적 대중정당	-	-	-	0.8	-	-	
합계	21.5	22.1	16.8	11.6	6.4	8.7	

6) 의회다수를 포함한 조합은 굵게 표시(원문에서는 이탤릭체로 표시).

이제 연립능력이 없는 대규모의 블록들이 서로 대립했는데, 사람들은 이들을 그 이데올로기적인 지점과 국가관념에 따라 다음의 4그룹으로 분류할 수 있을 것이다.

이데올로기적 분류(제국의회 의석비율)

	정당들	1928.5	1930.9	1932.7	1932.11
민주주의	사민당, 중앙당-독일인민당, 국가당-경제당	56.7	47.3	38.8	36.6
파시즘	나치당	2.5	18.5	37.8	36.6
공산주의	공산당	11.0	13.3	14.6	17.1
보수적·권위주의적·왕조적	민족인민당, 인민당, 군소정당[7]	29.4	20.8	8.5	12.7

이 개관에 따르면 새로운 의회의 권력배분이 전혀 탈출구가 없는 듯 보일 수 있지만, 동시에 그것은 내적 역동성을 보여준다. 즉, 그것은 나치당이 대중정당으로 상승한 후 처음으로 이 운동에 맞섰다. 파펜에 가까운 집단들과 공산당은 이 역동성으로부터 이익을 보았으나, 부르주아 정당들의 4년에 걸친 감소 또한 이제 멈췄다. 극히 명백히 여기에 책임이 있었던 것은 7월 선거에 비해 낮은 투표율(80.6% : 84.0%)만도 아니었고, 또 다섯 차례에 걸친 대규모 투표로부터 추적당한 주민들의 싫증도 아니었다. 정치적 발전의 가능성 있는 전환점은 나치당의 지속적인 상승이라는 신화가 일격을 맞았음을 알려주었다. 이는 투표율(%)을 일별해 보면 잘 나타나는데, 다음의 표수는 1932년 11월 선거에서 각 정당이 얻은 결과로부터 출발한 것이다.

7) 기독교·민족적 농민 및 농촌주민당, 독일농민당, 독일 하노버당, 기독교사회봉사, 보수인민당.

표 수

1932. 11. 6		1932. 11	1932. 7	1930. 9	1928. 5
잃음	NSDAP (나치당)	33. 1	37. 2	18. 3	3. 5
	Zentrum-BVP (중앙당-바이에른인민당)	15. 0	15. 7	14. 9	15. 2
	SPD (사민당)	20. 7	21. 6	24. 5	29. 8
변함없음	Staatspartei (DDP) (국가당)	1. 0	1. 0	3. 8	4. 9
얻었음	DNVP (독일민족인민당)	8. 3	5. 9	7. 0	14. 3
	DVP (독일인민당)	1. 9	1. 2	4. 5	8. 7
	KPD (공산당)	16. 9	14. 3	13. 1	10. 6

이 경향은 지역에 따라 미묘한 뉘앙스를 지녔다. 그렇지만 특히 나치당의 퇴보는 전반적으로 거의 동일한 비율로 시작되었다. 군소 선거구들은 전체주의적인 우익급진주의가 폭풍우와 같이 승리의 가도를 달리다가 퇴행적인 현상으로 전환된 운동을 잘 반영했다. 거기에는 흡사 지난여름의 과정들에 대한 반응, 즉 사려와 각성이 표현된 듯했다. 이러한 반응은 주민의 대다수가 이제 전례 없이 단호하게 8월의 협상과 최근의 선거선동의 의미에서 히틀러의 전체주의적 지배요구에 대한 거부를 증명하는 것이었다. 기껏해야 나치가 잃은 표의 절반은 극히 적은 투표율에 기인할 수 있었고, 대다수는 분명 우파부르주아 또는 공산당 진영에 이익이 되었다.

1932년 11월의 등급별 각 선거구에서 나치당의 강도에 대한 개관은 우익급진주의의 퇴조가 다양하지만, 전반적인 현상으로 등장했음을 증명한다. (아래의 표 참조) 이 개관은 나치당의 발전이 전체적으로 보아 동일하게 진행되었지만, 지역적인 차이들이 엄청나게 중요한 의미가 있음을 명확히 보여준다. 이러한 사실은 공화국 말기에 나치당의 상승뿐만 아니라 이 운동에 대한 저항 또한 운반된 정치적 · 사회적인

나치당의 득표비율[8)]

선거구역	9)	10)	1924년 5월	1924년 12월	1928 5월	1930 9월	1932 7월	1932 11월	1932.7-11 감소
1932년 11월 6일에 제국전역 평균 이상									
1. Schleswig-holstein	+	ev.	7.4	2.7	4.0	**27.0**	**51.0**	**45.7**	10.4
2. Chemnitz-Zwickau	-	ev.	7.7	4.2	4.3	23.8	47.0	43.4	7.7
3. Pommern	+	ev.	7.3	4.2	1.5	24.3	47.9	43.1	10.0
4. Osthannover	+	ev.	8.6	4.4	2.6	20.6	49.5	42.9	13.3
5. Franfurt/O.	+	ev.	5.0	3.2	1.0	22.7	48.1	42.6	11.6
6. Pfalz	+	k.	5.1	1.9	5.6	22.8	43.7	42.6	2.5
7. Liegnitz	+	ev.	1.5	1.5	1.2	20.8	48.1	42.1	12.5
8. Hessen-Nassau	+	ev.	56	2.5	3.6	20.8	43.6	41.2	5.5
9. Südhannover-Braunschweig	-	ev.	7.6	3.4	4.4	24.3	46.1	40.6	11.9
10. Breslau	+	k.	4.0	1.4	1.0	24.2	43.5	40.4	7.1
11. Hessen-Darmstadt	+	ev.	2.0	1.3	1.9	18.5	43.1	40.2	6.7
12. Ostpreußen	+	ev.	8.6	6.2	0.8	22.5	47.1	39.7	15.7
13. Magdeburg	+	ev.	4.9	3.0	1.7	19.5	43.8	39.0	11.0
14. Thüringen	-	ev.	9.9	5.4	3.7	19.3	43.4	37.1	14.5
15. Mecklenburg	+	ev.	**20.8**	**11.9**	2.0	20.1	44.8	37.0	17.4
16. Franken	+	k.	20.7	7.5	**8.1**	20.5	39.9	36.4	8.8
17. Merseburg	-	ev.	8.7	4.3	2.7	20.5	42.6	34.5	19.0
18. Potsdam I	+	ev.	5.8	2.8	1.6	18.8	38.1	34.1	10.5
19. Baden	+	k.	4.8	1.9	2.9	19.2	36.9	34.1	7.6
20. Dresden-Bautzen	-	ev.	4.5	1.5	1.8	16.1	39.3	34.0	13.5
제국전역 평균 이하									
15. Weser-Ems	+	ev.	7.4	4.8	5.2	20.5	38.4	31.9	16.9
14. Leipzig	-	ev.	7.9	1.8	1.9	14.0	36.1	31.0	14.1
13. Potsdam II	-	ev.	6.5	2.9	1.8	16.7	33.0	29.1	11.8
12. Hamburg	-	ev.	6.0	2.3	2.6	19.2	33.7	27.2	19.3
11. Düsseldorf-Ost	-	k.	3.9	1.6	1.8	17.0	31.6	27.0	14.6
10. Oppeln	+	k.	2.6	1.5	**1.0**	9.5	29.3	26.8	8.5
9. Württemberg	+	k.	4.1	2.1	1.9	**9.4**	30.3	26.2	13.5
8. Koblenz-Trier	+	k.	**1.3**	-	2.1	14.9	28.8	26.1	9.4
7. Westfalen-Süd	-	k.	1.5	1.1	1.6	13.9	27.1	24.6	9.2
6. Oberbayern-Schwaben	+	k.	17.0	4.8	6.2	16.3	27.1	24.6	9.2
5. Düsseldorf-West	-	k.	2.6	0.9	1.2	18.6	27.0	24.2	10.4
4. Berlin	-	ev.	3.1	1.6	1.4	12.8	24.6	22.5	8.5
3. Westfalen-Nord	-	k.	3.5	1.3	1.0	12.0	25.7	22.3	13.2
2. Niederbayern	+	k.	10.2	3.0	3.5	12.0	20.4	18.4	9.8
1. Köln-Aachen	-	k.	1.5	**0.6**	1.1	14.5	**20.2**	**17.4**	13.9
독일제국			6.6	3.0	2.6	18.3	37.2	33.1	11.0

8) 나치당의 투표자 수가 가장 높은 수치와 가장 낮은 수치는 굵게(원문에는 이탤릭체) 표시.

전제조건들의 규정을 완화시켰다. 이미 선거구역의 고찰에서 일련의 관점들이 생겨나는데, 이들은 이어 지역 선거통계의 몇몇 사례에서 좀 더 자세하게 설명될 것이다.

1. 1932년11월에 팔츠의 유일한 예외와 함께 북부독일은 최고의 나치비율을 차지한 7개의 선거구를 설정한다. 이 그룹은 — 동부 하노버 제외 — 전반적으로 국경에 가까운 선거구들을 포괄한다. 이는 나치의 수정선동의 효과에 대한 증거이다.

2. 다른 한편에서는 주로 가톨릭적인 선거구들은 가장 저항력이 있었던 것으로 확인된다. 심지어는 쾰른-아헨, 코블렌츠-트리어, 오펠른 등과 같이 국경에 위치해 있더라도 말이다. 여기서 베를린만은 특별한 지위를 차지한다. 그 밖에 가톨릭 정당들이(중앙당, 바이에른인민당) 나치의 소용돌이에 주된 저항으로 맞선 반면에 여기서 거의 오직 사민당과 공산당 사이의 이동만을 허용한 것은 안정된 좌파다수이다.

3. 각 지역의 직업 및 경제구조는 여러 다른 관점들을 전달한다. 켐니츠-츠비카우 이외에 나치가 선두를 차지한 선거구(I 그룹)는 평균 이상 농업적인 성격을 보여준다. 전투적 민족주의의 농업적인 기반은 여기서 명백히 등장한다.[11] 반면에 가장 저항능력이 강했던(II 그룹) 오펠른, 에른-슈바벤, 니더바이에른, 뷔르템베르크 등 선거구들에는

9) 농촌주민이 제국평균 이상(+) 또는 이하(-).

10) 주요 종파(제국평균 이상).

11) 일반적으로 Carl J. Friedrich, "The Agricultural Basis of Emotional Nationalism", *Public Opinion Quarterly* 1(1937), S. 50ff.; Gerd Wolfgang, "Die Bauern vor den Toren des Staates", *Die Tat* 24, Heft 10(Januar 1933), S. 862ff.

매우 농업적인 지역들이 있지만, 이 그룹에는 산업적인 선거구가 뚜렷한 우세를 보인다. 선거의 비교도표(1932년 11월)는 다음과 같은 상을 제시한다.

종파구조 및 경제구조와 선거구조의 관계

	I. 나치비율 평균 이상	II. 나치비율 평균 이하
신교 : 가톨릭	16 : 4	5 : 10
농업 : 공업	15 : 5	6 : 9
국경지역 : 내지	11 : 9	8 : 7

2. 1928～1932년의 선거추이

이제 우리가 여러 선거구의 협소한 범위 안에서 이 관점을 추적하여 시야를 선거구조와 사회구조를 상호작용에 던져보면,[12] 민주적 정당들의 저항능력이 먼저 종파적 구조에 의해서, 다음에는 경제적·사회적 구조에 의해서, 그 다음에는 관련지역의 개별적인 — 세부적으로는 평가하기 어려운 — 조건들 — 후보자들, 지역조직들, 선전 — 에 의해서 결정되었음이 확인된다. 개관은 여러 도시적인 유형들에 한정되고, 이 범위 안에서 나치의 팽창에 대한 대항력을 평가하기 위해서 노력한다. 개별 농업지역에서 나치당의 확산에 대해서는 이미 여러 연구들이 있다.[13]

---

12) 이를 위해서 《독일제국 통계》(*Statistik des Deutschen Reiches*), Vol. CCCCIII-CCCCVI의 자료 — 1925년의 직업조사 — 에 따라 일련의 소도시적·대도시적인 선거구들이 분석되고, 그 본질적인 결과들은 여기서 전달될 것이나, 계산내용이 상세하게 설명되지는 않는다. 이 통계작업에는 볼프강 브룸(Wolfgang Bruhm)이 잠시 참여했다.

1. 주로 가톨릭적이고 산업이 발달한 베스트팔렌의 하겐(Hagen) 시에서는(104,086명의 유권자) 다음과 같은 상이 나타난다.[14]

선거추이(유효투표수의 %)				
	1928.5	1930.9	1932.7	1932.11
NSDAP	2.1(-)	21.8(+)	32.6(-)	28.6(-)
DNVP	9.3(-)	3.2(-)	4.8(-)	6.5(-)
DVP	9.6(+)	3.0(-)	0.7(-)	1.6(-)
Zentrum	17.3(+)	16.2(+)	17.8(+)	17.7(+)
DDP	9.5(+)	4.5(+)	1.4(+)	1.2(+)
SPD	22.7(-)	14.1(-)	13.0(-)	11.1(-)
KPD	18.9(+)	25.0(+)	25.7(+)	28.3(+)

사회적 구성 (%)		
	하겐	전국
농업과 임업	0.7	30.5
공업과 수공업	53.0	41.4
상업과 교통	27.4	16.5
행정과 자유업	7.6	6.5
가사와 무소득	3.5	5.1
자영업	14.5	17.3
공무원과 사무원	28.9	16.5
노동자	52.5	45.1

13) 이에 대해서는 포괄적인 지역연구가 언급될 수 있겠는데, 프란츠(Günther Franz)는 최초의 (북독일) 제국의회 이후 니더작센 공간에서 정치적 발전노선을 연구했다: Die politischen Wahlen in Niedersachsen 1867～1949, 2. ergänzte Aufl. (Bremen-Horn, 1953). 이 연구는 유감스럽게도 선거추이의 경제적·사회적 전제들을 주목하지 않고 있다. 이와는 반대로 나치가 선두를 차지했던 슐레스비히-홀스타인 선거구에서 간결하지만, 사회구조와 선거구조의 상호작용에 대한 모범적인 분석이 있다: Rudolf Heberle, From Democracy to Nazism. A Regional Case Study on Political Parties in Germany(Baton Rouge, 1945), 32ff., 특히 92ff. 이 연구는 나치당 팽창의 농업적 구성요소의 연구에 대한 중요한 자료를 제공하지만, 그 중요성을 과대평가하는데, 예컨대(*Ibid*, 32) 고도의 산업적인 선거구인 헴니츠-츠비카우가 슐레스비히-홀스타인에 이어 두 번째 위치한다는 점을 간과하고 있다. 여기서 개별지역에 한정한 것은 단점이다. 또 이 연구는 1932년 7월 선거에서 끝나고 그 선거가 더 이상 여론의 자유로운 표현이 아니었다는(33쪽) 의문스러운 이유로 다음 선거의 평가로 넘어간다. Charles P. Loomis/J. Allen Beagle, "The Spread of German Nazism in Rural Areas", *American Socialogical Review* 11(1946), S. 724ff.를 참조.

14) (+)는 제국평균 이상을, (-)는 제국평균 이하를 의미한다. (직업별) 사회적 구성은 1925년의 조사를 정리한 것이고, 유권자 수는 1932년 11월 6일 현재의 수준에 따른 것이다.

이러한 특징들은 쾰른 시에서(547,775 유권자) 훨씬 더 뚜렷하게 나타난다.

선거추이				
	1928. 5	1930. 9	1932. 7	1932. 11
NSDAP	1. 7(-)	17. 6(-)	24. 5(-)	20. 4(-)
DNVP	5. 5(-)	1. 7(-)	3. 1(-)	5. 6(-)
DVP	12. 0(+)	6. 7(+)	1. 4(+)	2. 8(+)
Zentrum	29. 1(+)	24. 9(+)	28. 3(+)	27. 3(+)
DDP	4. 2(-)	4. 4(+)	0. 3(-)	0. 4(-)
SPD	24. 8(-)	19. 4(-)	18. 4(-)	17. 5(-)
KPD	14. 4(+)	17. 0(+)	22. 0(+)	24. 5(+)

사회적 구성		
	쾰른	전국
농업과 임업	1. 1	30. 5
공업과 수공업	44. 6	41. 4
상업과 교통	32. 3	16. 5
행정과 자유업	9. 2	6. 5
가사와 무소득	4. 0	5. 1
자영업	17. 1	17. 3
공무원과 사무원	30. 1	16. 5
노동자	48. 0	45. 1

왼쪽에서 약간 이동함으로써 아욱스부르크(121,549 유권자)의 선거구조와 사회구조는 여기에 상응한다. 여기서 나치당은 그 출생지역에서 더 많은 고정지지자를 보유하지만, 본질적으로는 더 적은 팽창지역을 갖는다. 이와는 달리 가톨릭적인 남부바이에른에 전체적으로 적용되는 관찰은 프랑켄과 팔츠에 적용되지는 않는다.[15]

---

15) 여기에 대해서는 상세하고 세밀한 선거분석을 포함한 것으로 다음을 참조: Meinrad Hagman, Der Weg ins Verhängnis. Reichstagswahlergebnisse 1919 bis 1933, besonders as Bayern(München, 1946), S. 20ff. 유감스럽게도 선거구조와 사회구조의 충분한 해석 및 상호작용에 대한 보다 더 정확한 분석은 훌륭한 총괄을 결여하고 있다. 또한 그것은 약간 일방적으로 바이에른을 특히 나치에 대해서 취약했다는 비난으로부터 해방시키려는 의도에 따라 재단되었다. 그것은 프랑켄의 신교적인 농촌지역이 압도적으로 선두에 있음을 보여준다(*Ibid.*, Karte 10). 여기서 로텐부르크/타우버란트 행정지역은 나치의 득표가 1932년 7월에 83.0%, 1932년 11월에 76.4%에 달했으나, 우선 남부바이에른의 가톨릭지역에서 나치당의 득표율은 1932년의 선거에서 여전히 10% 이하에 머물러 있다. 흥미로운 것은 프랑켄의 소규모

선거추이				
	1928. 5	1930. 9	1932. 7	1932. 11
NSDAP	7. 0(+)	12. 5(-)	23. 1(-)	23. 0(-)
DNVP	7. 2(-)	4. 0(-)	4. 2(-)	6. 2(-)
DVP	2. 8(-)	1. 0(-)	0. 5(-)	0. 5(-)
BVP	29. 6(+)	32. 3(+)	30. 5(+)	28. 2(+)
DDP	3. 2(-)	3. 5(+)	0. 3(-)	0. 5(-)
SPD	37. 0(+)	27. 0(+)	26. 7(-)	25. 0(+)
KPD	5. 7(-)	11. 6(-)	12. 8(-)	14. 6(-)

사회적 구성		
	아욱스부르크	전국
농업과 임업	1. 6	30. 5
공업과 수공업	55. 6	41. 4
상업과 교통	19. 3	16. 5
행정과 자유업	8. 8	6. 5
가사와 무소득	3. 0	5. 1
자영업	15. 7	17. 3
공무원과 사무원	27. 1	16. 5
노동자	52. 5	45. 1

2. 만약 사회적으로 유사한 구조를 갖는 중간규모의 도시 선거구가 압도적으로 개신교적인 인구를 포괄한다면, 전반적으로 그러한 경우에 중앙당의 자리에 처져 있는 사민당이 더 강한 저항능력을 보여준다. 한 사례는 올덴부르크의 뤼스트링엔(32, 216 유권자)이다.

선거추이				
	1928. 5	1930. 9	1932. 7	1932. 11
NSDAP	3. 5(+)	20. 4(+)	33. 3(-)	26. 7(-)
DNVP	5. 5(-)	4. 7(-)	6. 6(+)	9. 2(+)
DVP	7. 7(-)	3. 5(-)	0. 4(-)	1. 0(-)
Zentrum	2. 5(-)	2. 3(-)	0. 4(-)	1. 0(-)
DDP	5. 8(-)	2. 4(-)	0. 5(-)	0. 4(-)
SPD	58. 9(+)	51. 5(+)	46. 4(+)	47. 7(+)
KPD	5. 0(-)	8. 0(-)	9. 0(-)	11. 3(-)

사회적 구성		
	뤼스트링엔	전국
농업과 임업	1. 3	30. 5
공업과 수공업	21. 8	41. 4
상업과 교통	14. 9	16. 5
행정과 자유업	48. 9	6. 5
가사와 무소득	3. 1	5. 1
자영업	12. 0	17. 3
공무원과 사무원	24. 7	16. 5
노동자	59. 5	45. 1

옛 제국도시들과(예컨대 딘켈스뷜, 뇌르들링엔) 대규모의 대외교역 및 비교적 높은 수의 투표증 소유자를 보유한 지역들이(말하자면 이동 유권자들) 가톨릭적인 에른에서도 나치의 팽창에 더 강한 취약성을 보여준다(*Ibid.*, 22f, 25). 특히 바트 라이헨할, 퇼츠, 베르히테스가덴, 존트호펜, 가르미쉬, 린다우, 미스바흐, 퓌센, 바트 키징엔 등이 그랬다.

예컨대 레겐스부르크 시의 구조는 가톨릭 측의 정반대의 모습을 제공한다(53, 949 유권자).

선거추이				
	1928. 5	1930. 9	1932. 7	1932. 11
NSDAP	4. 1(+)	16. 0(-)	20. 1(-)	17. 0(-)
DNVP	6. 0(-)	2. 5(-)	2. 1(-)	3. 9(-)
DVP	2. 3(-)	0. 9(-)	0. 6(-)	0. 7(-)
BVP	44. 8(+)	40. 6(+)	45. 1(+)	46. 3(+)
DDP	8. 7(-)	6. 0(+)	1. 6(+)	1. 6(+)
SPD	24. 9(-)	22. 7(-)	19. 8(-)	19. 8(-)
KPD	3. 0(-)	6. 2(-)	9. 1(-)	9. 1(-)

사회적 구성		
	레겐스부르크	전국
농업과 임업	3. 4	30. 5
공업과 수공업	33. 6	41. 4
상업과 교통	31. 5	16. 5
행정과 자유업	11. 4	6. 5
가사와 무소득	4. 1	5. 1
자영업	19. 3	17. 3
공무원과 사무원	34. 8	16. 5
노동자	40. 6	45. 1

개신교적인 대도시인 마그데부르크도(229, 473 유권자) 이런 유형의 선거구조에 기울어져 있다. 비록 여기서 나치당이 침투에 성공하긴 했지만, 사민당은 좌측으로 그 손실에도 불구하고 적절한 균형을 이룬다. 동시에 부르주아적 중간계급은 약간 더 저항능력이 있었음을 보여준다.

선거추이				
	1928. 5	1930. 9	1932. 7	1932. 11
NSDAP	1. 6(-)	19. 2(+)	37. 6(+)	32. 6(-)
DNVP	9. 6(-)	5. 5(-)	6. 5(+)	9. 7(+)
DVP	14. 9(+)	9. 2(+)	1. 8(-)	3. 3(-)
Zentrum	1. 8(-)	2. 0(-)	2. 4(-)	2. 3(-)
DDP	8. 4(+)	4. 9(+)	1. 5(+)	1. 2(+)
SPD	44. 8(+)	38. 0(+)	36. 3(+)	34. 3(+)
KPD	10. 4(-)	12. 6(-)	12. 5(-)	15. 1(-)

사회적 구성		
	마그데부르크	전국
농업과 임업	1. 3	30. 5
공업과 수공업	43. 6	41. 4
상업과 교통	30. 9	16. 5
행정과 자유업	9. 5	6. 5
가사와 무소득	3. 5	5. 1
자영업	16. 3	17. 3
공무원과 사무원	31. 5	16. 5
노동자	48. 0	45. 1

3. 이와는 반대로 수공업과 상공업이 지배적이지만 자영업자들과 사무직원 및 공무원으로 채워진 개신교적인 소도시는 위기가 진행되는 과정에서 나치당의 노력에 훨씬 더 취약함을 보여준다. 이러한 노력은 여기서 자유주의적 정당들을 희생시킴으로써만 관철된다. 여기서는 브레멘의 소도시 베게작의 통계가 이용된다(3,273 유권자).

선거추이				
	1928.5	1930.9	1932.7	1932.11
NSDAP	1.6(-)	15.5(-)	42.5(+)	37.0(+)
DNVP	20.7(+)	11.1(+)	15.8(+)	16.9(+)
DVP	20.8(+)	19.3(+)	4.1(+)	7.4(+)
Zentrum	2.2(-)	2.1(-)	2.5(-)	2.5(-)
DDP	7.4(+)	6.4(+)	0.8(-)	0.8(-)
SPD	32.9(+)	24.0(-)	24.9(-)	24.2(+)
KPD	5.8(-)	9.2(-)	8.3(-)	9.6(-)

사회적 구성		
	베게작	전국
농업과 임업	1.3	30.5
공업과 수공업	49.8	41.4
상업과 교통	27.1	16.5
행정과 자유업	8.6	6.5
가사와 무소득	3.9	5.1
자영업	26.7	17.3
공무원과 사무원	28.4	16.5
노동자	37.8	45.1

반면에 더 농업적으로 규정된 성격에 의해서 구별되는 가톨릭적인 대응사례는 오버바이에른의 프라이징 시이다(10,856 유권자). 여기서는 우익급진주의가 마지막까지 바이에른인민당의 안정성에 부딪쳐 파괴되었다. 반면에 사민당도 본질적으로 공산당에 비해 자신을 주장할 수 있었다.

선거추이				
	1928.5	1930.9	1932.7	1932.11
NSDAP	4.9(+)	12.2(-)	16.5(-)	14.7(-)
DNVP	4.6(-)	1.9(-)	2.0(-)	3.7(-)
DVP	1.9(-)	0.7(-)	0.5(-)	0.5(-)
BVP	44.7(+)	44.9(+)	44.1(+)	45.1(+)
DDP	2.7(-)	0.6(-)	0.2(-)	0.2(-)
SPD	28.7(-)	29.5(+)	24.6(+)	23.9(+)
KPD	2.9(-)	2.5(-)	9.6(-)	9.5(-)

사회적 구성		
	프라이징	전국
농업과 임업	11.9	30.5
공업과 수공업	43.6	41.4
상업과 교통	12.3	16.5
행정과 자유업	9.5	6.5
가사와 무소득	3.4	5.1
자영업	23.0	17.3
공무원과 사무원	20.1	16.5
노동자	49.1	45.1

물론 만약 개신교지역에서 이 농업적·산업적인 혼합상태의 정치적 영향력을 관찰한다면, 정반대의 상이 제공된다. 여기는 부르주아적 중간계급이 없는 반면에 극단파가 평균 훨씬 이상으로 형성된다.

아른슈타트 란트크라이스(튀링엔) (60,386 유권자):

선거추이				
	1928.5	1930.9	1932.7	1932.11
NSDAP	3.6(+)	19.4(+)	44.4(+)	38.0(+)
DNVP	5.1(-)	2.0(-)	3.1(-)	5.2(-)
DVP	8.5(-)	4.1(-)	1.2(±)	1.6(-)
Zentrum	0.5(-)	0.3(-)	0.8(-)	0.4(-)
DDP	2.2(-)	1.8(-)	0.5(-)	0.2(-)
SPD	34.6(+)	28.5(+)	19.2(-)	19.9(-)
KPD	21.4(+)	24.9(+)	25.5(+)	28.4(+)

사회적 구성		
	아른슈타트	전국
농업과 임업	19.1	30.5
공업과 수공업	57.5	41.4
상업과 교통	10.0	16.5
행정과 자유업	4.5	6.5
가사와 무소득	1.3	5.1
자영업	20.4	17.3
공무원과 사무원	11.1	16.5
노동자	56.0	45.1

4. 개신교적인 100만 도시 베를린에서는 특히 세 가지 유형의 지역들이 서로 대조를 이루며, 사회적·정치적 구조의 밀접한 연관관계를 보여준다. 압도적으로 노동자지역인 베를린-베딩과 산업이 강한 베를린-미테, 특히 상업과 유통이 결정적인 지역은 안정된 좌파다수를 유지하는데, 여기서는 공산당이 사민당보다 더 지배적이다. 이와는 달리 베를린-첼렌도르프는 고급주택지역으로 공무원, 사무직원, 자영업자 등에 의해서, 또 상업과 행정에 의해서 훨씬 더 강하게 규정되며, 상대적으로 저항력이 있는 우익부르주아적 선거구조를 보여준다. 여기서도 나치당은 항상 제국평균 이하에 머물렀다. 이는 훌륭한 조직과 잘 건설된 선동기재(괴벨스!)도 구조적 조건들을 배제할 수 없음을 보여주는 또 하나의 증거이다.

베를린-베딩(273, 725 유권자) :

선거추이				
	1928. 5	1930. 9	1932. 7	1932. 11
NSDAP	0. 8(-)	9. 0(-)	19. 3(-)	18. 0(-)
DNVP	4. 1(-)	8. 7(+)	4. 6(-)	6. 0(-)
DVP	2. 6(-)	1. 6(-)	0. 2(-)	0. 3(-)
Zentrum	2. 6(-)	2. 7(-)	3. 4(-)	3. 2(-)
DDP	4. 6(-)	3. 0(-)	0. 9(-)	0. 8(-)
SPD	34. 0(+)	27. 0(+)	27. 8(+)	23. 4(+)
KPD	40. 3(+)	42. 9(+)	42. 6(+)	47. 1(+)

사회적 구성		
	베를린-베딩	전국
농업과 임업	0. 4	30. 5
공업과 수공업	58. 6	41. 4
상업과 교통	23. 7	16. 5
행정과 자유업	7. 1	6. 5
가사와 무소득	2. 3	5. 1
자영업	13. 0	17. 3
공무원과 사무원	22. 3	16. 5
노동자	61. 9	45. 1

베를린-미테(218, 733 유권자) :

선거추이				
	1928. 5	1930. 9	1932. 7	1932. 11
NSDAP	1. 8(-)	14. 9(-)	28. 4(-)	25. 9(-)
DNVP	17. 9(-)	13. 2(+)	7. 4(+)	9. 8(+)
DVP	5. 0(-)	2. 9(-)	0. 4(-)	0. 6(-)
Zentrum	3. 7(-)	3. 9(-)	5. 0(-)	4. 5(-)
DDP	9. 0(+)	5. 4(+)	1. 4(+)	1. 2(+)
SPD	31. 3(+)	25. 5(+)	26. 1(+)	22. 2(+)
KPD	25. 8(+)	29. 8(+)	30. 2(+)	34. 4(+)

사회적 구성		
	베를린-미테	전국
농업과 임업	0. 3	30. 5
공업과 수공업	40. 9	41. 4
상업과 교통	34. 6	16. 5
행정과 자유업	10. 2	6. 5
가사와 무소득	5. 0	5. 1
자영업	23. 7	17. 3
공무원과 사무원	26. 8	16. 5
노동자	43. 5	45. 1

베를린-첼렌도르프(50, 387 유권자) :

선거추이				
	1928. 5	1930. 9	1932. 7	1932. 11
NSDAP	1. 8(-)	17. 7(-)	36. 4(-)	29. 4(-)
DNVP	30. 1(+)	21. 1(+)	19. 4(+)	26. 7(+)
DVP	18. 5(+)	11. 7(+)	3. 0(+)	4. 8(+)
Zentrum	3. 7(-)	4. 0(-)	7. 4(-)	5. 9(-)
DDP	10. 7(+)	8. 9(+)	3. 2(+)	2. 8(+)
SPD	23. 2(-)	19. 7(-)	21. 2(-)	18. 5(-)
KPD	5. 8(-)	7. 4(-)	8. 5(-)	10. 4(-)

사회적 구성		
	베를린-찰렌도르프	전국
농업과 임업	2. 6	30. 5
공업과 수공업	24. 1	41. 4
상업과 교통	23. 9	16. 5
행정과 자유업	22. 3	6. 5
가사와 무소득	13. 8	5. 1
자영업	30. 5	17. 3
공무원과 사무원	34. 4	16. 5
노동자	22. 2	45. 1

5. 마지막에 나열된 사례에서는 전통적으로 독일민족인민당의 강한 위치가 눈에 띈다. 이 당의 위치는 분명 나치당의 희생에 기반을 둔 것이다. 이 당은 1932년에 하르츠부르크 당들을 압도적인 다수로 이끌었으나, 히틀러가 파펜정부를 붕괴시킨 직후에 특히 현저하게 강성을 보인다. 이것은 주로 상업과 운수업에 의해서 규정되고 강한 부르주아적 당 전통과 비교적 안정된 사민당이 자리잡은 개신교적인 다른 대도시에서도 유사하게 관찰된다. 이에 대해서는 브레멘(234, 050 유권자)이 언급될 수 있다:

선거추이				
	1928. 5	1930. 9	1932. 7	1932. 11
NSDAP	1. 1(-)	11. 6(-)	30. 0(-)	20. 4(-)
DNVP	6. 5(-)	6. 3(-)	12. 4(+)	17. 4(-)
DVP	19. 3(+)	17. 6(+)	4. 5(+)	8. 9(+)
Zentrum	2. 4(-)	2. 5(-)	2. 8(-)	2. 5(-)
DDP	10. 0(+)	6. 1(+)	1. 2(+)	1. 2(+)
SPD	41. 8(+)	32. 8(+)	34. 0(+)	30. 6(+)
KPD	10. 5(-)	12. 4(-)	13. 8(-)	17. 2(+)

사회적 구성		
	브레멘	전국
농업과 임업	1. 1	30. 5
공업과 수공업	40. 1	41. 4
상업과 교통	36. 6	16. 5
행정과 자유업	9. 0	6. 5
가사와 무소득	4. 0	5. 1
자영업	19. 7	17. 3
공무원과 사무원	30. 2	16. 5
노동자	44. 5	45. 1

6. 만약 나치당에 대한 저항능력이 동시에 가톨릭 주민 비율의 강도, 즉 중앙당 내지 바이에른인민당의 강도와 더불어 성장한다는 것이 확정되었다면, 이것은 어느 정도의 제한을 필요로 하는데, 그 제한은 지역적인 차이뿐만 아니라 사회구조의 다변화에서 그 근거가 있을 듯하다. 여기서는 라이프치히와 프랑크푸르트의 비교가 시사적이다. 이 비교는 강하게 산업적인 대도시(라이프치히)에서 강한 좌파다수가 나치의 침입에 선을 긋는다는 것을 명확히 하는 반면에, 상업과 운수업이 더 강한 대도시(프랑크푸르트)에서는 안정적이나 확장능력이 없는 중앙당과 부침이 심한 부르주아 중간계급이 나치당의 평균 이상 팽창을 막기에 충분하지 못하다.

라이프치히(531,740 유권자):

선거추이				
	1928.5	1930.9	1932.7	1932.11
NSDAP	2.3(-)	13.8(-)	23.3(-)	27.7(-)
DNVP	7.4(-)	3.7(-)	4.5(-)	7.4(-)
DVP	16.6(+)	13.0(+)	2.9(+)	4.4(+)
Zentrum	0.8(-)	0.8(-)	1.5(-)	1.4(-)
DDP	6.7(+)	3.4(-)	2.0(+)	1.5(+)
SPD	37.7(+)	34.9(+)	34.1(+)	33.3(+)
KPD	17.1(+)	18.5(+)	30.3(+)	21.7(+)

사회적 구성		
	라이프치히	전국
농업과 임업	0.6	30.5
공업과 수공업	47.7	41.4
상업과 교통	30.1	16.5
행정과 자유업	8.9	6.5
가사와 무소득	2.8	5.1
자영업	19.1	17.3
공무원과 사무원	33.4	16.5
노동자	45.1	45.1

프랑크푸르트(Frankfurt am Main, 430,049 유권자):

선거추이				
	1928.5	1930.9	1932.7	1932.11
NSDAP	4.5(+)	20.7(+)	38.7(+)	34.2(+)
DNVP	8.5(-)	2.2(-)	2.6(-)	3.8(-)
DVP	12.0(+)	8.7(+)	2.3(+)	5.3(+)
Zentrum	11.1(-)	10.8(-)	13.9(-)	11.8(-)
DDP	8.3(+)	5.8(+)	0.7(-)	1.4(+)
SPD	37.9(+)	27.2(+)	25.9(+)	23.0(+)
KPD	12.5(+)	15.0(+)	13.6(-)	18.0(+)

사회적 구성		
	프랑크푸르트	전국
농업과 임업	1.5	30.5
공업과 수공업	28.9	41.4
상업과 교통	35.0	16.5
행정과 자유업	9.8	6.5
가사와 무소득	6.3	5.1
자영업	19.1	17.3
공무원과 사무원	34.6	16.5
노동자	40.7	45.1

그러한 특징들은 이웃한 행정도시 비스바덴에서 훨씬 더 강하게 각인되어 있다.

비스바덴(121,630 유권자):

선거추이				
	1928.5	1930.9	1932.7	1932.11
NSDAP	8.8(+)	28.4(+)	43.4(+)	36.9(+)
DNVP	5.5(-)	2.9(-)	3.9(-)	6.8(-)
DVP	15.4(+)	10.6(+)	3.0(+)	5.7(+)
Zentrum	11.0(-)	9.9(-)	12.1(-)	10.6(-)
DDP	7.1(+)	4.3(+)	1.3(+)	2.2(+)
SPD	28.3(-)	22.6(-)	21.6(±)	19.7(-)
KPD	10.8(+)	12.6(-)	12.4(-)	15.7(-)

사회적 구성		
	비스바덴	전국
농업과 임업	1.7	30.5
공업과 수공업	32.7	41.4
상업과 교통	30.0	16.5
행정과 자유업	14.3	6.5
가사와 무소득	6.1	5.1
자영업	24.3	17.3
공무원과 사무원	30.8	16.5
노동자	38.1	45.1

7. 이처럼 산업적 구조의 중요성, 즉 좌익 급진주의가 아니라 우익 급진주의에 대한 노동자계급의 저항력은 개신교적인 중간규모의 도시들에서 적잖이 중요성을 지닌다. 그것은 — 우리가 종합적으로 확정할 수 있듯이 — 함부르크, 브레멘, 슈투트가르트와 같은 몇몇 도시의 정치적 가톨릭주의 및 (적게는!) 부르주아 자유주의적인 전통과 더불어 30%의 경계선을 넘어서는 나치의 팽창에 가장 중요한 방해물이다. 여기에 대해서는 비교적 강하게 나치적으로 규정된 바이마르(상대적으로 적은 노동자 주민, 강한 공무원, 사무직원 그리고 자영업자)는 노동자의 도시이자 대학도시인 예나와 대비될 것이다. 여기서는 동시에 좌파와 함께 놀라울 정도로 장려한 부르주아적 정당그룹이 1932년 7월의 붕괴보다 오래 남았다.

바이마르(34 842 유권자):

선거추이				
	1928. 5	1930. 9	1932. 7	1932. 11
NSDAP	11. 0(+)	28. 2(+)	44. 7(+)	38. 9(+)
DNVP	9. 3(-)	5. 3(-)	8. 5(+)	13. 3(+)
DVP	18. 6(+)	10. 1(+)	5. 4(+)	7. 7(+)
Zentrum	2. 0(-)	1. 8(-)	3. 0(-)	2. 2(-)
DDP	8. 0(+)	6. 5(+)	1. 8(+)	1. 6(+)
SPD	27. 7(+)	26. 5(+)	22. 1(+)	19. 3(-)
KPD	9. 3(-)	8. 9(-)	11. 8(-)	13. 9(-)

사회적 구성		
	바이마르	전국
농업과 임업	3. 0	30. 5
공업과 수공업	35. 0	41. 4
상업과 교통	23. 5	16. 5
행정과 자유업	17. 3	6. 5
가사와 무소득	5. 1	5. 1
자영업	23. 3	17. 3
공무원과 사무원	33. 4	16. 5
노동자	35. 5	45. 1

전체상은 비스바덴의 그것에 매우 유사하다. 이와 반대되는 예나(42,236 유권자):

선거추이				
	1928.5	1930.9	1932.7	1932.11
NSDAP	2.3(-)	12.3(-)	31.5(-)	24.0(-)
DNVP	6.7(-)	3.7(-)	6.6(+)	10.4(+)
DVP	20.0(+)	9.6(+)	4.3(+)	0.6(+)
Zentrum	1.3(-)	1.4(-)	2.1(-)	1.6(-)
DDP	10.4(+)	9.6(+)	6.0(+)	5.7(+)
SPD	33.1(+)	36.2(+)	28.8(+)	27.4(+)
KPD	14.9(+)	15.0(+)	17.7(+)	21.2(+)

사회적 구성		
	예나	전국
농업과 임업	2.2	30.5
공업과 수공업	51.7	41.4
상업과 교통	16.8	16.5
행정과 자유업	11.8	6.5
가사와 무소득	2.5	5.1
자영업	16.6	17.3
공무원과 사무원	25.6	16.5
노동자	52.7	45.1

이러한 특징은 개신교적인 중간도시 피르나/작센(22,969 유권자)에서 훨씬 더 강하게 나타난다. 여기서는 노동자 주민의 다수가 항상 공산주의적으로 규정된 좌파다수에 유리하게 영향을 미쳤다:

선거추이				
	1928.5	1930.9	1932.7	1932.11
NSDAP	0.5(-)	15.6(-)	33.5(-)	28.2(-)
DNVP	13.9(+)	4.9(-)	5.3(-)	7.8(-)
DVP	11.4(+)	7.4(+)	4.5(+)	4.8(+)
Zentrum	1.8(-)	1.7(-)	2.0(-)	1.9(-)
DDP	6.3(+)	7.5(+)	2.8(+)	1.9(+)
SPD	18.7(-)	26.5(+)	24.2(+)	24.2(+)
KPD	23.5(+)	24.2(+)	26.4(+)	27.0(+)

사회적 구성		
	피르나	전국
농업과 임업	2.1	30.5
공업과 수공업	58.7	41.4
상업과 교통	15.5	16.5
행정과 자유업	9.5	6.5
가사와 무소득	2.6	5.1
자영업	14.3	17.3
공무원과 사무원	23.5	16.5
노동자	57.7	45.1

이 간략하게 개관된 범위 안에서 지역적인 정치 전통을 이 사회적·종파적인 선거발전 요소들에 부과한 엄청난 다양성들을 고찰하는 것은 가능하지 않다. 사회적 구조와 정치적 구조의 상호작용에 기초가 되는 공통의 특징들과 중요한 관점들이 여기에 인용된 모든 사례들 속에 규정적으로 등장한다는 사실은 더욱더 설득력이 있게 작용한다. 동시에 이미 시작된 나치당의 후퇴운동은 며칠 후에 작센의 지방자치단체 선거 및 뤼벡의 시장선거에서 계속되었으며,[16] 모든 선거단위에서 가시적으로 된 충분히 가능성이 있는 현상이라는 점은 극히 뚜렷하게 나타난다. 그리고 이러한 현상은 대학에서 대학생들의 선거행위에서 표현되어 있다.[17]

그것은 특히 나치당 내부의 분위기와 고려들에 결정적인 영향을 끼친 인식이었다. 히틀러의 완전한 권력요구는 이제 특히 나치당의 당지도부에서 파괴현상과 분열현상을 야기한 심각한 부담에 직면한 것으로 보였다. 이것은 처음에 힌덴부르크와 파펜의, 이어서는 슐라이허의 새로운 그리고 최종적인 길들이기 시도를 야기한 상황이었다. 너무도 명백히 나치당의 팽창능력에 한계를 보여준 마지막 선거의 결과는 길들이기 구상의 반대자들을 나치의 권력의식 및 그 조직적인 토대에 대한 새로운 과소평가로 오도했다.

---

16) 앞의 205쪽에 있는 라이프치히에서의 선거결과를 참조하라. 또한 나치당은 드레스덴(29.9%), 뤼벡(33.3%) 그리고 켐니츠(33.9%)에서도 큰 손실을 입었다.

17) 이 책의 제 1권 273쪽 이하에 있는 "보론"을 참조.

3. 파펜의 퇴진

11월 6일의 투표내용은 파펜정부에 대한 결정이 아니었다. 유권자들은 그 결정을 위해서 다만 독일민족인민당과 독일인민당을 거쳐서 우회적으로 투표할 수 있었다. 이 정당들의 엄청난 이득은 의회의 상황을 거의 바꾸지 못했다. 정부가 소수라는 것을 보여주기 위해서는 아무런 선거도 필요하지 않았다. 그러나 민주주의와 의회주의를 위한 투쟁에서는 전선이 너무도 뒤엉켜 있어서, 사람들은 거기서 선거결정의 본래 의미를 제대로 개관할 수 없었다. 나치당은 괴링의 제국의회 의장직 및 중앙당과의 유사협상이 있은 이후 의회주의의 옹호자라는 기괴한 역할을 했다. 그리고 다른 한편으로는 중앙당 지도부에서 브뤼닝과 그의 비상령 정권에 의해 정치적 습관으로까지 상승한 "권위주의적 정부" 이념은 불투명한 속성을 전개했다. 그러나 사민당의 원칙준수는 이제 1930년 9월 선거 이후 의회활동을 마비시킨 위협적인 대통령 내각이라는 대안으로 방해를 받았다. 그 결과는 나치의 권력장악이었다.

이제 나치의 팽창을 저지해야 한다는 한 가지 목적이 선거의 중심에 있었다. 우익 급진주의와의 절대적인 경계는 독일민족인민당을 포괄할 경우에도 다수의 경계보다 훨씬 뒤져 있었다. 나치 지배체제의 불가피성에 대한 믿음은 이미 7월 31일의 대표후보선거에서 이미 일격을 당했고, 이제 처음으로 가시적으로 논박되었다.[18] 이로써 나치당의 최종적인 몰락을 거쳐 의회민주주의의 복원으로 나아갈 수 있는 길에서—권위주의적 중간형태가 여전히 유지되어야만 했다—첫 단계에

18) 예컨대 Gustav Stolper, "Der 6. November", *Der deutsche Volkswirt* v. 11. November 1932, S. 167ff.

도달한 듯이 보였다. 이 — 너무 이른 — 순간에 다수를 형성하는 대신 소모정책(*Zermübungspolitik*)의 강화와 심지어 새로운 선거는 이러한 발전을 조장할 수 있었고, 또 아무튼 어려움에 처한 나치당의 새로운 기반다지기를 막을 수 있었다.

선거가 정치적 상황의 해명을 제공하지는 못했지만, 변화에 대한 중요한 단초들을 제공한 것은 사실이다. 언론에서 행한 첫 입장표명에서는 정치전선의 새로운 경직화가 반영되어 있다. 히틀러의 호소와 이에 대한 나치 언론의 해설들은 파펜에 대한 투쟁선언을 변함없이 제국총리직에 대한 요구와 관련시켰다.[19] 반면에 독일민족인민당은 흑·갈색의 다수에 대한 승리라고 축하했던 부분적인 성공 이후에 파펜노선의 단호한 견지를 더욱 강화했다. 〈도이체 알게마이네 차이퉁〉(*DAZ*)은 다음과 같은 사실을 강조했다. "나치즘은 프롤레타리아적인 분자들을 포함하는 이른바 마르크스주의적인 전선으로 전혀 침투할 수 없었으나, 부르주아적 단순유권자들을 민족적 우익정당이나 비투표자들에게 빼앗겼다." 이로써 사람들은 나치당을 전환시킬 수 있으리라는 희망이 더욱더 사라졌다고 생각했다. 중앙당, 특히 사민당의 "이 정부"에 대한 반대는 여전히 신랄했다. 정부의 새로운 패배와 절망적인 고립화는 대통령 내각의 "권위"에 대한 온갖 소문을 논박했고, 또한 제국대통령의 권위를 최종적으로 불신하게 하는 최선의 과정에 있었다.[20] 사민당의 관찰자는 당내에 "반파펜 감정이 히틀러에 대한 적대감보다 더 강했다"는[21] 사실을 확인해야만 했다.

---

19) 히틀러의 호소는 *Völkischer Beobachter*, Nr. 313 v. 8. November 1932. 또 Joseph Goebbels, "Der Kanzler ohne Volk", *Der Angriff* v. 7. November 1932도 참조.

20) 호소문과 해설에 대한 다음의 요약을 참조하라. Horkenbach, 1932, S. 372f.; *Der Zeitspiegel* 1, Nr. 22(19. November 1932), S. 342ff. 사민당의 선거평가는 자신의 본래 성격을 부정하면서 한 번 이상 파펜 문제를 강조했고, 나치의 패배 의미를 부차화했다. 적절한 비판은 Keil(주 I/3), II, S. 467f.

대통령 내각은 11월 9일의 회의에서 지금까지의 노선을 변함없이 추진하기로 결의하고 퇴진과 관련된 모든 소문을 일축했다. 그러나 파펜 자신은 다음날 힌덴부르크와의 회동에서 제국대통령이 민족적 집중 생각에는 변함이 없고 또 당 지도자들과의 회동에서 보다 더 광범위한 후원이 시도되기를 그에게서 기대한다는 점을 확인해야만 했다.[22] 권위주의적 조치들이 더욱 강력하게 지속된 반면에 — 이제 사람들은 국사재판소의 애매한 판결에 새로이 프로이센 내각 관리들의 대량해고로 답했다 —, 제국상원에서도 파펜의 개혁안에 대하여 주 정부들, 특히 바이에른, 뷔르템베르크, 작센, 바덴, 함부르크 그리고 라인 프로빈스의 저항이 계속되었다.[23]

실제로 정부가 바로 지금 전례 없이 단호하게 "새로운 국가"의 결과들을 사라져가는 권위를 뒷받침하기 위해 투입하려 했다는 것은 부인할 수 없었다. 이 시기에 귀족클럽(*Herrenklub*) 이데올로그인 쇼테(Walter Schotte)의 강령적인 저작이 출판되었고,[24] 이미 선거 이전의 몇 주는 파펜과 가일의 원론적인 선언의 영향 아래 있었다. 그들의 선언은 전술적으로 극히 신중함에도 불구하고 계획되어 있던 헌법개혁의 기본적인 특징을 개관할 수 있게 해주었다. 그래서 파펜은 10월 12일에 뮌헨에서 다시금 바이마르 헌법에 대하여 신랄한 비판을 가했다. "강력하고 초당적인 국가권력"은 이제 헌법 제 48조를 통해서 유지될 것이며, "새 헌법"을 통해서 그것의 지속적인 보장책을 찾아내야만 한다는 것이었다. 여기서 이 헌법은 국가와 인민 사이, 그리고 제국의

---

21) *Ibid.*, S. 468.

22) Amtliches Kommuniqué über die Besprechung Papen-Hindenburg am 10. November 1932: Poetzs. ch-Helfter(주 I/128), S. 162.

23) Schwend(주 V/40), S. 479ff.

24) 앞의 27쪽 참조. 다음의 언급은 거기에 서술된 구상을 파펜 정부의 마지막 단계와 구체적인 연관관계 속에 있는 한에서만 상세히 언급한다.

권력과 주들 사이의 관계를 미래의 필요성에 대한 명확한 인식 속에서 그리고 "역사적인 국가적 인물들을 평가하는 가운데서 규정하는" 것이었다. 파펜이 새로운 제국의회에서 제출하겠다고 약속한 — 이번에 오게 될 제국의회의 적합성에 필요한 독단적인 기준에 대한 자신의 생각을 내면서[25] — 개혁안의 기본이념은 정부가 의회의 우위 및 제국-프로이센의 인적 유대로부터 해방되는 것이다. 가일도 이와 유사하게 10월 28일 베를린 언론의 연례연회장에서 조급하고 일방적으로 지배적인 정부에 이익이 될 개혁의 소문에 대해서 반박했지만, 프로이센의 통폐합을 국가와 헌법의 위기를 신속하고 "건설적으로 해결"하기 위한 첫 조치로 해석했다.[26] 그는 제 2의회의 설치를 발표했는데, 자신은 이를 주 평의회 및 직업신분 대표의 연결자로서 구상한 것이었다. 그는 이를 통해 또 불신임투표의 — 말하자면 바이마르 헌법 제 54조에 규정된 정부의 제국의회에 대한 책임의 — 제한을 통해서 지나치게 첨예화된 의회주의로부터의 해방과 안정되고 "당의 사업으로부터 독립된 정부권력"을 기대했다.[27]

그럼에도 불구하고 이 계획들이 어떻게 실행되어야 할 것인지, 그리고 정부가 스스로 여러 차례 설명한 바 있는 헌법의 개혁에서 어떠한

25) *Der Zeitspiegel* 1, Nr. 20(22. Oktober 1932), S. 310ff.; Schultheß, *1932*, S. 176~180: "만약 제국의회가 이 거대한 과제를 감당할 자신이 있다는 것을 증명한다면!" 파펜은 이 기회를 이용해서도 나치당의 총체적 요구에 대한 비판을 "위대하고 칭찬할 만한 운동을 위한 지속적인 선전노력과 결부시켰다.

26) *Ibid.*, S. 189~191. 가일의 주장에 따르면 국사재판소의 판결은 두 헌법에서 제국과 프로이센의 새로운 관계정착을 명백히 했다. 말하자면 파펜의 완료된 사실 정책이 헌법상의 어려움을 초래한 상황은 이러한 "사실"의 검토가 아니라, — 법치국가적인 모든 개념을 역전시킴으로써 — 추구하던 헌법개혁의 정당화에 이용되었다.

27) 가일은 이 기회에 솔직하게 (가장의) 복수선거권(*Pluralwahlrecht*)의 도입도 발표했다. 앞의 주 IX/144를 참조.

수단으로 뒷받침을 할 수 있을 것인지 등은 11월 6일 이후 더 이상 해명되지 못했다. 민주적 정당들은 자신은 정책에 대한 대안을 전혀 인정하지 않으려 한 파펜의 독단적인 호소를 전례 없이 단호하게 거부했다. 파펜은 여전히 당시에 정력적으로 다수파 정부, 즉 히틀러의 정부 참여를 요구했다고 중앙당 지도부를 비난했다.[28] 그 자신이 추구했던 것, 즉 대통령 내각에서 히틀러를 순치시키는 일은 그사이에 나치 측에서 이미 알고 있던 환상임이 확인된 것만이 아니다. 그것은 의문의 여지없이 군대와 제국대통령만이 더 이상 보장할 수는 없는 일련의 안전장치들을 전제했다. 이미 두 달 후에 파펜이 이러한 안전장치도 없이 히틀러의 대통령 내각을 준비하고 있었던 것은 파펜의 후일 확언처럼 이러한 픽션들을 가장 극명하게 반박하는 것이었다. 중앙당을 포함한 의회의 다수파 정부는 아마도 — 히틀러의 총리직 아래서도 — 차악(次惡)이었을 것이다. 나치당이 이것을 결코 원치 않았다는 것은 의회적인 해결책이 히틀러의 권력장악 계획에 극히 불편했을 것이고 또 전체주의적인 목표들과 의회적인 전술 사이에서 표류하던 당의 딜레마를 엄청나게 강화시켰을 것이라는 사실에 대한 증거이다. 괴벨스의 기록들은 나치 지도부가 제 2차 8월 13일에 대한 두려움에도 불구하고 대통령 정부의 이례적인 권한 위에서 국가의 완전한 통제권을 장악할 수 있는 길에서만[29] 생각했다는 것을 매우 명확히 해준다. 이제 다시금 의회적 다수를 통한 길, 즉 오직 몇몇 소규모 주들에서만 성공을 거두었던 길은 11월 6일의 결과로 인하여 마침내 차단되었다.

아무튼 파펜의 자기기만은 여전히 민주적 · 의회주의적 통제가능성을 고집한 중앙당 지도부의 환상 이상으로 큰 것이었다. "중앙당이 당 지

---

28) Papen (주 VI/35), S. 239f.

29) Goebbels, Kaiserhof (주 V/13), S. 201ff., S. 207ff. 그리고: "8월 13일은 다시는 반복되어서는 안 된다. 다른 모든 것은 그래야만 하지만 이것만은 안 된다 (205쪽). 아래의 221쪽도 참조.

도자인 브뤼닝의 허용으로 히틀러에 의해서 이끌어지는 다수파 정부를 유일한 탈출구로 간주한다는 것은 역사가들의 흥미를 끌 것이다."[30] 확실히 그럴 것이다! 그러나 이 가능성보다 훨씬 더 역사가의 관심을 끄는 것은 실제로 일어난 일이다. 그리고 이것은 어떠한 대가를 치르고라도 — 결국 의회의 안전장치 없이 그리고 친히틀러적인 제국군대 장관으로 하는 히틀러의 총리직을 감수하고서라도 — 파펜이 대통령제 해결을 고수함으로써 결정되었다. 히틀러는 "민족적 집중"의 형성가능성이 설명될 파펜의 대화요청을 8월 13일에 대한 단호한 언급으로 거부하였다. 이 암흑의 날과 그 결과에 대한 기억은 전반적으로 다음의 협상에서 히틀러의 조심스럽고 머뭇거리는 그리고 동시에 완고한 태도를 극히 본질적으로 규정했던 것으로 보인다.[31]

파펜이 다른 모든 반대파 정당들에게서 차가운 거부에 부딪쳤고,[32]

---

30) Papen(주 VI/35), S. 239f. 그 밖에도 파펜이 여기서 잘못을 범하여 카스 대신에 브뤼닝을 당 지도자로 만든 것은 그에게서는 우선 자신의 전임자가 갖는 불신이 얼마나 마음에 걸렸는지를 인식케 해준다.

31) 11월 13일자 파펜의 편지와 11월 16일자 히틀러의 답장은 Nürnberger Dokumente, Vol. XXXV, Dok. Nr. D-633과 634, S. 223ff. 히틀러는 파펜이 1932년 5월에 자신이 했던 동의로부터 잘못된 결론을 내렸다고 확신했다. 그리고 그는 앞으로는 구술회동을 거부했다. 왜냐하면 그는 자신의 파트너의 기억으로 "나쁜 경험을 했기" 때문이었다. 그러나 그는 문서로 된 협상을 위해 안전을 보장하는 전제조건으로 매우 정력적으로 중앙당에 반대한 후겐베르크의 동의를 요구했다. 나치 지도부가 즉시 출간한 이 편지의 필사본은 슐라이허에게 넘어갔다(*Adolf Hitlers Offener Brief an Herrn von Papen*, Berlin 1932).

32) 사민당 지도부와 더불어 카스도 파펜의 대화초청을 일언지하에 거절했다. 여기에 대해서 카일(주 I/3, S. 469f.)이 전술적으로 별 의미 없는 사민당 지도부의 결의안에 대해 행한 신랄한 비판을 참조. 그 결정은 제국총리 및 제국대통령과의 연결망을 완전히 단절시키고, 그 결과 파펜이 이제 자연스런 대 히틀러 투쟁에서 지속했고, 아마도 힌덴부르크가 그에게 고백했던 새로운 제국의회 해산을 통해서 나치당의 퇴조를 가속화시킬 수 있을 가능성을

또 새로운 제국의회에서도 약간 강화된 독일민족인민당, 독일인민당 그리고—바이에른에 대한 자신의 집중적인 유화정책(宥和政策, *Beschwichtigungspolitik*)의 결과로서 바이에른에 대해—아마도 일부의 바이에른 인민당의 지지를 얻었겠지만 중앙당의 지지는 얻지 못했기 때문에—중앙당을 제외하고—,[33] 이제 그는 여전히 대규모의 의회의 절대다수에 맞서야 했다. 이 정부가 먼저 자신의 존재를 안전하게 확보하면서 합법화시키고자 했던 거대한 개혁을 어떻게 이끌어내려고 했는지는 항상 너무도 불명료했다. 히틀러 및 카스와의 협상이 실패로 돌아간 후 정부는 자신의 계획을 의회를 통해서 합법화시키려던 모든 희망을 포기해야만 했다. 이제 한 가지 대안만이 남아 있었다. 즉, 그것은 이제 막 선출된 제국의회를 다시 해산하여 과도정부를 세 번째까지 연장하거나 또는 반(反)헌법적인 길을 가서 의회의 존재에 대항하는 대통령의 권력수단을 투입하는 것이었다.

파펜과 가일은 이 급진적인 해결책을 분명 이미 반복해서 고려했다. 그리고 그러한 해결책의 첫 번째 단계는 나치당과 공산당 그리고 그들의 조직 모두를 포함했다. 물론 이는 저항이 있을 경우 제국군대의 투입능력, 즉 슐라이허의 동의를 전제한 것이었다. 그리고 여기서 8월 13일 이후 한 가지 변화가 개시되었는데, 이는 11월 17일의 내각회의에서 가시화되었다. 파펜이 이 날 힌덴부르크에게 자신에 가졌던 협상의 부정적 결과를 알려야 했으므로, 슐라이허는 총리의 의지와는 달리 정부가 퇴진함으로써 힌덴부르크에게 추가적인 정치대화를 위한 길을

사라지게 했다고 주장했다. “히틀러는 이 계획을 두려워했지만, 민주적 정당들을 두려워하지는 않았다.” 사민당 전술의 교조적인 고착성은 제대로 판단한 듯하다. 비록 파펜 자신이 너무 낙관적으로 평가되기는 하지만 말이다.

33) 이것은 이론상으로 62 : 522석(11.8%) 내지—바이에른인민당을 포함한다면—81 : 503석(16.1%)을 의미했을 것이다. 반면에 정부는 9월 12일의 투표에서(앞의 166쪽을 참조) 42 : 512(8.2%)로 소수에 머물렀다. 파펜과 바이에른인민당과의 협상에 대해서는 Schwend(주 V/40), S. 491f. 참조.

열어주어야 한다고 주장했다.[34] 동시에 슐라이허는 제국군대가 내전시에 투입되기에 적합하지 않다는 점을 총리가 아니라 다수의 내각구성원들에게 전달했던 것으로 보인다.[35] 그래서 파펜은 뒤이어 힌덴부르크에게 의회가 개혁프로그램을 다루는 것과 "집중정부"가 개인에 대한 당의 태도에 비춰볼 때 전혀 성공의 전망을 제공하지 않으며, 반대로 불신임 투표가 전망되고, 또 내각이 사퇴함으로써 힌덴부르크의 협상을 용이하게 해주기를 바란다고 전달할 수 있었다. 힌덴부르크는 사퇴를 기꺼이 수용했으나, "어떠한 경우에도 대통령 정부를 포기하고 예전의 의회적인 방식으로 돌아가지 않겠다"는 자신의 단호함을 표현했다.[36] 그는 또한 파펜에게 변함없는 신뢰를 보장하면서 그를 새로운 정부구성에 책임을 맡기려 했다. 물론 동시에 그는 히틀러에 대해 새로이 영향력을 행사하겠다고 약속했고, 심지어는 다시 제국의회를 해산할 준비가 되어 있다고 선언했다.[37] 그는 이제 파펜에게도 새롭고 편안한 상태에도 익숙해졌다. 그리고 이 상태는 오히려 제국시대의 추억에 상응했고, 모든 정치적 결정을 그 주변, 친구, 친지의 영역으로 옮겨놓았다.

슐라이허의 태도에 대한 근거들은 즉시 더욱 명확하게 될 것이었다.

---

34) Papen(주 VI/35), S. 241. 파펜은 슐라이허에 대해서 격노하면서 새로운 선거에 따른 내각의 퇴진이 자신의 정부가 붕괴된 관행이었다는 점을 기억하지 못하는 듯하다.

35) 아래의 236쪽을 참조. 마이스너는(주 I/156, S. 245f.) 자신의 서술의 다른 곳에서와 마찬가지로 여기서도 그 사건들을 엉망으로 만들었던 것으로 보인다. 만약 그가 12월 2일 오트 대령 앞에서 행한 결정적인 강연을 11월 17일로 당겨서 기록하고 파펜의 최종적인 해임이 아니라 퇴진에 책임이 있다고 할 경우에 말이다.

36) Papen(주 VI/35), S. 241. 퇴진에 대한 공식보도: *Kölnische Zeitung*, Nr. 631 v. 18. November 1932.

37) 마이스너는 이 물밑대화에서 슐라이허에게 화가 난 파펜이 이를 거부했다고 보고했다. Meißner(주 I/159, S. 246).

우리는 그가 파펜을 선택했다는 것을 잘 기억해야만 한다. 왜냐하면 그는 파펜에게서 조종하기 쉬우며 세련되고 네트워크가 많은 중앙당 우파의 대표자를 보았기 때문이다. 또 그는 우익연립에서 나치당을 진정시키는 데 성공할 수 있을 것으로 보였다. 이것은 8월 13일에 가시화되었다가 — 최근의 협상이 증명했듯이 — 결국 실패로 돌아갔다. 그러나 다른 한편으로 파펜은 거의 예상하지 못한 독자적인 활동을 발전시켰는데, 이는 비현실적인 개혁안으로 대통령 정부의 좁다란 기반에 추가로 부담을 주었다.[38] 또한 그는 이제 대통령의 군사독재를 이용하여 독자적으로 헌법을 개정함으로써 극복되어야 할 이러한 상황을 만들어냈다. 그러나 슐라이허는 이를 위해 자신의 제국군대를 투입하려 하지도 않았고,[39] 또 "자신의" 총리를 그러한 모험의 적절한 지도자로 생각하려 하지도 않았다. 그의 변함없는 목표는 "새로운 국가"가 아니라 나치당의 전술적인 길들이기였다. 이는 그가 바로 지금 파펜에 의해서 잘못 되었던 자신의 옛 계획을 여전히 실현시킬 수 있는 가능성을 보았던 것보다 더 이전이었다.

정부의 퇴진에 대한 여러 정당의 입장표명은 새로운 길을 보여주지 못했다.[40] 나치당은 히틀러의 임명을 요구했고,[41] 중앙당과[42] 민주

---

38) 푀르취는 — 대략 1932년 9월 — 이 슐라이허와 파펜 사이의 전화통화 증인이었다. 대화가 끝난 뒤 이 장군은 다음과 같이 말했다: "지금 무슨 이야기를 하시는 겁니까, 프렌첸은 저절로 발견되었습니다." 그는 다른 곳에서 파펜 내각에 대해서 말했다고 한다: "우리는 면도날 위에 앉아 있을 수는 없습니다." Unterredung Wolfgang Sauers mit Hermann Foertsch am 28. und 31. Januar 1953. 1933/1934년 겨울에 파펜이 "우리의 원칙을 배반"했던 방식에 대한 슐라이허의 쓰라린 언급을 참조하라. Vogelsang(주 III/35), S. 450, 주 118.

39) 이는 분명 결정적인 관점이다. 그가 히틀러-파펜정부에 반대한 모든 군사적 개입시도를 거부한 지 두 달 후에도 슐라이허는 그것의 군사적 준비에서 정치적 투입, 즉 "정치화"에 의한 그 도구를 위협한 제국군대 지도부의 극복할 수 없는 두려움에 의해서 규정되었다. 아래의 316쪽 이하를 참조.

적인 언론은 진정한 다수파 정부를, 사민당은—가능하지 않은—민주적 좌파정부를, 공산당은 프롤레타리아 통일전선을 요구한 반면에—이 또한 소수에 머물러 있어서 독재로 간주되어야만 했다—, 독일민족인민당과 철모단은 파펜의 퇴임에 유감을 표명하면서 동시에 힌덴부르크가 그들로부터 싸워서 지켜낸 반의회주의적·권위주의적인 국가영도의 원리를 계속 "바이마르 다수파의 광기"보다 더 선호하게 되었으면 하는 기대를 표명했다. 말하자면 이후의 협상으로부터 장기적인 정치위기를 헌법으로 해결한다는 것이 거의 기대될 수 없었다. 만약 고착된 전선이 전반적으로 제거되지 않거나 또는 놀라운 사건에 의해서 완화될 수 없다면 말이다. 슐라이허는 바로 이 마지막 가능성이—반년 전처럼—다시금 자신의 계획과 네트워크의 영역으로 이동하게 될 것으로 믿었다.

4. 히틀러와의 협상

파펜의 퇴진으로 2주 동안의 공백기가 시작됐다. 힌덴부르크는 이제 직접 "민족적 집중파"와 관련된 협상을 맡았다. 그러나 사민당은 그 협상에서 원칙적으로 배제되어 있었다. 11월 18일에 그는 첫 당 지도자로서 후겐베르크를 영접했다. 마이스너는 슐라이허를 위해 비밀회의록을 작성했는데, 이 회의록은 후일 그가 확인한 것과는 달리 이들

---

40) 다음의 요약 참조: Horkenbach, 1932, 380f. ; *Der Zeitspiegel*, Nr. 23 (3. Dezember 1932), S. 358f.

41) Joseph Goebbels, "Eine Betrachtung der Lage", Der Angriff v, 17. November 1932.

42) 이에 반해 《바이에른인민당 통신문》은 이제 명확히 의회의 이니셔티브에 반대하고 "민족적 집중"의 형성을 위한 대통령의 이니셔티브를 지지했다. Horkenbach, 1932, S. 381.

두 힌덴부르크의 "보좌관들"의 밀접한 협력을 증명해준다. 이 회의록에 따르면 후겐베르크는 이 회동에서 히틀러에게 위촉하는 것에 대해 단호히 반대를 표명했다. 자신은 하르츠부르크의 희망을 포기했고, 이제는 오직 파펜 내각 방식으로 대통령 정부에 대해서 논의할 수 있으며, 급진화된 나치주의자들과의 협력에 반대한다고 선언했다.[43] 이어 카스는 30분 동안의 회동에서 자신이 3~4개의 "용기 있는 당 지도자들"의 "신뢰협정"에 기초해서 보고자 하는 강력한 정부구상을 발전시켰다. 그는 다수파 정부를 지지했으며, "나치를 포함한 민족적 집중의 목표가 필연성"이라고 생각했지만, 동시에 그는 의회주의 일반으로부터 거리를 두었으며,[44] 특히 파펜과 그의 8월 13일 "잘못된 추론"(*Kurzschluß*)에 반대했다. 만약 우리가 이 당의 정부에 대한 전통적인 압박을 카스의 발언에 책임지우려 하지 않는다면, 이 의장 아래서 중앙당 우파의 발전은 주목할 만한 최고점에 도달했다. 마지막으로 힌덴부르크는 딩엘다이와 그 정도 오랫동안 의견을 나누었다. 여기서 딩엘

---

43) *Schleicher-Nachlaß*, S. 227~230(Niederschrift Meißners). 나치당에 반대하는 후겐베르크의 여러 설명은 매우 신랄했고, 특히 히틀러에 대한 실망을 표현했다: "나는 원칙적으로 하르츠부르크 이전에 히틀러가 제국대통령이나 제국총리가 아니라, 다만 그 운동의 지도자로 머물고자 한다는 기반 위에서 히틀러와 협상했다. 이어 히틀러는 태도를 바꾸었고, 처음에 대통령직을, 이어 총리직을 요구했다. 나는 히틀러에게서 계약에 충실하려는 태도를 별로 보지 못했다. 정치적 문제에 대한 그의 모든 행동방식은 특별히 히틀러가 정치적 지도권을 넘겨받게 될 수 있다는 점을 어렵게 한다. 나는 거기에 대해 엄청난 의구심을 갖고 있다…"(강조는 원문). 또한 Görlitz, *Hindenburg*(주 I/66), S. 387~391에 있는(분명히 힌덴부르크의 유고에 따른) 대화의 묘사 또한 참조. 물론 이들은 여기서 힌덴부르크에 매우 유리하게 해석되고 있다.

44) *Schleicher-Nachlaß*, S. 219~222: "우리는 다시 의회주의로 추락하지 않고, 권위주의적 정부를 위해 제국대통령에게 정치적·도덕적 지지를 제공하고자 한다. 제국대통령은 이러한 정부를 고무하고 지도한다."

다이는, 만약 "경제계"의 이익이 보전된다면, 독일인민당에게 "민족적 집중"에 참여를 약속했다. 그러나 그는 제국총리 히틀러의 품성에 대해서 강한 의문을 제기하고, 독일인민당이 일종의 휴전을 보장할 수 있는 파펜의 재위촉에 아무런 반대를 제기하지 않을 것임을 보장했다.[45)]

전날 프릭 및 슈트라서와 함께 뮌헨에서 온 히틀러는[46)] 다음날 먼저 슐라이허와 만났고, 이어 힌덴부르크의 영접을 받았다. 힌덴부르크는 그의 요청으로 그에게 미리 두 사람간의 물밀대화를 보장해 주었다.[47)] 힌덴부르크는 이어 마이스너의 면전에서 다음과 같은 결정사항을 전했다. 힌덴부르크는 초당적인 정부의 원칙을 고수하며, 히틀러의 대통령 정부에서 총리직 요구를 거부하고, 그 대신 그에게 장관직 몇 자리를 제공하고자 하지만, 어쨌든 "정당내각"을 원하지는 않는다는 것이었다. 이에 대해 히틀러는 대통령 내각의 영도권을 요구했고, 그 대신에 장관문제에서는 양보할 준비가 되어 있다고 설명했다. 히틀러는 다른 정당들과의 협상도 만약 그가 정부구성 위임을 받을 경우에 시작하고자 했다.[48)] 이어 의회의 기반이 계획된 수권법을 위해서 재건될 수 있는 순간이 오게 될 것이었다. 프리츠 셰퍼(Fritz Schäffer)의 일시적인 영접은 결의를 형성했다. 셰퍼는 바이에른인민당을 대표하여 힌덴부르크의 첫 번째 판에 박힌 "민족적 집중" 물음에 긍정적으로 답했고, 히틀러에 대해서도 "불리하지 않게" 평가했다. 위험은 "히틀러 개인보다는 그 주변에" 있다고 했다. 즉, 그 환경은 "당의 독재"를 통해서 권력을 남용하게 한다는 것이었다. 따라서 셰퍼는 히틀러 정부에서 대항력으로서 강한 개인들을 요구했으며, 바이에른인민당은 전반

---

45) *Ibid.*, S. 223~225.

46) Goebbels, *Kaiserhof*(주 V/13), S. 205.

47) *Schleicher-Nachlaß*, S. 223~235(Niederschrift Meißners). 물밀 대화는 마이스너에 따르면 총 65분에 달했다.

48) 아래의 주 50 참조.

적으로 그렇게 "좋아하지는 않을 것"이라고 했다.[49]

다시 한 번 소문이 갑자기 퍼졌다. 특히 나치 측에서는 기대와 불안, 권력의 추구와 8월 13일의 방식으로 새로운 기만이 있지나 않을까 라는 두려움이 교차했다. 사람들은 슐라이허의 새로이 깨어난 활동을 믿지 않았다.[50] 히틀러 자신은 다시 한 번 카이저호프에 앉았다. 그는 모든 준비를 끝내고 힌덴부르크에게로 가는 차편에서 사방에서 대중으로부터 환호를 받았으나 극히 조심스러웠지만 결의에 차 있었다. 그래서 그는 구술협상에 들어가는 대신 하나의 각서를 작성했다. 반면에 괴링은 제국의회 의장 공관에서 중앙당 및 바이에른인민당 대표들과 회합의 계속했다. 물론 후겐베르크는 히틀러와의 물밑대화에 응할 준비가 되어 있다고 선언했다.[51]

히틀러는 다음날 두 번째로 힌덴부르크의 초대를 받았는데, 여기서 힌덴부르크는—자신의 습관과는 반대로—자신의 관점을 설명했다. 힌덴부르크는 계속 대통령 내각에 매우 찬성한다고 설명했다. 그래서 그는 단연코 당 지도자의 임명이 오직 그가 안정된 제국의회 다수를 다루게 될 경우에만 가능하다는 점을 고수해야만 한다는 것이었다. 히틀러는 거기에 대한 대답으로서 예방차원에서 그가 이미 지니고 있던 각서를 전달하고, 힌덴부르크의 조건에 대해서 문의했다. 제국대통령

---

49) *Schleicher-Nachlaß*, S. 237f. (Niederschrift Meißners). 또한 Schwend(주 V/40). S. 493도 참조.

50) Goebbels, *Kaiserhof*(주 V/13), S. 205f. 그는 이에 대해(11월 20일) "슐라이허 장군이 궁극적으로 우리를 차단하기 위해서 협상을 이용했다. 우리는 지도자에게 그가 위임받기 전에 항상 독일민족인민당이 차단되고 이로써 다수의 형성이 불가능해질 것이라는 속셈으로 여러 당들과 예비회담을 갖게 될 것이다"라는 추측을 메모했다.

51) 정부의 위기 동안 파펜 및 히틀러와 가졌던 자신의 협상에 대해서 1946년 5월 25일의 선서의 효과가 있는 후겐베르크의 보증을 참조하라: *Nürnberger Dokumente*, Bd. XXXX, Dok. Nr. Pa-87, S. 575ff.

은 어떠한 경우에도 프로이센식 해결책의 고수와 헌법 제 48조의 완전한 처리를 요구했다. 나아가서 그는 히틀러의 임용을 각료명단 전반에 대한 대통령의 동의 및 외무부장관과 국방부장관의 임용에 대한 자신의 개인적인 권리에 종속시켰다.[52] 히틀러가 거의 발언을 하지 않은 이 회동은 불과 20분 동안 지속되었다.

히틀러의 각서는 8월 13일에 있었던 것처럼 협상 파트너에 의해서 이용될 수도 있는 논의를 막을 수 있었을 것이다.[53] 이 첫 번째 목적은 달성되었다. 히틀러 각서의 복잡한 설명 뒤에는 매우 분명한 색조가 있었다. 히틀러는 자신과 당을 위해서 그가 8월 이후 위협했고, 특히 괴링이 힌덴부르크에게 제국의회의 의지로서 맞대응했던[54] 다수파 정부의 구성을 이제는 — 파펜의 실각이라는 자신의 목적이 달성된 듯이 보였으므로 — 원칙적으로 거부했다. 그리고 그는 이제 대통령 정부의 지도 위임을 요구했다. 그는 동시에 이 새로운 방식의 정부구성 협상을 통해 매우 노련한 힌덴부르크의 측근들과 거리를 유지했을 뿐만 아니라, 동시에 이번에는 출판에서 압도되지 않기를 희망할 수 있었다. 뒤이어 카이저호프와 제국대통령궁 사이에 있었던 서신교환은 며칠 후에 공개되었는데,[55] 거기서는 새로운 관점을 제공하지 못했다.

---

52) *Schleicher-Nachlaß*, S. 240~246 (Niedersdtrift Meißners).

53) 이미 언급했듯이, 파펜은 자신이 얻은 정보에 따라(주 VI/35, 224) 슐라이허와 함께 공식 발표문(*Kommuniqué*)을 "매우 의도적으로" 강조점을 두어 작성했다. 앞의 주 IX/70을 참조.

54) 앞의 163쪽 참조.

55) 히틀러와 힌덴부르크 내지 마이스너 사이의 서신교환은 여러 차례 출간되었다: 먼저 당시의 언론과 약 5페니히로 판매된 나치의 브로슈어 *Die Wahrheit über Hitlers Verhalten und Vorgehen in der Regierungskrise* (Berlin, 1932), S. 9ff. 에 게재되었다. 이어 Horkenbach, 1932, S. 384~392, Poetzsch-Heffter (주 I/131), S. 166~173; 일부는 Meißner (주 I/159), S. 248f, Schulteß, 1932, 207~213, *Der Zeitspiegel* 1, Nr. 23 (3. Dezember 1932), S. 359ff. (언론동향란) 에 게재되었다.

힌덴부르크는 간단한 성명에서 11월 20일에도 여전히 정해진 톤으로 자신의 주장을 되풀이 하면서, 다수파 정부의 준비를 위해서 히틀러에게 짧은 기간을—11월 24일 저녁—설정했다. 언론은 사민당의 오른쪽에 있는 모든 세력들의 결집에서 하르츠부르크 전선의 부활에까지 이르는 온갖 억측과 요구들을 상세히 다루었고[56] 대기업 이익단체들도 논의에 뛰어들었다.[57] 그러나 힌덴부르크는 사실상 대통령 내각뿐만 아니라 파펜 개인을 단호히 고수했다.[58] 히틀러와 마이스너 사이에 지속된 서신교환은 이를 분명히 했다. 히틀러는 브뤼닝 또한 당파인으로서 대통령 정부를 이끌었다는 점을 근거로 내세웠다. 이에 반해 마이스너는 11월 22일에 "운동의 배제를 요구하는 당의 지도자가 대통령 내각의 지도자일" 수 없다는 점을 강조했다. 브뤼닝은 당시 "여러 당의 후원을 받은 명백히 의회적인 내각을 구성"했는데, 이 내각은 "처음에는 점진적으로" 힌덴부르크의 요청으로 대통령의 신뢰를 등에 업은 대통령 내각으로 전환하였다는 것이었다. 이것은 히틀러의 의회정부에 대해서도 가능하지만, 파펜식의 "순수한 대통령 내각"은 그렇지 않다는 것이다. 히틀러는 다음날 장황한 설명에서—전혀 근거가 없지 않은—의회의 관용을 받았지만 동시에 헌법 제 48조의 적용으로 뒷받침된 정부의 애매한 성격을 언급함으로써 답했다. 그는 이 긴급수

---

56) 예컨대 *Berliner Börsen-Zeitung* v. 22. November 1932에 그렇게 되어 있다.

57) 그래서 '장명협회'(Langnamvereing)는 11월 23일에 열린 회원총회에서 제국개혁과 헌법개혁에 대한 요구사항들을 제시했다. 그 의장으로 대기업가인 스프링고룸(Springorum)의 상세한 설명에 따르면 이 요구들은 본질적으로 파펜과 가일의 계획들(선거권 개혁과 제 2의회)로 채워졌다. 그 밖에 여기서도 칼 슈미트는 자신의 원칙적인 논쟁으로 정당국가에 반대하여 등장했다. 물론 그는 제국은행 총재인 루터의 신랄한 반박을 경험했다. 여기에 대해서는 Horkenbach, 1932, S. 387을 참조.

58) 괴르델러 또는 이 위기의 지도적 인물인 슐라이허에게 새로운 대통령 내각의 운영을 맡기자는 마이스너의 제안(물론 그 작성자에 대해서만 알려져 있다) 역시 여기에 부딪쳐 수포로 돌아갔다. Meißner(주 I/156), S. 247.

권이 정규적인 수권법으로 대체될 필요성을 강조했다. 그렇지만 그는 가장 강력한 당의 지도자로서 이 법은 희망 없이 고립된 파펜정부보다 더 쉽게 의회에서 더 잘 관철시킬 수 있다고 주장했다. 그는 동시에 정규적인 연립정부 구성 위임을 이 경우에 힌덴부르크의 유보가 위헌적인 장애물을 형성했고, 또 그러한 정부가 파펜 내각의 독단적인 조치들을 정당화시킬 수 없을 것이라는 이유로 거부했다.

이로써 히틀러는 힌덴부르크의 저항과 대통령 주변의 권력주장 의지가 그를 빠뜨렸던 딜레마로부터 심리적·대중적으로 의문의 여지없이 능숙하게 탈출구를 찾았다. 동시에 그는 자신의 독자적인 권력정복계획을 효과적으로 — 지나치게 많이 사용된 헌법 제 48조를 헌법으로 통과된 수권법으로 대체하거나 또는 파펜정부의 침해에 대한, 즉 대통령 독재권의 의문스러운 확장과 힌덴부르크 자신에 대한 새로운 공격위협 — 공식화하는 데 성공했다. 두 달 후에 제국대통령의 굴복을 가속화시키게 될 이 간접적인 위협에 뒤이어 히틀러의 구체적인 제안이 나왔다. 그의 제안에 따르면 힌덴부르크는 그를 먼저 간단한 프로그램을 작성하고, 그것이 허용되면 이어 장관명단의 작성을 맡기게 될 것이었다. “현 정부로부터 넘겨받게 될 다른 여러 장관들과 함께” 슐라이허와 노이라트가 명단에 포함될 것이고, 이제 이 내각을 지명하고 거기에 대통령 정부의 전권을 부여하게 될 것이었다. 여기서 처음으로 1933년 1월 30일의 해결책, 즉 나치의 “합법적인” 권력장악이 그 기본적인 요강 속에 개관되었다. 다만 슐라이허의 인정이 있을 경우에만 제국군대는 혁명의 순조로운 진행을 보장하고 — 1934년 6월 30일 — 완료시킨 나치의 통제를 벗어났다.

그러나 아직 힌덴부르크는 저항했고, 그의 보좌관들은 히틀러의 제안에 공간을 제공했고, 심지어 제국의회에 대한 안전한 처분권을 내주기 전에 “초당적인” 대통령 내각의 가능성이 완전히 소진되지는 않았다고 생각했다. 히틀러가 의회의 다수파 정부에 반대되는 수권법을 거부한 것은[59] 지금도 마이스너의 마지막 거부편지에(11월 24일) 결정적이었다. 그는 "당신(히틀러)에 의해서 이끌어지는 대통령 내각이 어쩔 수 없이 당의 독재로… 발전될 것"이라는 우려를 고집했다. 두 달 후 그러한 우려들은 잊혀졌다. 그러나 이제 히틀러는 슐라이허도 11월 23일에 개입하려다 수포로 돌아간 서면협상을 정력적인 대답으로 중단했다.[60]

이로써 양측의 진정한 노력도 없이 대통령정부 시대의 뒤로 복귀하려는 최후의 시도는 궁극적으로 실패로 돌아갔다. 힌덴부르크는 11월 24일에도 새로 카스를 영접했고, 그에게 히틀러와의 협상에 대해서 설명했다. 중앙당 의장은 다수의 해결이 충분히 해명되지 못한 것에 유감을 표명했으나, 다시금 파펜의 해결책을 거부하고 이제 브뤼닝에게 다시 탐색회담을 위촉하자고 제안했다. 이는 이른바 여론을 고려하여 마이스너와 힌덴부르크가 다시금 거부한 계획이었다.[61] 다음날 마지막 대화가 개최되었다. 카스는 힌덴부르크에게 언론에 발표될 메모를 넘겨주었는데, 여기에 따르면 그는 히틀러, 후겐베르크, 셰퍼, 딩엘다이와의 새로운 협상에서 중앙당과 함께 바이에른인민당 및 독일인민당이 다수파 정부를 구성할 준비가 되어 있다는 것을 확인한다는 것이었다. 그 밖에 카스는 자신이 나치당과 협상했다고 소문에 알려진 것

59) 이미 언급했듯이, 히틀러는 여기서 막연한 전환으로 이어 위탁에 따라 수권법을 의회에서 통과시키려는 자신의 의도를 표현했다. 뒤이어 기만과 테러 아래서 그것이 일어났듯이 말이다.

60) Goebbels, *Kaiserhof*(주 V/13), S. 209. 마이스너는 히틀러에게 11월 24일 보낸 마지막 편지에서 힌덴부르크가 알고 있는 가운데 실행된 슐라이허의 이 시도에 대해서 언급한다. 히틀러는 11월 23일에서 24일로 넘어가는 밤에 슐라이허와 가졌던 물밑대화에서 (당의) 공식적인 견해에 따라 자신이 이끌지 않게 될 정부에서 모든 종류의 협력과 정부에 대한 관용을 단호히 거부했다. Horkenbach, 1932, 392. 이는 일시적으로 떠오른 샤흐트 정부와 관련된 것이었다: Schulteß, 1932, S. 204.

61) *Schleicher-Nachlaß*, S. 276~278(Niederschrift Meißners).

과 같이 여러 부처 대표자들의 활동으로 중단되었다는 제국대통령궁의 이중노선적인 과정에 특징적인 언급을 하였다. 나치 지도부에서는 카스 자신의 위임이 제국대통령에 의해서 심각하게 생각되지 않는다는 인상이 지배적이었다는 것이다. 모욕당한 힌덴부르크는 브뤼닝 이후 여기에 한 번 더 정치적 결의안 작성에 심리적인 빗장을 걸어 잠그는 판에 박힌 퇴진위협으로 대답했다. 이 결의안 작성이 이번에는 그 영향력이 없지 않았고, 이제는 힌덴부르크를 최후의 통합점으로 칭송한 카스가 심지어 이성적인 새 대통령정부를 후원하리라고 전망할 수 있도록 움직였다.[62]

상황이 얼마나 복잡하게 얽혀 있었는지, 즉 대통령 자신의 주변에서 파펜의 지위가 얼마나 취약했는지는 이미 힌덴부르크의 불쾌한 맺음말에 울려 퍼졌다. "나는 점점 더 어려운 상황에 빠져들고 있습니다. 사람들은 내가 신뢰하는 사람을 나에게서 빼내려 하고, 또 나에게 총리를 떠맡기려 합니다."[63] 실제로 그가 선호하는 총리에 대한 일격은 준비되어 있었다. 그 일격은 힌덴부르크에게 그의 기본입장대로 의회적인, 당 전술적인, 그리고 본래 정치적인 고려보다 더 중대했다. 마이스너가 특히 괴링 및 그의 신임자 쾨르너(Körner)를 통해서 나치당과의 접촉을 유지한 반면에,[64] 슐라이허는 이 시기에 장래의 정부에서

62) *Ibid.*, 279~283. 힌덴부르크의 위협은 이번에 다음과 같이 표현되었다: "만약 국내외에서 내가 요구해야만 할 신뢰를 받지 못하면, 언제든 기꺼이 물러날 용의가 있다…." 카스의 매우 독자적인 정치노선 전반을 평가하기 위해서는 Brüning, "Im Januar 1933", *Deutsche Zeitung* v. 28. Mai 1952에 있는 다음의 내용을 참조: "주지하다시피 카스 씨는 1932년 7월에 독일을 떠났다가, 9월 선거 이전에야〔오류: 이는 제국의회의 회의를 의미한다!〕 비로소 귀환했다. 그는 어떠한 책임을 지거나 자신의 당 요직 포기를 거부했다. 마찬가지로 그는 수권법이 통과된 지 며칠 후에 독일을 떠났지만, 다시금 당 지도자로서 자신의 지위포기를 거부했다."

63) *Schleicher-Nachlaß*, S. 283 (Niederschrift Meißners).

64) 1945년 11월 28일자 오토 마이스너의 법정선서: *Nürnberger Dokumente*,

나치당을 순치시키기 위한 자신의 새로운 계획을 힌덴부르크에게 가지고 갔으며, 특히 그레고어 슈트라서와의 접촉을 강화했다. 괴벨스의 기록 속에 있는 일상적인 증오의 폭발을 비판적으로 평가되어야만 한다. 이 기록에서 슈트라서는 — 괴벨스의 옛 스승 — 이제 나치 당 구조에 있는 모든 타협노선과 비관론의 침투에 책임을 뒤집어썼다. 그렇지만 외관상으로 그토록 강한 조직지도자는 너무도 가시적으로 당내 협상파의 두려운 대표자로 되었다. 반면에 그의 동생(오토 — 옮긴이)은 이미 2년 전부터 혁명적 분파와 함께 히틀러의 "사회주의 배신"에 대항한 비화해적인 투사로 등장했다.[65] 특히 1932년 5월 10일 슈트라서의 제국의회 연설 이후 사람들은 당내 계서제의 이 두 번째 사람에게서 이제 슐라이허가 자신의 해결시도를 유용하게 만들고자 했던 반자본주의적 인민전선을 보았다.

히틀러는 재차 단순한 권력참여를 거부했다. 그러나 흔히 그는 제국대통령 선거에서, 프로이센에서, 브뤼닝의 실각 이후, 8월 13일에, 중앙당과의 연립협상에서, 힌덴부르크의 최근 제안에서 권력을 완전히 정복하는 데 실패했다. 당내와 그 일시적 동조자들 사이에서 참을성 없는 사람들의 수는 증가해갔다. 첫 선거패배는 베를린의 파업이 경제계와 부르주아층 내의 그룹들에게 — 이들은 나치당 내에서 노동조합과 사회주의에 대한 대항세력을 후원했다 — 불리하게 작용한 것과 관련되어 있었다. 재력과 영향력을 지닌 이 그룹의 대표자들은 샤흐트와 함께 그들의 동정심을 고집했고, 바로 이때 히틀러의 임명요구를 강화시켰다.[66] 파펜은 그들의 희망을 절망으로 바꿔놓았으나, 히

---

vol. XXXII, Dok. Nr. PS-3309, S. 149. 쾨르너는 후일 4개년계획 담당 차관이다.

65) 특히 그의 기관지 〈흑색전선〉(*Die Schwarze Front*)의 여러 호에 이렇게 언급되어 있다. 이 잡지는 히틀러에 대한 격렬한 캠페인으로 그레고어 슈트라서를 위한 슐라이허의 노력을 지지했다.

틀러는 그들에게 엄청난 것을 약속했고, 많은 사람들은 이미 너무 많

66) 바로 이 정치적 · 재정적인 침체의 나날에(11월 21일) 괴벨스(*Kaiserhof*, 주 V/13, 208)는 다음과 같이 메모했다: "나는 샤흐트 박사와의 물밑대화에서 그가 절대적으로 우리의 관점에 서 있다는 점을 확인했다. 그는 매우 일관성 있게 지도자를 지지하는 몇 안 되는 사람들 중의 한 명이다." 샤흐트는 일반인의 주목을 받으며 카이저호프 호텔에서 있었던 나치 지도부의 여러 심의에 참여했다. 여기서는 자진해서 베를린으로 온 작센-코부르크-고타(Herzog von Sachsen-Coburg-Gotha)가 철모단-독일민족인민당과 나치당 사이에서 중재자로서 그를 측면 지원했다. 출발점은 샤흐트가 히틀러에게 보낸 편지(11월 12일)였다. 그는 이 편지에서, 이미 앞서 있었던 두 차례의 선거 이후(Klein, "Neue Dokumente", 주 III/129, S. 818ff. 와 이 책의 623쪽 주 95를 참조)처럼 선거 이후에도 확고한 태도에 대해 "지도자"에게 축하를 보냈다. 또한 그는 히틀러의 총리직이 불가피하며 기업가들의 서명을 수집함으로써 힌덴부르크에게 적절하게 영향을 미치려는 시도가 성공하게 될 것이라는 생각을 표명했다. 따라서 나치의 캠페인은 이제 침착하게 "좀더 고상한 방법으로 이행"할 수 있고, ― 분명 경제계에서 사랑받지 못하는 ― "어느 정도 선동의 불균등"을 조정할 수 있다는 것이다. *Nürnberger Dokumente*, vol. XXXVI, Dok. Nr. EC-465, S. 535. 쾰른의 슈타인 은행가(Bankhaus J. H. Stein)의 금고에 보관되어 있던 초안은 1945년에 앞에서 언급한 힌덴부르크에 보낸 청원서로부터 나왔는데, 얼마 전에는 제국대통령에게 전달된 사본이 발견되었다. Zeitschrift für Geschichtswissenschaft 4 (1956), S. 366ff. 서명을 위해서 특히 헬페리히(Helfferich), 크록만(Krogmann), 슬로몬(R. Slomann), 비트회프트(Witthoeft), 쿠노, 키프(Kiep), 알베르트, 묵(Muck), 쿠르트 뵈어만(Woermann), 칼크로이트, 샤흐트, 라인하르트, 슈뢰더, 핑크, 쿠르트, 아이히보른(Eichborn), 오펜(v. Oppen), 코이델(Keudell), 헤커(Hecker), 푀글러, 로스테르크(Rosterg), 질버베르크, 티센, 로이쉬, 하니엘, 크룹, 지멘스, 슈프링고룸, 라베트게(Rabbethge), 티쉬바인(Tischbein), 예니케(Jänicke), 보쉬(Bosch), 울리히(Ullrich), 루베르트(Rubert), 라인도르프(Reindorf)와 같은 대기업가들과 은행가들이 예정되어 있었다. 《뉘른베르크 문서》(vol. XXXIII, Dok. Nr. PS-3901, S. 531ff.)에 수록된 선언문은 의회로부터 자유로운 대통령 내각이라는 힌덴부르크의 정책에 대한 동의를 알려주며, 11월의 선거가 가져다 준 보다 더 넓은 기반 위해서 그것의 계속실행을 요구한다. 그것은 특히 "가능한 최대한의 인민의 힘을 내각으로 불러들이는" "제국내각의 변형"에 대한

은 것을 투자했다. 그러나 나치당의 재정은 그사이에 쉼 없는 선거투쟁으로 감당할 수 없을 정도의 상황에 이르렀다. 동시에 전문가들뿐만 아니라 경제장관 스스로도 이제 훨씬 더 확신에 차서 경제위기의 점진적 퇴조에 대해서 말했으며, 추가적인 대외정책적인 부담경감이 임박해 있었다.[67] 경제주기의 재상승이 필연적으로 나치의 호경기 퇴조를 초래하고, 급진주의의 상승이 본질적으로 관련되어 있는 여러 전제들을 축소시킬 것인가? 징후가 더 위협적으로 되고, 또 나치의 포괄이 권력 소유자들에게 필연적으로 보이기 전에, 당은 결국 국가의 경영에 개입하고, "권력"에 도달하거나 또는 적어도 거기에 참여할 적절한 순간을 놓치게 될 것인가?

나치당 내부에서 그러한 고려와 경향들의 배후에 있던 세력들이 얼마나 강했는지를 평가하기는 어렵다. 그렇지만 여기에는 궁극적으로 결합의 기회를 놓치지나 않을까 두려워한 기회주의자들이 있었다. 그들은 특히 "사회주의적"이고 친노동조합적인 당 노선의 대표자들 중에서 유입자들을 얻었다. 그레고어 슈트라서는 이미 당 노선을 둘러싼

소망을 표현했다. 이 선언문은 또 "민족적 운동에서 … 계급모순 … 극복의 유망한 시작"을 보고 있으며, "이 민족적 운동의 최대 그룹이 주도적인 역할을 하면서 정부에 참여할 것"을 요구한다. 선언문의 결론은 다음과 같다: "물적·인적으로 가장 뛰어난 자원을 갖춘 대통령 내각의 책임있는 운영을 최대의 민족적 그룹 지도자에게 〔즉, 히틀러의 요구!〕 넘기는 것은 모든 대중운동에 어쩔 수 없이 부착되어 있는 찌꺼기(*Schlacken*)와 오류를 제거하고, 오늘날 옆으로 밀려나 있는 수백만 명의 사람들을 열광시켜 지지세력으로 만들게 될 것이다"(S. 233). 여기에 대해서는 독일산업전국연맹(Reichsverband der Deutschen Industrie) 의장인 크룹이 1933년 4월 25일 히틀러에게 보낸 편지도 참조(*Ibid.*, vol. XXXV, S. 26): "정치적 발전은 나 자신과 의장단이 오래전부터 마음속에 품어 왔던 소망과 일치합니다."

67) Hermann Warmbold, Rückzug aus der Weltwirtschaft, nach einem Vortrag in der Deutschen Weltwirtschaftlichen Gesellschaft am 18. November 1932 (Berlin, o. J.).

예전의 논쟁에서 그 선두에 있었다.[68] 오토 슈트라서가 배제된 이후에는 히틀러와 특히 괴벨스가 나치의 언론기재를 지배했다. 따라서 슈트라서가 시도했던 그러한 노력들은 언론에 전혀 표현되지 않았다. 나치의 언론은 명백히 히틀러의 완고한 권력요구를 지지했다. 그러나 나치당의 조직, 그 권력에 굶주려 실망에 빠진 그리고 국가의 권위를 추구하는 간부집단 내에서 그레고어 슈트라서는, 슐라이허가 보기에, 엄청난 지지자를 보유하고 있음에 틀림없었다. 그와 함께 당의 대부분을 자신의 편으로 만들거나 또는 위기가 커지는 순간에 분열시킴으로써 "운동"을 순치시키는 것, 이것은 이제 매우 빠르게 구체적인 형태를 갖추기 시작한 새로운 슐라이허의 계획이었다.

5. 파펜의 독재계획이 실패하다

힌덴부르크는 히틀러 및 카스와의 협상이 실패한 뒤 여러 날 동안의 휴식에 들어갔는데, 이는 여러 소문의 근거를 제공했다. 사람들은 노이라트, 괴르델러 그리고 게슬러에 대해서 언급했으며, 여전히 파펜이 재위촉될 것으로 생각했다. 그러나 이날의 연립협상은 슐라이허가

---

68) 그러나 사람들은 그레고어 슈트라서에게서도(당시 그랬듯이) 이러한 "사회주의적 구성요소들"을 과대평가해서는 안 될 것이다. 슈트라서가 한때 비스마르크를 "반동주의자"라고("Sozialreaktionär?"〔15. November 1931〕, *Kampf um Deutschland*, 주 II/107, S. 310) 불렀고, 또 자주 "반자본주의적 동경심"을 불러냈다는 사실은 자신의 대중선동을 나치의 다른 선동보다 더 내용이 풍부하게 만들지는 못했다. 그가 거의 증오심으로 가득한 괴벨스의 망상에서 사용했던 "노동조합의 네트워크"는 적잖이 애매했다. 그레고어 슈트라서에게서 "사회주의"는 1932년 7월에도 막연한 표현이며, "프로이센 장교, 특히 청렴한 독일 관리의 능력원리, 성곽, 시청, 돔, 자유제국도시의 구빈원(*Spital*) 등… 모든 것"이다"(*Ibid.*, S. 381). 또한 "준법전술"에 대한 슈트라서의 냉소적인 해석은 앞의 주 II/107를 참조.

주도했다. 이제 점차 외부에서 보더라도 정치적 이니셔티브는 그에게로 이동되었다. 그리고 파펜은 이 이니셔티브를 11월 17일에 적잖이 당황한 대통령에게 넘겼다. 11월 말에는 슐라이허가 그사이에 정당의 대표들뿐만 아니라 자유노조와도 접촉을 개시했다는 사실이 알려졌다.[69] 독일노동조합총연맹 및 그 일자리 창출 문제의 전문가(에거트, Eggert)와 가졌던 11월 28일의 대화는 가장 긴급한 경제정책과 사회정책 문제를 다루었고, 노동조합의 요구를 문서화하게 했다. 이 요구들은 주로 9월 5일의 대규모 비상령 해제 및 그와 관련된 사회적 부조금의 축소, 일방적인 경제계 후원 대신 대규모의 공공 일자리 창출 프로그램의 실현, 주 40시간제 도입 등을 주장했다. 이는 이미 사민당이 지난번 제국의회에 제출한 매우 포괄적인 경제계획에 수용된 요구들이었으나, 당시 "선동적인 의미 이상"을 생각할 수 없는 것이었다.[70] 왜냐하면 수년 전부터 마비된 민주적 좌파가 이제 다시 정치적으로 활동적인 역할을 하려던 이 "사회주의적 공세"는 본래부터 공산당의 파괴노선뿐만 아니라, 사민당과 실용적으로 사고하는 노동조합 지도부와의 지속적 갈등으로 방해받았기 때문이다.[71] 파펜의 경제령(*Wirtschaftsverordnung*)에[72] 대항하여 9월 14일 이후 접수된 국민발안은 단 한

---

69) 다음을 참조: Schulteß, 1932, S. 214; Horkenbach, 1932, S. 408; Keil(주 I/3), II, 470f. (12월 초 라이파트와의 물밑대화에 대해서). 마틴 드라트의 논문(Martin Drath, "Regierung und Grundrechte", 주 IX/28, 특히 S. 730)도 이러한 접촉의 전체적인 틀 내부에 속한다. 드라트가 저자에게 보낸 편지에(1954년 12월 18일자) 따르면 이 논문은 자유노조의 기관지인 〈노동〉(*Die Arbeit*) 편집자의 요청으로 작성되었다. 그는 슐라이허에게 자유노조가 협력할 준비가 되어 있음을 암시했다. 물론 자유노조는 형식적으로 기본권이 보장되고 그 전제조건인 의회민주주의가 짐을 떠맡지 않으면서, 동시에 사회적 개혁을 통해서 이것이 구축된다는 점을 조건으로 내세웠다.

70) Stampfer(주 I/4), S. 640.

71) *Ibid.*, S. 638f.

72) 이 책 앞의 166쪽 참조.

번도 진척되지 않았다.

슐라이허와 자유노조의 접촉은 파펜의 노선과 복고적인 "새로운 국가"의 유토피아를 훨씬 넘어선 것이었다. 이 접촉은 기독교 노조 및 고용주 단체의 전문가들, 그리고 끝으로 여러 일자리 창출계획으로 등장한 농촌공동체연합(Landgemeindetag) 의장인 게레케와의 대화와 동시에 진행되었다. "민족적 결집"의 이념은 어떤 의미에서는 브뤼닝 정부의 실제로의 회귀를 포함한[73] 새로운 형식을 찾는 듯이 보였다. 물론 괴벨스의 후원을 받았던 히틀러의 언론책임자가 급히 힌덴부르크와의 서면협상을 대중에게 소개한 후,[74] 히틀러는 다시 노골적인 반대입장으로 되돌아갔다. 그는 뮌헨으로 되돌아가서 1932년 5월의 처방을 반복하거나 또는 임박한 제국의회의 개회에 대비해 관용다수파를 확보하려는 슐라이허의 온갖 시도를 계속 회피했다. 11월 30일에 슐라이허는 그사이에—임박한 튀링엔의 자치단체 선거에 즈음하여—바이마르에 와 있던 히틀러에게 베를린에서의 새로운 물밑대화를 요청했다. 그러나 벌써 하루 뒤에 나치의 핵심지도부는 슐라이허의 계획을 거부하기로 결의했다. 만약 우리가 이 바이마르에서 있었던 괴링 및 프릭(?)과의 대화에서 히틀러의 관점을 후원했던 괴벨스를 신뢰한다면, 오직 그레고어 슈트라서만 슐라이허와의 진정한 협상에 강력하고 공개적인 지지를 보냈는데, 그것은 당내 상황에 대한 매우 비관적인 판단에 근거한 것이었다.[75] 이어 슐라이허가 같은 날 신뢰할 만한 예

---

73) Brüning, "Brief"(주 I/9, 44): "이 위급한 상황에 제국대통령 측의 한 사람이 나에게 와서 혹시 내가 어떠한 탈출구를 알고 있느냐고 물었다. 나는 슐라이허 장군을 제국총리로 지명하고, 내가 실행했던 중도파 정당들과 사민당 사이의 협력정책으로 되돌아가라고 조언했다."

74) 빌헬름가(街)의 나치 측은 이번에—8월 13일과는 달리—서신교환 내용 전체를 11월 24일에 출판함으로써(Die Wahrheit über Hitlers Verhalten, 주 X/55) 선수를 쳤다: Goebbels, *Kaiserhof*(주 V/13), S. 210; Otto Dietrich(주 IV/3), S. 147f.

비협상자 오트 중령을 바이마르로 보냈을 때에도, 히틀러는 거부입장을 고수했고, 슐라이허의 총리직에 대해서 노련하게 경고했다. 그것이 제국군대를 "필요로 할" 것이라는 주장은 슐라이허에 맞추어 잘 재단된 것이었다. 그러나 그것은 동시에 이 노련한 장군의 독자적인 해결책에 대한 히틀러의 두려움을 꿰뚫어볼 수 있게 해주었다. 총 2시간 반 동안의 물밑 대화에서 히틀러가 여느 때와 마찬가지로 2시간 동안이나 혼자서 자신의 주장을 펼쳤으며, 오트는 슐라이허의 위임을 받아 그에게 부총리직과 몇몇 장관직을 제의했다. 그것은 8월의 계획이었으나, 나치당을 "의회의 책임"으로 이끌 뿐만 아니라 "히틀러와 측근의 굶주림을 대립시키려는" 뉘앙스를 강하게 풍겼다.[76] 오트의 설명에 따르면 히틀러는 예전과 마찬가지로 전권을 요구했으나, 이어 괴링은 자신이 히틀러에게 영향력을 행사해 보겠다고 오트에게 제안했다. 물론 만약 사람들이 그를 프로이센 총리 및 항공장관으로 되게 하고 또 그에게 "마르크스주의자들에 반대한 길을" 열어줄 경우에 말이다.[77]

---

75) Goebbels, *Kaiserhof*(주 V/13), S. 212f. (12월 1일의 메모). 뒤스터베르크에 따르면(Duesterberg, 주 IV/18, S. 36) 히틀러와 슈트라서의 갈등을 야기한 사람들은 특히 괴링과 괴벨스였다. 왜냐하면 이들은 장관이 될 전망이 없었기 때문이다. 적대적인 언론은 히틀러가 베를린으로 가는 도중에 양측에 의해서 납치되었다는 소문을 둘러싸고 이러한 추측들을 널리 퍼뜨렸다. 오토 디트리히의 장황한 반대성명은(Dietrich, 주 IV/3, S. 161ff.) 설득력 있게 들리지는 않는다. 여기에 따르면 히틀러는 뮌헨에서 "실수로" 베를린행 무정차 열차를 탔다가, "마지막 순간에" 예나(Jena)행 열차로 갈아탔다. 반면에 일행의 일부는 침대차의 부족으로 베를린행 열차에 계속 남았다는 것이었다. 이것이 오보를 야기했다는 것이었다. 이와는 반대로 히틀러는 "지시에 충실하게" 예나 역에서 나치당 출신의 바이마르 경찰서장으로부터 차내 영접을 받았다는 것이다.

76) Eugen Ott, "Eidesstattliche Erklärung über Maßnahmen Schleichers gegen Nationalsozialismus, vom 12. 1. 49"(뮌헨 현대사연구소에서 확인된 사본).

77) *Ibid.* 이 탐색회담에 대해 우리가 아는 것은 지금까지 오토 디트리히의 글에

물론 프로이센 총리직 입후보자는 이제까지 그레고어 슈트라서였다. 바로 여기서 슈트라서 갈등의 당 내부의 뿌리가 명백히 드러난다.

그러나 괴링이 다음 날 슐라이허와 접촉하기 위해 베를린으로 갔을 때, 거기서 이미 결정이 내려졌다. 12월 1일 저녁에 힌덴부르크는 아들과 마이스너의 면전에서 면담을 위해 파펜과 슐라이허를 영접했다. 그는 먼저 파펜에게 의사를 타진했다. 사실 파펜은 히틀러의 비타협적인 태도가—8월 13일 이상으로—진정한 국가비상사태를 초래하게 될 것이라는 관점을 명확히 제시했다. 제국의회에 반대하고 거의 무한정 확장된 헌법 제 48조로써만 통치하던 힌덴부르크는 이제 더 이상의 조치를 취했다. 그는 "바이마르 헌법이 그러한 상황에 전혀 대비하지 못했다"고 설명했다. 그는 이제까지 정부를 유지시키고 그의 총리직 아래서 모든 저항에 맞서 필요할 경우 정부의 계획을 폭력으로 관철시키는 것을 지지했다. 반항적인 제국의회의 배제, 모든 정당들 및 반(半)정치적인 조직들에 대해 제국군대와 경찰을 통한 억압[78] 그리고 국민투표나 "새로 소집된 국민의회"를 통하여 허용된 헌법개혁 등은 후겐베르크 측에 의해서도 강하게 영감을 받은 제안이었고,[79] 이를

포함된 간단한 메모와 괴벨스의 여러 기록물을 토대로 한 것이었다. 괴벨스의 기록물들은 여기서도 히틀러-괴벨스-괴링-프릭의 건재를 과시하는 대(對) 슈트라서 통일전술의 지속적인 확인을 위해 노력했다. 다른 한편 앞서 언급했던 소문, 즉 히틀러가 슐라이허에게로 가는 도중에 예나에서 괴링과 괴벨스에 의해 납치되었다가 나중에야 심경의 변화를 일으켰다는 소문과 관련된 새로운 근거들 또한 없다(앞의 주 75 참조). 자신이 슐라이허와 가졌던 협상에 대해 괴링이 뉘른베르크에서 했던 발언이 어느 정도나 이와 관련되어 있는지는 분명하지 않다. 괴링은 자신의 다수파 정부 구성안이 슐라이허에 의해 거부되었다고 주장한다. 여기에 대해서는 *Nürnberger Dokumente*, vol. IX, S. 279를 참조. 어쨌든 이후 이제까지 일반적으로 인정된 괴벨스의 해석은 슈트라서와 기껏해야 프릭이 진정으로 제한할 의향이 있었다는 사실이다.

78) Brüning, "Brief"(주 I/9), S. 14도 참조.

위해서 파펜은 “만일의 경우 바이마르 헌법의 중단을” 감행할 수 있기를 바랐다.[80] 파펜은 역사적으로 분장한 자만심 없이 오직 프로이센 의회 및 헌법에 맞선 비스마르크의 투쟁에 대한 시대착오적인 언급을 통해서 힌덴부르크의 생각을 극복하려고 하지는 않았다.

그러나 쿠데타 형식의 “헌법개혁” 기술은 오직—1932년 7월 20일처럼—민주적 받침대의 축소가 문제시되지 않는 한에서만 성공적이었다. 헌법개혁은 위협적인 나치의 독재에 맞서 개시될 수 있는 순간에 그 기만적인 성격을 분명히 했다. 왜냐하면 이제 슐라이허는 자신의 대안적인 계획을 논쟁에 붙였기 때문이다.[81] 그는 힌덴부르크에게 자신의 새로운 길들이기 구상을 발전시켰다. 그는 이 구상을 통해서 헌법의 위반을 방지하고 동시에 여러 정당들, 특히 나치당의 완고함을 막을 수 있을 것으로 생각했다. 그는 그레고어 슈트라서를 자신의 사람들과 함께 정부에 참여시키고자 했으며, 이를 통해 나치당을 분열시키는 한편, 엄청난 수의 나치당 소속 의원들을 자기편으로 끌어들이고,[82] “노동조합의 축”(*Gewerkschaftsachse*), 즉 정치적 네트워크를 이

---

79) Interview v. Carlowitz, ungedruckter Teil(주 VI/72), S. 97을 참조.

80) Papen(주 VI/35), S. 243f. 이에 대해서는 파펜의 뉘른베르크 진술: *Nürnberger Dokumente*, vol. XVI, S. 284ff.과 “Zur Politik Schleichers”(주 IX/60), 105f.에 있는 마이스너의 (간단한) 메모를 참조.

81) 마이스너가(주 I/159, S. 245f.) 슐라이허와 파펜 사이에 벌어졌던 결정적인 논쟁의 날짜를 12월 1/2일이 아니라 11월 17일로 설정한 것은 잘못이다. 다른 한편 괴를리츠(Hindenburg, 주 I/67, S. 392f.)는 전혀 비판적인 언급도 없이 파펜의 견해에 따라 서술하고 있다. 여기서 그는 슐라이허의 역할을 과도하게 평가하고 있으며, 나아가서 파펜이 정치에서 차지하고 있던 전반적인 입장에 필수불가결한 평가를 망각하고 있다. 파펜이 혼자서—신뢰할 만한 것으로 만들고자 하듯이—12월 6일 이후에도 그리고 퇴진 이후에도 자신이 의지할 곳 없이 고립되어 있었다는 사실을 전혀 눈치 채지 못했고, 또 이미 1932년 5월에 파펜이 출마하기 전에 여러 사람들의 입에 오르내렸던 슐라이허의 출마를 예상하지 못했을 것이라는 추정은 전혀 가능성이 없다.

용하여 모든 부르주아 정당들 및 사민당을 포섭하거나 또는 적어도 슐라이허 내각을 관용하도록 하려고 했다.[83] 파펜은 슐라이허의 계획이 다시금 임시미봉책으로 되고 말 것이라는 원칙적인 반론으로 이 설명을 중단했다. 여기서 사람들은 거대한 권위주의적 개혁프로그램으로 결국 이러한 임시미봉책을 극복하고자 한다는 것이었다. 이제야 힌덴부르크는 개입했고, 특별한 근거를 설명하지도 않은 채 파펜의 제안에 지지를 선언했다. 제국대통령의 헌법선서에 대한 슐라이허의 언급 역시 파펜뿐만 아니라 권위주의적인 대통령정부에 대한 편애를 극복할 수 없는 듯이 보였다. 파펜은 정부구성에 대한 위임을 받았다.[84]

슐라이허의 계획은 실패로 끝난 듯이 보였다. 그러나 파펜이 대화를 끝낸 후 "그것이 다루어져야만 한다"는[85] 것에 대한 국방부장관의 후원을 보장하려 하자, 그는 변화된 상황에 부딪치게 되었다. 귀르트너(Gürtner) 및 엘츠-뤼베나흐(Eltz-Lübenach)와 뒤이은 물밑접촉 과정에서 그는 자신의 새로운 계획에 대한 동의를 받긴 했으나, 동시에 결정적인 방해를 경험하게 되었다.[86] 슐라이허는 "지난 2주 동안 다수의

---

82) 파펜(주 VI/35, S. 244)에 따르면 슐라이허는 "약 60명의 의원들"에 대해서 언급했다.

83) Görlitz, Generalstab(주 VI/9), S. 391을 참조. 흥미로운 점은 슐라이허에 가까운 〈타트〉지의 편집자가 이미 1932년 8월에 노동조합과 나치당의 강제적인 연합가능성을(특히 그레고어 슈트라서를 둘러싸고) 설명했다는 점이다. Hans Zehrer, "Revolution oder Restauration"(주 VII/84), S. 386ff. 체러는 1932년 9월 1일 이후 슐라이허에 가까운 〈태클리헤 룬트샤우〉지의 편집자이기도 했다. Die Tat 24, Heft 6(September 1932), S. 518을 참조.

84) Papen(주 VI/35), S. 245.

85) *Ibid.* 와 마이스너의 파일메모(주 X/80), S. 106.

86) 파펜의 의미에서 그리고 슐라이허에 격하게 반대하여 이 과정을 약간 다르게 묘사한 내용 또한 다음에 포함되어 있다: Gerhard Rossbach, *Mein Weg durch die Zeit. Erinnerungen und Bekenntnisse*(Weilburg, 1950), S. 123ff.

내각구성원들과" 대화를 했고, 파펜의 재위임이 내전의 위험을 초래할 것이라는 점에 주목했다. 그는 거기서 제국군대가 나치의 점진적인 침투로 이러한 상황을 감당할 정도로 성장하지 못했고, 또 중대한 국내정치와 관련하여 투입되어서는 안 된다는 점을 강조했다. 이로 인해 정부에서는 극히 명백하게 파펜이 자신의 권력개혁을 위해서 필요로 하는 지지기반은 위험에 처하게 되었다.[87]

이는 파펜이 다음날인 12월 2일에 급히 소집한 내각회의에서 확인되었다. 여기서 슐라이허는 새로운 정부계획이 실행불가능하다고 선언했고, 이를 위해 오트 중령의 책임 아래 그리고 베를린 운송노동자 파업의 압력 아래서 개최된 한 연구를 언급했다.[88] 이어 오트가 내각에서 이 연구의 결과를 종합하여 전한 설명은 "제국군대가 우파와 좌파의 테러에 대항해서 실행하게 될 장래의 비상사태를 감당해 낼 수 있을 것인가"라는 문제에서 출발했다.[89] "비상사태에 중요한 모든 국가기관의 대표자들"이[90] 보는 앞에서 이루어진 3일간의 탁상모의전쟁

---

87) Papen(주 VI/35), 246. 파펜의 증언: *Nürnberger Dokumente*, vol. XVI, S. 286ff.

88) 어떠한 동기가 일차적인 것이었는지를 확인하기는 어렵다. 오트(다음의 주)는 오히려 파펜을 생각하는 반면에, 푀르취(주 VI/61, S. 19와 S. 21)는 나치당과 공산당의 협력가능성에 대한 제국군대의 격앙을 중시한다. Vogelsang(주 III/35, 427)에서 슐라이허의 상세한 설명들도 참조. 뉘른베르크에서 요들(Jodl)이 한 증언에 따르면 제국군대 지도부는 1932년에 계속 국내의 정치적 갈등이 심화될 경우 투입을 위한 여러 가지 계획안(과 탁상모의전쟁)을 작성했다: *Nürnberger Dokumente*, vol. XV, S. 315.

89) Eugen Ott, Auszug aus der 1946 verfaßten Aufzeichnung *Wehrmacht und Nationalsozialismus*, gegeben zu Nürnberg am 15. 12. 47, bestätigte Abschrift im Institut für Zeitgeschichte, München(일부는 Papen, 주 VI/35, 247~249에도 수록됨). 여기에 대해서 그리고 제국총리로서 슐라이허의 새로운 구상에 대해서는 1932년 12월 13~15일에 그가 여러 군단장(*Gruppen-und Wehrkreiskomandeur*) 앞에서 밝혔던 여러 설명들을 참조. Vogelsang(주 III/35), S. 426ff.

(*Kriegsspiel*)에서 예상되는 상황은 제국의 각 부분에서 고려되었다. 또한 거기서는 군사적 가능성이 "거의 마찬가지로 충분치 못하다"는 결론에 이르렀다. 사람들은 고립된 동프로이센에서 양 전선 전쟁의 위험성을 고려해야만 한다고 생각했다. 폴란드 개입의 위험성은 — 슐라이허와 브뤼닝의 악몽 — 오직 친군부적인 청년층을 관련시킴으로써만 방지될 수 있다는 것이었다. 그러나 여기서 나치당이 특히 엄청난 영향력을 보유하고 있으므로, 군대는 "내적 갈등"에 빠져들게 될 것임에 틀림없었다. 왜냐하면 게다가 동프로이센에서도 "군대를 나치의 영향력에서 멀리 있게 하기란 전혀 성공가능성이 없다"는 것이었다. 함부르크에서는 독일 식료품 공급을 위협할 항만노동자들의 총파업이 고려의 중심에 있다고 보고했다. 이와는 반대로 군대와 경찰은 의지할 곳이 없고, 긴급기술지원팀(*Technische Nothilfe*)[91]의 책임자는 불충분한 장비상태뿐만 아니라 "자발적인 긴급지원자의 다수"가 "틀림없이" 나치당원들로 될 것이라는 사실을 언급했다. 라인-루어지역에 대해서는 특히 광산업, 중공업, 해운업 등의 마비와 분리주의(*Separatismus*)의 부흥이 고려될 수 있으나, 바로 여기서 비무장지대는 모든 대응조치들을 예전과 같은 불안정한 상황에 충분하지 못한 경찰에 제한했다는 것이었다. 전반적으로 보아 "어디선가 치안유지 세력을 절약하여 위기의 중심지에 모으는 일"은 불가능하다고 했다. 또 사람들은 슐라이허에게 다음과 같은 사실을 알려주어야만 했다는 것이다. "제국 및 각 주의 치안유지 세력이 나치 및 공산세력에 대항하여 헌정질서를 유지하고, 국경을

---

90) 오트는 제국군대 7개 사단 및 해군장교들과 더불어 국방부, 프로이센, 경찰 등지의 대표자들 및 긴급기술지원팀 책임자를 지칭한다.

91) 〔역주〕 긴급기술지원팀(*Technische Nothilfe*) : 흔히 테노(*TeNo* 또는 TN)로 약칭. 중요한 전략시설(가스시설, 발전소, 철도, 우체국, 식량생산시설 등)을 보호하고 유지하기 위해 준군사조직인 자유의용병의 기술부대로 출발했고, 1919년에 로자 룩셈부르크와 칼 리프크네히트를 살해. 이 조직은 군조직에서 자발적인 민간인 조직으로 전환.

지키기에는 전혀 충분하지 못하다. 따라서 제국정부가 군사적 비상사태로 도망치는 것을 막는 것이야말로 국방부장관의 의무이다."[92]

슐라이허가 지속적으로 후원한 이러한 설명들이 어느 정도나 파펜에 대항하는 정치적 목적을 추구했는지, 또 실제로 주관적인 상황에서 어느 정도나 근거가 있었는지 등은 더 이상 명확하게 확정될 수 없을 것이다.[93] 그 배후에는 슐라이허의 염려가 자리하고 있었다. 슐라이허는 독일민족인민당에 의해서만 담지된 그토록 협소한 내각을 지속적으로 후원하는 것이 자신의 필생의 업적, 즉 국방부장관의 초당적인 역할을 위험에 빠뜨리지나 않을까 염려했다.[94] 어쨌든 그는 이러한 권력도구를 폭력적인 복고정책을 위해서 투입하려고 생각하지는 않았다. 동시에 그는 의문의 여지없이 히틀러에 대한 폭력행위가 위험스러

---

92) Ott(주 X/89), Schluß. 오트는 이렇게 단정하게 된 직접적인 결과로서 재무성이 긴급기술지원팀에—이는 나치적인 방식으로 묘사되었다!—"수백만 마르크"의 특별지원금을 허용했다는 사실을 지적한다. 조르쥬 카스텔랑의 글(Georges Castellan, "Von Schleicher, von Papen et l'avènement de Hitler", *Cahiers d'histoire de la guerre*, 1, Januar 1949)에서는 오트의 보고서에 대한 새로운 자료가 포함되어 있다. 영국대사 럼보울드 경이 1932년 12월 7일에 보낸 보고서도 참조: *Documents on British Foreign Policy*(주 II/53), 2nd series, vol. IV, S. 92~99.

93) 특히 나치의 장교단 파괴는 우파의 봉기에 대해서도 제국군대의 명백한 우위를 환상에 의한 것으로 만들 수 있었는데, 이 문제에 대해서는 확실한 대답이 없다. 사람들은 슐라이허가 히틀러에 대한 자신의 저항이유를 어떻게 설명하고자 했는지에 대해서 물어보아야만 한다. 사람들은 슈트라서의 계획으로부터도 구체적인 권력정책적인 공간에서 그토록 광범위한 부담경감을 거의 기대해서는 안 되었다. 함머슈타인은 이미 여름에 슐라이허 이상으로 격한 표현으로 나치의 욕망에 대해 반대했다. 사람들은 또한 "급진적인 분자들, 특히 괴벨스를 체포하자고" 제안하기도 했다. Foertsch(주 VI/61), 19f. 와 이 책의 제 1부 489ff. 을 참조.

94) Interview Carlowitz, ungedruckter Teil(주 VI/72), 97; Foertsch(주 VI/61), S. 20f.

워 보이게 한 "제국군대의 내적 분열"을 고려했음에 틀림없었다.[95] 슐라이허의 주장이 내각에 끼친 직접적인 영향은 너무도 분명해서, 파펜은 "지체 없이" 힌덴부르크에게로 가서 내각회의를 통해 만들어진 새로운 상황에 대해 보고하는 수밖에 없었다. 그는, 슐라이허 및 그 동료장관들의 태도에도 불구하고, 만약 자신이 국방부를 새로이 차지하게 되면, 자신의 계획을 고수할 수 있을 것으로 생각했다. 그러나 힌덴부르크의 현실적인 의미 또한 여기에 저항했다. 그리고 만약 파펜이 오늘 내전에 대한 두려움을 자신의 실각에 책임있는 것으로 간주한다면,[96] 그는 자신의 내각과 그 뒤에 있는 세력들이 그를 이러한 모험에 더 이상 따를 준비가 되어 있지 않았다는 사실을 덧붙여야 한다는 것을 잊은 셈이다.[97] 슐라이허는 다시 한 번 "제국군대의 신뢰"에서 나

---

95) Conze, "Die Weimarer Republik"(주 I/9), S. 662.

96) 파펜은(주 VI/35, S. 250) 자신의 감상적인 고별사에서 힌덴부르크의 마지막 발언처럼 다음과 같이 전한다: "만약 제가 지금 생각을 바꾼다면, 여러분들은 파펜보다는 오히려 저를 불량배로 생각할 것입니다. 그러나 저는 생애의 말기에 내전의 책임을 지기에는 너무 늙었습니다. 그렇다면 우리는 슐라이허 씨에게 신의 이름으로 행운을 빌어주어야만 할 것입니다."

97) 여러 장관들 중에서 특히 브라흐트, 슈베린-크로직, 바름볼트, 포피츠(Popitz) 등은 파펜의 조각위촉에 반대를 선언했다. 반면에 영향력 있는 우익 부르주아적 신문들(〈도이체 알게마이네 차이퉁〉과 〈베를리너 뵈르젠-차이퉁〉) 또한 폭력적 해결을 피하라고 촉구했다. Horkenbach, 1932, 408f. 참조. 마찬가지로 당연히 Hans Zehrer, "Die Etappe Papen", *Die Tat* 24, Heft 8(November 1932), S. 627ff. : "대통령 권력의 첫 번째 시도는 실패로 돌아갔다. 왜냐하면 그것은 인민의 의지와 아무런 연결점을 찾지 못했기 때문이다…." 카를로비취는 자신의 "인터뷰"(ungedruckter Teil, 주 VI/72, S. 98)에서 오트의 강연이 이어 다수의 장관들, 특히 행정문제에 경험이 있는 장관들인 브라흐트, 슈베린-크로직, 포피츠, 노이라트 등이 힌덴부르크에게 그 계획을 포기하고 파펜을 퇴진시키도록 종용한 반면에, 가일만 유일하게 파펜을 지지했다고 강조한다. 물론 힌덴부르크도 단호하게 파펜을 지지했다. 힌덴부르크의 서면 입장표명은 다음을 참조: *Nürnberger Dokumente*, vol. XXXX, Dok. Nr. Pa-87, S. 575ff. 마이스너는 자신의 진

오는 전권적인 주장으로—이는 지난 여러 해 동안 재차 최후의 결정권을 행사했다—정치에 결정적인 전환점을 제공할 수 있었다.[98)]

그래서 이 "늙은 주인"은 자신의 마음을 얻을 수 있고 또 정치적 위기의 이성적인 중재를 위한 최후의 기회를 허비할 수도 있는 총리를 해임했다. 그와 함께 가일도 자신의 자리에서 물러났다. 이로써 광범위한 개혁안들은 외관상 명백히 포기되었다.[99)] 그러나 "새로운 국가"라는 이상향(*Wunschbild*)은 그대로 남았으며, 이제 후임자에 대해 심대한 원한과 결합되었다. 이 후임자는 한때 파펜을 격노케 했으나, 이제는 힌덴부르크에게도 민감하게 받아들여졌다. 수완 있는 장군은 네 차례의 정부위기를 통제할 수 있었는데, 최근의 위기는 별로 달갑지

술서에서 파펜이 이미 오트의 강연 이전에 불과 몇몇 장관들로부터만 지지를 받았다는 점을 확인해 준다: *Ibid.*, vol. XXXXII, 150.

98) Wheeler-Bennett, *Nemesis* (주 I/162), S. 263f. 를 참조. 휠러-베넷은 슐라이허가 바로 이 경우에서도 제국군대의 정치화를 극도로 조장했으며, 이로 인해 운명적인 발전을 초래하게 되었다고 주장했다. 그러나 그의 이러한 일면적인 테제는 사실을 완전히 왜곡한 것이다. 그것은 특히 나치즘의 문제를 왜곡된 모습으로 보이게 한다. 즉, 제크트의 국방정책인—허구적인—"초당성"(*Überparteilichkeit*)과 비교하는 것은 의미도 없을 뿐만 아니라, 역사적으로도 오류이다. 1933년 1월 30일에 슐라이허가 패배한 것은 초당성 구상이 결코 포기되지 않았다는 점, 즉 이러한 기본태도의 과소(過小)가 아니라 과잉(過剩)이 공화국의 붕괴를 가속화시켰다는 사실을 증명해준다. 여기에 대해서는 Hans Zehrer, "Die Revolution von rechts", *Die Tat* 25, Heft 1 (April 1933), S. 3: "슐라이허 장군의 실패는 좌파와 우파 사이에서 군대의 중립성을 실제의 행동을 통해서 위험에 빠뜨리려 하지 않았기 때문에 총리로서 거의 능동적인 정책을 추진하지 않음으로써 실패하였다. 왜냐하면 어떠한 조치도 자신과 주민의 일부 사이에 갈등을 야기했을 것이기 때문이다. …" 휠러-베넷의 비판에 대해서는 쉬데코프의 논평을 참조: Otto-Ernst Schüddekopf, "Wehrmacht und Politik in Deutschland", Politische Literatur 3, Heft 3/4 (1954), S. 232ff.

99) 동시에 노동조합이 어렵게 싸웠던 노동부장관 후고 셰퍼가 물러났다는 것은 새로운 방향에 상응한 것이었다.

않은 바로 이 사람을[100] 제국총리직에 앉혔다. 그러나 이제 불쾌감은 제국대통령궁에 남았고, 이어 최후의 정부위기에서 자유롭게 활동할 수 있게 되었으며, 슐라이허 및 그 계획과 더불어 나치즘에 대하여 매우 세심하게 설치된 방호벽을 넘어서 헤엄쳐야 할 것이었다.

신임총리는 그러한 관점들에 대해서 명료했다. 그는 정부의 인수상황이 처음부터 심리적으로 그의 행동의 자유를 제한할 것이라는 점을 알아야만 했다.[101] 그리고 그는 파펜으로 하여금 파리 주재 대사직을 받아들이도록 움직이고자 했다. 그러나 그 자신이 먼저 브뤼닝을, 이어서는 파펜을 대통령의 신임자로 동행했듯이, 이제는 자신의 전임자에게 대통령궁의 이 중요한 자리를 비워주어야만 했다. 힌덴부르크는 자신이 선호하는 총리와의 작별만을 준비한 것은 아니었다.[102] 그는 파펜을 계속 자신의 바로 옆에 두고 싶다는 명백한 소망을 표현했다.[103] 그래서 만약 슐라이허 자신이 지금 사건으로 점철된 자신의 경

100) 카를로비취의 인터뷰에(Interview Carlowitz, ungedruckter Teil, 주 VI/72, 97) 따르면 슐라이허는 내각의 개편을 위해서 먼저 브라흐트의 지지를 얻으려 했다. 샤흐트는 슐라이허가 이 시기에 그에게도 접근했었다고 전한다(*76 Jahre*, 주 I/9, S. 374f.)

101) 마이스너의 증언을 참조: *Nürnberger Dokumente*, vol. XXXII, S. 151.

102) Papen(주 VI/35, S. 250): "위대한 강한 사람이 작별을 위해 나에게 손을 내밀었을 때, 그〔힌덴부르크〕의 볼 위에 두 갈래의 굵은 눈물이 흘러내렸다." 힌덴부르크는 몇 시간 후에 그에게 자신의 서명이 들어 있는 사진을 보냈다: "나는 (진정한) 전우를 갖고 있었다"(*Ibid.*, S. 225쪽 맞은 편)! 그리고 다음날에 그는 그에게 다시 감동적인 작별의 편지를 보냈다(*Ibid.*, 251).

103) *Ibid.*, S. 251. 또한 Rossbach(주 X/86), S. 126도 참조. 힌덴부르크의 "초헌법적인 보좌관" 집단들을 해임된 제국총리의 주변에서 확장해 보려는 이 이례적인 조치의 이니셔티브가 어디에 있었는지를 확인하기는 어렵다. 파펜 자신은 거기에 불참하기 어려웠다. 어쨌든 이러한 사실은 모든 헌법적인 규정들에 대항하는 측근들이 이미 정치적 결정의 영역에서 획득한 비중에 매우 특징적인 것이다. 물론 출처를 밝히지 않은 괴를리츠의 언급

력에서 가장 신중한 과제를 위해서도 힌덴부르크를 뒷받침하고자 한다면, 그는 마이스너와 힌덴부르크뿐만 아니라, 원망스러운 그의 전임자까지도 고려해야만 했다.[104]

6. 슐라이허 정부의 시작

여론이 그 등장 및 의미와 관련하여 극히 다양한 추측들에 휩싸인 슐라이허 내각에 대해 전반적으로 긍정적인 기대와 관련시키는 한, 그것은 이미 외적인 모습에 실망으로 답해야만 했다. 예나 마찬가지로 12월 3일의 장관명부가 등장했듯이, 그것은 정치노선의 본질적인 변화를 전혀 약속하지 않았다. 슐라이허 자신은 예상했던 대로 국방부장관직을 유지했고, 노이라트, 슈베린-크로직, 귀르트너 그리고 엘츠-뤼베나흐는—이어 히틀러 아래서처럼—본래의 자리에 남았다. 셰퍼는 '직업소개 및 실업보험청'(Reichsanstalt für Arbeitsvermittlung und Arbeits losenversicherung) 사장이자 '자유노동봉사단'(*Freiwilliger Arbeitsdienst*) 담당 전권특사인 지룹(Syrup)으로 교체되었다. 반면에 가일 대신 브라흐트(Bracht)가 들어왔다. 다음날 바름볼트와 브라운은 급히 이견을 좁힌 뒤, 자신이 맡은 직책을 확인했다. 포피츠도 마찬가지로 내각에서 지위를 유지했고, 슐라이허도 프로이센 담당 전권특사로서 파펜을 대체했으므로, 그의 유산은 모든 형식으로 유지된 듯이 보였다. 그리고 게레케를 일자리 창출 전권특사로 임명한 것이 유일하

(*Hindenburg*, 주 I/67, S. 394)에 따르면 힌덴부르크는 심지어 파펜에게 마이스너의 자리를 제공할 생각도 있었다.

104) 슐라이허에 대한 파펜의 매우 온건한 평가는 약간—아마도 보수적인 영국인의 시각에서 이해됐겠지만—왜곡되어 있다. Bullock(주 I/126), 190ff., S. 210ff., 등. 이 저작은 파펜의 회고록이 출판되기 전에 완성되었다.

게 새로운 시작을 암시했다.

그럼에도 불구하고 사민당은 특히 파펜의 프로이센 해결책의 지속에 대해 명백한 투쟁을 선언하였고, 공산당과 더불어 새로운 내각의 단호한 반대자로 등장했다. 이와는 반대로 중도 및 우파의 정당들은 참을성 있는 태도를 취했고, 나치당의 입장표명 역시 — 비록 당의 공식적 입장에서는 슐라이허 내각의 관용을 거부했지만 — 파펜보다 더 불확실하고 분열적인 것이었다.[105] 이것은 한편으로 신임총리 개인에게 그 근거가 있었다. 슐라이허는 염려되었던 제국군대를 지휘했고, 게다가 당은 그에게서 이제까지 여전히 힌덴부르크에 대한 소중한 중개자를 보았다. 히틀러 역시 그를 자신의 내각에 국방부장관으로 제안했다.[106] 다른 한편 그것은 당의 어려운 상황과 관련되어 있었다. 당은 당시 새로운 제국의회 선거를 감당할 수 없는 것으로 생각되었다. 바로 지금 당은 튀링엔의 지방자치단체 선거에서 다시금 패배를 겪었다.[107] 반면에 그 순간에 내적인 위기는 정점에 도달해 있었다. 괴벨스의 메모에 따르면 12월 5일 카이저호프 호텔에서 열린 지도자대회에서는 슐라이허에 대한 나치의 당 노선이 확정될 것이었는데, 여기서

---

105) 당혹스러운 풍자의 분위기로 바꿔 놓은 괴벨스의 논평도 그러하다: Joseph Goebbels, "Der General hat eine gute Presse", *Der Angriff* v. 6. Dezember 1932. 다른 언론동향도 참조: Horkenbach, 1932, S. 409f.; *Der Zeitspiegel* 1, Nr. 24 (17. Dezember 1932), S. 374ff.

106) 푀르취(주 VI/61, 21과 227의 주 75)는 이와 연관관계 속에서 괴링이 슐라이허를 통해서 "보다 더 중요한 기여"를 중재하려고 노력했으나 성공하지 못했다고 전한다. 슐라이허는 그에게 이것을 괴링이 자신에게 한때 "약하고 우는 듯이" 보인다는 점에 대해 사과하지 않으려 한다는 언급과 더불어 전달했다는 것이다. 1934년 6월 30일은 그 대답이었다.

107) 이 책 앞의 208쪽에 있는 예나의 선거수치를 참조. 여기에 대해서는 Goebbels, *Kaiserhof* (주 V/13, S. 215): "이 패배는 순간적으로 못마땅했다." S. 217f: "제국의 상황은 파탄적이다. 우리는 튀링엔에서 7월 31일 이후 거의 40%를 잃었다."

히틀러와 슈트라서 사이에 격렬한 논쟁이 발생했다. 그리고 슈트라서는 이제 명백히 새 정부에 대한 관용을 지지했다. 슐라이허가 며칠 전에 그에게 사실상 부총리직과 노동부를 제의하였고, 슈트라서 측에서 새로운 선거가 있을 경우 독자적인 선거명부의 설정,[108] 즉 나치당의 폭파를 약속했는지의 여부는 검토하기 어렵다. 어쨌든 슈트라서는 이미 이 순간에 그리고 뒤이은 원내교섭단체 회의에서 히틀러가 자신의 언변의 뛰어난 덕택에 상황을 장악했다는 점을 인식해야만 했다. 그리고 슐라이허는 슈트라서를 통해서 그에게 제국의회의 새로운 해산을 위협할 수 있었다.

그래서 12월 6일에 새로운 제국의회가 회기를 시작했으나, 슐라이허는 첫 번째 시도에서 자신이 원하는 해명에 성공하지 못했다. 그럼에도 불구하고 이 상황은 9월 12일의 상황과 비교할 수 없었다. 새 총리의 조치는 전임자의 고립을 통해서 가능한 듯이 보였다. 나치당의 원내교섭단체에서는 슈트라서 노선이 전혀 반향이 없지 않았다. 그러나 원내교섭단체는 슐라이허에 대한 즉각적인 공격을 감행하지도 못했고, 또 좌파정당들의 반대태도도 충분하지 못했다.[109] 나치당 지도부는 심각한 당위기의 순간에 새로운 선거에 대한 두려움과 더불어 특히 새로운 정부위기가 이제 권력인수에 11월의 협상과는 전혀 다른 출발점을 제공하지 못하리라는 생각을 결정적으로 갖게 되었을 것이다. 바이마르공화국의 마지막인 이 4일간의 제국의회 회의의 경과도 거의 그러리라고 추정할 수 없었을 것이다. 회의는 이번에 나치의 선동연설로 개회되었다. 퇴역장군인 리츠만(Litzmann)은 최고령 의장으로서 8월 13일과 11월 25일의 실망감을 표명함으로써 힌덴부르크에게 부담을 주

---

108) *Ibid.*, S. 216; Meißner(주 I/57), S. 251.

109) 정부는 (의회의) 회의에 거의 참여하지 않았고, 다수파는 사민당과 공산당에 반대하여 슐라이허를 불러내어 그의 정부선언을 의회에서 듣기를 포기했다.

었고, 그에게 신랄한 인신공격을 퍼부은 다음[110] 끝으로 볼셰비즘에 대한 구조자로서 히틀러에게 정부의 운영을 맡길 것을 요구했다. 이어 ―이번에는 아슬아슬하게―다시 제국의회 의장으로 선출된 괴링은 의회의 존중을 지지했고, 국방군의 정치화 위험을 초래하게 될 새 정부에 반대했다.[111] 부의장 선거에서는 옛 하르츠부르크 전선 파트너들 사이에 다시 한 번 갈등이 발생했다. 결국 에서(중앙당), 라우흐(바이에른인민당), 그리고 뢰베(사민당)가 선출되었으나, 나치주의자들은 그래프(Graef, 독일민족인민당)의 재선출에 동의하기를 거절했다.[112]

뒤이은 의사진행규칙 제정을 위한 논의에서도 변화된 상황은 잘 드러났다. 이번에는 정부에 대한 불신임투표를 다룰 공산당의 제안은 부결되었고, 다음날(12월 7~9일)에 나치가 제출한 법안초안이 처리되었다. 이 초안에 따르면 제국대통령이 방해를 받거나 사망했을 경우 제국총리 대신에[113] 제국대심원 원장이 새로운 선거시까지 그 직을 대행하도록 하는 것이었다.[114] 나치당이 이 이니셔티브를 통해서 무엇을 움직일 수 있었는지는 명확하지 않음에도 불구하고[115] ―아마도 현재의 대통령 정부가 이 과정에서 지속성을 획득하거나 또는 심지어 힌덴부르크의 유언을 근거로 왕정복고에 자리를 마련해 줄 수도 있지 않을까라는 두려움[116]―, 이 법은 독일민족인민당과 공산당의 저항에

110) Reichstagsprotokolle v. 6. Dezember 1932, S. 1ff. 리츠만은 힌덴부르크에게 원수의 지휘봉을 가져다주었던 1914년 11월 폴란드에서의 결정적인 승리가 실제로는 그의 보병여단에 의해서 이루어졌다고 주장했다.

111) *Ibid.*, S. 8ff.

112) *Ibid.*, S. 10f.

113) 바이마르 헌법 제 51조.

114) Reichstagsprotokolle v. 7. Dezember 1932, S. 23ff.

115) 나치당은 자신의 동의안에 대한 제안설명을 하지 않았다.

116) 프라이탁-로링호펜이 제출한 독일민족인민당의 대항동의안은 브라이트샤이트(사민당)에 의해서 표명된 이 추측이 근거가 없지 않았다는 사실을 확

도 (가결에) 필요한 2/3의 다수를 획득했다.[117] 9월 4일의 비상령을 사회정책 영역에서 해제하자는 다음번의 제안에 대해서도 중앙당, 바이에른인민당, 사민당, 나치당 등이 독일민족인민당과 독일인민당에 대해 다수로 관철시켰다.[118] 이와는 반대로 나치당은 사민당 및 공산당과 격렬한 논쟁을 거친 후에 6월 14일, 9월 4일 그리고 9월 5일의 비상령을 해제하자는 제안에 동의를 거부했고, 동의안을 위원회에 넘겼다(296 대 203). 이해관계가 있는 좌우익정당들(나치당, 공산당, 사민당)에 의한 광범위한 사면안이 통과되면서 회기는 마감되었다.[119] 제국의회는 동계특별부조를 공지한 후 사민당과 공산당의 이의제기에 대하여 원로위원회와 제국의회 의장단의 소집결의가 있을 때까지 무기한 개회연기를 결의하였다.[120]

나치당원들과 공산당원들 사이의 맞싸움으로 방해를 받긴 했지만 상당히 평화적이었던 바이마르공화국의 이 마지막 제국의회 본회의의 경과는 슐라이허의 낙관론에 정당성을 제공하는 듯했다. 부르주아 중도파뿐만 아니라 나치당도 새로운 정부위기나 제국의회의 해산을 초래할 수 있는 모든 것을 피했다.[121] 슐라이허는 제국의회와 타협했고, 또 며칠 후 9월 5일의 비상령을 폐지함으로써,[122] 파펜의 경제프로그

인시켜 준다: "제국대통령은 유고시에 대비하여 자신의 대행자를 결정한다. …" 말하자면 구약성서식으로.

117) 표결의 결과는 403 : 126. 헌법개정안은 12월 17일에 효력을 발생했다. *RGBl.*, 1932, I, S. 547.

118) 295: 204. Reichstagsprotokolle v. 7. Dezember 1932, S. 30ff.

119) 표결의 결과는 395 : 143. 12월 20일에 효력발생: *RGBl.*, 1932, I, S. 559ff.

120) Reichstagsprotokolle v. 9. Dezember 1932, S. 111.

121) 괴벨스의 요지도 그랬다. Joseph Goebbels, "Vertagte Krise", *Der Angriff* v. 15. Dezember 1932. 언론의 반향은 Der Zeitspiegel 1, Nr. 24(17. Dezember 1932), S. 376ff. 를 참조.

122) 12월 14일: "Verordnung über die Aufhebung der Verordnung zur Vermehrung und Erhaltung der Arbeitsgelegenheit", *RGBl.*, 1932, I,

램으로부터도 거리를 두었다. 즉, 그는 9월 4일 비상령의 사회정책 부분을 폐지함으로써 임금협정상의 안전장치를 부활시켰고,[123] 또 동시에 일자리 창출을 위한 새로운 조치들을 준비하게 했다.[124] 이 일은 일자리 창출을 위한 신임 전권특사가 맡게 되었는데, 그는 12월 4일의 한 연설에서 특히 광범위한 공공사업을 위한 차관의 마련을 공지했다.[125] 마지막으로 경제계와 재무부 측의 많은 저항에도 불구하고 이미 계획되어 있던 동계부조 프로그램은 계속 추진되었다. 그러한 조치를 통해서 슐라이허는 객관적인 이성, 즉 그와 무관하게 브뤼닝의 실각으로 모험의 시대에 희생되지 않았던 이성의 정책으로 나아가는 길에 있는 듯했다. 아직 늦지 않았다는 희망이 커졌고, 그뢰너와 브뤼닝도 화해의 발언으로 신임총리의 노선을 뒷받침했다.[126] 신임총리는

S. 545.

123) 12월 17일: "Gesetz zur Änderung der Verordnung des Reichspräsidenten zur Belebung der Wirtschaft", *RGBl.*, 1932, I, S. 547. 이로써 사민당의 1932년 9월 12일자 국민발안은(앞의 166쪽 참조) 더 이상 필요 없게 되었다. 이와 관련하여 브라흐트가 사민당 중앙위원회에 보낸 편지 참조(Frankfurter Zeitung, Nr. 14/16 v. 6. Januar 1933).

124) 12월 15일: "Verordnung des Reichspräsidenten über die Maßnahmen zur Förderung der Arbeitsbeschaffung und der ländlichen Siedlung", *RGBl.*, 1932, I, S. 543ff.

125) Horkenbach, 1932, S. 423. 이에 지릅은 재정상태를 이유로 나치의 노동봉사의무 요구를 거절했다(*Ibid.*, S. 413).

126) Brüning, "Brief"(주 I/9, S. 14): "그뢰너 장군은 슐라이허가 1932년 5월에 주었던 심한 모독을 뱃심 있게 잊어버리고 〈베를리너 차이퉁〉에 글을 기고했다. 이 글은 슐라이허가 자신이 퇴진할 때까지 추구되었던 정치노선으로 복귀하고자 한다는 점을 확인했다." 슐라이허가 1932년 11월 21일 이후 그뢰너에게 보낸 여러 편지들도 참조. 그뢰너는 프로이센의 사례에서 파펜의 "승마채찍방식"을 신랄히 비판했다. 다혈질적이나 대담한 그의 답장에 따르면 서신교환은 다시 예전의 색조를 받아들여졌다. Craig(주 I/34), S. 131ff.; Groner-Geyer(주 I/51), S. 330ff.

12월 15일의 방송연설에서 있었던 정부선언을 모든 측에 대한 협력요청과 연결시켰다. 이 프로그램은 이론적인 헌법의 개혁이 아니라 실천적인 일자리 창출과 주택건설을 공포했으며, 슐라이허는 여기서 — 약간 상세하고 능숙하게, 그러나 전술적인 세심함도 곁들여 — 이 계획을 자본주의나 사회주의를 너머로 발전시키려 했다.[127]

슐라이허가 정당 및 겹겹이 중첩된 이익집단들과의 협상을 통해서 달성했고, 이제는 정치적 금지의 완화 및 특별재판소의 해체를 통해서 심리적으로도 허물고자 했던 정치적 금렵기(禁獵期, *Schonzeit*)는[128] 그의 주된 관심사를 계속 진전시키지는 못했다. 나치당을 폭파시키려는 시도는 크게 동요된 당으로 하여금 슐라이허 내각에 대한 간접적인 관용을 강요했으나, 장기적인 관점에서 기대했던 긍정적 효과를 달성하지는 못했다. 그러한 노력들은 이미 12월 8일에 심각한 시점에 도달했다. 이날 낮에 당 지도부의 우울한 분위기 속으로 편지 한 장이 날아들었다.[129] 슈트라서는 이 편지에서 히틀러에게 모든 공직에서 물러날 것을 선언하면서, 자신의 제국의회 의원직도 내놓았다. 이 사건은 공적인 논의에서 첫 번째 자리를 차지했으나, 나치는 그것을 공식 부정하거나 또는 슈트라서의 병가(病暇)로 재해석했다.[130]

그러나 곧 슐라이허가 그 순간을 잘 선택했으나, 히틀러가 조치를

---

127) *Kölnische Zeitung*, Nr. 687 v. 16. Dezember 1932; Schulteß, 1932, S. 223~231. 풍자적이면서 온건한 괴벨스의 논평도 참조: Joseph Geobbels, "Das Programm ohne Programm", *Der Angriff* v. 21. Dezember 1932.

128) *RGBl.*, 1932, I, S. 548ff., S. 550(12월 19일).

129) Goebbels, Kaiserhof(주 V/13), S. 218(12월 8일에 대한 메모): "조직 내부에서는 무거운 분위기가 지배적이다. 돈 걱정은 목적의식적인 모든 사업을 불가능하게 만든다."

130) 12월 9일 나치당 공보처의 공식발표: "그레고어 슈트라서 동지는 지도자의 허가를 받아 3주 동안 병가에 들어간다. 이와 관련된 모든 다른 소문과 조합들은 적절하지 않으며 전혀 근거가 없다"(Schulteß, 1932, S. 220).

취할 수 있는 조직적·심리적인 가능성을 과소평가했다는 사실이 드러났다.[131] 괴벨스의 첫인상에 따르면 당 조직은 너무도 심각한 타격을 입은 듯이 보였지만, 그렇게 해서 만들어진 공백은 너무도 빨리 채워졌다. 12월 8일에 당과 원내교섭단체로부터 나온 흉보(凶報)들은 마구 사냥되었고, 히틀러는 자살해버리겠다고 위협했다.[132] 또한 당의 경제이데올로그 고트프리트 페더(Gottfried Feder)는 "여러 주 동안의 휴가"에 들어갔다. 그러나 슐라이허에 가까운 (일간지) 〈태클리헤 룬트샤우〉(*Tägliche Rundschau*)에서 이 사건들에 대해 크게 장식된 선동적 평가는 당내에서 슈트라서의 권력기재도 원내교섭단체 내에서 그가 갖고 있던 네트워크도 괴벨스, 괴링, 룀, 히믈러, 그리고 레이(Ley)의 후원을 받은 히틀러의 신속한 접근을 막을 수 없었음을 숨길 수 없었다. 제국의회의 개회연기는 "당에 내적인 재정돈의" 기회를 제공했고,[133] 슐라이허가 프릭에게서 걸었던 것으로 보이는 희망 또한 제국의회 원내교섭단체가 가우지도자들 및 감독관들과 12월 9일 제국대통령 관저 근처에서 공동으로 개최했던 대규모 집회를 통해서도 사라지지 않았다. 히틀러는 한 차례의 대규모 연설 후에 당 간부들에게 의무를 부과했고, 나치당의 모든 의회활동에 대한 독재적인 통제를 강화시켰으며,[134] 슈트라서가 맡았던 공직 또한—관습대로—자신이 직접

131) 슐라이허의 동료인 홀첸도르프 또한(주 IX/44, ungedruckter Teil, S. 107) 사람들이 당시 나치당 내부의 권력관계에 대해서 속았음을 확인한다.

132) 괴벨스는 12월 8일 저녁에 히틀러가 했던 명언(*Diktum*)을 다음과 같이 전한다: "당이 붕괴되면, 나는 3분 이내에 피스톨로 일을 끝내겠다"(*Kaiserhof*, 주 V/13, S. 220).

133) *Ibid.*, S. 221.

134) Anordnung der Politischen Zentralkommission der NSDAP, *Völkische Beobachter* v. 25./27. Dezember 1932: "각 주 및 지방자치단체에서 활동하는 나치당의 대표단은 원칙적인 중요성이 있는 의안들을 제출하기 전에, 또 다른 정당의 원칙적인 의안에 대한 의도적인 입장표명을 제국지도부에 제출할 의무가 있다. 나치당의 제국의회 및 프로이센과 바이에른 주 의회

물려받았다. 그래서 한때 그토록 힘이 있었던 제국조직의 지도자는 사실상 휴가를 떠난 것으로 되었고, 이로써 처음부터 모든 정치적인 영향력 행사를 포기했다. 그는 장관직의 대가로 자신의 "지도자"를 배신했다. 그는 정열적인 비난을 자포자기로만 답할 수 있었다. 상황은 거기에 머물렀다. 왜냐하면 히틀러는 슈트라서의 지지자들을 고려하여 완전한 절교를 피했고, 그를 당에 남아 있게 했기 때문이다.[135] 훌륭한 정보망을 갖고 있던 여러 관찰자들과 마찬가지로[136] 슐라이허 역시 슈트라서의 권력지위와 정치적 능력을 과대평가했다. 물론 슈트라서는 트레비라누스나 베스타르프가 아니었고, 또 위기에 처한 나치당

원내교섭단체는 그로부터 저촉을 받지 않는다. 이들 원내교섭단체는 모두 운동의 지도자에 직속되어 있다. 그 밖의 나치당의 의회 및 지방자치단체 대표단에 대해서는 '정치 중앙위원회'가 책임을 진다."

135) 슐라이허 유고(Schleicher-Nachlaß)에는 슈트라서와 황태자 사이의 (이름이 알려지지 않은) 중개자가 황태자에게 보낸 편지(1932년 12월 13일)가 있다. 황태자는 분열에 대한 자신의 활발한 관심과 슐라이허의 계획들에 대한 자신의 긍정적인 기본입장을 보인다. 이 편지의 작성자는 2시간 동안 프릭과 가졌던 물밑대화에(1932년 12월 12일) 대해서 전한다. 프릭은 "죽음에 임박해서도" 슈트라서와 함께 갈 준비가 되어 있으며, 오늘(12월 13일) 슐라이허에게 이를 표명했다는 것이었다: "당신은 내가 언제든 아무런 미련 없이 떠날 수 있다는 것을 알고 있다 …." 나아가서 그는 나치당 내부의 전반적인 격앙상태에 대해서 언급한다. 사람들은 로마에 있는 슈트라서와 전화로 연락을 주고받고 있다는 것이다. 그는 크리스마스 후에 "히틀러와 매우 중요한 물밑대화를 갖게 될 것인데, 그 결과는 이전이건 이후이건 간에 그의 출당일 것이다." 이어 새로운 선거와 관련해서도 기회가 "국가를 긍정하는 나치당 인사들"의 호소하는 데 그리고 히틀러를 왼쪽으로 몰아가는 데 유리하다고 보았다. 황태자의 노력은 이러한 방향에서 움직였던 것으로 보인다.

136) 럼보울드 역시 이미 1932년 8월 13일에 사이먼(Simon)에게 보낸 한 보고서에서 슈트라서를 "나치 지도부의 가장 유능한 사람이자 힘있는 사람"으로 묘사했다. *Documents on British Foreign Policy*(주 II/53), 2nd series, vol. IV, S. 28.

이 1929년 독일민족인민당과 비교될 수는 없었다. 그럼에도 불구하고, 그는 자신의 계획을 아직 잃지 않았다. 그는 처음부터 자신의 내각을 임시해결로만 간주했고, 계속 확대하기 위해서 열어둘 수 있다고 생각했다.[137] 정부의 개편에 대한 여러 가지 소문이 널리 퍼졌는데, 새로운 정부는 슈트라서와 더불어 노동조합 지도자인 슈테거발트와 라이파트 그리고 후겐베르크를 포괄하게 되리라는 것이었다.[138] 물론 이러한 소문들은 가능성도 없었고, 또 구체적으로 한 번도 추구된 적이 없는 조합이었다. 이제 첫 번째 쿠데타는 실패로 돌아갔지만, 나치의 지도부는 승리할 만한 어떠한 근거도 갖고 있지 않았다. 나치당은 열정적인 활동과정에서 변동이 심한 하위 당심급들을 비타협적인 히틀러 노선으로 끌어들이는 데 성공한 반면에, 슈트라서의 경쟁자들, 특히 괴벨스는 그가 지휘하던 조직의 유산을 공유하게 되었다.[139] 그러나 이어 나치당의 심각한 상태는 새로이 의심스러운 확정 속에서 표현될 수 있었다. "우리가 권력에 도달하게 될 최적기가 될 것이다. 물론 임시적으로는 최소한의 전망도 제공되지 않는다."[140] 비판적인 관찰자들은 "나치당이 미몽에서 깨어났다는 사실"을 언급하면서, 1932년에 대한 회고를 다음과 같이 확신으로 끝맺었다. "국가에 대한 나치의 폭력적인 공격은 격퇴되었다."[141] 그리고 장군 자신의 언론환경에서는 관찰들은 유사한 길을 움직였다.[142]

---

137) Meißner(주 I/159), S. 250 참조.

138) Stampfer(주 I/4), S. 660 참조.

139) Goebbels, *Kaiserhof*(주 V/13), S. 223ff.

140) *Ibid.*, S. 225.

141) *Frankfurter Zeitung* v. 1. Januar 1933에 게재된 루돌프 키르허(Rudolf Kircher)의 사설.

142) 예컨대 Rolf Boelke, "Der Weg des Nationalsozialismus", *Die Tat* 24, Heft 10(Januar 1933), S. 876ff. 이 논문은 히틀러의 파탄전술을 넘어서 "진정한 나치즘" 대표자이자 구원자로서 그레고어 슈트라서에 대한 유일한

바로 여기서 슐라이허는 자신의 계획을 계속 생존시키고, 또 단호한 입장을 견지함으로써, 나치당을 약화시킬 수 있기를 희망할 수 있었다. 슈트라서는 여전히 당과의 관계를 유지했고, 히틀러-괴벨스 노선이 계속 실패할 경우에 대비한 가능한 한 대안을 제공했다. 그들의 노선은 이 시점에도 여전히 임박한 권력장악에 대한 전망을 전혀 열어놓지 못했다. 그리고 슐라이허는 여전히 힌덴부르크와 권력에 닿는 결정적인 통로였다. 그와 정당들 및 노동조합들과의 협상뿐만 아니라 광범위한 주택건설 및 사회화 계획에 대한 소문들에 대한 많은 소문들이 나돌았다. 또한 독일-러시아 관계의 강화와[143] 특히 민병대의 건설[144] 계획들에 대한 소문들도 나돌았다. 독일이 12월 10일에 마침내 원칙적으로 군사적 동등권을 인정받았으므로, 민병대는 실천의 가까이에 와있는 것으로 보였다.[145] 그러나 거기에 대해서 그토록 많은 추

옹호의 글이다.

143) 특히 로스바흐(Rossbach, 주 X/86, S. 127)는 제국군대의 전통적인 대(對) 러시아 정책과의 연관관계를 강조한다.

144) 슐라이허는 힌덴부르크에게 보낸 신년인사에서 청소년의 군사교육이 민병대의 틀 안에서 즉시 규정될 수 있었으면 하는 소망을 강조했다 (Schulteß, *1933*, S. 1). 키프호이전연맹의 제국창건기념식에서 행한 한 연설에서도 유사한 내용을 언급했다(*Ibid.*, S. 19f.). 동시에 베를린의 군 출판사 '중재자와 아들'(Mittler und Sohn)에서는 익명의 브로슈어가 출판되었는데(*Die deutsche Miliz der Zukunft*, Berlin, 1933), 여기서는 기초 군사적 청소년 교육, 노동봉사의무, 6개월 동안의 연례적인 기초훈련 군사훈련 등이 요구되었다. 괴를리츠(*Generalstab*, 주 VI/9, 392)는 슐라이허가 그러한 계획으로 군장성들 사이에서도 불신을 일깨웠다고 추측한다. 이는 특히 제크트의 추종자들에게 적용된다. Friedrich von Rabenau, *Seeckt. Aus seinem Leben 1918-1936* (Leipzig, 1940). 이와는 달리 푀르취(주 VI/61, S. 20)는 "국방군의 광범위한 계층에서" 슐라이허 노선을 허용했음을 강조한다.

145) 특히 이처럼 뒤늦게 거둔 브뤼닝 노력의 성공이 바로 슐라이허에게 떨어졌다는 점은 나치당에게 매우 못마땅하게 다가왔음에 틀림없다. Kordt,

측들이 있었지만, 실제로 구체적으로 파악될 수 있는 것은 너무도 적다. 슐라이허 보좌관들의 진술은 전술적인 고려들과 의도들만을 전해주며, 더 나아가서 공화국의 마지막 총리의 "본래의" 목표들 및 민주적 법치국가의 위기를 마지막 순간에 내쫓을 가능성에 대한 환상적인 고려에 여지를 제공하는 것은 적절치 않아 보인다.[146] 12월 15일의 방송연설은 유일한 증거로 남아 있다. 그리고 거기서 전술적인 타협사상은 그 순간을 넘어서는 관념에 대한 모든 단추들을 희미한 암시로 몰아냈다.[147]

이와는 달리 슐라이허의 전술적 관념은 묘사과정에서 명백히 드러

Nicht aus den Akten(주 V/154), S. 50: "나치스는 나치당의 엄청난 내외적인 위기와 함께 실각한 슐라이허의 성공에 대해 매우 불만스러워 했다. 제국의회의 외무위원회 위원장인 프릭은 외무부에 오만한 편지를 써서, 모든 자료의 즉각적인 제출을 요구했다. 나는 책임자가 부재중이던 군축 및 국제연맹 부서를 관리했기 때문에, 크리스마스에 급히 백서를 만들어야만 했다."

146) 베른도르프의 책에 가장 널리 산재해 있다. Hans Rudolf Berndorff, General zwischen Ost und West. Aus den Geheimnissen der deutschen Republik(Hamburg, 1951), 특히 S. 210ff. 이 저자는 슐라이허 가족의 증언에 의존하고 있으나, 산뜻한 사료비판을 포기하고, 매우 자의적으로 자신의 자료를 처리한다. 그래서 매우 자유롭게 불어난 이 책은 많은 사실적인 오류뿐만 아니라, 많은 환상적인 추정들을 포함한다. 이러한 추정들은 자신의 영웅에게는 유용하지만, 역사적 진실에는 유용하지 않다. 비판에 대해서는 Hermann Foertsch, "Schleicher und die Politik", *Frankfurter Allgemeine Zeitung* v. 13. Februar 1952를 참조. "슐라이허의 비밀"에 대한 당시대인의 문헌은 더욱 유용성이 적다. 특히 Caro-Oehme, Schleichers Aufstieg(주 V/12)가 그렇다. 앞의 주 X/89에 인용된 1932년 12월 13/15일의 지휘관 대화에 있는 슐라이허의 상세한 설명들은 가장 많은 정보를 제공해준다.

147) 〈디 타트〉지 또한 일반적인 희망에 한정되어 있다. Hans Thomas, "Der Mensch in dieser Zeit", *Die Tat* 24, Heft 10(Janauar 1933), S. 821, 특히 이 호에 실려 있는 논문들.

난다. 그의 관념들은 도달가능한 모든 정당들과 집단들의 접근과 협력에 지향되었으며, 파펜식의 원칙적인 개혁선전을 포기했다. 실제로 장군은 이제 가시적으로 다시 상승하는 경제적·정치적인 발전의 최종적인 공고화가 이루어질 때까지 자신이 반년 전에 근시안적인 브뤼닝의 실각을 통해서 승인하지 않았던 바로 그 정부형태로 되돌아갈 가능성을 염두에 두었던 듯하다. 물론 그는 사민당의 후원을 고려할 수 없었다. 왜냐하면 사민당에서는 이제 공산당의 경쟁에 대한 두려움과 정치화된 장군에 대한 불신이 공화국의 파탄에 대한 인식보다 더 강했기 때문이다. 이것은 다시금 슐라이허가 1932년 12월 중순에 부처의 책임자인 브레도우(Bredow) 장군을 통해서 사민당 중앙위원회에 최후의 순간에 협력에 대한 구체적인 제안들을 전달했다는 점에서 드러난다.[148] 슐라이허는 여기서 의회의 일시정지(새로운 선거 없이)를 생각했다. 제국기치와 철모단은 통일적인 제국전사연맹으로 통합되고, 이러한 종류의 다른 모든 조직들은 해체되어야 하며, 노동조합들은 하나의 단일노동조합으로 통합되고, 나치당은 완전히 금지되어야만 했다. 이를 위해서는 두 사회주의자들 내지 노동조합 운동가들이 슐라이허 정부에 받아들여져야만 했다.

이 계획 또한, 사민당 중앙위원회가 벨스의 강연에 따라 어떠한 협정도 거부함으로써, 파괴되었다.[149] 슐라이허는 그 계획을 아직 포기

---

148) 슐라이허-브레도우 제안 및 사민당의 입장표명에 대한 세부적인 내용은 당시 사민당 간부인 루돌프 로테(라이프치히)가 1954년 6월 23일에 구를란트(A. R. L. Gurland)에게 보낸 편지를 통해서 확인되었다.

149) 사민당의 운동성 결여에 대한 슈탐퍼의 옹색한 옹호는 이 최대의 민주적 정당이 이례적인 상황을 얼마나 부족하게 파악했는지, 그리고 익숙한 기준들을 실제의 정치적 이성과 일치시킬 준비나 능력이 얼마나 적었는지를 명확히 보여준다: “정치인과 정당의 관계는 그가 자신의 노력과 어떻게 관계를 설정하느냐에 달려 있다. 비록 새로운 노선이 예전만큼 나쁘지는 않았지만, 그사이에 〔!〕 사민당은 야당에서 벗어나야 할 근거를 갖고 있지 않

하지 않았으나, 동시에 제국대심원 의장 붐케와 보다 거 거대한 방식의 비상해결책 작성에 대해 협의하였다.[150] 왜냐하면 그는 이제 기독교 노조뿐만 아니라 자유노조와도 접촉을 유지했는데, 그 지도자는 사민당 제국의회 원내교섭단체의 일원이었기 때문이다. 그리고 원로위원회가 12월 20일 사민당과 공산당 측에서 요구한 제국의회의 즉각 소집을 요구하자, 그는 다시금 휴식기를 얻었다. 그는 두 가지 요인들만을 경시했는데, 이들은 결국 일차적으로 그의 실각과 "길들여지지 않은" 나치당의 승리를 초래했다. 그 두 가지 요인이란 그의 달갑지 않은 친구이자 그의 등 뒤에서 히틀러와 힌덴부르크 사이의 가교역할을 했던 파펜과 자신의 모든 계획을 지원했던 독일민족인민당의 이탈이었다.

았다"(Stampfer, 주 I/4, S. 656). 슈탐퍼는 슐라이허 시대에 대한 고찰에서 좌파와 우파 사이의 차이만을 서술하면서 비화해적인 대립에 만족하지만, 진정한 해결가능성들을 논하지는 않는다.

150) Brief von Rudolf Rothe (주 X/147).

제11장

"집권"으로 가는 길

사건은 많았지만 결과는 적었던 1932년 말, 정치적 장면은 민주주의적 기제들의 부분적으로 강제적이고도 자동적이었던 소진, 정치적 전선의 경직, 그리고 제국대통령 관저를 둘러싼 중재자들과 책략가들의 바쁜 활동으로 결정지어졌던 권력공백의 징후 속에 있었다. 그 가운데 공산주의자들은 짧은 파시스트적 간주곡 이후의 그들의 집권을 꿈꾸고 있었다. 프롤레타리아적 통일전선과 민주주의·의회주의적 결집의 구호들 사이에 끼여서 노동조합의 실용주의적 요구의 압박을 받고 있던 사회민주주의자들은 공산주의자들에게 상당한 기반과 행동의 자유를 상실했다. 중앙당은 카스의 잃어버린 핵심적 지위를 되찾아 줄 수 있을 것으로 기대되었던 폭넓은 우익 정부의 구상을 위해 좌익과의 연대를 대폭적으로 희생시켰다. 독일 자유주의는 정치적으로 사망했고, 중도 우익은 완전히 분열했으며, 공화국에 적대적이었던 보수주의의 독일 민족주의 부류는 파펜의 전복으로 새로운 내적 갈등에 빠졌다. 나치들은 마침내 그 끝이 보이지 않는 오인할 수 없는 위기의 한가운데에 서 있었다.

힌덴부르크와 제국군은 이러한 정체적인 세력판도에 대해 여전히 유일한 조정 및 지도기관으로 남아 있었고, 슐라이허의 탄력적인 전술은 바로 지금 새로운 작용가능성을 향해 이를 몰아갈 듯 보였다. 그러나 4주 후, 권력분배는 결정적으로 달라졌다. 붕괴중의 공화국의 마지막 방어진지를 하르츠부르크 전선이 돌파하는 것으로 혼란스러운 협력과 대립이 절정에 달했을 때, 히틀러는 그의 목적을 달성했다. 여기에는 힌덴부르크의 측근, 경제적 이해집단들의 압력, DNVP의 방향전환, 나치 지도부의 마지막 필사적인 노력, 슐라이허의 낙관적인 오산과 파펜의 병적인 명예욕이 함께 작용했다. 그러나 죽어가는 공화국의 낡은 민주주의 정당과 집단들은 더 이상 영향을 미치지 못했다.

1. 히틀러를 향한 파펜의 길

12월 15일의 프로그램 연설에서 신임 제국총리는 상호대립의 상쇄를 용이하게 하고 미미한 정부의 지반을 확대하는 데 도움이 될 만한 일련의 생각들을 피력했다. 그러나 고용창출 계획들과 농업관세들은 산업계에게, 정주(定住) 프로그램은 대지소유주들에게 반감을 불러일으키는 사항들이었고, 슐라이허의 자본주의와 사회주의에 대한 동시비판은 내각의 실제적 의도를 위해 거의 어떤 접점도 중재하지 못했다. 장군은 모두를 얻으려고 애썼고, 그는 모두를 불신토록 만들었다. 그는 파펜의 프로이센적 해결안을 고수하는 동시에, 의회와의 관계개선을 위해 노력했다. 그는 사회보험의 사안을 지지하며 노동조합과 협상했지만, 독일산업의 제국협회 요구에 대해서도 지지를 약속했다. 그는 위로부터의 권위주의적 군사독재를 거부했지만, 대통령 내각은 그의 "초당파적" 노선이 정당정치적 이해를 통해 방해받지 않도록 할 것임을 장군이자 제국 국방부장관으로서 강조했다.[1)]

1) Hans Zehrer는 "An der Wende der Innenpolitik", *Die Tat* 24, Heft 10(Januar 1933), S. 822 이하에서 적당하게 제국대통령과 군대의 권위주의적 정권을 선전하고 있지만, 우선은 경찰과 관료단 그리고 재판소와 학교의 재중립화를 통해서, 그 후에는 연방주의적 고유책임의 후원, 청소년 조직,

이러한 정황하에서 새 정부의 상태는 곧바로 눈에 띄게 악화되기 시작했다. 슐라이허의 최종적인, 항상 뚜렷이 알아채기 힘든 의도를 어떻게 판단하건 간에, 이제 그의 정치적 행동은 파펜 시대의 선동적인 역동성을 평화와 안전의 시대를 통해 해체하려는 생각들에 의해 결정되었다. 그렇게 되면, 상승중에 있는 세계경기가 완전히 영향력을 행사하는 동시에 정치적 급진주의의 열곡선은 가라앉을 수 있을 것이었다. 반면에, 나치당은 그들에게 협조적인 세력들의 비호하에서 함께 책임지는 위치로 조심스럽게 들어서든지, 아니면 최근의 선거들에서 경고되었듯이 영향력 없는 야당세력으로 몰락하게 될 것이었다. 이는 명확한 구상이었고, 근본적으로는 브뤼닝의 구상이었다. 이는 또한 근거 없는 소리가 아니었는데, 계절주기로 변하는 실업자의 겨울철 증가가 전년도의 동일 시기보다 현저히 낮았고,[2] 동시에 재무부장관, 슈베린-크로직은 1월 10일 제국의회의 예산위원회에 적자 감소를 보고할 수 있었기 때문이었다.[3] 어떤 주의력 깊은 관찰자들에게도 — 마침내, 그리고 1월 30일 전에 — "이미 위기의 저편에" 있었다는 것은 의심할 여지가 없는 사실이었다.[4] 그리고 힌덴부르크 자신도 이미 신년연설에서 "가장 힘겨운 역경은 극복되었고 이제 위로 가는 길이 우리에게 열렸다"고 선언했다.[5]

의회 대신에 직업신분들에 대한 의거를 통해서, 마지막으로 선거의 회피를 통해서 그 기반이 더욱 넓어질 것을 알게 된다.

2) 1932년 12월의 실업자 증가는 1931년 12월의 증가보다 1/3 이상이 적었다. 이미 1932년 10월 21일에 나온 Carl Landauer, "Gebesserter Arbeitsmarkt", *Der deutsche Volkswirt* 7(1932/33), I, S. 73 이하도 참고할 것.

3) Schultheß, *1933*, S. 8~11.

4) 1933년 1월 1일자의 *Frankfurter Zeitung*에 실린 루돌프 크리허(Rudolf Kricher)의 사설 내용이다.

5) Schultheß, *1933*, S. 2. 이러한 의미에서 독일산업의 제국협회 신년 회람문서도 참고할 것. *Ibid.*, S. 2~3. 슐라이허의 신변이 보장된 후, 힌덴부르크

"화해"의 슐라이허 시대는 위기가 극심했던 해에 이미 그토록 자주 근접해왔던 그 정치적 모험을 그래도 마지막 순간에 저지할 수 있을 것을 상당수의 사람들은 이야기했다. 전환을 위한 전제조건들이 손에 잡힐 듯이 가까이 있었다. 그러나 슐라이허의 이행코스는 불충분하게 준비되었고 너무 급격하게 파펜의 투쟁코스를 따랐다. 그리하여 그는 권위주의적인 내각이 당장에 그들의 지지를 포기할 수 없었던 세력들의 불신을 곧바로 불러일으키고 말았다. 그러나 또한 브뤼닝의 몰락 이래로 중도적 대통령 중심체제로 되돌아가는 데 방해가 되었던, 오랫동안 밀려나 있었던 민주주의적-의회주의적 세력들의 불신 역시 급속히 제거하지 못했다. 슐라이허가 자신의 창조물이었던 파펜 시대를 무로 되돌리고자 했던, 일견 거침없어 보였던 낙관주의는 모든 정당과 집단들에게는 너무나 갑작스러운 것이었다. 노동조합에의 접근, "타트 크리아스"의 의미에서의 계획경제 사상, 내정적 특별령과 처벌규정들의 폐지, 의회적 상태의 복구, 이 모든 직접적인 발안들은 그에게 경제권의 저항뿐만 아니라, 동시에 권위주의적 국가구상을 옹호했던 자들의 적대주의까지 불러일으켰다.[6)]

그러나 가장 중대했던 것은 분열계획으로 변질되어버린 그의 길들이기 구상과 교황과 힌덴부르크에 대한 그의 관계가 기초해 있었던 오산이었다. 슐라이허를 중심한 무리가 힌덴부르크의 죽음만을 두려워하는 동안에,[7)] 이미 새로운 정국이 시작되었다. 슐라이허는 여전히 1

는 동시에 총리에게 편지를 보냈는데, 편지에서 그는 "친애하는 젊은 친구"에게 그의 직무이행과 특별히 정치적으로 조용한 크리스마스 축제에 대한 그의 "따뜻한 인정과 최대한의 만족"을 밝혔고 그를 절대로 떠나지 말 것을 부탁했다: Berndorff(주 X/145), S. 224.

6) DNVP도 곧 소극적인 입장을 보였다. Alfred Hugenberg, "Das Präsidial-Kabinett", *Der Tag*, No. 298 v. 13. Dezember 1932.

7) Hans Zehrer, "Deutschland ohne Hindenburg", *Die Tat* 24, Heft 9 (Dezember 1932), S. 725.

월 초에 슈트라서를 어느 정도 성공적으로 힌덴부르크에게도 소개시키는 데 성공했지만,[8] 이 과업은 그 이상 성공적이지 못했다. 전체주의적인 정당기구 내에서의 승진으로, 그레고어 슈트라서는 "지도자"를 대적한 독자적인 행위를 할 수 없게 되었다. 그럼에도 불구하고 그것이 나치당의 가장 민감한 부분을 건드렸다는 사실은 1년 반 후에 양자 모두의 생명을 앗아갔던 히틀러의 뒤늦은 보복에서 증명되었다. 그리고 슈트라서의 기습뿐만 아니라 후겐베르크, 슈테거발트, 라이파트를 끌어들이려는 슐라이허의 계획들까지도 환상으로 드러나는 동안에, 파펜과 힌덴부르크의 최측근은 그들 편에서 슐라이허를 넘어서려는 작전을 개발했다. "화해"의 신 노선에 대해 변함없이 권위주의 국가에 관한 그들의 구상을 대립시켰던 수상 장군의 최신 적수들에게는 이제 권력을 다시 쟁취할 수 있는 오로지 하나의 길만이 남아 있었는데, 그것은 슈트라서 위기의 영향하에서 슐라이허의 또 다른 작전을 우려하여 마침내 타협할 의지가 한층 강해진 듯 보였던 히틀러와의 연합이었다.

그의 실각 이후 2주 만에, 즉 12월 16일에, 파펜은 귀족클럽의 연례 집회에서 명예 손님으로 연설을 했는데,[9] 여기서 그는 그의 좌절된 개혁계획을 슐라이허의 균형전술에 대해 날카롭게 대비시켰다. 3백 명이 넘는 저명인사 참석객들 중의 상당수는 이 자리에서 파펜이 타격입은 나치당과의 새로운 협상을 자진해서 지지한다는 인상을 받았다.[10] 이러한 기회에 그는 쾰른 귀족클럽의 회장인 은행가, 쿠어트

---

8) 슐라이허는 그의 내각에조차 비밀로 하려 했으며, 추정컨대 마이스너가 휴가중에 있었던 시점을 선택했다. 그러나 이는 힌덴부르크 측근의 비밀누설로 공론장에 노출되었다. Gustav Stolper, "Umsturz", Der deutschee Volkswirt 7(1932/33), I, S. 563 이하(1933년 2월 3일)를 참고할 것.

9) 연설의 (아마도 완전히 사실적이지 않은) 본문은 *Der Ring*, Heft 52 (1932), S. 894 이하에서 볼 것.

10) 이것은 연설을 직접 들었고 수많은 방청객의 흥분을 강조했던 에센베르크가 "Franz von Pappen"(주 VI/171, S. 163)에서 뚜렷이 확인시켜주었다. 물

슈뢰더(Kurt Frhr. v. Schröder)와도 이야기를 나누었다. 이 전직 장교 출신은 인척관계와 혼맥을 통해 라인 베스트팔렌 지역 산업계의 수많은 이사회에 진출했고, 이후에는 게다가 1932년 이래로는 쾰른 증권의 명예회장으로 활동하면서 경제 및 금융계에서 막대한 영향력을 행사하고 있었다.[11] 그뿐만 아니라, 1932년 여름, 그는 1928년부터 소속되었던 독일인민당으로부터 탈당하였고, ― 나치 정당문서보관소에 보관된 자료들에 따르자면 ― 이미 1930년부터 쾰른의 당시 가우지도자였던 로버트 레이 및 히틀러의 경제 대리인이었던 엔지니어이자 경영자였던 빌헬름 케플러와 연계되어 있었다.[12] 추정컨대 레이 자신에

론, 참석했던 플랑크 차관도 최근까지 무사태평하게 있었던 슐라이허 자신만큼 돌발행위를 심각하게 여기지 않았다. 이에 대해서는 Görlitz, *Hindenburg* (주 I/67), S. 396도 참고할 것.

11) 이 사실들은 슈뢰더에 대한 다양한 재판소 공판을 위해 수집되었고 지금 빌레펠트 재판소 문서보관소(Archiv des Spruchgerichts Bielefeld)에 보관되어 있는(인쇄물로서) 광범위한 사료들에서 추출된 것이다. 그 자신의 경력(Bd. I, S. 3～4)에 따르면, 슈뢰더는 1908/1909년에 세 학기 법학을 공부했고(Bonn), 그후 활동적인 장교가 되었으며 1918년에 기병대위로 제대했다. 에디트 폰 슈니츨러(Edith von Schnitzler)와의 결혼 이후, 그는 그의 장인을 통해 슈타인(J. H. Stein) 은행의 주주 및 중부독일 제철주식회사의 이사회 이사가 되었으며, “나의 은행 사업거래로부터 시간이 지남에 따라 생겨난 일련의 다른 이사회 직책”을 맡았다. 또한 슈뢰더가 1921년 50만 마르크(*Papiermark*)를 갖고 슈타인에 들어가서, 1924년에는 거기서 90만 금 마르크 지분(*Goldmarkanteil*) (5%의 이자와 25%의 이윤)을, 그리고 1930년에는 약 백만 RM의 재산을 갖고 있었음이 또한 확인되었다. 1933년 이후에도 그의 재산은 상당히 증가하여, 1939년에는 2백만 RM(30%의 이윤, 5만 RM 고정수입) 그리고 1945년에는 약 2천 5백만 RM에 달했고, 연간 30만 RM의 수입을 얻고 있었다.

12) 그의 공판에서(*Ibid.*, I, S. 25) 슈뢰더는 처음에는 1932년 여름을 시점으로 진술했으나, 나중에 이 과정을 1930년으로 확인하는(I, S. 298) 나치 정당문서보관소로부터의 반증이 제시되자, 케플러와의 만남이 “1928년 혹은 1929년”(II, S. 66)으로까지 거슬러 올라갈 가능성도 인정했다. 흥미로운 점

게서 나온 한 당(黨) 관청의 판결에 의하면,[13] 그 당시 케플러는 그가 일하고 있었던 양 화학회사 모두의 어려움 때문에 나치적인 입장을 갖게 되었다. 그는 이 문제를 즉시 손쉽게 극복하고자 했다. 재정협상에서 케플러와 본래 화학자였던 레이는 슈뢰더와 "좀더 가까이 접촉"하게 되었고, 그의 적극적인 나치적인 정신에 놀랐다. 경제계획은 좌절되었지만, 긴밀한 관계는 지속되었는데, 슈뢰더의 1931년 이래의 활발한 활동은 "라인란트에서 그가 누렸던 명망 때문에" 나치당에게 "극히 유용"했기 때문이었다. 특히 그는 케플러에게 고무되어 "경제공상가 페더와 레이에 대한 평형추"로서 — 즉, 대기업의 요구를 위해 나치당을 조련시킨다는 의미에서 — 히틀러가 집권할 경우를 위한 권고와 조치들을 논의하는 경제전문가 위원회를 발족시켰다.[14] 슈뢰더 자신의 소개로, 히틀러는 카이저호프 호텔에서 1932년 7월 만남에서 그와 이 "일단"(一團)에 대해 감사를 표했다. 더 나아가 그는 "당과 그사이에 개인적으로 알게 된 나의 지도자에게 유용한 임무를 수행하는 데" 성공했다.[15] 그는 1932년 여름과 가을에 그의 귀족클럽 동료인 파펜과

은 샤흐트 역시 1932년 7월 이래로 케플러와 연계되어 있었다는 것이다: *76 Jahre*(주 I/9), S. 355.

13) Schröder-Akten(주 XI/11), I. S. 292(베를린 문서센터의 복사물). 명백히, 이 공적인 판결은 1919년의 이른바 분리주의자 운동에서 슈뢰더의 "불투명한" 역할에 대한 비판을 "집권"에 대한 그의 공로를 강조함으로써 중화시키고자 하는 목적에서 작성되었다.

14) *Ibd.*, , II, S. 81~89에서 이 "무리"에 대한 상세한 진술들이 이루어졌는데, 그에 따르면, 케플러가 1933년까지 유일한 당원이었고, 1933년 이후, 힘믈러는 마침내 슈뢰더 역시 친위대 분대장으로 승진시키기 위하여 이 무리를 "후원계"로 변경했다. 후원계의 회원으로는 특히 샤흐트, 로스테르그(빈터샬 콘체른), 에어발트 헤커(하노버 상업회의소장과 일제더 제련소의 이사회장), O. 슈타인브링크(중부독일 제철소), Fr. 라인하르트(코머츠 은행의 이사회장) 등이 거명되었다.

15) *Ibid.*, I, S. 298(베를린 문서센터로부터 나온 복사물: 나치 당 지도부를 위

나치당 사이에 접촉이 이루어지도록 주선했는데, 여기서 그는 스스로 나치의 권력욕을 전적으로 대변했다. 그가 샤흐트와 연대하여,16) 1932년 11월에 힌덴부르크에게 히틀러의 임명을 압박하기 위한 산업가들의 서명모집을 주선했던 것 역시 이러한 노력의 일환이었다.17)

파펜은 슈뢰더가 그에게 1932년 12월 16일에 한 제안의 의미를 뚜렷이 알고 있었다. 그 제안은 파펜이 지금 서술하고자 하는 것처럼 우연히 성립된 것이 아니었다. 히틀러는 파펜의 연설에서 힌덴부르크가 말을 걸어오는 것처럼 느낄 수 있었고, 위기의 순간에 새로운 기회를 희망할 수 있었다.18) 슈뢰더가 직책도 임무도 없는 정치가, 파펜에게 "나치들과의 의사소통"을 위한 통로를 준비할 히틀러와의 대담을 제안했다면,19) 이것은 오로지 한 가지 의미만을 가질 수 있었다. 즉, 슐

한 슈뢰더의 자필 이력서). 다양한 증인들이 슈뢰더가 당과 친위대를 위한 고액을 모금했다는 책임을 인정했음에도 불구하고, 나치당에게 유리한 금융거래에 대해서는 재판소 공판도 논리적인 진술을 끌어내지 못했다.

16) 샤흐트는 이미 12월 4일에 카이저호프에서의 새로운 대담에서 히틀러에게 슐라이허 시대하에서도 자신의 지지를 보장했다. 참고: Goebbels, *Kaiserhof* (주 V/13, S. 215): 샤흐트는 "항상 우리 편이다."

17) 주 X/66을 참고할 것; 그 외에 케플러가 슈뢰더에게 1932년 11월 13일과 28일에 보낸 두 편의 출판되지 않은 편지를 참고할 것: *Nürnberger Dokumente*, NI-209; 211 (Hauptarchîv Berlin, Rep. 335, Fall 11, No. 630, S. 1~6); *Schröder-Akten* (주 XI/11), I, S. 292. 전체적으로 증언록은 명예욕에 사로잡힌 가차없는 기회주의자의 인상을 전달해주고 있다. 그것은 예를 들어, 1933년 2월 1일(!)에 나치당에 입당했던 슈뢰더가 얼마 지나지 않아서 어떻게 전화로 무뚝뚝한 어조로 실버베르크에게 그의 해직을 통고했고(II, S. 72), 그러나 또한 그가 유태인 수송을 "국가의 보안조치로만 간주했고" 다하우 집단수용소로부터는 1935년 방문 때에 "최고의 인상"을 받았다는 것을 근거로 어떻게 뒤늦게 자신의 무혐의를 단언했는가와 같은 태도로부터 나오는 인상이다.

18) Eschenburg (주 VI/171), S. 163~164.

19) Papen (주 VI/35), S. 254. 거기서는 발의가 슈뢰더로부터 나온 것인지 파펜에게서 나온 것인지가 전혀 분명치 않다. 뉘른베르크에서도 슈뢰더와 파펜

라이허를 넘어서 나치당의 포섭을 위한 새로운 기반을 획득하는 것이었다. 파펜이 슐라이허에게 그의 협정에 대해 조금도 보고하지 않았고, 자아란트 지역에 있는 그의 소유지에서 크리스마스를 보내고, 그가 12월 28일에 슈뢰더가 전화로 문의해왔을 때 히틀러와의 대담을 슈뢰더의 쾰른 자택에서 갖기로 합의했지만, 이 역시 통화상대가 그렇게 했듯이 비밀로 했다는 사실 또한 이에 부합한다. 그렇게 1월 4일에, 사실상 "제 3제국"의 탄생시간이 되었고, 그러고 나서 뒤늦게 — 공정한 상쇄행위로서 — 파펜이 "내 생애에 다른 어떤 것보다도 더 많은 폐를 끼쳤던" 쾰른에서의 회동이 이루어졌다.[20]

파펜은 분명 오늘날에도 책임 있는 수상 혹은 당수가 히틀러와 정부구성에 관해 협상하는 것은 하나의 문제이고, 그러나 이를 해고된 수상으로서 책임 있는 정부수장의 등 뒤에서, 마찬가지로 일단은 아무것도 모르는 제국대통령[21]의 독단적인 중개자로서 행하는 것은 또 다른 문제라는 것을 여전히 간파하지 못할 것이다. 슐라이허의 분열책이 그 당시 이미 실패했다는 것을 파펜은 주장할 수 없었다. 힌덴부르크는 며칠 후에 슈트라서와 또 다른 대담을 가진 자리에서 슐라이허의 제안에 대한 전적인 동의의사를 밝혔는데,[22] 1월 중순에 가서야 여기에

은 서로 책임을 전가했다. 슈뢰더의 진술(*Schröder-Akten*, 주 XI/11, I, S. 4)은 파펜이 히틀러와 상의하고자 했고 그를 위해 그와 케플러의 주선을 부탁했다는 것이었다. 이해관계는 양측 모두에게 — 특히 경제권 측에 — 있었다.

20) Papen(주 VI/35), S. 254.

21) 물론 히틀러 스스로는 — 이것이야말로 결정적이었다 — 다름 아닌 바로 힌덴부르크가 파펜을 통하여 그와 접촉했고 "잘 알려진 쾰른 대담에서 지형을 탐사하도록 했다"는 인상을 받을 수 있었다: Henry Picker-Gerhard Ritter (eds.), *Hitlers Tischgespräche*(Bonn, 1951), S. 428. 이러한 추후적인 주장에 대해서 증거는 나와 있지 않지만, 이러한 주장은 심리적으로 중요하며, 책의 곳곳에서 많이 발견되는 일련의 기억오류일 수도 있다.

22) Meißner(주 I/159), S. 251~252. 1948년 5월 4일의 빌헬름슈트라센 재판(Wilhelmstraßen-Prozeß)의 속기록, S. 4607에 나와 있는 마이스너의 진술

전환이 일어났기 때문이었다. 파펜이 히틀러를 슐라이허의 내각에 참여토록 하려 했다는 파펜의 주장은 결국 완전히 근거가 없는 것이었다. 슈트라서 사건 이후에 그러한 가능성은 더 이상 생각할 수 없는 것이었으며, 협상 또한 아주 의도적으로 슐라이허의 등 뒤에서 시작되었다. 슐라이허가 파펜 몰래 브뤼닝의 실각 때와 비슷하게 완결된 사실을 만들어내려 했던 오토와 히틀러 사이의 12월 1일 협상에 대한 지적도 파펜의 변론에 설득력을 더해주지 못한다.[23)]

장군은 자신에게 총리직과 실각을 안겨준 한때 친구의 정치적 책략 속에서 자신의 방식이 그를 대적하게 된 것을 자신의 탓으로 돌렸을지 모른다. 그러나 1933년 1월 4일과 그 정치적 결과가 본질적으로 파펜의 보복행위로부터 설명되어야 한다는 것은 사실이다. 그가 심각한 위기의 순간에 나치당을 다시 정치게임 속으로 끌어들인 것을 어떻게 달리 설명할 수 있겠는가? 일반적인 역사적 정치적 전제들은 그로 인해 부인되지 않는다. 그러나 소수의 사건들은 이들을 마침내 일으켰던 개인적 주관적 요인들을 그처럼 명확히 인식케 해준다. 1932년 한 해 동안 얼마나 자주 정황이 완전히 흡사했던가! 파펜 스스로가 집권해 있었던 8월과 11월에 그는 히틀러에 대한 모든 양보를 거절하고 슐라이허의 계획들을 단호히 거부했다. 그러나 이제 병든 개인으로 강등된 그는 스스로 히틀러를 통해 권력을 회복하는 길을 모색했다. 파펜의 서술은 분명 쾰른 대담에 전적으로 비공식적인 색채를 부여해주는 동시에 그 스스로는 대담에서 히틀러와 얼마나 잘 맞지 않았는가를 증명하려 하고 있다.[24)]

을 참고. 괴벨스 역시(*Kaiserhof*, 주 V/13, S. 230, S. 233 이하) 1932년 12월 28일과 1933년 1월 3일 내지 4일까지도 슈트라서가 슐라이허의 내각에 곧 들어갈 것을 기록하고 있었다.

23) Papen(주 VI/35), S. 255. 앞의 S. 234~236 참고.

24) 작위적이지 않은 이유에서 파울 제테(Paul Sethe) ("Januar 1933: Wen trifft

파펜은 1월 4일 점심 때 슈뢰더의 집에 도착해서 히틀러 외에 헤스, 힘믈러, 케플러 앞에 섰다. 그는 오늘날 확언하기를, 두 사람은 대담을 가졌고 여기서 히틀러는 우선 보통 때와 같이 일방적으로 이야기를 했는데, 슐라이허-히틀러의 "일종의 양두정치"를 만들자고 파펜이 제안하자, "특정한 긴장완화"에 대한 각오를 보였다고 한다. 그 외에 파펜은 "슐라이허 정부에 대한 대안으로서의 히틀러 내각의 구성은 … 한마디로 논의되지"[25] 않았고, 전체 대담이 정보교환적 성격을 가졌다는 그의 주장을 뒷받침하기 위해, 케플러가 슈뢰더에게 쓴 편지를 인용하고 있다. 그에 반해 슈뢰더는 뉘른베르크에서 그 대담은 전적으로 그의 배석하에서 — 즉, 3명 사이에 — 이루어졌고, 파펜의 양두정치 계획은 1월 30일에 실현되었던 형태의 히틀러와 파펜이 동등한 주도권을 갖고 나치당과 독일민족인민당의 연정에 관계된 것이었으며, 그 대담에서는 "원칙적인 협정"이 이루어졌고, 개별사항에 대해서는 1월 말의 회담에서 결정되었다고 진술했다.[26] 당시의 다양한 언론보도들이

---

die Schuld?" *Frankfurter Allgemeiner Zeitung* v. 22. September 1952)는 파펜의 변론을 지지했다.

25) Papen(주 VI/35), S. 256. 뉘른베르크에서의 그의 진술도 볼 것: *Nürnberger Dokument*, Bd. XVI, S. 384.

26) *Ibid.*, Dok. No. PS-3337〔printed in: Erwin Wickert, *Dramtische Tage in Hitlers Reich*(Stuttgart, 1952), S. 22~23〕: "히틀러, 폰 파펜과 나는 내 서재로 가 문을 잠근 채, 대략 2시간 동안의 회담을 가졌다. 헤스, 힘믈러와 케플러는 이 회담에 참가하지 않았지만, 옆방에 있었다. … 논의는 히틀러와 폰 파펜 사이에만 이루어졌다. 나는 개인적으로 거기서 한마디도 하지 않았다. … 파펜은 히틀러에게 그를 지지하는 보수주의자와 민족주의자들을 나치스와 함께 정부를 세우는 것이 그가 볼 때 최선이라고 설명했다. 그는 가능한 한, 히틀러와 폰 파펜이 동권적인 방식으로 이 새로운 정부를 이끌 것을 제안했다. 그후, 히틀러는 그가 수상으로 등용된다면, 그가 정부의 정상에 오르는 것이 필연적이나, 파펜의 수행원들이 히틀러 자신의 원칙에 맞게 행동할 의지가 있다면, 그의(히틀러의) 정부에 각료로서 입각될 수 있다는 내용의 긴 연설을 했다 …. 폰 파펜과 히틀러는 원칙적인 합의를 했다. …

어느 정도로 이 사안에 개별적으로 영향을 미쳤는가는 이러한 사실적 묘사에 비해 거의 중요시되지 않고 있다. 그럼에도 불구하고, 그에게 있어서 "오로지 상황의 개선만"이 문제였다는 파펜의 단언이 이후의 사건들과 언론에서의 일반적인 이해에 비추어 볼 때 신빙성이 거의 없어 보인다는 것은 여전히 결정적인 사실로 남아있다. 오늘날까지도 파펜은 왜 그가 그 회동을 하필이면 그의 고도로 모험적인 양두정치 계획에서 이른바 주역을 맡아야 할 슐라이허에게 비밀로 하고자 했는가를 설명하지 않고 있다.

여기에 두 번째 특징이 더해지는데, 이로 인해 쾰른 대담은 비로소 역사적 중요성을 얻게 된다. 파펜은 실제로 어떤 포괄적인 제안도 만들지 않았고, 앞으로의 동맹을 아직 구체적으로 개괄하지도 못했을 수 있다. 그러나 히틀러가 몇 주 전까지만 해도 파펜과의 모든 직접적인 접촉을 거절한 후에,[27] 이러한 정황 속에서 비밀대담에 임하고자 했던 것은[28] 그 대담이, 파펜이 우리가 믿도록 하려는 것처럼, 그리 비공식적으로 즉흥적으로 마련된 것이 아니었다는 추정을 강화해줌에 틀

내가 아는 한, 그들은 폰 리벤트롭과 함께 만나서 상세조항을 작성했다." 이러한 의미에서 케플러의 개인적 보고에 의지하는 마이스너(주 I/156, S. 261) 역시 참고할 것. 슈뢰더의 선서 구술서는 파펜에 의해 이미 뉘른베르크에서, 그리고 최근에는 팔라멘트지에 보낸 신랄한 투서(*Das Parliament* 3, No. 14 v. 8. April 1953, S. 8)에서 논박되었다. 그러나 왜 슈뢰더가 그러한—그에게 적잖이 부담스러운—진술을 해야 했는지는 알 수 없다. 오히려 슈뢰더가 마이스너처럼 파펜의 혐의를 덜어주기 위해 그들의 진술을 수정했다고 추정될 수 있다.

27) 1932년 11월 16일의 그의 편지; 앞의 S. 215 참조.

28) 그의 측근 무리들에 대해서조차 히틀러는 회담을 비밀로 했는데, 회담을 위해 고데스베르크로 갈 "폐쇄된 차"가 히틀러에게 보내졌던 반면에, 그의 부하들은 쾰른에서 3㎞ 떨어진 후방에서 그를 기다렸다: "어느 누구도 정차지점을 알지 못했고, 어느 누구도 이 분리의 의미를 알아채지 못했다"(Dietrich, 주 VI/3, S. 169~170).

립없다. 이는 슈트라서의 탈락과 더불어 "경제권"과의 히틀러의 오래 전에 시작된 제휴에 대항했던 마지막 장애물이 제거되었다는 생각을 이미 그 당시에도 시사해주었다.[29] 어쨌든 이는 나치당의 상황이 변함없이 얼마나 어려웠고 그들의 지도부가 히틀러를 완전히 따돌리려는 슐라이허의 지연술 및 소모전술에 대해 얼마나 당혹스러워했는지 말해준다.[30] 이것은 당이 다시 게임에 개입할 수 있는 "새로운 기회"였고,[31] 그것이 당 간부와 특히 히틀러 스스로의 침몰했던 희망에게 얼마나 새로운 활력을 가져다주었는지가 곧 나타날 것이었다.[32] 처음으로 1월 30일의 정황의 윤곽이 드러났던 동시에 그렇지 않은 경우에 히틀러의 권력추구 뒤에서 좀처럼 파악하기 어려운 경제 및 금융계의 이해가 가시화되었던[33] 쾰른 대담을 통해서, 수개월간의 위기 끝에 나

29) 1933년 1월 11일 지몬에게 한 룸볼트의 보고서에서도 그러한 내용이다: *Document on British Foreign Policy*(주 II/55), 2nd series, vol. IV, S. 385.

30) 히틀러는 이후에 특히 이 점에 관해 지적하고 있다: "운동의 투쟁기 동안—특히 권력 접수기에—그는 완전히 다른 나락들 사이를 헤쳐가야 했고, 한 번 이상 사느냐 죽느냐의 양자택일 앞에 섰었다": Hitlers *Tischgespräche*(주 XI/21), S. 427.

31) 괴벨스는 1932년 12월 29일 이미 기록하기를 "지도자가 수일 후에 파펜과 회담을 가질 가능성이 있다. 여기서 새로운 기회가 열릴 것이다"(*Kaiserhof*, 주 V/1, S. 231). 1933년 1월 5일: "이 기습에 성공할 경우, 우리는 권력으로부터 더 이상 멀리 떨어져 있지 않다"(*Ibid.*, S. 236). 괴벨스는 분명 수치심에서 그 이상의, 그다지 "사회주의적"이지 않았던 관련성과 특히 슈뢰더의 이름에 대해서는 침묵하고 있다(*Ibid.*, S. 235).

32) 오토 디트리히(Otto Dietrich)가 회담 직후의 히틀러의 심기에 대해 쓴 글을 참고: "나 역시 그가 비밀리의 여행의 성과에 대해 매우 만족해 있었다는 것을 감지했다"—"지도자가 쾰른에서 최근에 사건의 경과를 가속화하고 목전의 결정을 앞당겼다"는 사실을 아직 아무도 몰랐음에도 불구하고(주 IV/3, S. 170 이하).

33) 파펜(주 VI/35, S. 257 이하)은 슈뢰더의 집에서의 회담중에 나치당의 재정적 지원이 회자되지 않았음을 강조하고, 이 주제에 대한 의혹의 출판물들(특히 허위문서, *Die Geldbronnen van het Nationaal-Socialisme*, *Deie*

치당은 새로운 자신감과 더불어 재정적 추진력을 얻게 되었지만, 슐라이허 정부는 결정적인 타격을 입게 되었음은 부인할 수 없다. 그러나 개별적인 대담 주제뿐만 아니라, 특히 이 같은 그 이후에 미친 영향 때문에 쾰른 대담에는 역사적 의미가 있는 것이다.

Gesprekken met Hitler door Sidney Warburg, Verstaald door J. G. Schoup(Amsterdam, 1933); 그 외에 Lutz, "Fälschungen zur Auslandsfinanzierung Hitlers"(주 IV/78, S. 386 이하)를 논박하고 있지만, 그의 회담 자체가 그런 교환행위에 동의하지는 않더라도, 심히 경제적 이해를 대변했던 측에 의해서 추진되었다는 사실에는 변함이 없다. 파펜이 개인적으로 나치당에게 단 1페니도 준 적이 없고 제 3자의 재정적 보조를 지지한 적도 없다는 (지극히 중요치 않은) 확언을 통해 이를 숨기고자 한다면, 이는 건강한 인간오성에 대한 무리한 요구이다. 파펜의 모든 제한적인 소견들보다 더 중요한 사실은 이미 수개월 전부터 뚜렷이 히틀러의 집권과 나치적 경제정책을 지지했고 — 튀센과 샤흐트는 여기서 슈뢰더와 파펜보다 정직하다 — 그들이 포기하지 않고자 한 것을 투자했던 이해관계자들을 위한 서문을 그가 작성했다는 점이다. 그 외에 괴벨스의 메모에서도 1월 2일에 나치당의 세금담당자가 남아있는 세금납부가 불가능하여 당의 독립성이 파괴되었다는 회의록을 베를린 재무관청에 제출한 이후, 나치당의 재정적 상황이 바로 최근에 와서 상당히 호전되었다는 내용이 나온다(Louis P. Lochner (ed.), *Goebbels, Tagebücher aus den Jahren 1942-43*(Zürich, 1948), S. 9). 마지막으로 쾰른 대담의 재정적 영향에 대해 쓴 튀센(주 II/12), S. 132도 참고: "… 수많은 거금의 기부금이 중공업의 재원으로부터 나치당의 금고로 밀려왔다"; Halgarten, "Adolf Hitler and German Heavy Industry"(주 I/16), S. 242~243. (크룹 재판에서의 슈뢰더의 심리 후에도) 히틀러가 당을 경제계에게 팔아 넘겼다는 소문은 "새빨간 거짓말"이라는 히틀러의 성난 공식적인 부인이 이에 부합한다(*Völkischer Beobachter, Süddeutsche Ausgabe*, v. 14. Januar 1933).

2. 힌덴부르크가 슐라이허에게서 등을 돌리다

파펜은 분명히 그의 새로운 발안을 비밀리에 착수하는 데 성공하지 못했다. 파펜이 강조하는 것처럼 실제로 슐라이허에게 보고하는 것을 잊어버렸다면, 슈뢰더의 집 앞에서 택시에 올라탈 때, "집 대문 옆에서 있던 사람—분명히 탐정—이 내 사진을 찍었던" 데에 대해서도 사실상 그리—파펜처럼—"극도로 놀랄" 수 없었을 것이다.[34] 슐라이허는 반대편의 모든 안전조치에도 불구하고 위협적인 새로운 상황의 낌새를 알아챈 후에, 다시 한 번—그것이 마지막이었다—그 사이에 끼어들 수 있었다.[35] 회담 후 몇 시간 만에, 파펜과 히틀러가 수행원들과 더불어 도착하고, 특히 슈뢰더 집을 다 함께 떠나는 장면을 담은 사진을 받았을 때, 그는 지체치 않고 언론을 동원하였고, 이어서 힌덴부르크에게 불평했다. 대담에 대한 보도는 세간의 주목을 끌었다.[36]

이제 당연히 파펜은 슐라이허에게 간략하게 그의 회담에 대해 보고하기 위해 서둘렀다. 그가 오늘날 그의 협의를 감하기 위해 인용한 사

34) Papen(주 VI/35), S. 255.

35) 어떤 방식으로 그가 이것을 이루어냈는지는 분명 뚜렷하지 않다. 파펜(Ibid., S. 260)은 슐라이허가 자신의 전화를 감시하게 했다고 말하는 반면에, 베른도르프(주 X/145, S. 225~226; S. 239)는 슐라이허의 통제하에 있었던 일일동향(*Täglicher Rundschau*)(베른도르프가 일했던)의 저널리스트들, 특히 외어첸(Oertzen)과 체러(Zehrer)가 히틀러 보안대의 한 매수된 소속원을 통해 소식을 들었는데, 분명 이 소식이 처음부터 슐라이허의 낙관주의를 뒤흔들지는 못했다고 주장하고 있다. 슐라이허는 1월 5일 아침의 의례적인 기자회견 및 자문회의에서 센세이셔널한 언론보도에 대해 진정으로 놀랐다는—그의 솔직함으로 볼 때 분명 진짜였던 반응—오츠(Eugen Otts)의 보고(1949년 12월 26일 파펜의 아들에게 보낸 미출간 편지, S. 7~8) 역시 파펜의 해석에 반대된다.

36) 특히 *Kölnische Zeitung*, No. 10 v. 6. Januar 1953, S. 5~6.

실이었다.[37] 그러나 보고가 아주 늦게 이루어졌을 뿐만 아니라, 파펜이 첨가하는 것을 잊었던 바, 보고는 전혀 자발적으로 이루어지지도 않았고, 더욱이 이미 사진보도의 등장으로 더 이상의 대담의 비밀유지가 불가능해진 사실로 인해 불가피해졌다. 파펜은 자신의 특별여행의 경위를 약화시키고 슐라이허의 반대조치를 마지막 순간에 급회전시키는 노력을 할 수밖에 없었다. 어쨌든 파펜이 흥분할 이유는 전혀 없었다. 슐라이허는 바로 적절한 시기에 관련음모를 평정하고 마침내 파펜식의 경고망동을 길들일 수 있을 것으로 보였다.

그러나 바로 이 시기에 파펜이 그처럼 오랫동안 함께 구축했던 음모의 망이 다른 측으로부터도 노련한 장군 자신을 끌어들이기 위해 뻗치기 시작했다. 일단은 슐라이허가 파펜을 힌덴부르크로부터 멀리 떨어뜨리는 데 실패했다. 공식적인 부인으로써 슈뢰더, 히틀러와 파펜 — 특히 히틀러와 파펜은 공동의 공보(公報)를 통해서도 — 곧바로 쾰른 대담의 언론보도에 맞섰다.[38] 그사이에 파펜은 뒤셀도르프와 도르트문트에서 독일민족주의당 간부들과, 특히 파펜에게 슐라이허의 경제노선에 대한 우려와 특히 게레케 계획(*Gereke-Pläne*)을 전달하는 한편, 구 파펜식 경제프로그램을 요구했던 대기업 회장, 슈프링고룸과 푀글러과 상의했다. 이러한 탐사 이후에 그는 1월 9일에 다시 베를린에 나타나, 이제 기자회견을 통해 그들의 쌍방적 합의를 외부에 알리는 것 외에 남은 대안이 없었던 슐라이허에게 일단 걸음을 옮겼다.[39] 이것

37) Papen(주 VI/35), S. 260.

38) Schultheß, *1933*, S. 6. 〈국민적 감시자〉(*Völkische Beobachter*)가 1933년 1월 7/8일자의 사설에서 "폰 파펜 씨는 독일 최대 정당의 지도자에게 파펜 정부의 실각에 관한 특정한 흥미로운 개별사실들을 보고할 필요를 느꼈다"고 썼을 때, 이는 유인작전을 가장 극대화한 예이다.

39) 파펜(주 VI/35, S. 260~261)은 그의 독자들이 오늘날에도 이러한 공식적인 부인 — 비스마르크의 말을 빌면, 사실을 가장 확실하게 확인해주는 — 을 그의 무죄의 증거로 받아들일 것을 기대할 만큼 어리석다.

이 슐라이허의 첫 패전이었다. 지금부터 벌써 자신의 전체적 정치의도와 계획들에 반대되는 투쟁노선을 취하기를 원치 않는다면, 그로서는 분명 이러한 상태에서 달리 반응할 길이 없었다. 여하튼, 파펜의 과묵한 논평으로부터 그 회담의 실제적 경과를 유추해내기는 어렵다. 특히, 슐라이허가 틀림없이 파펜으로부터 받았던 충성서약은 완전히 어둠 속에 머물렀다.

이어서 파펜은 "해명하기 위하여" "직접" 힌덴부르크에게로 갔다.[40] 여기서 슐라이허의 두 번째 패배가 시작되었고 그것은 한층 과중한 것이었다. 파펜이 오늘날 "제국대통령과 나 사이의 밀접한 관계"를 강조하고 "힌덴부르크가 나와 결별하는 것을 얼마나 힘들어했는지"에 대해 자랑스러워한다면,[41] 이는 이제 자신의 새로운 주도권을 위해, 동시에 파펜의 배제를 요구했거나 힌덴부르크에게 파펜을 자신의, 즉 슐라이허의 배석하에서만 상대할 것을 부탁했던 슐라이허에 대적하기 위하여 힌덴부르크의 마음을 사로잡으려 했던 이날 대화의 의미에 대해서 유일하게 명확한 암시를 우리에게 주고 있는 것이다.[42] 힌덴부르크가 그에게 "개인적이고 극비리에"[43] 자신의 탐사를 계속해줄 임무를 맡겼던 이 대화에 대해서 파펜이 부차적으로 언급했던 만큼, 그는 이후의 사업들에서처럼 여기서도 힌덴부르크의 뒤에 숨고자 많은 노력을 기울였다. 그것은 하나의 전환점이었다. 즉, 제국대통령 관저는 술책을 쓰

---

40) *Ibid.*, S. 261. 파펜에 의하면 힌덴부르크의 코멘트는 다음과 같다: "이〔슐라이허의〕 말이 맞을 수 없다는 생각이 금방 들었다. 그러나 이 사안이 우리의 서로에 대한 관계에 조금도 방해되지 않을 것은 자명하다." 그에 따르면, 힌덴부르크가 1월 중순에도 쾰른 회담에 대해서 몰랐다는 마이스너의 주장은 부정확한 차관의 또 다른 날짜착오를 담고 있다: *Nürnberger Dokumnete*, Bd. XXXII, Dok. No. PS-3309, S. 151~152; Bd. XVI, S. 386~387.

41) Papen(주 VI/35), S. 260.

42) Meißner(주 I/159), S. 261.

43) *Ibid.*

는 개인들을 경계하는 대신에, 파펜 편으로 옮겨가기 시작했다. 이제 힌덴부르크는 심지어 "그가 나의 슐라이허에 대한 우호적인 관계를 알고 있으니, 이에 대해서도 침묵을 〔파펜의 임무에 대해〕 지켜 달라"고 마이스너에게 간청했는데,[44] 수상의 해직이 아직 회자되고 있지 않았던 순간에 그리했다.

힌덴부르크와 슐라이허 사이에 커져가는 소원화는 파펜 측 반대파가 새로운 중요한 세력의 추가획득으로 뚜렷한 윤곽과 보다 큰 비중을 얻게 되었던 순간에 감지할 수 있었다. 슐라이허가 그의 동료들을 두려워했음에도 불구하고[45] 점점 줄어드는 확신으로 여전히 슈트라서, 노동조합, 정당을 위해 노력하는 동안에, 정부의 경제 및 정주계획들과 새로 도입된 동부지역지원(*Osthilfe*)의 의회 내 검토에 대해 위협을 느꼈던 농업 이익단체들의 성급함은 힌덴부르크에 대한 막대한 간섭을 수반한 전국농민연맹(Reichslandbund)의 날카로운 결심을 낳았다.[46] 파펜의 시대에는 본질적으로 브뤼닝의 실각에 기여했던 모든 계획들이 의도적으로 취소되었던 점을 기억해야 한다. 이제, 그러한 계획들은 — 슐라이허의 의지로든 무의지로든 — 다시금 토론영역에 들어섰다.

---

44) *Wilhelmstraßen-Prozeß*, Protokoll v. 4. Mai 1948, S. 4612의 마이스너의 진술.

45) Ott, "Ergänzende Bemerkungen"(주 VI/36), S. 17: "그의 불투명한 다수와 뚜렷한 무성과로 우리를 불안하게 했던 의회 다수파를 얻기 위한 수상의 협상이 나로 하여금 제국군 분과의 언론수장인 뵈어취와 함께 비망록을 작성토록 동기를 부여했다." 오트가 1933년 초에 시작했던 이 문서에 기초하여, 슐라이허는 그의 동료의 비판을 "아직 너무 온화하다"고 표현했고, 힌덴부르크의 지원 부족을 그의 총리직의 결정적인 약점으로 지적했다. 그에 반해 코르트(사료에서 인용되지 않았음, 주 V/154, S. 50)는 플랑크 차관과 슐라이허 장관직의 후임자였던 장군 폰 브레도우가 그와 그의 동생에게 연초 직후의 만남에서 매우 낙관적으로 이처럼 이야기했다고 보고하고 있다: "나치들은 집권하지 못할 것이다."

46) "Der Vorstoß des Reichslandbundes", *Der Zeitspiegel* 2, No. 2(22. Januar 1933), S. 24 아래의 여러 설명을 볼 것.

1932년 5월의 경과에 영향을 미쳤고, 당시에 슐라이허 스스로에게 우연한 것처럼 주어졌던 것과 유사한 정황이 브뤼닝의 뒤늦은 후임자에게도 닥쳤다. 제국토지연맹이 더 이상 독일민족주의당의 영역이 아니었고, 상당부분 오히려 나치에 의해 지배되면서, 돌격이 중요해졌다. 이 연맹은 이제 후겐베르크와 히틀러 사이의 오랜 기간 동안의 불화 끝에, 파펜의 활동 속에서 힌덴부르크 자신에 의해 재가된 소생을 경험하게 될 하르츠부르크적 전선의 소생을 위한 죔쇠와도 같이 작용할 수 있었다.

슐라이허가 아직 후겐베르크와 협상하면서, 독일민족주의당 지도자들의 현 내각에의 참여를 고려하는 동안에, 1월 11일에 제국토지연맹의 의장단은[47] 특히 보호관세정책에서 정부의 이른바 비활동에 대해 불평을 제기하기 위해 힌덴부르크를 찾았다. 여기서 처음으로 명확하게, 제국대통령이 개인적인 신년서한에서만 해도 여전히 그의 "친애하는 젊은 친구"에게 "정부통치에 대한 대만족"을 확언한 이후로, 그 스스로가 그사이에 슐라이허로부터 멀어졌다는 것이 드러났다.[48] 그는 곧바로 대농업 이익단체 대표자들의 편을 들면서, 관할 장관이었던 폰 브라운과 바름볼트와 함께 나타난 수상에게, "내일 아침 5시까지 걸리더라도" 사안을 지체 없이 처리해야 함을 설명했다. 의장(칼크로이트 백작)과 수많은 지방 토지연맹들의 회장들의 보고에 이어서, 대지주 하인리히 폰 지벨(Heinrich von Sybel)이 제국토지연맹의 경제정책회장으로서 이익정치적 제안의 근거를 밝혔다. 지벨의 보충적인 설명[49]

47) 거기에는 브뤼닝 위기 때부터 출현했고, 이후 히틀러하에서는 후겐베르크의 차관이 될, 힌덴부르크의 동프로이센 친구인 로어-뎀민도 있었는데, 여기서도 연계관계가 뚜렷하다.

48) Berndorff(주 X/145), S. 224. 앞의 주 X/5 참고.

49) Heinrich v. Sybel, Brief v. 2. Februar 1951, *Borcke-Akten*(미출간, 주 VI/135), S. 124~125. 별로 설득력 없이 농업계 이익단체의 히틀러 집권에의 비참여를 증명하고자 하는 서술은 Görlitz, *Hindenburg*(주 I/66, S. 39

이 끝난 후, 관세, 상업, 조세 및 재정정책을 겨냥한, 그러나 내각의 정주계획에 대해서는 간접적으로 제기된 지벨의 불만에 대하여 슐라이허는 "극히 일반적인 논조"로만 답변했다. 폰 브라운 역시 로어-뎀민의 비판에 대해서 구속력 있는 약속으로 답변하지 않자, 힌덴부르크는 주먹으로 탁자를 치면서 회의를 험악스러운 최후통첩으로 마무리 지었다: "당신, 슐라이허 제국총리에게 의뢰하는데, 늙은 군인으로서 의뢰가 단지 명령의 예의 있는 형태임을 잘 알 것이다. 오늘 밤 안으로 내각을 소집해서 법률을 논의된 범주 내에서 결정하여, 내일 오전중까지 내가 서명할 수 있도록 제출할 것을 의뢰한다."

전혀 믿을 수 없는 장면이 아니다![50] 이 장면은 브뤼닝의 총리직을 끝장냈던 그때의 명령수령을 연상시키는데, 이는 그 수장이 장군으로서 원수(元帥)에게 맞섰던 정부의 취약점을 보여주고, 오랜 조언자에 대해 새로운 친구 파펜을 선호하는 힌덴부르크의 기분을 아주 보기 드물게 강렬하게 표출시켜주고 있다. 슐라이허 내각의 분열이 벌써 지금부터 일어나지 않았던 것을 오로지 아직 — 브뤼닝의 실각 때처럼 — 새로운 내각이 마련되지 않은 사실 덕분이었다. 후겐베르크는 여전히 동요하고 있었고, 힌덴부르크는 아직 히틀러를 총리직에 앉히지 못했으며, 늙은 하르츠부르크 전선은 통치능력이 없었기 때문이었다.

8~399)에서 재인용된 제국대통령청의 회의록에서 나온 것이다. 지벨이 처음에는(1928년부터) 지역민의 제국의회 의원이었으나, 1932년 7월 이후에는 나치 분파에 속했다는 것은 동시에 제국토지연맹의 정치적 발전을 보여준다.

50) 그것이 단지 지벨에 의해서만 언술되었고, 그러나 회의록에서는 언급되지 않고 있음은 거의 의미가 없다. 아마도 지벨이 개별사실에서 그리고 특히 그의 결론에서 착각한 것 같다. 그러나 그의 힌덴부르크 상(像)을 위해서 보고서 전체를 의심하고 자신의 결론을 재빨리 "빗나갔다"고 밝히는 괴어리츠(*Ibid.*, S. 399)의 회의심은 정당하지 않다. 폰 브라운의 실망스러운 회고(주 VI/139)는 철저히 파펜의 해직과 슐라이허의 부담에만 초점을 맞추면서 그에 대해서는 완전히 침묵하고 있다.

이러한 의미에서 제국토지연맹과 계속 협상하기를 거부한 슐라이허로부터 정부의 전복을 직접 유추하는 것이 지나치게 단순할지라도,[51] 그렇게 해서 이 회의는 — 분명, 쾰른 대담에서 시작된 발전의 2차 단계로서 — 이제 독일민족주의자 측에서도 열렬한 활동을 위한 발단을 마련하게 된다. 슐라이허가 1월 13일에 "반동적인" 후겐베르크에게 경제부 장관직을 허용치 않고 그의 고유한 경제 및 사회정책적인 계획들, 그의 상쇄정책을 과시적으로 고수했을 때, 독일민족인민당 역시 야당으로의 선회를 준비했다.[52] 토지연맹의 돌격과의 관련성은 오늘날 파펜조차도 이처럼 영향력이 컸던 이익갈등의 정치적 확산에 대해 침묵할 수 없을 정도로 명백하다.[53] 슐라이허 스스로는 그 당시에 그 사안에 대해 분명 여전히 낙관적으로 판단했던 것으로 보인다.[54] 그는 압력에 굴복하지 않고, 특히 나치당의 분열과 노동조합을 위한 노력을 고수했다. 그 다음 날, 1월 14일에 후겐베르크가 힌덴부르크를 알현했을 때, 소문이 뒤를 좇았다. 그러나 언론이 이를 여전히 슐라이

---

51) 지벨(주 XI/49, S. 125)은 다음과 같이 말했다: "그로써 그〔슐라이허〕는 수상으로서의 사형선고에 스스로 서명했다." 실제로는, 이제 제국토지연맹의 날카로운 주장들이, 한동안 다시 슐라이허 편으로 돌아간 듯 보였던 독일산업의 제국협회의 공식적인 저항을 다시 불러일으켰다. 그의 의장 크룹은 1월 12일에 제국총리와 회담을 가졌다. Schultheß, *1933*, S. 12~13을 참고.

52) 슐라이허 내각의 구성은 독일민족주의적 희망사항과 대체로 일치했지만, 슐라이허의 DNVP에 대한 관계는 특별히 좋았던 적이 없었고, 가일의 헌법계획에 관한 토론에서 더욱 악화되었으며, 마침내는 파펜의 면직과 이반으로 심각해졌다. Otto, Brief an Papens Sohn v. 26. Dezember 1949(주 XI/35), S. 8도 참고.

53) Papen(주 VI/35, S. 262): "농업정책 분야에 대한 공격과 후겐베르크를 절충하는 것은 가능하다."

54) 쿠어트 폰 슈슈니그(Kurt von Schuschnigg)가 그를 1월 15일, 리페 선거일에 방문했을 때, 그는 나치문제는 당의 몰락으로 해결되었다고 확언했다: Kurt v. Schuschnigg, *Farewell Austria*(London, 1938), S. 165~166.

허의 계획과 연결짓고, 슈트라서, 후겐베르크 그리고 중앙당 장관을 통해 내각을 확대하리라는 것을 믿었던 반면에,[55] 이 알현 회담은 이제 엄청난 가속도로 참여자들의 모든 적대와 기도를 넘어서 슐라이허의 몰락을 향해 치닫게 될 발전의 일부가 된지 오래였다. 이 발전은 두 가지 사건을 통해서 더욱 촉진되었다.

자유노동조합과의 협상은 이제까지 어떠한 구체적인 결과도 낳지 못했지만, 라이파트는 이미 그의 신년격문에서 기본적으로 슐라이허와의 협업에 임할 준비가 되었다고 선포했다. 그러나 이제 마지막 민주주의적 다수당(SPD — 옮긴이) 정부의 몰락을 가져왔던 1930년 초반의 상황이 반대적 징후 속에서 반복되었다. 당시에는, 사회민주주의 제국총리의 의지에 반하여 그리고 모든 뛰어난 정치적 통찰을 거슬러 그들의 이해를 관철시켰던 것이 노동조합이었다면, 이제는 사민당 지도부의 정치적으로 근거 있는 반대구호가 노동조합 지도부의 이해관계에 얽매인 타협각오에 대해 우위를 점했다. 1930년에는 깊어가는 경제위기에 대한 책임을 면하기 위해 야당으로 도피했다. 이러한 결단의 결과는 더 이상 통제가 불가능하지만, 더 나쁜 상황을 막기 위해 감수해야 했던 권위주의적 정부형태로의 이행이었다. 히틀러가 그처럼 공공연히 문 앞에 서 있는 지금, 그들은 아주 이유 없이 소문이 나빴던 것은 아니었고 무엇보다도 히틀러를 전혀 혹은 안정적인 보장 없이는 정부에 들여놓지 않으려는 그의 의지가 모든 의구심을 능가했던 권위주의적인 장군이었던 수상의 구제노력을 거부했던 것이다. 게다가 현저한 공산주의적 그리고 나치적 침투를 통해서, 1932년 7월 20일 무렵보다 더욱 약화되었던 노동조합으로부터도, 그들이 1920년 카프쿠데타를 분쇄했던 것 같은, 독재에 대한 저항을 더 이상 기대하기 힘들었다. 그러나 특히 지도부의 정치적 전술 자체가 제 기능을 발휘하지

---

55) 슐라이허가 후겐베르크를 거부한 것은 1월 25일에 공공연한 갈등의 순간에서야 공식적으로 알려졌다.

못했다.

브라이트샤이트와 라이파트가 슐라이허와 다음 협상을 담합했던[56] 1월 6일 좌담은 이러한 의미에서 파펜의 계획에 또 다시 봉사했다. 최대의 민주정당은 이러한 상황 속에서 모든 주도권을 포기하고 슐라이허에 대한 반대를 고수했다. 이 "반동주의자"와 "대연정"[57] 이 하르츠부르크 전선의 독재와, 극복되었지만 분명 평가절하되었던 "파시즘"의 전체주의적 지배에 대한 유일한 대안을 제공했던 시점에도 그러했다.[58] 당은 그의 경직된 개념과 관념, 제국군대와 그의 민주주의적 관념에 부합하지는 않았지만, 그의 자유로운 존재를 건드리지 않았던 국가에 대한 그의 전통적인 불신에게 희생되었다. 사민당은 — 공산당은 더더욱 — 히틀러의 수상단이 몇 달 후면 "파산"하고 사회주의의 새로운 부흥을 위해 자리를 내줄 것이 틀림없다는 기대를 갖고 있었기 때문에, 여전히 나치 운동의 권력정치적 역동성을 정당하게 평가할 수 없었고, 어쨌든 히틀러를 길들여서 그의 "민족적" 운동을 그들 편으로

---

56) 이 장면은 Noske, *Erlebtes* (주 I/38, S. 310~311)에서 서술되었다. 노스케는 이 경우에 자신의 당정에 대한 신랄한 비판을 근거 있는 설득력으로 표현할 줄 알았다. Pechel, *Widerstand* (주 IV/94), S. 20~21도 참고. 오늘날에도 당시의 노동조합 지도부는 분명 여전히 SPD-결의를 두둔하면서, 여실히 의심스러운 슐라이허의 정치적 방법에 대한 지적으로써 그들의 후퇴를 설명해야 한다고 믿고 있다. Franz Josef Furtwängler, "Schleicher und die Arbeiter", *Die Zeit* 8, No. 19 v. 7. Mai 1953, S. 20. 그러나 슐라이허-라이파트 사건의 서술은 어떻게 최대의 공화국 조직들이 위기의 세부사항에만 초점을 맞추는 협소한 시각을 통해서 본래의 과제, 즉 충분히 자주 선언된 위협적인 전체주의의 저지를 망쳤는지를 다시 한 번 말해줄 뿐이다.

57) Flechtheim, *Die KPD* (주 III/90), S. 182~183; Neumann, *Behemoth* (주 III/121), S. 31.

58) 이에 대해서는 특히 SPD 의장, Otto Wels, "Neujahrsbetrachtung", *Vorwärts* v. 1. Januar 1933을 볼 것. 여기서 슐라이허에게 노동운동의 단합된 전선을 분열하고자 하는 죄가 씌워지고, 동시에 기독교 노동조합과 중앙당에 의한 정부의 지지도 신랄하게 비판되고 있다.

등록할 수 있기를 희망했던 보수주의자들과 군의 뻔히 들여다보이는 계산보다도 결코 그에 대처할 능력 면에서 낫지 않았다. 따라서 그들의 전술이란, 비호감적이지는 않았지만 독단적인 장군에 대한 일관되게 저항하는 것이었다. 그의 후임자가 정당들을 무조건 분쇄하고 모든 저항전술을 종결시킬 수 있으리라는 생각은 SPD 지도부의 정치적 숙고에 필요한 영향을 미치지 못했다. 그저 "… 우리가 어떻게 달리 했어야 했는가를 알지 못했던"[59] 자만적인 당혹감에 싸여 있었을 뿐이었다. 1931년의 마지막 전당대회에서의 브라이트샤이트 연설 이래로 나치에 대한 평가는 보다 현실적으로 되지 않았고, 정치적 전술은 더 탄력적으로 되지 못했으며, 극우와 극좌의 이중압력에 처한 혼란 역시 줄어들지 않았다. 1932년 7월 20일은 이러한 약점들을 폭로했으며 특히 적에게 강렬하게 노출되었다. 이제, 한 사업정부의 실존이 아니라 공화국의 존재 자체가 좌우되게 된 마당에, 보다 단호한 각오를 하게 되기는 했지만, 그것은 반란자들을 향해서가 아니라, 더 이상의 희망이 붕괴될 위협을 받고 있었던 측을 향한 것이었다.[60]

라이파트는 그의 정당 이사에게 복종했다. 후겐베르크는 슐라이허와 결별하고 이제 여하튼 그가 사라지기를 원치 않았던 파펜 쪽으로 완전히 전향했다. 그러나 히틀러의 "새로운 기회"가 나치당 무리를 외부적으로도 눈에 띄게 부드럽게 만들고 마침내 새로운 부흥으로 전환하고 났을 때, 슈트라서는 더 이상 희망이 아니었다.[61] 1932년 7월

---

59) Wolfgang Heine, "Neujahrsbrief 1933 an Severing", *Lebensweg* (주 I/18, II, S. 375) : "내가 이 서술에 대해 완전히 동의한다는 것은 말할 필요가 없다"고 제버링 자신이 덧붙이고 있다(S. 376).

60) 이에 대해서는 Leber, *Ein Mann* (주 I/37), S. 242 이하에서의 신랄한 비판도 볼 것.

61) Goebbels, *Kaiserhof* (주V/13), S. 236 (이미 1월 6일에) : "기쁘게 진척되는 정치적 발전을 생각하면, 조직의 나쁜 재정상황을 염려하고 싶은 마음이 안 생긴다. 우리가 이번에 잘 다루면, 모든 것은 더 이상 중요하지 않다."

이래, 당의 선거지수는 떨어졌다. 그러나 이제, 객관적으로 볼 때는 흥미롭지 않으나, 선전과 심리적 측면에서 볼 때는 가장 중요성이 컸고, 사실상 최종공격의 마지막 단계를 시작했던 두 번째 사건이 등장했다.

3. 리페 선거를 중심으로

이 순간에 마지막 민주주의적 권력시험으로서 여론의 눈에서 볼 때 지나친 의미를 얻었던 것이 작은 주, 리페의 정기 지방의회 선거였다. 특히 나치 지도부는 그들의 가라앉은 자신감과 특권, 동요하는 추종대중의 위기에 몰린 결집성을 회복할 기회를 여기서 발견했다.[62] 당은 모든 동원가능한 수단, 선동 엘리트들, 선전 전문가들을 주로 농업적이었던 가장 작은 지역, 마을과 소도시들에서 전개되었던 선거전에 투입했다.[63] 집회용 장막 덕분에 가장 멀리 떨어진 지역까지도 포괄할 수 있었던[64] 이 "최종분발"의 결과에게, 슐라이허를 대적한 새로운 저

62) 바로 지금 나치당 내에서 새로운 반란이 일어났다. 즉, 1월 12일에 룀이 히틀러의 동의를 얻어 미텔프랑켄의 돌격대 분대장이자 제국의회 의원 빌헬름 슈테거만(Wilhelm Stegmann)을 그의 초병의 불복종을 이유로 해직했다. 미텔프랑켄 돌격대 전체가 일단 슈테거만을 두둔했기 때문에, 위기는 훨씬 오래 지속되었다.

63) *Ibid.*, S. 234(1월 3일): "리펜의 선거전이 이제 시작된다. 우리가 노력한 결과로 필요한 자금을 조달하는 데 성공했다. 우리는 압도적 성공을 가져오기 위하여 이 작은 주에 전력을 쏟을 것이다. 이제 당은 다시 승리할 수 있다는 것을 보여주어야 한다." S. 236: "모든 유명 당원들이 이 선동에 함께하고 있다. 이는 성공할 것임에 틀림없다." S. 237~238: "첫날 밤〔1월 9일〕에 나는 세 번 작은 농부마을 전체에서 연설한다. …"

64) Dietrich(주 IV/3), S. 173 이하. 히틀러는 오엔하우젠 남작의 성에 자신의 "본부"를 차렸다. 그로부터 연설 전문가들이 매일 전 방향으로 몰려나왔다.

항전선 내에서의 당의 심리적 위치, 파펜을 향한 그들의 연대가치, 후겐베르크, 경제 이익집단들, 종국적으로는 반항적인 힌덴부르크에 대한 그들의 불가항력[65]이 달려 있다는 것을 사람들은 알고 있었다. 무엇보다도 여전히 심각한 슈트라서 위기의 제거 역시 이와 밀접하게 관련되어 있었다.[66] 민주정당들의 행동과 점점 더 고립되어갔던 정부의 계산을 결정지었던 나치당의 분열 혹은 점진적인 불통합에 대한 희망은—양적으로 보아—물론 그처럼 중요치 않은 사건을 통해서는 확인될 수도 부인될 수도 없었다. 그러나 나치의 득표수의 경미한 상승을 기대했고 그래서 과대평가를 경고했던 이들까지도 그의 증상적 중요성을 부인하기는 힘들었을 것이다. 그 1월 15일을 바라보며 전 여론이 쏟아 부었던 신경증적 주목으로, 10만 리페 투표자의 선거는 슐라이허 실험의 운명과 6천 8백만 국민의 정치적 미래에 대한 결정으로 치솟았다.

물론 이 같은 실로 가장 집중적이었던 선거전의 결과로, 나치당은 1932년 7월 31일의 정상마루에 또 다시 서지는 못했다. 오히려 득표 증가는 전적으로 그저 그런 수준에 머물렀다. 그러나 그것은 1932년 7월 31일 이후의 첫 선거승리이었고, 그의 심리적 영향은 심지어 나치 지도부가 기대했던 것보다 컸다. 그러나 바이마르공화국의 이 마지막 선거의 고찰은 매우 교훈적인데, 그것이 슐라이허 내각의 존속중에 민주주의적 의미에서의 정치적 안정 역시 점차적으로 회복되는 징후 속에서 자리잡을 수 있었던 한 발전상의 발단을 보여주기 때문이다.

나치 표 증가는—집중적인 선거선전의 결과로서—한편으로는 이제까지의 비투표자들의 표에 의한 것이었고, 다른 일부는 그의 투표자들이 분명 DVP와 국가당으로 옮겨갔던 DNVP의 희생으로 인한 것이

65) Goebbels(주 V/13, S. 238): "모든 것은 이제 리페 선거의 결과에 달려 있다. 거기서 성공하면, 내각이 전복될 것이다."

66) *Ibid.*, S. 238; S. 240~241.

리페 선거 (단위: 유효표 비율)[67]

	총투표	나치당	DNVP	DVP	중앙당	국가당	사민당	공산당	기타
32. 11. 6 (제국의회)	82. 2	34. 7	9. 9	3. 8	2. 6	0. 6	27. 1	15. 4	5. 9
33. 1. 15 (주 의회)	85. 1	39. 5	6. 1	4. 4	2. 6	0. 8	30. 1	11. 2	5. 4
증가 (+)	+3. 5	+13. 8		+15. 8	∓0	+33. 3	+11. 1		
감소 (-)			-38. 4					-27. 3	-8. 5

었다. 1932년 11월 선거에서 그의 추락을 처음으로 정지시켰던 중도파 정당들의 계속적인 안정화 추세가 이번 선거에서도 나타났다면, SPD가 KPD를 희생으로 얻을 수 있었던 상당한 이득을 통해서도 이러한 인상은 강화되었다. 그로써 나치적 집권이 비로소 KPD의 계속적 전진 혹은 "볼셰비즘의 승리"를 저지했다는 전설만 이 작은 틀 내에서 반박된 것이 아니다. 극우집단 전체가, 즉 장차 "민족적 집중"으로 결집될 예전의 그리고 지금 막 소생한 하르츠부르크 전선이 가장 좁은 공간에서의 거대한 선전노력과 높은 선거 참여율에도 불구하고 더 이상의 투표자 층을 획득하지 못했고, 극우집단 안에서만 권력이동을 달성할 수 있었다는 사실 역시 뚜렷해졌다. 거대집단들의 구성은 다음의 도표 (% 단위) 와 같다:

선거일	나치당-DNVP (하르츠부르크전선)	대연합 (민주정당들)	KPD
1932년 11월 6일	44. 6	34. 1	15. 4
1933년 1월 15일	45. 6	38. 0	11. 2
증가 (+)	+2. 2	+11. 4	
감소 (-)			-27. 3

67) Hagmann (주 X/15), S. 36~37.

선거결과를 어떻게 해석하든지 간에, 그 객관적 가치는 나치당에 대해 결코 특별히 긍정적이지 않았다. 1932년 7월 31일의 수치에는 훨씬 못 미쳤고, 일반선거에서는 이 정도의 노력이 다시 이루어지지도 않았으며, 이 결과에 어쨌든 대표적 성격을 부여한다면, 민주정당들, 특히 SPD의 회복이 훨씬 더 본질적으로 주목할 만하다. 나치당과 동일한 숫자의 의원들(9명)과 더불어 1928년 이래로 지속되어온 좌익의 경쟁적 전진을 저지한 리페 지방의회로 진출했던 것처럼, 중도파와 중도 우익 역시 11월 6일에 비해 현저히 강화된 장벽을 극우주의에 대해 세우고 심지어 그들 편에서 이득을 보는 데에도 성공했다.[68] 그러나 곧 나타날 것처럼, 주관적인 정치적 영향력은 그러한 고찰로 흔들리지 않았다. 비나치적 판단 가운데에서도 나치당의 소강이 저지되었고 분열의 위협은 저지되었다는 견해가 오히려 강해졌다. 실제로, 나치당에게 이처럼 중요한 순간에, 당의 소진 직전의 자원으로 충당이 가능했던 선거전 투입이 이루어졌던 것은 또 다른 행운을 의미했다. 그에 반해, 새로운 제국의회 선거전은 그들로서 전혀 감당할 수 없었을 것이다.

"승리"의 축전은 열광적으로 이루어졌다. 선거에 패배한 지 반년 만에 나치 제국언론국은 이제 운동의 새로운 상향발전을 알릴 수 있었고,[69] 동시에 히틀러는 바이마르에서 1월 16일에 열린 가우 지도자대회에서 슈트라서 위기를 마침내 그 나름의 의미에서 청산하는 데 성공했다.[70] 괴벨스는 의기양양하여 기록하기를, 당은 다시 "최고의 진로"에 들어섰고, "모든 이성적인 자들은 이미 슐라이허 내각을 포기했

---

68) 이는 특히 1932년 7월 31일의 득표수를 거의 2배로 증가시킬 수 있었던 DVP에 해당한다.

69) Schultheß, *1933*, S. 20. 특히 리페 자체에서 나온 언론의 목소리도 참고: *Der Zeitspiegel* 2, No. 2 (22. Januar 1933), S. 267.

70) Goebbels (주 V/13), S. 242~243.

다"[71] 고 했다. 사실상 슐라이허의 전술은 이제 어려운 결정 앞에 처하게 되었다. 슈트라서는 더 이상 고려될 수 없었다. 제국토지연맹은 그의 반대입지를 더욱 날카롭게 했으나, 독일산업의 제국협회 의장단 역시 새로이 "안정된 정부"에 대한 그의 요구를 강화했다. 특히 이제는 DNVP 측으로부터 전방위로 개방된 전환의 길이 트여지게 되었다. 이러한 발전의 목하에서, 슐라이허는 1월 16일에도 카스와의 장시간의 회의에서, 이제 나치당과의 협의에 대한 희망을 포기한 중앙당에 대한 계속적인 지지를 약속했다. 아울러 슐라이허는 나치당에게 새로운 압력을 행사하는 동시에 그의 등 뒤에서 이루어질 위험이 있는 협상을 앞지르기 위해서, 이제 제국의회의 해산을 통한 길을 가려는 결심을 굳힌 것으로 보인다.

1월 4일에 이미 그는 플랑크를 통하여 제국의회의 원로회에게, 정부는 언제든지 총회에 출석하여 정부의 설명에 이어서 정치적 상황에 대한 해명, 즉 내각에 대한 불신임안에 대한 투표를 주장할 것이고 더 이상의 지연은 거부한다고 알리도록 했다. 그에 의거하여, 차기 제국의회의 회의는 나치 대표자들이 특기할 만하게도 투표를 포기했던 1월 24일로 확정되었다. 1월 20일에 원로회의가 다시 소집되었고, 회의를 1월 31일로 연기하도록 결정되었다.[72] 즉, 대통령 내각은 제국의회와의 논쟁을 고집한 반면에, 의회는 재차 연기를 통해서 내각을 회피하고자 하는 진기한 일이 벌어졌던 것이다. 특히 나치당(프릭)과 독일민족인민당은 갈등의 무기한 지연을 지지했던 반면에, 중앙당은 종국적으로 다시 한 번 제국정당들과 다수당 정부를 위한 협상을 가질 준비가 되어 있다고 선언했다. 슐라이허가 이제 그 이상 연기하려는 시도를 의도적으로 포기하고 제국의회를 해산하고 국가비상사태를 선포하

71) *Ibid.*, S. 243.

72) *Deutscher Reichsanzeiger und Preußischer Staasanzeiger* v. 5. Januar und 21. Januar 1933.

는 쪽을 향해 나아가고 있었음은 분명했다.[73] 그러나 그의 등 뒤에서의 새로운 집단결성이, 그들 자신의 제거까지도 의미할 수 있는 그러한 작전에 대해 선수를 칠 만큼, 아직 광범위하게 이루어지지 않았다는 것도 명백했다.

그사이에 히틀러는 다시 한 번 자신의 본부를 그들이 포위한 요새의 성문 앞에서 카이저호프 호텔에 차렸다. 재정이 아직 이 정도는 감당할 수 있었다.[74] 그러나 이제 그는 작년에 그처럼 자주 그랬던 것처럼 더 이상 권력을 기다리지 않았고, 이를 마중 나갔다. 1월 17일 후에

---

73) *Germania* v. 24. Januar 1933. 그에 대해서는 이제 브뤼닝의 설명이 나와 있다("Im Januar 1933", 주 X/62). 이에 의하면 특히 카스가 라이히트(BVP)와 브뤼닝에 의해 지지를 받으면서 연기계획에 반대했다. 협상은 상당히 진전되었지만, 슐라이허 자신은 전혀 지원을 받지 못했다. 그는 중앙당의 분과실에서 SPD와의 한 회담에서, 전반적으로 당황했던 것으로 밝혀졌던 것처럼, 각 사람에게 다른 대답을 했다. "이에 나는 원로회의 오랜 관습에 따라, 수상이 자신의 입장을 선명하게 당 지도자들에게 전달하기 전에 어떤 표결이 이루어지는 것을 막아달라고 페어릴리티우스 박사에게 부탁했다." 당 지도자들의 공동접견을 위한 브뤼닝의 부탁으로, 슐라이허는 자신의 실각 4일 전에 플랑크를 통해서, 그가 "제국대통령에게 이미 끝났고 따라서 사안을 다른 방향으로 바꾸려 하는 것이 정당들에게 무모하다"는 것을 전하게 했다. 따라서 그는 "히틀러에 대항한 투쟁에서 아직 지지 않았다"는 브뤼닝의 새로운 확언에 대해 침묵했다. 카스의 의심스러운 역할을 꿰뚫어 본 이 서한에서 브뤼닝은 분명 기억오류로부터 자유롭지 않은 것으로 보인다. 그가 1932년 "9월 선거"에 대해 쓸 때(그리고 또한 9월 12일의 실로 기억할 만한 제국의회 회의) 그렇다.

74) 히틀러 자신의 서술에 따르면, 이 호화 호텔에서의 그의 간부의 체재비는 주당 10만RM이었다: Hitlers *Tischgespräche* (주 XI/21), S. 437. 반대편 선전으로부터 흔히 공격을 받았지만 "카이저호프"를 나치당 지도부의 본부로 정한 것은 의심의 여지없이 특히 전술적인 결정이었다. 그것은 유명인사와의 협상들에 대해서도 "대표적인" 성격을 지녔고, 또한 이를 통해 제국총리실에 대해 바로 마주 앉은 권욕가의 문전압박(*ante portas*)을 인상적으로 상징화했다.

그는 후겐베르크와 만났는데, 그들의 슐라이허에 대한 공동저항과 하르츠부르크 전선의 정부를 구성하는 데에 관한 그들의 대화는 이미 마지막 단계의 시작을 나타냈다. 이제 거의 매시간 새로운 협상, 소문, 계획들이 쏟아져 나왔다. 즉, 1월 4일에 시작된 발전상이 완전히 발현된 것이었다. 1월 18일에 나치 측의 보고서에 의하면 앞으로의 정부구성을 위한 계속적인 견해 접근을 중재했던[75] 히틀러와 파펜의 회담이 있었는데, 파펜 스스로는 이에 대해 물론 언급하지 않았다. 슈포르트팔라스트와 공산당 본부 앞에서의 대규모 데모행진을 통해서 나치당은 강화된 권력욕 및 승리욕으로 제국수도의 여론을 압박했고, 1월 21일에는 제국의회의 독일민족주의적인 원내교섭단체가 슐라이허에게 공개적인 반대를 선포했다. 한 "결의문"에서[76] 그들은 "내각의 완전히 새로운 구성"과 "질질 끌고 머뭇거리는 정치"의 종결을 요구하고, 정부가 경제정책에서 "사회주의적 국제주의적 사고방식에 새로이 빠져들었다"고 비난했다. 또한 그들은 "평지에서의 볼셰비즘의 위험"을 서술하고, 슐라이허에게 특히 파펜적 스타일의 "권위주의적 사고방식을 해체하고" "민족주의 운동의 강화 덕분에 떠날 수 있었던 항로로 독일 정치를 되돌려 놨다"는 혐의를 떠안겼다. 힌덴부르크와 장차 올 "강력한 국가통치"에 대한 명백한 지적은 사람들이 새로운 해법이 가까웠음을 느꼈고 슐라이허가 브뤼닝의 운명에 대항한 데에 의심의 여지가 없게 해주었다. 동시에, 나치 동료들은 드레스덴에서의 제국의회 의장 괴링의 날카로운 연설로써 전면공격의 포문을 열었는데, 그의 연설은 나치당을 마지막 순간에 슐라이허 정부에 참여시키거나 그 정부를 묵인하는 데 그들의 지지를 얻을 수 있으리라는 희망에 종지부를 찍었다.[77]

---

75) Schultheß, *1933*, S. 21; 아래의 S. 292~294 참고.

76) 그것은 물론 1월 24일에서야 출판되었다: *Ibid.*, S. 26에 인쇄됨.

77) 동시에 나치당 선전도 이러한 논조에 동의했다. 예를 들어: Josepf Goebbels, "Schleichers Bilanz", *Der Angriff* v. 20. Januar 1933.

결정적인 사건들은 이제 그 어느 때보다도 명백히 여론의 배제하에 이루어졌다. 대통령 중심 시대의 음모정책의 이러한 정점에서는 오직 다양한 소문과 추측만이 여론에게 남겨졌을 뿐이었다.[78] 최종적인 전선결성과 그들의 가능한 결과들이 이미 오해의 여지없이 뚜렷해졌기 때문에, 이는 우선 제국대통령 관저를 얻기 위한 열띤 사업과 특히 힌덴부르크 자신의 입장에 해당되었다. 그는 변화된 상황하에서도 슐라이허의 노선을 지지할 것인가? 혹은 새로운 상황이 실제로 그로 하여금 그의 2년 이상에 걸친 저항을 포기하고 히틀러가 주도하는 하르츠부르크 전선의, 즉 의회 내 다수파가 부재한 대통령 내각에 동의하는 쪽으로 옮겨가게 할 것인가?

브뤼닝의 실각 이후, 이제 86세인 힌덴부르크는 사실상 "측근"(*Kamarilla*)이란 슬로건이 가장 중요한 정치적 의미를 가졌을 만큼, 그의 최측근의 영향력하에서만 자문을 받았다. 4명의 충복 중 새로운 별이 파펜이었던 반면에, 슐라이허의 영향력은, 분명 오스카 폰 힌덴부르크와 마이스너와 무관하지 않게, 눈에 띄게 줄었다.[79] 마이스너의 증언에 따르면, 파펜은 1월 하반기에 대통령 관저를 집중적으로 방문

78) *Vorwärts* v. 20. Januar 1933가 이에 해당된다: "파펜 곁에는 히틀러, 슐라이허 곁에는 슈트라서, 히틀러 곁에는 후겐베르크, 후겐베르크 곁에는 파펜, 힌덴부르크 곁에는 후겐베르크. 알펜스레벤은 앞으로 옮기고, 튀센은 뒤로 옮긴다. 슈트라서는 부수상이 되고, 히틀러는 제국국방부를 원하며, 슐라이허는 이쪽으로, 힌덴부르크는 저쪽으로 경도되어 있다. 우리는 독일민족 없이 행해지는 비밀정치의 내막을 여전히 알고 있다."

79) 마이스너에게서는 기회주의적 동기 이외에 사업적 불정기성이 발각될 것에 대한 우려가 작용하고 있을지 모르는 반면에〔뉘른베르크에서의 파펜의 선서대신용 진술을 참고: *Wilhelmstraßen-Prozeß*, Dokument NG-169, Wickert (주 XI/26, S. 364 주 55)에 서술되었음〕, 오스카 폰 힌덴부르크의 그의 연대 동료인 슐라이허에 대한 관계는 개인적인 일로 악화되었다. 슐라이허는 1932년 여름에, 분명 극히 사적인 성격이고 어쨌든 이를 아는 사람들은 오늘날까지도 배려심 깊게 침묵하는 대통령 아들의 발언을 희롱했다.

했다.[80] 그는 아주 가까이에 살았기 때문에 남의 눈길을 끄는 일 없이 힌덴부르크를 찾을 수 있었다.[81] 슐라이허와의 결정적인 본질적 논쟁을 갖기 이전에도 파펜에 대한 재신임이 힌덴부르크의 희망사항에서 첫 순위를 차지했다는 것에는 의심의 여지가 없었다. 이는 특히, 파펜이 힌덴부르크에게 그의 최근 협상 이후에 나치당을 통한 그러한 내각의 묵인을 약속했던 순간에 그러했다. 그것은 파펜의 첫 임용을 이끌었던 생각이었고, 브뤼닝의 배제를 초래했던 행동이었으며,[82] 동시에 그것은 나치문제에 대한 힌덴부르크의 분열적 관념에 부합하는 것이었는데, 그의 이러한 관념 때문에 일찍이 브뤼닝의 해결노력이 저지되었다.[83] 그것은 히틀러와 싸워야 할지 그를 등용해야 할지 선택하지 못하는 무능력이었고, 그가 신임하는 사람을 통해 나치당을 그의 "민족주의적인" 친구들의 진영으로 이끌고자 하는 기대이기도 했다.

힌덴부르크는 또 하나의, 순전히 부정적인 순간에 새로운 계획을 알렸는지 모른다. 정부의 정주 프로젝트는 다시 출발점에서 교착되어 있었다. 그 때문에, 제국의회의 예산위원회가 1월 18일과 19일에 바름볼트의 단호한 반 자급자족주의적 설명에 관해 진행했던 논쟁은 동부보조 문제에 대한 회의로 발전했다.[84] 중앙당이 동부지원의 실행에

80) *Nürnberger Dokumente*, Bd. XVI, S. 387; Bd. XXXVII, Dok. No. PS-3309, S. 152.

81) "제국대통령 관저"는 그림을 통해 이해될 수 있다: 이 건물은 수리되어서, 힌덴부르크가 1932년 여름 이래로 제국총리관저에 거주했던 반면에, 파펜은 그 당시 AA(빌헬름가, 74번지)의 뒷건물에 있는 내무부장관의 자택으로 이사했다. 그는 퇴임한 후에도 그곳에 계속 거주했다.

82) 브뤼닝("Brief", 주 I/9, S. 9)도 "내가 8개월 전에 힌덴부르크 대통령과 방해 받지 않고 이야기할 수 없게 되었던 것처럼", 같은 상황하에서 슐라이허도 1933년 1월에 "불가능하게 되었다"고 지적한다.

83) 이 책의 제 2권 S. 251을 참고.

84) Schutheß, *1933*, S. 21~24.

관해 상세한 정보를 요구하는 안건을 제출하고, 에어징 의원은 안건의 근거를 밝혔는데, 그는 제국토지연맹의 배후에 있는 대지주들이 동부 지원을 오용했고, 이러한 조망에 대해 예전에 브뤼닝의 실각으로 답변했던 것처럼, 오늘도 의회조사를 저지하고자 한다는 발언으로 정당화했다. 폰 브라운의 주저하는 답변 역시 부정사례들에 대한 근본적인 해명을 요구하는 것에 대해 아무런 저항도 못했기 때문에, 힌덴부르크의 일단의 오랜 친구들 — 그들 가운데는 올덴부르크-야누샤우도 있었다 — 이 스캔들의 위협에 처했다.[85] 직접적 연관성은 거의 밝혀지기 어렵지만, 이러한 조망이 슐라이허에 대한 불신을 더욱 강화시켰다는 것은 확실하다. 자신을 "사회적 장군"으로 축약케 하고 노동조합과 협상했던 수상을 사람들은 이제 옛날의 브뤼닝보다 더 신뢰하지 않았고, 어쨌든 파펜보다도 불신했다.

4. 반슐라이허 전선

1월 4일 이래로 오직 힌덴부르크에서만 접촉점을 가졌던 정치적 활동의 양 방향은 이 단계에서 마침내 갈라졌다. 겉보기에, 그들의 갈등의 시작은 아직 확정적이지 않아 보였다. 그러나 파펜의 활동이 매일같이 늘어났던 반면에, 슐라이허의 저항의지는 마지막 안간힘 속으로 소진되어갔다. 그리고 히틀러도 여전히 8월 13일의 실망으로 잔재해 있던 불신에 찬 주저로부터 점점 벗어났다. 동시에 몇몇 새로운 행위자들이 장면 속으로 등장했는데, 이는 분명 가시적인 무대가 아니었고 여론을 완전히 피해 있었다. 처음으로 리벤트롭(Joachim v. Ribbentrop)

85) 게다가 나치당은 아무런 근거도 없는데도, 힌덴부르크 선거자금을 재검사하겠다고 위협했고 어쨌든 그렇게 해서 힌덴부르크의 측근을 불안하게 했다: Otto Braun(주 I/5), S. 439.

이 중요한 역할을 했다. 퇴역장교이자 독일 샴페인회사 헨켈(Henkell)의 가문과 혼인하여 공동소유주가 되었고, 나중에는 자신의 "회사"를 소유했던 이 퇴역장교는 1918년 터키 전투 이래로 파펜과 교분이 있었다. 그는 이미 1932년 8월 13일 이후에 히틀러와 파펜을 중재하려 했다. 그 유일한 성과는 그 자신이 나치당에 입당한 것이었다.[86)]

그러나 이제, 1932년 8월에는 양측 모두로부터 퇴짜를 당했던 협정이 슐라이허의 전복을 목표로 하는 계산의 중심으로 옮겨갈 때가 되었다. 사람들은 예전의 관계를 상기했고, 1월 10일에는 쾰른 대담의 발기자들이었던 힘믈러와 케플러가 리벤트롭에게 찾아와 히틀러와 파펜 사이의 또 다른 회동의 주선을 부탁했다.[87)] 리벤트롭과 그의 부인의 진술을 믿어도 된다면, 두 사람은 이미 1월 10일 밤과 11일 사이에, 즉 파펜이 슐라이허와 다시 화해하겠다고 한 바로 그 다음날에,[88)] 베

86) 리벤트롭 부인의 진술에 따르면, 히틀러는 당시에 파펜을 거부하고, 슐라이허를 더 신뢰했던 반면에, 리벤트롭은 처음부터 파펜과는 오직 한 가지 협업만이 가능하다고 간주했다: Joachim v. Ribbentrop, "Zwischen London und Moskau, Erinnerungen und letzte Aufzeichnungen", Annelies von Ribbentrop (ed.), *Nachlaß* (Leoni/Starnberger See 1953), S. 36. 그에 반해 리벤트롭이 나중에 공식적으로 맡은 광범위한 역할은 증명이 불가능하다. Schultheß, *1934*, S. 110: "폰 리벤트롭은 … 이미 1932년부터 민족적 저항 집단들과 당시의 파펜 정부 사이에서 중재적인 노력을 기울였다. 1933년 1월 초 히틀러와 파펜 사이에서 쾰른에서 있었던 만남도 그의 이러한 노력 덕분이었다." 이는 이 시점(1934년 4월 24일, 즉 아직 1934년 6월 30일 이전)에서는 아직 기회주의적으로 보였던 사후적 표현일 가능성이 있다.

87) Ribbentrop (주 XI/86), S. 37 이하. 물론 파펜(주 VI/35. S. 265)은 그가 1월 22일에 쾰른 대담 이후 처음으로 — 그리고 여기서는 힌덴부르크와 상의한 후에 — 히틀러를 다시 만났으며, 즉 리벤트롭의 중재작전은 이 순간 비로소 시작되었다고 뚜렷하게 강조하고 있다. 그러나 리벤트롭의 전 단계에 관한 훨씬 상세한 진술이 이 경우에 더 신뢰할 수 있는데, 특히 그 진술이 그 당시의 일기에 토대를 두고 있고, 마이스너(주 I/159, S. 262)의 일반적인 진술도 파펜을 부정하고 있기 때문이다.

클린 다렘에 있는 리벤트롭의 서재에서 단 둘이 회담을 가졌는데, 이 회담은 또 다시 히틀러의 총리직 요구로 실패할 위기에 처했다. 철저히 비밀에 부쳐진 대담들은[89] 리펜에서의 히틀러의 선거전으로 중단되었는데, 바로 이것이 하나의 전환점을 이루었다. 1월 12일에 히틀러는 리벤트롭의 자택에서의 식사를 거절했다. 나치당의 예상된 선거 성공으로 대담의 계속이 어려워질 것을 두려워했던 것은 파펜뿐이었던 것으로 보인다. 선거 당일에도 리벤트롭은 오엔하우젠에 있는 히틀러의 본부에서 그와 긴 대화를 가졌다. 1월 16일과 17일에 계획되었던 대담도 취소되었다. 1월 18일에서야 파펜과 나란히 히틀러가 수행원(룀과 힘믈러)과 더불어 리벤트롭의 집에 나타났다. 논쟁은 다시금 히틀러의 총리직을 중심으로 맴돌았고, 파펜은 "그것을 관철하는 것은 힌덴부르크에게 미칠 수 있는 자신의 영향력을 넘어서는 것"임을 재차 확언했다.[90] 회담이 좌초될 위험에 처하자, 리벤트롭이 히틀러와 힌덴부르크의 아들과의 대담을 제안했고, 그에 관해 파펜과 다음날 저녁에 협상했다. 이후 파펜은 마침내 리벤트롭에게 오스카 폰 힌덴부르크와 마이스너의 1월 22일 참석을 알려왔다. 자신의 주변에 대해 여전히 불신했지만,[91] 힌덴부르크 아들에게 새로운 희망을 걸었던 히틀러 역시 이 제안에 동의했다.

거기서 히틀러는 착각해서는 안 되었다. 당시의 놀림말에 의하면 "헌법에 규정되지 않은" 제국대통령의 아들이었던 힌덴부르크는 이제

---

88) 힌덴부르크가 파펜에게 그의 쾰른 대담(1월 9일)에 대한 기밀보고서 이후에 "이러한 기초 위에서 사적이고 완전 비밀리에 히틀러와 계속 접촉"할 것을 주문했다고 하는 마이스너(주 I/159, S. 262)의 추측 또한 이를 확인시켜준다.

89) 리벤트롭 부인의 진술에 따르면, 리벤트롭의 기사가 파펜을 데려왔던 반면에, 히틀러는 그들의 주차장에 내렸는데, "아무도 보지 못하게 정원을 통해 우리 집에 들어오기 위해서였다": Ribbentrop(주 XI/86), S. 38.

90) *Ibid.*, S. 39.

91) Goebbels, *Kaiserhof*(주 V/13), S. 246(21. Januar).

까지 마이스너와 함께 히틀러의 총리직에 반대하는 그의 아버지의 저항을, 파펜 스스로가 이미 이 해법을 추진했을 때조차도 지지했다. 파펜이 힌덴부르크로부터 이 두 "자문가들"의 대동을 단지 그 자신의 판단을 히틀러와의 협상에서 통제할 목적으로 허가받았다고 오늘날 주장한다면, 이는 의심스러운 반쪽 사실이다.[92] 1월 22일의 대담의 진행은 또 다른 사실을 말하고 있다. 저녁 9시에 파펜이 리벤트롭의 집에 나타났고, 1시간 후 히틀러와 프릭, 괴링[93] 그리고 괴르너가 도착했던 반면에, 마이스너와 힌덴부르크 아들은 기밀에 더욱 안전을 기하기 위해 오페라 극장에서부터 택시로 먼저 출발했다.[94] 그러나 히틀러는 대화를 파펜과 시작하지 않고, 직접 힌덴부르크를 향했다. 마이스너 역시 참석하지 않았던 대략 2시간 정도의 두 사람의 단독대담에서 히틀러는 그를 자신 편으로 얻을 수 있을 줄 알았다.[95] 이어서 히틀러와

---

92) Papen(주 VI/35), S. 265. 그에 반해 Meißner(주 I/159, S. 263)를 참고: "제국대통령이 … 히틀러의 제국 총리직에 대한 그의 회의심에서 나와 그의 아들, 그리고 군부 부관들의 지지를 받고 있다는 것을 히틀러가 폰 파펜을 통해서 알았기 때문에, 그는 여기서도 자신의 영향력을 발휘했다." 따라서 그는 파펜을 통해 오스카 폰 힌덴부르크에게 리벤트롭의 집에서의 비밀회담 참석을 부탁했다. 이러한 사실은 리벤트롭의 메모(주 XI/86, S. 39)와 특히 회동의 실제경과를 통해서도 확인된다.

93) 괴링의 진술(*Nürnberger Dokumente*, Bd. IX, S. 280)에 따르면, 히틀러가 이날 그를 전화로 베를린으로 불러들였고 힌덴부르크가 이제 나치당을 통한 정부구성을 더 이상 거부하지 않는다고 통고했다. 그러고 나서 "장시간의 대화에서" 오스카 폰 힌덴부르크는 히틀러가 DNVP와 철모단(*Stahlhelm*)을 정부에 받아들인다면, 그의 아버지가 히틀러를 임용하기를 원한다고 괴링에게도 설명했다: "왜냐하면 그가 확실한 민족적 기반을 보기를 원하기 때문이라는 것이었다. … 나는 힌덴부르크 아들에게 내가 반드시 그것을 이루겠다고 말했다."

94) 마이스너의 진술: *Nürnberger Dokumente*, Bd. XXXII, Dok. No. PS-3309, S. 152를 참고.

95) 그에 대해서는 마이스너의 나중의 진술, *Wilhelmstraßen-Prozeß*, Protokoll

나눈 대화에서 파펜 역시 이제 히틀러의 총리직을 관철하고자 노력할 것을 약속했다.[96] 그가 다음 날 아침 힌덴부르크를 방문했을 때, 그는 이 계획에 대한 그의 반대의지가 아직도 꺾이지 않았음을 확인해야 했다.[97] 따라서 슐라이허로도 자신의 총리직하에서도 해결이 불가능했음을 파펜이 이제 깨달았음에도 불구하고, 열띤 협상들은 계속되었다. 즉, 힌덴부르크를 히틀러 해법을 위해 설득하는 것만이 관건일 수 있었다. 1월 23일 리벤트롭은 여전히 모든 대안 해법을—샤흐트 내각도—거부하던 히틀러와 협의했고, 다음 날 프릭, 괴링, 파펜은 리벤트롭의 집에 모여 "파펜의 지원으로 민족전선을 늙은 힌덴부르크와 함께" 결성하는 것을 논의했다. 1월 25일, 오스카 폰 힌덴부르크는 마침내 다렘에 나타나서, "새로운 민족전선의 비호하에서의 히틀러 총리직이 전혀 가망이 없지 않다"고 리벤트롭에게 은밀히 암시했다.[98]

힌덴부르크에게 행사된 압력을 눈치 챌 수 있는 이러한 선회와 더불

---

v. 4. Mai 148, S. 4607을 볼 것: 집으로 가는 길에서 힌덴부르크는 히틀러의 결연함에 대해 받은 인상으로 인해, 그는 특히 "폰 파펜 씨 스스로가 단지 부수상이 되는 것에 동의한 이상", 이제 "다른 어떤 가능성도 없다"고 생각한다고 그에게 이야기했다. 불록(주 I/123, S. 223)은 히틀러가 이 대담에서도 동부보조 스캔들을 폭로하겠다고 위협한 것으로 추정하고 있다.

96) Ribbentrop(주 XI/86), S. 39. Goebbels, *Kaiserhof*(주 V13. S. 247/248)도 이 순간에 양측 사이에 히틀러의 총리직과 파펜의 부총리직에 대한 의견일치가 이루어졌음을 말하고 있다. 반면에 여기서 완전히 벗어난 주장은, 이 기회에서도 여전히 히틀러를 슐라이허 내각에 참여시키고자 시도했고 히틀러의 총리직에 대해서는 단 한마디도 하지 않았다는 파펜의 주장이다. 파펜이 자신의 계획의 날짜 변경을 통해서 단지 쾰른 대담과 함께 시작된 변론을 뒷받침하고, 책임을 슐라이허의 마지막 "위헌적" 발의에로 밀어 넘기려는 것은 너무나 자명할 뿐이다.

97) 마이스너(주 I/159, S. 263)는 파펜이 당시에 이미 히틀러의 총리직을 변호했으나, 힌덴부르크의 반대에 부딪쳤다고 뚜렷이 적고 있다—파펜 자신은 마이스너에 대한 지속적인 논전에도 불구하고 언급하지 않은 사실이다.

98) Ribbentrop(주 XI/86), S. 39~40.

어 파펜과 히틀러의 협상은 최종정황을 향해 치달았다. 힌덴부르크는 이제 완전히 고립되었고, 그의 최측근까지도, 특히 오스카 폰 힌덴부르크가 이제 공공연하게 지지했던 파펜의 히틀러 해법을 확신했다.[99] 그리하여 괴벨스는 1월 25일에 "하르츠부르크 전선의 사상이 새로이 부상했다"고 적을 수 있었다.[100] 제국대통령 관저 밖에서도 장애물이 아직 완전히 극복된 것은 분명 아니었다. 힌덴부르크를 "민족전선"을 통해 우회적으로 히틀러의 총리직에 동의하도록 하려면, 이제 DNVP를 강력히 준비작업에 포함시켜야 했고, 특히 후겐베르크에 대한 보류문제를 처리해야 했다. 그러나 또한, 모든 사전예방에도 불구하고 1월 22일 회동에 대해 정통해 있었고,[101] 그의 분열계획이 실패했고 제국의회의 다수를 얻을 수 없다는 것뿐만 아니라, 힌덴부르크의 최측근과 같은 우익정당들에서 파펜의 역공도 위협적으로 진척되었다는 것을 이제 마침내 확신하게 된 슐라이허 역시 계산에 넣어야 했다.

리벤트롭 자택에서의 비밀회동에 대한 최신 소식을 손에 넣은 슐라이허는 1월 23일에 힌덴부르크에게로 급히 달려가서, 분열계획의 실패를 설명하고 그에게 제국의회 해산을 위한 전권을 간청했다. 그렇게 되면, 국가비상사태가 선포되고, 제국의회의 재선이 당분간 연기되며, 나치당과 공산당의 총체적인 금지가 공포될 것이었다. 오직 그렇

---

99) 마이스너는 주장하기를, 그 스스로는 마지막 회담에서 이제까지의 관행과 달리 파펜에 의해 완전히 배제 당했다고 했다: *Nürnberger Dokumente*, Bd. XXXII, Dok. No. PS-3309, S. 152~153. 요청을 받고, 오스카 폰 힌덴부르크는 1955년 2월 4일의 한 편지에서 저자에게 단지 일반적으로 Görlitz, *Hindenberg*(주 I/67)를 지적해 주었지만, 그의 글은 이러한 관련성을 전혀 반박하고자 하지 않는다.

100) Goebbels, *Kaiserhof*(주 V/13), S. 248.

101) 이미 1월 23일 아침 일찍, 슐라이허는 마이스너에게 전화해서 히틀러와 오스카 폰 힌덴부르크 사이에 무슨 이야기가 오갔는지 물었다. 마이스너의 진술은 *Nürnberger Dokumente*, Bd. XXXII, Dok. No. PS-3309, S. 152.

게 해서만, 그는 이제 파펜을 앞지를 수 있기를 기대할 수 있었다. 파펜에게 제국군대를 투입할 수 있는 권한이 허용되지 않았던 12월 2일의 회담을 힌덴부르크가 곧바로 기억하자, 슐라이허는 지금은 상황이 훨씬 유리하다고 확언했다. 즉, 파펜과 달리 슐라이허는 SPD, 노동조합과 제국기치를 통한 군사적 비상사태의 묵인을 고려할 수 있고, 특히 총파업을 두려워할 필요가 없다는 것이었다. 또한 그는 총리직과 제국군대 지도부의 인적 연대가 통일된 정치적 군사적 수단의 투입을 보장해주고, 제국군대를 자원자들을 통해 강화시켜서 돌격대와 친위대를 능가하게 만들면, 무장해제 협의의 유리한 입지에서 서부군의 항변을 우려할 필요가 없다고 주장했다.[102)]

---

102) 가장 상세한 진술은 Meißner(주 I/159), S. 253 이하를 참고. 여기서는 사실들이 다시 한 번 근본적으로 혼잡하게 얽혀 있고(특히 S. 255), 슐라이허가 힌덴부르크에게 이미 "1월 중순"에 그 비상해결책을 제안했다는 주장도 증명할 수 없기는 하다. 그러나 이는 파펜(주 VI/35, S. 266) 및 베른도르프(주 X/145, S. 259 이하)의 서술에도 마찬가지로 해당된다. 베른도르프는 자세한 설명 없이 프랑스 외교관 프랑스와 퐁세(François-Poncet)와 가진 슐라이허의 해당 회담도 언급하고 있다(S. 249 이하). Wickert(주 XI/26), S. 38~39에서의 짧은 요약이 보다 신뢰할 만하다. 여기서는 Otto Braun(주 I/5, S. 437~438)이 1월 6일 그의 마지막 회담에서 슐라이허에게 할 제안에 대해서도 언급되어 있다: 슐라이허는 1932년 7월 20일의 법령을 포기해야 하고 브라운을 다시 투입해야 한다. 그러고 나서, 제국의회와 지방의회를 해산하고, 선거를 "연초까지 연기하고" 나치의 권력욕에 대해 강력하게 맞서는 법령들로 더불어 통치한다면, 나치당의 선거실패는 거의 확실시될 것이다. 그러나 슐라이허는 당시에 자신의 분열계획을 아직 포기하지 않았고 또한 힌덴부르크가 프로이센적 해결안의 수정 — 그를 뒤늦게 부당행위로 몰아넣었음에 틀림없는 — 에 반대하여 저항할 것에 대해서도 분명히 잘 알고 있었다. 특히 그의 1932년 7월 20일의 태도를 기억한다면, 브라운의 추후 고소는 다분히 편향적이다. 또한 이러한 주장에 비추어 볼 때, 슐라이허의 독재계획의 소문에 대해 이미 가장 날카롭게 반대했던 이들의 최전방에서 곧바로 브라운을 발견한다는 것은 매우 이상한 느낌을 준다. 아래 주 XI/105를 참고.

그러나 힌덴부르크는 마이스너와 상의한 후, 현 상황에서 국가비상사태 선포는 위헌이라는[103] 생각에 머물렀고, 슐라이허에게 몇 주 전까지만 해도 보장했음에도 불구하고, 심지어 대통령 내각의 유일한 수상으로서도 제국의회를 해산하는 것을 허용치 않았다.[104] 이 대담에 관한 소문은 곧바로 언론에 밀어닥쳐서, 중앙당, 국가당과 특히 SPD가 슐라이허의 계획에 대한 날카로운 저항을 슐라이허와 마찬가지로 힌덴부르크에게 제기했으나, 이 저항은 그들을 지원하는 데 전혀 적합하지 않았다.[105] 여전히 민주세력들은 상황의 심각성을 인식하지 못했고, 슐라이허와 그의 대안계획에 대한 투쟁에만 집중한 결과, 며칠 후 히틀러 해법을 거의 저항 없이 감수하게 되었다. 이 해법은 헌법의 위상 또한 보존할 것처럼 보였기 때문이었다.[106] 히틀러의 반대자들

---

103) 마이스너의 주장은 본질적으로 슐라이허의 제안이 위헌적이었으므로, 그는 나치당에게 불법행위의 길을 터주는 것이고 — 그들의 "합법성"은 분명 훨씬 더 성공적이었다! —, 그는 제국대통령을 사실상 배제하는 백지위임을 요구했다는 것이었다: Aussage Meißners, *Wilhelmstraßen-Prozeß*, Protokoll v. 4. Mai 1948, S. 4600; Meißner(주 I/159), S. 254 참고.

104) Interview v. d. Bussche-Ippenburg am 30. März 1951: 이 부분은 Foetsch(주 IV/61), S. 228, 주 2에 인쇄되어 있다: 슈나이더는 부셰에게 이미 그 당시에 그의 기억을 오직 이 조건하에서만 수용했다고 설명했다. 그러나 괴벨스를 믿어도 된다면, 히틀러는 이미 오래전에 (아마도 파펜으로부터) 슐라이허에게 해산권한이 인가되지 않을 것을 알았다: *Kaiserhof* (주 V/13), S. 238(9. Januar).

105) "Staatsnotstand und Staatsnotrecht", *Der Zeitpiegel* 2, No. 3(5. Februar 1933), S. 34~35를 언론보도와 함께 참고할 것. 오토 브라운 스스로는 좀 뒤에 그런 유의 계획을 "명백한 대역죄"라고 선포했다: *Vorwärts* v. 29. Januar 1933. 하루 전에 SPD 기구는 "정직한" 힌덴부르크를 헌법과 국법에 위배될 뿐 아니라, 정치적으로도 독일 인민에 대한 불경죄인 행위로 유인하고자 한 "부정직한 사람들"을 공격했다: *Ibid.*, v. 28. Januar 1933. 마찬가지로 단호하게 카스와 오토 브라운도 이어서 슐라이허에게 보낸 편지에서 같은 견해를 피력했다: *Germania* v. 29. Januar 1933; Poetzsch-Heffter(주 I/131), S. 141~142에도 게재됨.

은 더 이상 단결해 있지 않았다. 그리고 슐라이허는 여기서도 공식적으로 거부된 채로 남았다. 1월 24일에 그는 제국 언론국을 통해서 자신은 "국가적 비상상태"의 이론에 숙달해 있지 않으며, 정부는 모든 수단을 동원하여 헌법을 사수할 것임을 공식적으로 발표했다.[107] 어쨌든 마지막 순간의 반란은, 슐라이허가 이를 진짜 생각했다 하더라도 —그는 이를 생각하지 않았다—민주세력 측의 어떤 양해도 얻을 수 없었을 것이다. 파펜의 추후의 자기정당화는 이제 슐라이허에게도 폭력적 해결안만이 남아 있었다는 사실에 기초를 두고 있다. 이 사실은 근본적인 차이에 대해서 침묵하고 있는데, 슐라이허는 인기 없는 수상하에서의 혁명적인 국가복고를 원치 않았고, 다양한 정치세력들과의 협업 속에서 위기를 조정하기를 원했다.[108] 그러나 제국대통령의 호감 역시 이제는 파펜 편에 있었다. 사실상 지금 이미 슐라이허의 몰락을 의미했던 힌덴부르크의 중대결심이 어떻게 구체적으로 이루어졌는지에 대해서는 말하기 어렵다. 어쨌든 측근의 새로운 활동은 "내전의 위협"이라는 슬로건 뒤에 숨어 있는 급진주의의 단호한 예방에 대한 옛 반감과 일치했다. 게다가 힌덴부르크의 "파펜에 대한 열등감"과 동부보조 문제에서 언론의 위협과 나치당이 1932년 7월 20일 조치 때문에 힌덴부르크를 국사범재판소에 기소하리라는 소문들이 남긴 영향이 여기에 더해졌다.[109] 민주세력 측에서도 상황을 계속 오인한 가운데

106) 그의 당은 슐라이허 내각의 합헌성을 최근까지 심한 반대 속에 감시했다는 노스케(주 I/39, S. 311)의 쓴 소리를 참고. "그러자 히틀러가 나왔다! 저명한 사회민주주의 지도자들은 이 수상은 바이마르 헌법 수정에 필요한 제국의회의 2/3의 동의를 얻지 못할 것이기 때문에, 그것이 미래에 큰 위험이 되지 않는다고 안심시켰다."

107) *Deutscher Reichsanzeiger und Preußischer Staatsanzeiger* v. 25. Januar 1933.

108) Eschenburg, "Franz von Papen"(주 VI/171), S. 162~163도 참고할 것.

109) Brüning("Brief", 주 I/9, S. 15): "슐라이허의 사퇴 4일 전에 병원으로 나를 방문했던 에르빈 플랑크는 힌덴부르크의 기소에 대한 두려움으로 정부

지지했던 이들 소문들이 얼마나 사실이었든지 간에, 소문은 히틀러 총리직에 대한 힌덴부르크와 독일민족인민당의 저항 모두가 이제 급속히 붕괴하는 데 기여했다. 슐라이허는 공공의 적이었고, 그는 기껏해야 중앙당을 고려할 수 있을 뿐이었다.

그러나 그는 특히 힌덴부르크가 그의 최대의 우려에 관해 안정을 되찾았고 그사이에 자신이 제국 국방부장관으로서도 무용지물이 되었다는 것을 알지 못했다. 힌덴부르크는 히틀러를 길들이는 가장 신용할 만한 수단으로서의 제국군을—극히 최근까지 그는 그렇게 계산했다—자신의 지휘하에 남겨두어야 할 것이었다. 제국대통령이 동요하자, 슐라이허는 그래도 그의 정치의 두 번째 지주를 확실히 믿었다. 그는 오직 제크트만을 가능한 후임자로 여겼다. 슐라이허의 실각 이후 그에게 적대적으로 돌아섰고 이미 1932년의 제국대통령 선거 때에 히틀러를 지지했던[110] 그를 슐라이허는 신중히 유의하고 있었던 것이다. 그러나 그 대신에, 사고를 당한 후에 더 이상 투입이 불가능할 것으로 여겨져서, 군축대표직으로 제네바에 파견되었던, 물론 이미 여러 차례에 걸쳐 나치당에 대한 호감을 보였던 한 장군이 이 당시에 슐라이허 몰래 힌덴부르크 앞에 불려왔다.[111]

육군 중장, 베르너 폰 블롬베르크(Werner v. Blomberg)는 그 당시에 이미 브뤼닝을 대적한 대농지주의 선전자료의 작성에서 역할을 담당한 이후에, 동프로이센의 국방구 대장으로서 그의 국방구 목사, 즉 이후 나치 "제국주교"인 뮐러[112]를 통해 나치당과 관계를 갖게 되었

에게 닥친 어려움을 내게 이야기해주었고, 이것이 힌덴부르크가 마침내 히틀러를 제국총리로 임명하고 그가 제국의회를 해산하도록 승인해주는 데 동의한 이유였다고 확언했다."

110) Rabenau(주 X/143), S. 665.

111) 슐라이허가 블롬베르크를 그 때문에도 외부직으로 파견했을 수 있다: Berndorff(주 V/145), S. 233. 반대편의 반감은 Feortsch(주 VI/61, S. 29)에 의해서도 강조되고 있다.

다.[113] 그의 사령부 수장인 라이헤나우 대령(Oberst v. Reichenau) 역시 이 당시에 자신의 역할이 구체적으로 해명되지 않은 채, 놀랍게도 베를린에 등장했는데, 그는 열렬한 나치로서 더 유명했다.[114]

블롬베르크의 후보지명은 신중히 비밀에 부쳐졌다.[115] 힌덴부르크

---

112) 이미 1년 전(16. Januar 1932)의 괴벨스도 참고할 것: "뮐러 사단목사 댁에 제국군의 장교들이 손님으로 와 있었는데, 그들은 동프로이센에서 여러 가지로 다른 곳과는 달리 생각한다"(*Kaiserhof*, 주 V/13, S. 25).

113) 판단을 위해서는 Nürnberger Dokumente, Bd. XXI, S. 59에 있는 룬트슈테츠의 진술도 볼 것: "블롬베르크는 우리에게 항상 좀 어색했다. 그는 다른 지역들을 떠돌아 다녔다. 그는 슈타이너적, 즉 신지학적 등의 조류의 추종자였다. 누구도 사실상 그를 견디기 어려워했다." 프리취 역시 1938년에 블롬베르크의 기록에서 "낭만적-환상적인 이해에 경도된 존재"임을 강조했고 덧붙이기를: "그는 충동적이고 그의 견해에서 동요했고, 항상 쇄신을 추구하며 외부로부터의 모든 영향에 민감했다"〔Friedrich Hossbach, *Zwischen Wehrmacht und Hitler 1934~1938* (Wolfenbüttel-Hannover 1949), S. 68〕. Brief an Foertsch v. 15. Oktober 1951(Institut für Zeitgeschichte, München)에 실린 부셰의 판단도 유사했다.

114) 아래의 S. 316 참고. 라이헤나우는 "집권" 후에 블롬베르크의 최측근 충복으로서 장관직의 수장이 되었다. 그의 판단에 대해서는 Foertsch(주 VI/61), S. 31~32.

115) 회담의 날짜에 대해서도 중재의 유형에 대해서도 아주 신빙성 있는 보고가 없다. 마이스너(주 I/156, S. 254; S. 266)는 날짜를 슐라이허의 면직 직전의 시점으로 옮겼다. 그에 반해 베른도르프(주 X/145, S. 233~234)는 블롬베르크가 이미 자신의 크리스마스 휴가 동안에 히틀러와 힌덴부르크와 협상했다고 말한다. 이는 여전히 의심스럽다. 그의 해석은 힌덴부르크와 친분이 있었던 유일한 나치 지도자였고, — 슐라이허는 이를 몰랐다 — 거의 친밀한 수준에서 왕래했던(풍크의 진술: *Nürnberger Dokumente*, Bd. XIII, S. 90 이하; S. 105; S. 154~155) 장차의 국무차관이자 제국 경제부 장관인 발터 풍크가 또한 동시에(*Ibid.*, S. 161) 히틀러와 산업가들 사이의 회담들을 주선했던 것처럼 블롬베르크를 소개했다는 것이다. 가장 사실에 가까운 것은 부셰의 진술에 기초한 푀르취(주 VI/67, S. 29와 주 11, S. 228)의 서술로서, 그에 따르자면 히틀러는 처음에 명예욕이 강한 라이헤나우를 지정했다는 것이다. 그러나 힌덴부르크가 그렇게 젊은 육군대령

의 저항에 대한 최종공격의 가장 중요한 요소였던 것이다. 힌덴부르크와 히틀러 모두 슐라이허를 대적한 장군을 데려왔다—서로 다른 이유에서일지라도. 히틀러는 자신의 이후의 정치적 계획의 실현을 원한다면, 어쨌든 "비정치적인" 제국군대 지도부의 저항과 두 번째로 지배적인 권력요소인 제국대통령 및 원수와의 그들의 전통적으로 긴밀한 관계를 계산에 넣어야 했다. 중하위 장교단 사이에 친(親)나치적 기류가 있었지만, 이 사실에는 달라질 것이 없었다. 블롬베르크에게 제국국방부 장관직을 맡김으로써, 앞으로의 나치 독재에게 단독적으로 위험할 수 있고 하르츠부르크 동업자들의 길들이기 계획을 뒷받침할 수 있었던 이 "국가 속의 국가"의 폐쇄적인 권력체 내에 결정적인 돌입지점이 생겼다. 다른 한편으로는 블롬베르크를 앞세움으로써, 동프로이센에서부터 그를 알았던 힌덴부르크가 슐라이허와 보다 빨리 결별하고, 동시에 그가 히틀러의 총리직을 여전히 거부하는 원인이었던 두려움을 벗어나리라고 기대할 수 있게 되었다. 블롬베르크는 힌덴부르크의 제국군에 대한 요구들이 히틀러에게 방해가 될 필요가 없고, 즉 나치당은 이쪽으로부터의 통제를 두려워하지 않아도 된다는 보증서였다.[116]

을 제국 국방부장관으로 임명하는 것을 기대하기 어려웠기 때문에, 라이헤나우는 자신의 사령관인 블롬베르크를 지명했다. 힌덴부르크가 스스로 정부회의에서 파펜에게 블롬베르크를 제안했다는 사실 역시 이를 뒷받침한다. Papen(주 VI/ 35), S. 271. Hitlers *Tischgespäche*(주 XI/21), S. 430과 1953년 2월 말에 부세가 쿤라트 폰 함머슈타인(Kunrat v. Hammerstein)에게 쓴 편지도 참고할 것: "그의 첫 부인의 죽음 이후 더 이상 건강이 좋지 못했던 블롬베르크는 그의 편에서 당과 공모하여 아마도 오스카 폰 힌덴부르크를 통해 히틀러 앞에서 보고한 뒤에(1월 22일), 분명히 블롬베르크를 소개했던 라이헤나우의 영향력하에 완전히 복속되어 있었다. 그리고 나의 매우 진지한 경고에도 불구하고 라이헤나우를 신임했던 당신의 아버지 등 뒤에 모두가 숨어 있다."

116) 블롬베르크에 관한 브뤼닝의 판단도 참고("Brief", 주 I/9, S. 18): "나치스가 집권하기를 원했던 유일한 현역장군"으로서 그는 제네바로부터의 보고

그러한 의도는 성공했다. 즉, 이 장군의 임용으로, 제국군대의 힌덴부르크에 대한 독자적인 영향력과 동시에 그것의 히틀러에 대한 저항가치가 꺾였다. 교묘하게 심리적으로 군사이데올로기에 맞추어 방위군을 유일한 무기소지자로 선포함으로써,[117] 히틀러는 결과적으로 자신의 지위의 가장 중요한 지주를 얻었다. 이것은 슐라이허와 폰 브레도우가 군대의 아무런 저항 없이 살해되고, 힌덴부르크가 죽기도 전에, 군대가 마침내 강제통폐합될 수 있었던 1934년 6월 30일에 증명되었다.

1월 26일에 슐라이허가 힌덴부르크를 재방문하여, 곧 있을 제국의회 회의와 관련하여 전권을 달라고 그를 독촉했을 때, 그는 블롬베르크가 이미 제국대통령에게 히틀러하의 민족적 집결만이 최선의 해결책이고 제국군으로부터도 환영받았다고 설명한 것, 그리고 그 밖에 슐라이허의 계획을 가망성이 없는, 그것도 특히 나치당의 "민족적 사고방식"에 호감을 품고 있는 젊은 장교단에게는 참기 어려운 부당한 요구로 표현했다는 사실을 몰랐다.[118] 슐라이허는 나치당을 폭력적으로 제압하는 계획이 거부될 경우에는, 적어도 히틀러에게 전적인 의회적 책임을 부여하겠다고 제국대통령에게 맹세했다.[119] 사실상 그의 가장

서를 통해서 이미 1932년 4월에, 자신을 "완강하고 개인적으로 지지"했던 힌덴부르크를 의심하게 만들었고, 그렇게 해서 "힌덴부르크와 나 사이의 최종적인 절교에 직접" 기여했다.

117) 1933년 10월 14일 베를린에서의 아돌프 히틀러 연설내용이 그러했다: "독일에는 오직 하나의 무기소지자가 있고 이는 군대이다"〔Werner Siebarth, *Hitlers Wollen, Nach Kernsätzen aus seinen Schriften und Reden* (München 1935), S. 66; 강조는 원본에 따랐음〕. 그가 제국군의 건설과 이제까지의 작업에 대해 한 과잉칭찬 역시 유사한 영향을 미쳤다(*Ibid.*, S. 64 이하).

118) 마이스너(주 I/159), S. 266; S. 254 참고. 이 사실은 이미 1929년에 슐라이허의 가장 진지한 우려를 낳았다: Brüning, "Brief"(주 I/9), S. 2.

119) Meißner(주 I/159), S. 255. 여기서도 몇몇 사실들은 맞지 않다: 원로회의는 1월 24일(20일 대신에)로, 제국의회의 회의는 30일(31일 대신에)로

큰 두려움은 파펜 내각의 부활에 관한 것이었다. 지금도 며칠 후에도 그와 그의 측근들은 사태가 얼마나 진척되었고, 지금 파펜이 모든 수단을 동원하여 추진하는 진정한 "해결"이 어떻게 전개될 것인지에 대해서 분명히 알지 못했다. 제국군에 관한 그의 계산이 그를 심하게 기만했던 만큼, 그가 완전히 틀린 것은 아니었다. 즉, 회의에서 바로 지금 새로운 위기가 돌발한 것이었다. 힌덴부르크가 제국의회의 9/10에 대적하여 여전히 파펜-후겐베르크의 대통령 내각을 히틀러의 임명보다 선호했기 때문이었다.

5. 하르츠부르크 전선의 복귀

슐라이허의 억제책은 우익단체들과 경제계들에게는 실망이었는데, 이를 계기로 그들은 종국적으로 히틀러 군대 쪽으로 옮아갔다. 장군은 사람들이 독재자를 향한 외침과 결합시켰던 희망을 실현시키지 못했다. 그는 재빨리 기회를 이용하는 것을 포기했고 이러한 외침을 히틀러에게 넘겨주었다.[120] 장군은 황태자 스스로가 정상에 있는 군주정의 복고를 지지하는 사람들이 파펜의 실패 후에 슐라이허를 바라보며 가졌었던[121] 기대에도 부합하지 못했다. 분명히 파펜의 입각 이래로

잡혀있었다. 플랑크의 안건도 제국의회의 연기가 아니라 상황의 해명을 요구했다: 앞의 S. 287 참고.

120) Interview Bussche vom 30. März 1951 (Institut für Zeitgeschichte, München).

121) 슐라이허에게 보낸 한 개인적인 편지(*Schleicher-Nachlaß*, S. 305)에서 황태자는 1932년 12월 3일에 새 수상에게 인사를 전했고 동시에 슐라이허는 파펜처럼 일찍 소진하지 않기를 바란다고 썼다. 그의 생각이 물론 슐라이허를 넘어서 히틀러-파펜의 차후 해법을 지시하는 것이었다는 것은, 슐라이허가 그에게는 항상 나치, 즉 이 가치 있지만 아주 험난하기도 한 "인민

심지어 황제의 송환을 위한 노력이 다시 강화되었다. 이는 1932년 10월 황제당의 창당으로 이어졌으나, 그 다음에는 슐라이허에 의해 의식적으로 일일 전술 뒤로 밀려났다.[122] 더욱이 그는 제국군대의 청년 장교들이 위기에 대한 군주정적 해결보다는 나치적 해결을 더 원한다는 것을 너무나 잘 알고 있었다.[123]

다른 한편 나치 지도부는 나치적 혁명에 뒤이어 군주정적 복고가 이루어질 가능성을 전적으로 열어 놓았고,[124] — 빌헬름 2세의 귀환을 거부했던 브뤼닝과는 다르게 — 파펜이 실제로 힌덴부르크를 그러한 해결에 관하여 설득할 수 있을 가능성도 배제되지 않아 보였다.[125] 군주정으로 넘어가는 교각으로서의 온순한 나치, 그것은 — 무솔리니의

운동"으로 가는 "가장 귀중한 교각"이었다는 표현에서 드러난다. 즉, 그로써 그는 "한 늙은 신사"에게 보낸 한 편지에서 슐라이허의 총리직에 대한 회의를 표현한 것도 정당화하고 있다. 실제로 파펜 내각을 그처럼 큰 기대로 반겼었던(앞의 S. 40 참고) 황태자는 이미 1932년 10월 1일에 슐라이허에게 그가 히틀러와 교환한 편지 — 1932년 여름에 히틀러와 파펜을 중재하기 위해 썼던 — 들을 보냈다. 슐라이허에게 쓴 편지에서 그는 실패(8월 13일)를 아쉬워했다: "… 그러나 편지의 행간에서 읽어낼 수 있는 히틀러의 나에 대한 입장은 그래도 혹시 다른 기회에 전 독일의 민족적 세력들의 통일을 위해 활용될 수 있을지 모른다"(!). 그에 대해 쓴 슐라이허의 측면 메모: "매우 낙관적임" — "나는 H의〔히틀러의〕 편지는 분명 불손하다고 생각한다." 서로 반말을 하던 두 사람의 관계는 사실상 군주정 복고에 대한 슐라이허의 회의심과 특히 히틀러에 대한 황태자의 무비판적 태도를 통해 눈에 띄게 뚜렷이 식게 되었고, 파펜의 새로운 계획이 보다 동감을 얻었다.

122) Kaufmann(주 I/90), S. 210 이하; Helmuth Klotz, *The Berlin Diaries*(N. Y. 1934), Bd. I, S. 105 이하; S. 192 이하; S. 236(개별적으로는 검증이 불가능).

123) Meinecke(주 VI/9), S. 69도 참고.

124) 예를 들어, Josepf Goebbels, *Das kleine ABC des Nationalsozialisten* (Berlin 1929), S. 8; *Der Nazi-Sozi, Fragen und Antworten für den Nationalsozialisten*(München 1931), S. 9; S. 20.

125) Wheeler-Bennett, *Hindenburg*(주 I/82), S. 434.

해법을 바라볼 때 — 이제 바이에른의 군주정체주의자들 사이에서도 새로운 활력을 얻었고,[126] 외교계의 계산 속에서는 이미 몇 달 전부터 고려되었던[127] 생각이었으며, 그것은 대기업 후원자들의 희망을 움직였고,[128] 특히 황제의 아들 아우구스트 빌헬름(August Wilhelm), 즉 "아우비"(Auwi) 황태자의 나치당 내에서의 현저한 역할에 기초한 생각이었다.[129]

히틀러가 일단 권력을 얻은 후에는, 그러한 희망은 곧바로 무시되었

---

126) Max Braucher, "Deutsche Freiheitsbewegung und monarchischer Staatsgedanke", in: *Gelbe Hefte* 9, 1(Oktober 1932). 무솔리니가 군주를 이미 발견했다는 주장은 이러한 몽상가들로부터 나왔다. 1932년 5월에 이미 시작되었고 1933년 2월에 다시 한 번 절정에 달했던 바이에른 황태자 루프레히트를 중심으로 한 기도에 대해서는 Sendtner(주 VII/125), S. 147 이하를 참고; Schwend(주 V/40), S. 518 이하. 이러한 상황 전체에 대해서는 바이에른 군주주의의 한 주도적인 선구적 투쟁가이자 황태자 루프레히트의 자문이 시사하는 바가 많은 회고록을 참고: Erwein v. Aretin, *Krone und Ketten, Erinnerungen eines bayerischen Edelmannes*, ed. by Karl Buchhelm und Karl Otmar v. Aretin(München 1955), 특히 S. 41 이하; S. 142 이하(인물과 인맥들에 관한 흥미로운 세부사항을 포함). 이 책은 그 외에 파펜 내각의 판단에 대한 주목할 만한 기록을 담고 있다.

127) 이미 1932년 여름에 프랑스와 미국 언론에 프랑스와 퐁세의 발언이 보도되었는데, 그에 의하면 1933년 초에 한 호헨촐레른 가의 사람, 어쩌면 심지어 빌헬름 2세가 왕위에 다시 오르고, 앞으로 10년간 평화가 보장될 것이라고 했다: *New York Times* v. 30. August 1932.

128) Thyssen(주 II/12), S. 110~111: 그 후에 히틀러는 1932년 9월에 일련의 산업가들 앞에서 티센의 집에서 자신을 "군주정을 위한 단순히 한 속도 조정자"로 표현했던 반면에, 같은 시점에 괴링은 네덜란드에서 황제를 방문했다고 한다.

129) Hermann Rauschning, *The Voice of Destruction*(N. Y. 1940), S. 59. 혁명적인 당의 추종자들 사이에서는 히틀러의 분열적이고, 이 문제에서도 순전히 전술적이기만 했던 태도에 대해서 재차 비판의 목소리가 커졌다: Richard Billung, *Rund um Hitler*(München 1931), S. 162 이하.

다.[130] 그러나 지금으로서는 이 같은 희망은—그가 믿었던 것처럼—신뢰할 만하게 보수주의자들로 둘러싸였던 히틀러와 파펜의 동맹시도와 일치하는 것이었다. 마침내 힌덴부르크까지 히틀러 총리직을 위해 설득하는 데 도움이 되어야 할 "민족전선"의 형성을 위한 협상들이 그 사이에 극적인 첨예화를 경험했기 때문이었다. 파펜 스스로는 뒤스터베르크에게 장관직을 맡기기 위해서 그리고—그가 거절한 후에는—젤테를 설득하기 위해서, 철모단 지도부에 대한 그의 긴밀한 관계를 이용했다. 1월 26일, 즉 힌덴부르크가 동의하기 전에, 그는 계속적 탐사 후에 후겐베르크, 젤테, 뒤스터베르크와의 회담에서 철모단도 경원시할 수 없는, "히틀러를 제국총리로 하는 새로운 정부의 강제적 필연성"을 발전시켰다. 뒤스터베르크의 반대를 무릅쓰고, 후겐베르크는 파펜을 지지했는데, 전자는 "힌덴부르크가 군대의 최고사령관으로 남아있고, 파펜이 부수상이 되며, 후겐베르크 자신은 농업을 포함한 전체 경제를, 그리고 젤테는 노동부를 떠맡는다면, 실로 아무것도 일어날 수 없음을 지적했다: "그러니까 우리는 히틀러를 둘러싼다."[131] 곧 조직을 완전히 획일화하고 뒤스터베르크 파를 내적 저항으로 후퇴하도록 한 철모단 지도부의 분열이 여기서부터 이미 시작되었던 반면에, 젤테는 마지막까지 히틀러 편에 머물렀다.

그러나 이 순간에 일련의 새로운 장애물들이 나타났다. 히틀러의 불신이 1월 22일 이후 협상의 지체와 힌덴부르크의 변함없는 반대에 의해 새로이 일깨워진 것이다. 괴링, 프릭과 리벤트롭은 1월 26일과 27

130) Kaufmann(주 I/90), S. 217~226. 리벤트롭(주 XI/86, S. 23)은 물론 히틀러가 1933년과 1934년 이후에도 여러 차례 군주정적 복고를 지지했고 거기서 특별히 황제의 아들 아우구스트 빌헬름을 생각했다고 주장했다.

131) Duesterberg(주 IV/16), S. 38~39. 뒤스터베르크의 태도는 로스바흐(주 X/86, S. 138)도 확인하고 있는 반면에, 뻔한 이유로 회담을 1월 29일로 연기했던 파펜에 대해서는 침묵하고 있다.

일에 오스카 폰 프로이센 황태자까지 개입했던 독일민족주의자들과의 협상강행을 통해서 히틀러와 힌덴부르크 간의 균열을 전술적으로 극복해보려고 헛된 노력을 한 것처럼 보였다. 히틀러 스스로는 주로 1932년 8월 13일에 대한 기억 때문에 힌덴부르크와의 회동을 거부했고,[132] 파펜과의 계속 대화에만 임할 준비가 되어 있다고 설명하면서, 본질적으로 협상주도를 괴링에게 위임했다. 그후, 그가 독일민족주의자 측과 마찬가지로 힌덴부르크 측으로부터 자신의 총리직이 여전히 공격받고 있음을 들었을 때,[133] 그는 파펜과의 만남까지 취소하고 즉각 떠나겠다고 위협했다. 이는 괴링과 리벤트롭의 열정적인 만류로 저지될 수 있었던 거의 마지막 순간의 사고였다.[134] 따라서 1월 27일 저녁에 리벤트롭은 혼자서 파펜을 상대해야 했는데, 파펜은 급히 “후겐베르크적 사안은 단지 부차적인 역할을 할 뿐이고” “그는 이제 전폭적으로 히틀러의 총리직을 지지한다”고 약속했다.[135] 그로써 사실상 결정이 났다. 파펜은 힌덴부르크의 기대를 저버리고, 8월 13일에 히틀러

132) 히틀러가 그로써 순전히 전술적으로 행동했고 — 나중에 그가 설명했듯이 — 그와 힌덴부르크와의 대담을 두고 나치당 내에서 생겨난 지나친 낙관주의를 진정시키려 했을 뿐이었다는 것은 물론 가능한 이야기이다: Hitlers *Tischgespräche* (주 XI/21), S. 429.

133) 마이스너(주 I/156, S. 262)에 의하면, 파펜은 이 시점에 힌덴부르크로부터 파펜 내각에서 히틀러의 부총리직에 대한 동의만 — 물론 “통치에 대한 광범위한 참여권”을 갖는 — 얻을 수 있었다. 나치 지도부와 적대적이었던 후겐베르크간의 파란 많은 협상들에 관해서는: Goebbels, Kaiserhof (주 V/13), S. 249 및 *Hugenbergs Ringen* (주 I/6), I, S. 25~26.

134) 이 회담에 관해서는 Ribbentrop (주 XI/86), S. 40~41.

135) *Ibid.*, S. 41의 리벤트롭의 개인적 구술: “파펜은 이제 어떤 상황에서도 히틀러의 총리직을 관철해야 하고 힌덴부르크를 어쨌든 재량껏 사용할 수 있다고 이제까지처럼 믿어서는 안 된다는 것을 이제 확실히 깨달았다. 이러한 파펜의 인식은 내 생각에 문제 전체에서 전환점이다. 파펜은 일요일 오전〔1월 28일〕 10시에 힌덴부르크를 방문하도록 되어 있다.”

의 실패를 초래했던 그 입장을 포기했던 것이다. 즉, 힌덴부르크가 마지막 순간에 그래도 반히틀러 전선을 결성할 수 있는 기회를 말이다. 나치 지도부가 이제 그리고 차후에 생색내는 인정과 더불어 기록에서 그를 묘사했던 것처럼, 그는 히틀러의 "진정한 중개인"이 되었다.[136]

그로써 파펜이 얼마나 심하게 힌덴부르크의 의도와 모순되게 되었는가는, 목하의 걱정으로 자신의 의례적인 보고 때에 관행에 어긋나게 부셰-이펜부르크를 대동했고, 히틀러 내각에 대한 의구심을 힌덴부르크에게 표현했던 함머슈타인이 여전히 이 시기에도 불쾌한 대답이 되었다는 사실에서 증명된다: "그래도 당신은 내가 이 오스트리아 일병을 제국총리로 등용할 걸로 믿지 않을 것이다."[137] 즉, 슐라이허 스스로도 1월 30일까지 믿었듯이, 여전히 파펜 내각이 생각의 1순위에 있었다. 이후의 힌덴부르크의 동요는 구체적으로 분석하기 어렵다. 의심할 여지없이 중요한 역할을 한 것은 히틀러에 대한 파펜의 지지와 마이스

---

136) Dietrich(주 IV/3), S. 181.

137) General v. d. Bussche-Ippenburg in: *Frankfurter Allgemeine Zeitung* v. 5. Februar 1952. 부셰는 함머슈타인의 보고서(부록 S. 639~640)에 반대하여, 보고가 1월 27일 오전에 있었다고 주장하고 있다. 1953년 2월 17일 쿤라트 폰 함머슈타인에게 보내는 한 서한에서도 "제국대통령에게 한 보고는 1933년 1월 27일 금요일 오전 11시에 있었다. 그것은 '나의' 한 달 만의 개인적 보고였고, 어느 제 3자도 자리하지 않았다. 당신아버지는 — 특별한 연락 없이 — 제국대통령을 알현하기 위해 내가 있는데 들어왔다. 당신 아버지는 제국대통령에게 매우 진지하게 히틀러와 그의 과도한 목표에 대해 경고했다. 그는 제국군이 나치 영향하에 들어가서 불복종으로 유인될 것에 대한 그의 극히 심한 우려를 표명했다. 내 기억 속에서 지워질 수 없이 남아있는, '그럼에도 불구하고, 여러분 당신들은 내가 이 오스트리아 일병을 제국총리에 임명할 걸로 믿지 않을 것이다'는 제국대통령의 마무리 선언은 누구를 두고 하는 이야기인지 분명히 보여준다. …"고 되어 있다. 어쨌든 힌덴부르크가 "정신적으로, 무엇이 일어났는지 개관할 수 있는 상태에 더 이상 있지 않았다"고 표현한 Foertsch(주 VI/61, S. 27)의 추측은 확실히 남아있다.

너와 오스카 폰 힌덴부르크의 전향이었다.[138] 나치당의 위협도 마찬가지로 일정한 작용을 했던 것으로 보인다.[139] 그러나 올덴부르크-야누샤우와 같은 친구나 영향력 있는 인사들, 집단들 및 협회들—특히 제국토지연맹[140] —까지도 힌덴부르크에게 하르츠부르크 전선의 틀 내에서 히틀러 내각을 지지했던 점증하는 참견들도 한 몫 했다.[141] 게다가 슐라이허도 힌덴부르크가 우려했던 헌법위배를 명백히 의미했고, 히틀러 임명에 반대하기보다는 오히려 제국총리 파펜의 복귀에 반대하는 대안 해결책을 내놓았다—그러나 힌덴부르크를 이제 다시 한 번 자문했던 당 지도부 역시 새로운 파펜의 실험에 대해서 만큼이나 그에 대

138) 마이스너의 담화를 통한 설명들은 너무나 명백하게도, 모든 책임을 힌덴부르크에게 떠넘기려는 계획에 따른 것이었다. 그런 설명들은 그를 여기서도 완전히 결단력 있게 묘사하고 힌덴부르크의 히틀러에 대한 날카로운 직관적 반감을 겨우 극복했던 모든 측근들의 영향에 대해서는 침묵하고 있다. 1951년 9월 27일에 푀어취에게 쓴 부셰의 편지(Institut für Zeitgeschichte, München)를 참고: "나처럼 그 늙은 양반을 1916년부터 잘 아는 사람은 힌덴부르크가 제 1차 세계대전 때에도 이미 그의 고문들에게만 의지했고 그들의 제안에 맞추었다는 것을 안다. 힌덴부르크가 루덴도르프에 의해, 나중에는 그뢰너에 의해 내려진 결정을 변경하거나 뒤엎으려는 시도만이라도 했다고 알려진 경우가 작전분과의 최측근 사이에서도 전혀 없다. 그리고 이제 15년이 지나서 제국대통령은 야전군 사령관보다도 더 적극적이고 활력적으로 행동했다고 한다. 그것은 있을 수 없는 일이다!" 오스카 폰 힌덴부르크에 대해서는 앞의 주 XI/99도 참고.

139) 앞의 S. 292; S. 296.

140) Goebbels, *Kaiserhof*(주 V/13), S. 249(27. Januar 1933): "제국토지연맹의 중도적 인사들과의 회담. 이제는 모두가 슐라이허에 반대하여 일어난다. …"

141) 마이스너(주 I/156, p, 264 이하)는 1932년 11월의 "저명한 대기업가들과 금융인들"의 진정서(앞의 주 X/66)와 직업협회들과 이익단체들의 "수없는 진정서들"을 뚜렷이 언급하고, 그러나 특히 1월 말의 덴부르크-야누샤우의 방문을 지적하고 있다. 아마도 황태자도 자신의 뚜렷한 입장에 맞게 그리고 철모단 발기와 관련하여 힌덴부르크에게 간섭했을 것이다: Herre(주 III/135), S. 213.

해 반대했고 바로 히틀러에게 신중을 기하여 책임을 맡기고 나치당의 불합리함을 이런 방식으로 논증해야 함을 다소간에 분명히 했다.[142]

상황을 매일 점점 낙관적으로 판단했던 나치 지도부도[143] 이제 힌덴부르크를 안심시키기 위해 많은 노력을 기울였다. 1월 27일에도 괴링은 마이스너를 통해, 제국대통령과 군대의 최고 사령관의 합헌적인 권한들 및 제국의회와 참의원의 전권은 항상 존중될 것이라고 보증토록 했다.[144] 그리고 히틀러가 재가한 그의 제안들과 요구들에서도 괴링은 의식적으로 중용적인 태도를 취했고, 히틀러가 슐라이허 및 함머슈타인 측으로부터의 가능한 모든 어려움들을 처음부터 차단하는 데 중요했던 블롬베르크의 임명에 관해서만 단호한 입장을 밝혔다.[145] 동시에 파펜은 힌덴부르크를 찾아가서 파펜의 새 내각은 불가능함을 설명했다.[146] 1월 27일도 결정이 나지 않고 지나가기는 했지만, 힌덴부르크의 저항은 이제 단 한 번의 마지막 충격만이 있으면 무너질 정도로 고립되었던 동시에 약화되어 있었다.

그것은 그 다음 날 찾아왔다. 원로회가 1월 31일로 예정되었던 제국의회 회의의 연기를 거부한 후에,[147] 슐라이허는 1월 28일에 마지막 시도를 했다. 그는 자신의 언론보도를 통해, 그가 힌덴부르크에게

---

142) Görlitz, *Hindenburg*(주 I/67), S. 402.

143) Goebbels, *Kaiserhof*(주 V/13), S. 248(26. Januar 1933): "좋은 그리고 성공을 약속하는 발전은 모든 이들을 다시 상쾌하고 활동적으로 해준다."

144) Meißner(주 I/159), S. 263~264; "괴링의 약속이 제국대통령에게 전혀 인상을 안 남긴 것은 아니었지만, 그는 그들이 당에 대해 그 약속을 지킬 수 있을 만큼 히틀러와 괴링이 강한지, 여전히 의구심을 표현했다"(!).

145) 히틀러는 "동프로이센으로부터 추천된 폰 블롬베르크 장군처럼 그의 신임을 얻은 단 한 명의 장군만을 제국 국방부장관으로 수용"하라고 괴링에게 특별히 엄명했다고 강조하고 있다. *Hitlers Tischgespräche*(주 XI/21, S. 430)도 참고.

146) Papen(주 VI/35), S. 267.

147) *Deutscher Reichsanzeiger und Preußischer Staatsanzeiger* v. 28. Januar 1933.

서 제국의회를 해산할 수 있는 전권을 얻어내든지 사임할 것을 발표했고, 동시에 제국대통령의 지위를 뒤흔들고 제국군을 불가능한 상태로 몰고 갈 파펜-후겐베르크의 "독재내각"에 대해 경고했다.[148] 지금도 슐라이허는 히틀러-파펜 해법을 분명히 고려하지 않았고, 특히 자신이 제국 국방부장관으로서도 제거될 것도 모르고 있었다. 그는 힌덴부르크와의 마지막 회담에서 자신의 주장을 반복했고, 자신의 요구가 다시 거부되자, 1월 28일 점심 때 자신의 사임을 선언했다. 슐라이허와 마이스너가 공동으로 작성한 공식 공보는 이후의 계획에 대해서는 침묵했으나, 해산 전권의 거부에 대해 언급하고 힌덴부르크에게 다시 한번 파펜의 독재내각을 경고한 슐라이허의 대안들을 담고 있었다.[149] 힌덴부르크가 파펜에게 "정치적 상황을 해명할" 임무를 맡겼다는 것이 동시에 알려짐으로써, 그러한 우려는 더욱 많은 활력을 얻었다.

슐라이허는 여전히 자신의 궁극적인 실각을 고려치 않았던 것으로 보인다.[150] 그럼에도 불구하고, 제국대통령 관저의 상황은 이미 대체

---

148) *Tägliche Rundschau* v. 28. Januar 1933.

149) Die amtliche Mitteilung bei Poetsch-Heffter(주 I/131), S. 174; *Der Zeitspiegel* 2, No. 2(5. Februar 1933), S. 36에 실린 언론보도 참고; Meißner(주 I/159), S. 266~267. 슐라이허의 가장 중요한 대안의 요점은 예상컨대 오직 히틀러하에서만 가능한 의회 내 다수당 정부이거나 같은 사실이 해당되는 민족적 연정정부, 혹은 현존하는 대통령 내각에 대한 전권의 증대였다.

150) 슐라이허의 이상스러운 태평함의 예에 대해서는 Eschenburg(주 VI/171), S. 163, 주 34: 슐라이허의 사임 후에도 플랑크는 슐라이허의 지시로 한 국민경제학자에게 석탄 및 철강산업의 국유화에 관한 소견서를 4월 1일까지(!) 보고할 것을 주문했다. 플랑크는 모든 의구심을 가라앉히면서, 슐라이허는 아직 훨씬 더 오래 머물 것이며, 이제 힌덴부르크를 두 달간만 더 안절부절 못하게 할 것이니, 언론보도에 대해 너무 흥분하지 말 것을 강조했다. "해당 국민경제학자는 내게 그 대화를 1시간 뒤에 다시 이야기 해주었다"고 에셴베르크는 말했다.

로 분명해졌다. 파펜은 힌덴부르크에게 슐라이허의 사임 직후에, 오스카 폰 힌덴부르크와 마이스너가 그의 의견을 지지했던 장시간의 대담에서, 히틀러하의 우익정부의 구성 — 가능한 강력한 균형세력과 더불어 — 을 위기에 대한 유일한 헌법적 해결안으로서 재차 설명했다. 이에 마침내, 길고도 존경할 만한 저항 끝에, 힌덴부르크는 굴복했고 파펜에게 이러한 기초 위에서 정부협상을 하도록 위임했다.[151] 그의 "흠정인"(欽定人: *homo regius*)[152]은 예의 신속하게 대응했다. 그는 모든 위협에도 불구하고 아직 카이저호프 호텔에 있었고 아직 떠나지 않았던 히틀러를 즉시 찾았다. 괴링이 다시 히틀러를 위해, 리벤트롭은 파펜을 위해 중재했다. 괴링의 사전협상 후에는 프로이센의 제국위원직에 대한 히틀러의 요구만이 유일한 분쟁문제로 남았는데,[153] 이는 힌덴부르크가 바로 지금 어떤 일이 있더라도 부수상인 파펜의 손에서 장악될 수 있기를 바라던 직책이었다.[154] 다시 한 번 히틀러가 불신하

---

151) Meißner(주 I/159), S. 266. 파펜(주 VI/35, S. 269)을 믿어도 된다면, "그〔힌덴부르크〕의 예전의 그처럼 컸던 슐라이허에 대한 신임의 나머지까지 뒤흔들었던 것"은 "분명히" 슐라이허의 최근의 위협(*Tägliche Rundschau* 지를 통한)이었다. 전체적 맥락에 대해서는 *Nürnberger Dokumente*, Bd. XVI, S. 294 이하의 파펜의 진술도 볼 것.

152) Papen(주 VI/35), S. 269.

153) 괴링의 진술(*Nürnberger Dokumente*, Bd. IX, S. 280 이하)에 따르면, 히틀러의 위임을 받은 협상 주도자로서, 그에게 다음과 같은 힌덴부르크의 요구사항들이 제시되었다. 즉, 파펜은 부수상과 프로이센 제국위원, 블롬베르크는 제국 국방부장관, 젤테는 노동부장관이 각각 되어야 하고, 노이라트, 엘츠-뤼베나흐와 슈베린-크로직은 장관직에 머물러야 한다는 것이었다. 또한 "프로이센이야말로 궁극적으로 내적인 집권의 시작점이기 때문에" 그 스스로는 프로이센 내무부직에 입후보했다고 했다. 이로써 그 역시 파펜의 둘러싸기 시도와 마찬가지로 가장 중요한 부분에서 실패했다. 즉, "임시 프로이센 주 정부 수상으로서 나는 임시 프로이센 내무부장관으로서 괴링의 활동을 바람직한 선에서 제한할 수 있기를 희망한다"(Papen, 주 VI/35, S. 272).

게 되었지만, 이번에는 리벤트롭과 심지어 괴링까지도 파펜을 지지하여 오랜 노력 끝에, 히틀러가 다음 날(1월 29일) 오전에 파펜과의 최종협상에 임할 준비가 되었다고 밝히도록 했다.

후겐베르크의 지지를 종국적으로는 확실히 할 수 있었지만, 히틀러는 법무부와 프로이센 내무부에 대한 그의 요구가 충족되었음에도 불구하고, 그가 프로이센 제국위원직에 대한 요구를 굽히지 않자, 파펜 역시 마찬가지로 그사이에 인내심을 상실했다.[155] 그러나 파펜이 이제 힌덴부르크에 대해서도 입장을 분명히 했고 납득할 만한 이유에서 대통령 내각의 주도에 대한 히틀러의 요구를 지지했기 때문에, 마지막 순간에 정부구성에 참여하려는 바이에른인민당과 중앙당의 시도는 너무 늦은 것이었다. 8월 13일에 파펜은 슐라이허의 충고와는 반대로 히틀러에게 대통령 내각을 거부했고, 힌덴부르크로 하여금 히틀러를 오직 다수당 정부의 수상으로서만 수용하도록 동기를 부여했다. 그러고 나서 그는 나치당과의 연정협상을 이유로 중앙당에게 비난을 퍼부었고,[156] 이제는 바이에른인민당 의장인 셰퍼에게, 중앙당과 바이에른인민당이 "아직 실현될 수 있기에는" "너무 늦게" 히틀러와의 협업결심을 했다고 비판했다.[157] 정치적 논리의 부족은 화를 진정시켜준다. 파펜

154) Ribbentrop(주 XI/86), S. 41~42.

155) *Ibid.*

156) Papen(주 VI/35), S. 239~240; 앞의 S. 213~215.

157) *Ibid.*, S. 270. 한 기고문, "Hitler oder Papen-Kabinett?" *Die Welt* v. 19. September 1952에서 셰퍼는 이러한 해석을 공식적으로 부인하고, 그가 카스와 브뤼닝과 더불어 모든 의구심에도 불구하고, 바로 히틀러 정부를 회피하기 위하여 파펜의 정부에 기꺼이 협력할 것을 선언했다고 강조한다. 그러나 파펜은 자신의 증언과 달리 힌덴부르크에게 그에 관해 보고하지 않았고 또 다른 협상 대신에 히틀러 내각으로써 중앙당과 BVP를 놀라게 했다는 것이다. 파펜의 답변(*Ibid.*, v. 29. September 1952)은 탈나치화 조치에 대한 암시하에서, 중앙당에게 우선 중요했던 것은 하르츠부르크 전선의 내각을 저지하는 것이었고, 이것이 실제로 이루어졌던 것처럼 들리게

의 상처받은 자존심 이외에는 다른 어떤 설명도 없고, 힌덴부르크가 이제야 그, 즉 "흠정인"에게 부총리직을 맡아주기를 바란다고 그의 반대를 무릅쓰고 그에게 통고했다는 그의 주장은 전혀 신빙성이 없다.[158)]

1월 29일 일요일은, 괴링과 프릭을 자신의 장관으로 제시하고, 위원직 문제에서는 자신의 반대를 포기했지만, 그 대신 재선거를 요구했던 히틀러와 파펜의 긴 대담으로 시작되었다. 파펜은 다시 힌덴부르크에게 급히 갔는데, 힌덴부르크는 처음에는 반대했지만, "이번이 마지막 선거"라는[159)] 히틀러의 — 나름대로 예언적이었던 — 약속을 듣고서 동의했다. 특히 철모단의 "확실한 조직"을 통해 새로운 정황을 보장하는 문제에 열중했던 후겐베르크[160)]와 젤테와 오랜 회의가 끝나자, 또 다시 극적으로 가속도가 붙었다. 힌덴부르크는 새로이 동요하는 듯 보였다.[161)] 1월 29일 오후에, 슐라이허가 곧 있을 나치의 집권을 무력으로 저지하려 하고, 함머슈타인은 포츠담의 수비대에게 경보를 내렸으며, 최고 사령관의 의지에 반해서도 제국군을 마음대로 하기 위해서 제국대통령을 동프로이센으로 추방하리라는 소문이 나돌았기 때문이

해준다. 그러나 사실인 것은 파펜이 자신의 계획을 지금에 와서 변경하고 모든 노력 끝에 드디어 설득된 힌덴부르크에게는 중당당과 BVP의 제안에 대해서도 단지 보고라도 할 생각을 하지 않았다는 점이다. 셰퍼의 이 당시의 활동에 대해서는 Schwend (주 V/40), S. 504~505.

158) Papen (주 VI/35, S. 271): 1월 28일 저녁의 힌덴부르크와 파펜의 회담.

159) 파펜은 이에 대해 침묵했던 반면에, 리벤트롭(주 XI/86, S. 42)은 증언했다.

160) Fabian v. Schlabrendorff, *Offiziere gegen Hitler* (Zürich 1951), S. 26에 따르면, 일단의 독일 민족주의적 정치가들 — 그 중에는 하인리히 클라스(Heinrich Claß)와 에발트 폰 클라이스트(Erwald v. Kleist)도 있었다 — 은 그의 완고함을 당하지 못하면서도 후겐베르크를 마지막까지 조정하고자 했다.

161) Brüning, "Im Januar 1933" (주 X/62) 참고: "내게는 제국대통령에게 개인적인 친분을 통해 연결되어 있던 일련의 인물들을 움직이고, 힌덴부르크를 찾고, 그에게 상황의 위험을 분명히 설명하는 일이 가능했다. 제국대통령은 그의 결정에서, 히틀러를 임명하는 마지막 시간까지 동요했다."

었다. 이것이 힌덴부르크의 마지막 의구심에 있어서 결정적이었다.

슐라이허나 함머슈타인의 위협적인 반란에 대한 주장에 아무런 구체적인 근거가 없다는 데에는 오늘날 의심의 여지가 없다.[162] 1월 28일까지만 해도 혹은 1월 29일 아침에도 슐라이허의 가까운 동료들은 제국 국방부에 모였는데, 그들 가운데에는 함머슈타인, 부셰, 마르크스와 오토도 있었다. 그럼에도 불구하고 슐라이허는 더욱이 파펜-후겐베르크 해결안으로 추정된 것에만 반대하는 저항에 대한 모든 생각을[163] 힌덴부르크의 권위와 내전의 위험에 대한 지적과 더불어 거부했다.[164] 뻔한 이유에서 가까이에 있었던[165] 라이헤나우를 통해 그런 생각들이 밖으로 새어나와서 귀족클럽의 비서, 아벤스레벤(Werner v. Avensleben)에게 알려지는 것은 가능한 일이었다. 이미 괴벨스가 수많은 사적으로 은밀한 정보들까지 알려주었던[166] 이 불투명한 연락원은 1월 29일 이른 오후에, 히틀러가 자신의 충복들과 방금 괴링이 가져온 성공소식을 축하하던 괴벨스 집에 나타나서 흉보를 전했다[167] — 히틀러는 이제 슐라이허와 단합하고 파펜의 효력을 박탈해야 한다고 덧붙였다고 한다. 괴링은 즉시 소문을 그에게 확인해준 파펜에게 전화했

---

162) *Bericht Hammerstein*: 부록과 S. 639~640.

163) Ott, "Ergänzende Bemerkungen"(주 VI/36), S. 17~18; Wickert(주 XI/26), S. 40~41. 오트의 진술과는 반대로 부셰는 회담이 1월 29일 아침 10시에 개최되었다고 주장한다. Brief an Kunrat v. Hammerstein v. 17. Februar 1953; 아래의 주 XI/171.

164) Holtzendorff, ungedruckter Teil(주 IX/44), S. 108.

165) 그 당시에 함머슈타인의 육군 소령 제1부관이었던 아돌프 쿤첸(Adolf Kuntzen) 장군의 편지(1953년 1월 28일 쿤라트 폰 함머슈타인에게 보내는)에 따르면, 라이헤나우는 이때에도 — 성과 없이 — 함머슈트인을 나치 측으로 끌어들이려 노력했고, 그 외에 그와 블롬베르크의 이익을 꾀했다.

166) Interview Carlowitz(주 VI/72), S. 172; 앞의 주 VI/80.

167) Goebbels, *Kaiserhof*(주 V/13), S. 250~251; *Hitlers Tischgespräche*(주 XI/21), S. 430.

다. 그가 잠시 후 마이스너도 만났을 때, 그는 힌덴부르크가 협정 내용을 고수할 것을 다시 한 번 보장했다.[168] 히틀러는 그럼에도 불구하고 헬도르프 백작을 통해서 베를린의 돌격대에게 경보를 내리게 했고 빌헬름 거리의 점령을 위한 준비를 하도록 했다.[169] 파펜 스스로는 힌덴부르크에게 급히 달려갔지만, 그는 이미 소식을 듣고 있었고, 슐라이허를 내각 교체 전에 이미 제거하기 위하여, 즉시 블롬베르크를 제네바로부터 소환하기로 결심했다.[170]

또 다른 사람의 이야기로는 슐라이허가 플랑크, 브레도우, 부셰와 함께 1월 29일 함머슈타인의 집무실에 나타나서, 군사작전 문제를 피상적으로 다루었으나, 즉각 기각했다. 대기실에 나타나서 실로 자극적인 표현으로 힌덴부르크의 체포를 요구했으나, 실제로는 밀고자로 기능했던 라이헤나우도 적합한 대답이 되었다.[171]

슐라이허 측근의 저항이 얼마나 납득할 만한 것이든지 간에, 그것은 어떤 구체적인 형태를 갖추지 못했다. 한 명예욕 강한 귀족클럽의 음

---

168) Meißner(주 I/159), S. 268; *Wilhelmstraßen-Prozeß*, Protokoll v. 4. Mai 1948에 실린 그의 진술.

169) Hitlers Tischgespräche(주 XI/21), S. 4301; Meißner(주 I/159, S. 268): 1월 28일 저녁까지도 함머슈타인과 슈튈프나겔은 힌덴부르크에게 슐라이허의 제거에 반대했다는 마이스너의 주장(S. 267~268)은 함머슈타인과 부셰의 서술에 의해 반박된다. 이는 마이스너의 잦은 착각이나 1월 30일의 결심의 극적인 정당화에 대한 필요 탓이다.

170) Papen(주 VI/35), S. 273. 괴링도 그의 진술에 의하면 힌덴부르크에게 그것을 독촉했던 것으로 보인다. *Nürnberger Dokumente*, Bd. IX, S. 283.

171) Berndorff(주 X/145), S. 262 이하; Bessche, *Frankfurter Allgemeine Zeitung* v. 5. Februar 1952. 함머슈타인도 회의의 사실에 대해서 확인하면서, 회의에서는 반란이 아니라 파펜-후겐베르크 내각의 저지에 대해서만 논의되었다고 주장했다. 함머슈타인은 그 때문에 1월 29일 오후에도 베히슈타인의 집에서의 히틀러와의 회의를 가졌다: *Bericht Hammersein*의 부록과 S. 639.

모가의 개별적 행위를 통해서만이 그것은 정치적 의미를 획득했다. 그러나 이 소문의 예상된 영향 덕분에, 여전히 의심을 받던 정부구성이 도움을 받고, 특히 힌덴부르크의 마지막 장애물이 제거될 가능성까지 열렸다. 바로 힌덴부르크야말로 자신의 방 앞에 직함까지 내걸고, 슐라이허의 위협을 받는 히틀러 해결안의 극도의 가속화를 개인적으로 재촉할 정도로, 이 소문에 의해 강한 영향을 받았다.[172] 다른 보고서에 의하면, 괴링은 심지어 슐라이허의 체포에 동기를 부여하기 위해 소문을 악용하고자 하기까지 했다.[173] 파펜은 물론 그가 그 당시에 이 책략을 눈치채지 못했다는 것을 믿게 하려고 노력하고 있다. 실제로 그는 선서 때까지도 소문을 고집했고 마지막 곤란을 극복하는 데 이를 이용했다.[174] 그러나 그의 알펜스레벤에 대한 관계는 그가 일찍이 사건을 눈치 챌 수 있을 만큼 긴밀했고, 어쨌든 오늘날까지 함머슈타인을 진짜 반란계획의 주모자로 낙인찍기 위한 그의 노력은 전혀 근거가 없다.[175]

오늘날까지도 — 이후의 사건들의 관점에서 볼 때 — 히틀러 임명에 대한 제국군대 지도부의 심각한 저항이 강조되고 있다면, 이는 역사적 강조점을 부당하게 옮기는 것이다.[176] 어떤 종류든 저항이 생각되어

---

172) 뒤스터베르크(주 IV/18, S. 39)에 의해 서술된 장면을 담은 아래의 S. 324.

173) Diels, *Lucifer* (주 VIII/105), S. 385.

174) 아래의 S. 322~324를 참고.

175) Papen (주 VI/35), S. 274. 그의 증거는 순진한 만큼 단순하다: 부셰의 보고서(주 IX/171)에 따르면, 함머슈타인 혹은 아담이 작전을 제안했으나, 아담은 그의 부인의 보고에 의하면 이 시점에 휴가중이었기 때문에, 함머슈타인이 주모자일 수밖에 없다는 것이다(!). 그러나 함머슈타인이 아담과 함께 그의 가장 중요한 동료 — 부대 국장, 즉 참모부장 — 에게 1월 27일에 휴가를 허가했다는 사실이야말로 작전계획의 주장과 모순되지 않는가?: 부록과 S. 639~640.

176) 예를 들어 Gerhard Ritter, "Als die Freiheit lautlos starb", *Neuburger Rundschau* v. 17./18. Januar 1953(또한 in: Der Tagesspiegel v. 30.

졌다면, 그것은 오로지 슐라이허를 국방부장관으로서 제거 내지 파펜-후겐베르크 독재내각에 대한 추정적 계획에 대항한 것이었을 뿐이었다.[177] 스스로의 묘사에 의하면, 슐라이허는 1월 28일 보고에서 힌덴부르크에게 파펜을 재신임하지 말 것을 권고했고, "의회적 다수결 원칙에 기초하는 나치당과의 협력이 최선의 해결가능성이라"고 설명했다.[178] 물론 그는 자신 혹은 그의 대변자가 제국국방부와 그로써 가장 영향력 있는 통제직급을 계속 맡으리라고 생각했다. 1월 29일까지도 히틀러는 그것이 잘못된 것인 줄 알면서도, 슐라이허를 그의 계획된 내각에 수용할 것이라고 함머슈타인에게 암시했던 것으로 보인다.[179] 블롬베르크가 놀랍게도 나타났고 슐라이허가 아닌 힌덴부르크를 찾아갔던 1월 30일에서야 슐라이허 무리는 이미 결정이 내려졌다는 것을 깨달았다.[180]

그로써 슐라이허는 완전히 새로운 상황과 대면하게 되었다. 1월 28일과 29일의 작전에서는 여전히 일방적으로 파펜 해결안에 대해서는 대적했던 그의 길들이기 계획은 종국적으로 좌절되었다. 파펜이 그날

Januar 1953). 쾰른 대담도 "전설"이라고 표현되어 있는 이 기고문은 선동적 음모가들과 힌덴부르크의 책임을 일방적으로 "정당들의 단기적인 이기심"과 "독일 국민"에게 밀어붙이고 있다.

177) *Völkischer Beobachter* v. 2. Februar 1933에 다른 공식적 부인과 더불어 실려 있는 *BZ am Mittag*에서의 슐라이허의 공식적 부인도 참고.

178) *Ibid.*

179) Foertsch (주 VI/61), S. 29. 루드비히 폰 함머슈타인(Ludwig v. Hammerstein)이 1951년 10월 1일의 가블렌츠(O. H. v. d. Gablentz)와의 인터뷰에서 이를 확인해주고 있다: "함머슈타인은 히틀러를 1월 29일에 베히슈타인 집에서 만났고 거기서 동의를 얻었다. 히틀러는 슐라이허가 제국국방부를 맡는 것에 대해 아무런 적대감도 없다." Brief Adolf Kuntzens an Kunrat v. Hammerstein v. 28. Januar 1953.

180) 슐라이허가 몰랐다는 것은 *Bericht Hammerstein*에 기록되어 있다: 아래의 부록과 S. 333. 블롬베르크의 도착에 대해서는 아래의 S. 322.

의 승자였다. 예전의 친구 등 뒤에서 작성되고 근 4주간의 노력 끝에 실현된 그의 "둘러싸기" 내각이 바이마르공화국의 숙명을 결정했다. 1933년 1월 30일은 물론 영구적 권력공백의 돌파를 의미하기는 하다. 그것은 공화국의 전혀 불가피했던 비상 해결책이었던 것으로 보인다. 그의 수장, 제국군대, 민주정당들은 히틀러 실험을 대신할 어떤 진정한 대안도 발견하지 못했다. 그러나 그의 "둘러싸기"가 파펜에게 위임되고 그의 보증임무가 블롬베르크에게 맡겨짐으로써, 정부교체는 하나의 전복,[181] 공화국의 항복이 되었고, 정부교체에는 나치적 집권의 성격이 부여되었다.

6. 1933년 1월 30일

1월 29일 저녁까지도 파펜은 힌덴부르크에게 새 장관 목록을 제출했다.[182] 목록은 괴링이 새로 만들어질 항공부의 관할 수장 및 — 이 역시 신설된 것이었는데 — 프로이센을 위한 제국전권위원 대행자로서 내각에 자기 자리를 보증할 수 있었던 반면에, 괴벨스는 우선 빈손으로 출발해야 했던 사전협상에 따른 것이었다.[183] 계획된 "양두정치"는 분명히 확정된 것으로 보였다. 즉, 히틀러는 파펜이 프로이센에 대한 최고 통제권을 갖고 히틀러가 힌덴부르크에게 하는 보고 때에 참석하는 것을 감수해야 했다. 서약식은 1월 30일 11시로 정해졌다.

반란설은 이 마지막 장을 현저히 가속화시켰다. 언론도 즉시 이를 확실히 깨달았고,[184] 베르너 폰 알벤스레벤은 얼마 지나지 않아서 그

---

181) Stolper, "Umsturz"(주 XI/8), S. 563 이하에서의 적합한 동시대적 평가도 볼 것.

182) Meißner(주 I/159), S. 268~269.

183) 그의 실망은 *Kaiserhof*(주 V/13), S. 251에 표현되어 있다.

의 행위의 배경을 일람케 하는 성명서를 발표했다.[185] 그럼에도 불구하고 파펜은 오늘날까지 냉담하게 "새로운 내각을 가능한 빨리 설립" 해야 했다는 견해를 피력하고 있다.[186] 비록 괴링이 나중에 자랑했듯이 "15분 만에"는 아니었지만, 의심스러울 정도로 급히 내각결성은 "처리되었다."[187] 그 신속성은 여론과 슐라이허를 놀라게 했다. 1월 30일 이른 아침에 뒤스터베르크는 전화로 파펜에게 불려갔고, 그의 서재에서 젤테와 후겐베르크도 만났다. 파펜은 극한 흥분상태에서 조속한 정부각료의 임명을 통해서만이 슐라이허-함머슈타인의 군사독재의 위협을 저지할 수 있다고 그들에게 통고했다.[188] 그리고 마이스너가 그 전 저녁까지만 해도 괴링에게 보장했음에도 불구하고, 그 모든 그런 유의

---

184) *Kölnische Zeitung* v. 1. Februar 1933.

185) *Vorwärts* v. 3. Februar 1933에 인쇄되기로는 "나 개인에게는 이 당시에, 히틀러 씨가 후겐베르크-파펜-히틀러의 정부 구성안에 관한 폰 파펜 씨의 제안을 수용하지 않을 것이고 제국대통령이 월요일까지만 해도 파펜-후겐베르크의 권위주의적 내각을 임명할 결심을 했던 것으로, 권위자 측에서 설명했었다. 그런 유의 해결안에서 나는 우리 조국에 대한 엄청난 위험을 발견했고 히틀러 씨에게 총리직이 맡겨지도록 힘써야 한다고 믿었다. 나는 이러한 의미에서 나치당의 수많은 고위 인사들을 만나 이야기했고, 경우에 따라서는 나치당의 배제하에 순전히 독일민족주의적인 내각을 임명하는 그런 행보로 국가원수를 몰아가는 사람은 체포되는 것이 최선이라는 나의 견해도 피력했다. 나는 군대가 국민의 90%에 대항해서 일어나야 한다면, 그러한 군대는 분쇄될 것이고, 군대는 어떤 상황에서도 그러한 처지에 처해서는 안 된다는 나의 의견도 표현했다. 이러한 나의 교섭으로부터, 내가 마치 히틀러-파펜-후겐베르크의 정부구성을 방해하려는 생각을 갖고 있다는, 부분적으로만 파악된 부정확한 결론이 도출되었다. 바로 정반대이다. 나의 중재를 통해서 히틀러 씨를 제국총리에 임명하는 제국대통령의 결심이 촉구되었다면, 이로써 실제로 내가 확신컨대 달성되어야 할 바가 달성된 것이다.

186) Papen(주 VI/35), S. 275.

187) Hermann Göring, *Aufbau einer Nation*(München 1934), S. 178.

188) Duesterberg(주 IV/18), S. 39.

소문들은 “만들어낸” 것이었다고 털어놓았다.[189]

그럼에도 파펜이 의도적으로 협상 파트너들에게 마지막 압력을 가하고자 했다는 것을[190] 받아들이지 않고자 한다면, 슐라이허가 그와 그의 독일 민족주의적 파트너를 마지막 순간에 교묘하게 속이고 히틀러와 더불어 자신의 해결안을 파펜에 대적하여 관철할 수도 있을 가능성에서 그의 우려를 찾아보아야 한다. 실제로 그 때문에 파펜은 후겐베르크와 젤테를 그처럼 아침 일찍 자기 집무실로 불러들였다. 이러한 해석은 이후의 경과 속에서 확실한 근거를 얻는다. 뒤스터베르크가 이제 반란 소문의 진원지를 물었을 때, 파펜은 신경질적으로 그를 오스카 폰 힌덴부르크에게 보냈고 상황에 대한 어떤 이성적인 설명도 할 수 없었다.[191] 자기 방 앞에 직함을 내걸었던 오스카도 덜 흥분한 것 같지 않았다. 그는 책임회피적 발언을 하는데 그쳤고, 그 밖에는 그가 “앙갚음”을 해주겠다고 한 “배신자 슐라이허”를 욕했다.[192] 그리고는 그는 잠시 후 블롬베르크와 되돌아가기 위해서, 서둘러 포츠담 기차역으로 갔다. 마지막 우려 또한 이제 흩어졌다. 즉, 블롬베르크는 비록 8시와 9시 사이에 기차역에서 슐라이허의 부관, 육군 소령 쿤첸에 의해 벤들러 거리로 보내졌지만, 자신의 직접 상사의 명령을 어기고 평상복 차림으로 나타난 오스카 폰 힌덴부르크와 함께 제국대통령에게 갔으며,[193] 대통령은 그를 즉시 새 국방부장관으로 서약시켰다.[194] 이제야

---

189) Meißner(주 I/159), S. 268; 앞의 S. 316.

190) 파펜의 서술은 “추정적 쿠데타의 위협”에 의거하고 있음에도 불구하고, 파펜(주 VI/35, S. 274~275) 자신은 상세한 설명을 하고 있지 않다.

191) Duesterberg(주 IV/18), S. 39; 같은 이, in: *Telegraf* v. 25. Januar 1947; *Mannheimer Morgen* v. 30. Januar 1947; Bernhard Schwertfeger, *Rätsel um Deutschland* (Heidelberg 1948), S. 219.

192) Duesterberg(주 IV/18), S. 39.

193) Brief Adolf Kuntzens an Kunrat v. Hammerstein v. 28. Januar 1953.

194) 파펜(주 VI/35, S. 274~275)은 이러한 맥락에서 힌덴부르크도 선서를 재

슐라이허는 이쪽에 의해서도 자신이 제압당했다는 것을 이해했다.

그사이에 모든 장관 후보들은 파펜의 방에 모였다. 특히 블롬베르크는 열렬한 환영을 받았다. "흠정인"은 그를 벤들러 거리가 아닌 빌헬름 거리로 가도록 했던 결정을 축하했고, 슐라이허와 함머슈타인이 군사독재를 계획했다는 자신의 주장을 다시 한번 반복했다.[195] 파펜은 목표를 달성한 듯 보였다. 그가 그처럼 잘 알던 장관 정원을 통한 길은 이 마지막 주들의 사건들에게 특유의 의미를 가졌는데, 파펜은 바로 그 길을 통해서 "자신의" 내각을 제국대통령 관저로 이끌었고, 그곳에서, 즉 마이스너의 사무실에서, 히틀러를 축제 분위기에서 새로운 제국총리로 맞았다.[196] 아직은 분명 그의 중재자 역할이 완전히 끝나지 않았다. 이 순간에 전체 사업을 의심스럽게 했고, 나치의 집권에서 가장 중요한 전제조건 중의 하나를 앗아갈 위험이 있는 마지막 분규가 일어났기 때문이다.

히틀러는 파펜에게 참으로 감사를 표했으나, 다시 한 번 프로이센의 제국위원직을 포기하는 것이 그에게 얼마나 힘든가를 강조했다. 그 대신에 그는 모든 정치적 관행을 심히 자의적으로 뒤집으면서, 독일 인민이 집행된 정부구성을 이제는 보통선거를 통해서 "확인"해야 한다고 요구했다. 이 요구의 권력정치적 의미는 선명했다. 히틀러는 이를 통

촉했고("현재 상황을 즉시 저지해야 한다") 블롬베르크에게 "제국군을 모든 정치적 논쟁으로부터 멀리하고 슐라이허적 방법을 그만 둘 것"을 명령했다고 주장한다. 마찬가지로 괴링도 블롬베르크가 2시간 빨리 임명되었는데, "이로써 제국군의 모든 잘못된 관여를 배제하기 위해서였다"고 강조하고 있다: *Nürnberger Dokumente*, Bd. IX, S. 283.

195) Duesterberg (주 IV/18), S. 40. 그 소문이 사실상 여전히 작용하고 있다는 것은 루드비히 폰 함머슈타인에 의해서도 확인된다(Gespräch mit O. H. v. d. Gablenz v. 1. Oktober 1951): "임명을 받고 나서 그〔블롬베르크〕가 함머슈타인에게 가려고 하자, 오스카 폰 힌덴부르크가 '거기 가면 당신은 체포된다'고 그에게 말한다."

196) Papen (주VI/35), S. 275; Duesterberg (주 IV/18), S. 40.

해서 첫 주에 자유 재량권을 얻게 될 것이고, 그 이상의 연정협상을 그만둘 수 있고 국가 권력수단의 도움으로 11월 6일의 결과를 수정할 수 있는 기회를 갖게 될 것이었다. 이후의 "집권"과정은 뚜렷해졌고, 제국의회의 해산이 그의 결정적인 선결조건이었다.[197] 히틀러는 — 그의 관점에서 볼 때 — 심각한 실수를 저질렀는데, 그에 대해서는 이미 지적했다. 그때에 후겐베르크는 — 슈미트-하노버와 동시에 — 이러한 예기되었던 요구에 대해 결정적인 반대를 제기했고, 지금의 정부구성을 지난 선거의 "필연적인 민주적 결과"로 간주할 것을 고집했다. 히틀러가 새 선거가 정부의 인적 구성을 전혀 변경하지 않을 것임을 그에게 엄숙하게 약속했지만,[198] — 신용할 수 없는 만큼 비민주적인 약속이기도 했다 — 그는 그의 반대의사를 굽히지 않았다. 마지막 순간에, 이미 히틀러의 약속에 대한 경험이 있었던[199] 그는 사건의 추후과정을 눈치 채고, 이후 자신이 저울의 바늘과 같은 결정적인 역할을 더 이상 할 수 없게 될 것을 우려했다. 그러나 그는 둘러싸기 내각의 이러한 첫 시험대에서부터 이미 홀로 고립되었다. 파펜은 노이라트, 슈베린-크로직, 엘츠-뤼베나흐와 젤테의 지지를 받아서, 오히려 필사적인 설득노력을 기울였고, 감상적인 열정을 가지고 힌덴부르크에게 히틀러를 신뢰하고 "그처럼 어려움 가운데 이루어진 민족적 통일"을 위험하게 하지 말 것을 애원했다. 그는 지금 벌써 안전보장의 임무를 잊어버리고, 오직 "그의" 내각을 세우기 위하여 히틀러 편에 합세했다 — 모든 안전장치들이 없어질 때까지 앞으로 자주 반복될 일이었다.

실제로 전체적 정부구성과 더불어서 히틀러의 가장 큰 그리고 아마

---

197) *Hugenbergs Ringen* (주 I/6), I, S. 27 이하를 참고.

198) Duesterberg (주 IV/18), S. 40~41; Papen (주 VI/35), S. 275~276; Meißner (주 I/156), S. 269~270.

199) 1932년 11월에 있었던 힌덴부르크와의 대화에서의 후겐베르크의 발언들: 앞의 주 X/43.

도 마지막 기회가 걸려 있었다. 새 내각의 "경제적 독재자"였던 후겐베르크는 히틀러가 "둘러싸야" 했던 "민족주의적" 인사들의 사슬에서 결정적인 고리에 해당했다. 그가 없다면 힌덴부르크는 아마도 실험 전체에 대해 동의하기를 거부할 것이다. 다른 한편으로, 파펜은 히틀러의 요구는 이미 며칠 전에 기본적으로 받아들여졌고 분명히 후겐베르크만이 그에 대해 불명확하게 남아 있었다는 것을 말할 수 없었다[200] — 그리고 오늘날에도 말하지 않고 있다. 반시간 동안 토론이 흥분상태에서 오락가락하자, 마이스너가 손에 시계를 들고 방으로 뛰어 들어갔고, 공화국의 마지막 기간에 결정을 강제하고 내각을 전복시키고 다시 시작했던 그 낡은 주장이 다시 한 번 입증되었다. 힌덴부르크 신화의 호소가 그것이었다. 이번에는, 모든 이성적인 심사숙고와 의심보다 더 강하게 드러난 것이 제국대통령을 더 이상 오래 기다리게 할 수 없다는 마이스너의 경고였다.[201] 후겐베르크는 마침내 굴복했다. 그는 또한 나치 요구들에 대한 안전장치는 그로써 충분하다고 믿었다.[202] 하르츠부르크의 파트너들과 파펜적 인상의 "새로운 국가"의 대표자들에 의해 둘러싸인 히틀러를 정점으로 한 새로운 인물들은 성마른 힌덴부

200) 파펜이 히틀러의 요구를 이미 1월 29일에 관철시켰다는 것은 마이스너(주 I/159, S. 269)와 리벤트롭(주 XI/86, S. 42)도 확인해준다; 앞의 S. 315도 볼 것.

201) Duesterberg(주 IV/18), S. 41; Papen(주 VI/35), S. 276; 자신의 간섭 부분을 경감시키려고 후겐베르크가 이미 히틀러의 약속을 받고는 마음을 바꾸었고 힌덴부르크에게 결정을 비밀로 했다고 주장하는 마이스너(주 I/159, S. 270)의 서술은 약간 다르다. 괴링의 진술(Nürnberger Dokumente, Bd. IX, S. 283)도 참고: "이 순간에 제국대통령이 새 각료들의 선서를 처리하고 그렇게 내각이 결성된 것은 순전히 우연이었다." 히틀러 자신의 나중의 서술(1935)도 유사하다: Erich Kordt, *Wahn und Wirklichkeit* (Stuttgart 1947), S. 27~28.

202) *Nürnberger Dokumente*, Bd. XXXX, Dok. No. Pa-87, S. 575 이하의 그의 해당 설명을 참고.

르크에게 소개되었다. 파펜은 자신의 목표를 달성했다. 즉, "히틀러 내각이 탄생했던 것이다."[203] 힌덴부르크는 절대로 "집시 같은 일병"을 제국총리로 만들지 않을 것이라고, 브뤼닝에게는 항상, 그의 장군들에게는 3일 전에도 장담했었다. 이제 그는 "그것이 필연적으로, … 그가 양심상 책임질 수 없는 정당독재로 … 발전"될 것[204]이라는 사실을 근거로 11월까지만 해도 거부했던 대통령 내각을 히틀러에게 맡겼다. 그는 히틀러에게 "비당파적이고 모든 이에 대해서 공정하게 사업을 수행"하겠다는 것을 바이마르 헌법에 대한 서약과 더불어 맹세시키는 것으로 만족했다.[205]

보다 예리한 관찰력을 가진 자는 누가 그날의 승자였고, 특히 외국에서 사건의 파급효과에 대해 거의 이해하지 못했는지를 분명히 알 수 있었다.[206] 1월 30일의 나머지는 히틀러의 것이었다. 카이저호프 호텔에서는 그의 충복들이 기다리고 있었는데, 조급하게, 여전히 불신과 우려로 가득한 채로, 의심, 희망, 행운과 무력감으로 뒤범벅되어서[207] 대통령 관저의 출구를 응시하고 있었다. 괴링이 제일 먼저 나와서 이제 "커다란 기적"[208]이 그래도 일어났다고 알렸다. 라디오의 점

---

203) Papen(주 VI/35), S. 276.

204) 앞의 S. 224~226.

205) Reichsministergesetz vom 27. März 1930, § 3. "합법성"의 문제에 대해서는 Brecht, *Vorspiel*(주 I/85), S. 106 이하를 참고; William Ebenstein, *The Nazi State*(Washington 1943), p 1 이하.

206) G. R. Halkett, "Die 'Machtübernahme' in englischer Sicht", *Das Parlament* 3, No. 11 v. 18. März 1953, S. 8.

207) Goebbels, *Kaiserhof*(주 V/13), S. 252.

208) Joseph Goebbels, "Das große Wunder", Das Angriff v. 2. Februar 1933. 그 외에, 힌덴부르크가 "오직 올바르고 결정적인 순간에 그의 임명을 관철하기 위하여, 1932년 8월 13일과 11월에는 아돌프 히틀러의 임명을 거부했다는 것을 이유로, 그에게서 갑작스럽게 "신의 도구"를 발견하는 괴링의 감상적인 서술도 볼 것.

심뉴스들이 소식을 전했다. "민족주의적" 신문들은 실로 우익 전체의 승리와 "민족적 고양"[209]을 축하했다. 그러나 지금부터 벌써 우세해진 것은 국가 사회주의적 대중의 광란의 환호였다. 중요한 것은 오직 "지도자"뿐이었고, 또한 그에게 중요했던 것은 몇 시간이고 — 저녁 7시부터 밤 1시까지 — 새 제국총리 앞으로 지나갔던 횃불 행렬이었다. 히틀러, 괴링, 괴벨스, 헤스가 위에 서 있었고, 몇 창문을 지나서 힌덴부르크가 섰다. 그 아래로는 돌격대의 종대가, 그리고는 군악대를 동반한 철모단이, 그 다음에는 다시 돌격대가 행진했다. 책임자들의 반대를 무릅쓰고 괴벨스는 라디오 프로그램을 중단시키고 보도를 획일화했다. 그러나 동시에 "무의미한 열광의 도취"[210]와 더불어 피가 흘렀고, 국가가 인가한 첫 테러행위가 "제 3제국"으로 가는 길을 표시했다.

히틀러는 그의 내각 내에서 지배적이었다. 9명의 보수주의자들에 대해 3명이 나치당원이었고, 파펜 자신과 힌덴부르크가 겉보기에는 중요한 지위를 점유하고 있기는 했다. 그것은 나치적인 정부가 아니었고, 분명 공화국의 전체 역사상 부총리직의 무의미함을 전혀 의식하지 못했던 파펜은 그의 경고자들에게 "여러분은 잘못 알고 있다. 우리가 그를 우리에게 채용한 것이다"라고[211] 보증할 수 있었다. 그러나 실제

---

209) 공식적 공고와 언론보도는 *Zeitspiegel* 2, No. 2(5. Februar 1933), S. 37 이하를 볼 것.

210) Goebbels, *Kaiserhof*(주 V/13), S. 254. 라디오의 중요성에 대해서는 Heinz Pohle, *Der Rundfunk als Instrument der Politik*(Hamburg 1955), S. 154 이하; Hans Bausch, *Der Rundfunk im politischen Kräftespiel der Weimarer Republik 1923-1933*(Tübingen 1956).

211) Schwerin-Krosigk(주 VII/23), S. 147; *Nürnberger Dokumente*, Bd. XXXXII, S. 410~411에 실린 슈베린 크로직의 선서구술서도 볼 것. 특히 대외정책 부문에서는 힌덴부르크와 연대하여 외교 "전문가들"의 탁월함에 의지할 수 있을 것으로 믿었다. 1933년 2월 4일에 영국 외교사절, 호라스 럼볼트 경에게 보낸 노이라트의 기밀보고 역시 이를 확인해준다. 즉, 히틀러는 "사려분별력 있었고" 노이라트의 조언에 민감하게 반응했다는 것이다.

일어난 일들의 이야기는 달랐다. 히틀러에 대해서는 권력정치적 뒷받침이 없는 관료들만 맞서 있었지, 경험 많은 정치가들은 없었다. "카이저호프"의 즉석회의에서 새 총리는 블롬베르크를 곧바로 체포했다. 이제 모든 주목은 집권의 완수에 쏠려졌기 때문이었다.[212] 그리고 오후 5시에 열린 첫 각료회의에서 이미 제국의회의 해산이 결정되었고, 후겐베르크는 두 번째로 다수결로 거부되었으며, 힌덴부르크의 의구심 역시 그 다음날 제거되었다. 이로써 파펜 스스로의 지지로 순치계획의 중요한 토대가 붕괴되었다.[213] 주도권은 이제부터 히틀러에게 있었다. "보수주의적 전문가들"에게서도 힌덴부르크에게서도 그에 대한 심각한 저항이 없었고, 히틀러는 곧 자신의 직책이 아무런 영향력을 행사할 수 없다는 것을 알아챘고[214] 마침내는 자신의 프로이센 정

이밖에도, 힌덴부르크는 "그〔노이라트〕의 지적이 새 정부에 반영되도록 했고 … 그에게 재량권이 주어지고 대외정책에서 어떤 실험도 시도될 않을 것이라는 조건하에서 수용했다. 그는 그가 대통령의 전적인 지지를 받고 있음을 알았다"(*Document on British Foreign Policy*, 주 II/53, 2nd Series, vol. IV, S. 406~407). 후겐베르크의 환상에 대해서는 *Hugenbergs Ringen* (주 I/6), I, S. 24 이하에서 반복되고 있다. 1월 30일 무렵의 환상과 권력정치적인 현실에 대한 최고의 요약본은 Hermann Mau/Helmut Krausmick, "Hitler und der Nationalsozialismus, 1933~1945", Peter Rassow(ed.), *Deutsche Geschichte im Überblick, Ein Handbuch*(Stuttgart 1953), S. 668 이하.

212) Goebbels, *Kaiserhof*(주 V/13, S. 253): "이제 권력투쟁의 단계는 지나갔다. 이제 우리는 권력을 유지하기 위해 계속 노력해야 한다."

213) Hitlers *Tischgespräche*(주 XI/21, S. 431) 및 Kordt, *Wahn und Wirklichkeit*(주 XI/201, S. 27)에 따르면, 파펜과 마이스너는 여기서 히틀러의 요구를 뚜렷이 지지했다. 그들은 심리학적으로 세련되게 힌덴부르크에 대한 후겐베르크의 저항원인을 그처럼 증오받았던 "정당정치적 고려들"에 귀착시킴으로써, 힌덴부르크의 의구심을 극복했다. 납득할 만하게도, 마이스너(주 I/156, S. 270)는 히틀러의 지지를 파펜을 통해서 강조하는 데 그쳤다. 파펜 자신은 선거가 커다란 법적 족쇄를 가져오리라는 실로 의심스러운 희망을 갖고 자신의 역할에 동기를 부여했다.

부 총리직도 사임해야 했던 파펜 역시 곧이어 떨어낼 수 있었다.[215] 파펜에게 어쨌든 독재자를 보호하려는 의지를 인정해주고, 전체주의적인 일당국가로 넘어간 후에 "민족적 고양의 선구자"로 등장하면서 그가 했던[216] 호언장담의 연설들을 무시하려면, 정치적 무능력의 판결만 남게 된다. 파펜은 그의 동료들과 마찬가지로 전체주의적 집권의 수단에 대해서 거의 알지 못했다. 낡은 국가기구의 침윤과 조작을 통해서 소수의 요직으로부터 독재를 내부로부터도 확립하는 동시에 이에 맞서는 모든 법치국가적 안전장치들을 고립시키고 공동화시키는 법에 대해서 말이다. 따라서 경제 및 외무부 장관직의 임용이 아니라, 제국군의 간접적 통제 및 제국과 프로이센 내무부의 임용에 결정적인 중요성이 부여되었다. 파펜이 보기에는 히틀러가 앞으로 권력분배의 확정에서 절제를 보였다. 그리고 특히 히틀러 주위의 "전문인" 무리 속에서 조력했던 샤흐트는 바로 지금 "이 사람을 올바른 길로 데려올 수 있다"고[217] 확신했다. 그러나 히틀러에게 중요한 것은 객관적 문제와 경제

214) Papen(주 VI/35), S. 311; S. 326.

215) 이미 4월에 힌덴부르크는 파펜에게 "1월 30일에 약속되어 있었던 히틀러와 나의 공동연설을 무시해 주기를" 부탁했다. "그는 내게 말하기를, 히틀러가 이를 그의 인격에 대한 불신으로 느끼고 있고, 그의 감정을 상하게 하길 원치 않는다고 했다": Papen(주 VI/35), S. 295. Hitler, *Tischgespräche* (주 XI/21), S. 410: "어느 날엔가는 파펜이 여행을 떠났고, 나는 혼자서 갔다. '도대체 왜 폰 파펜 씨가 함께 있는 것인가? 나는 당신과 이야기하고 싶다'라고 힌덴부르크가 말했다."

216) 1933년 11월 3일 에센에서의 그의 연설에서 "신의 섭리가 민족운동과 우리 고향의 재탄생의 선구자가 되도록 나를 부르신 이후부터, 나는 나치운동의 사업과 그의 지도자들을 내 힘껏 뒷받침 하고자 했다"(*Nürnberger Dokumente*, Bd. XVI, S. 378). 그러한 유의 다른 표현들은 Franz v. Papen, *Appell an das deutsche Gewissen, Reden zur nationalen Revolution* (Oldenburg 1933) ("제3제국의 건축주, 제국총리 아돌프 히틀러에게 바치다").

217) Schacht, *75 Jahre*(주 I/9), S. 379.

이해가 아니라 우선은 권력문제였다는 것을 사람들은 간과했다.[218] 그를 위해 히틀러는 그의 요구들을 확실한 정치적 직감으로 정확하게 규정했다. 내무행정과 프로이센 경찰과 더불어 그는 집행부, 즉 본래의 정부권력의 결정적인 부분을 통제했다. 그리고 파펜은 1932년 7월 20일의 쿠데타로 — 말하기로는! — 바로 프로이센 경찰에 대한 나치의 통제의 위험을 제거하고자 했다는 것을 분명 완전히 망각했던 반면에, 이 쿠데타 역시 히틀러의 "집권"에 도움이 되었다.[219]

실로 "히틀러가 안장에 앉힌 것은 인민운동이 아니었다. 그것은 1932년 5월처럼 또 다시 극히 소수의 부지런한 고문들이었지만,"[220] 이번에는 슐라이허를 빼고 히틀러가 들어 있었다. 왜냐하면 힌덴부르크가 자신의 유례없이 증대한 권력기능에게 진정한 결정이 강요될 때마다, 그의 긴 생애의 그 어느 때보다도 1932년 한 해 동안에 그의 "자문들"에게 매달리려는 욕구를 보였다는 것 역시 분명하기 때문이다. 처음에는 슐라이허, 그 다음에는 브뤼닝, 다음에는 다시 슐라이허, 그러고 나서는 파펜-슐라이허-파펜, 그리고 항상 마이스너와 오스카 폰 힌덴부르크. 마지막 3명의 독려로 그는 마침내 자주 생각은 했지만, 재차 물리쳤었던 행보를 내디뎠다. 파펜이 마지막 자극을 주고, 마이스너와 오스카 폰 힌덴부르크의 지지를 받아 머리를 짜내서 고안되었지만 정치적으로는 영향력이 없었던 "둘러싸기"체제를 통해서, 마지막 순간까지 흔들렸던 백발노인을 안정시키고 그의 허구적 해법에 대한 동의를 얻어냈다는 데에는 의심의 여지가 없다.

---

218) *Hugenbergs Ringen* (주 I/6), I, S. 25.

219) 파펜은 1932년 7월 20일의 자신을 이처럼 정당화했다(주 VI/35, S. 216). 사람들은 슐라이허에게 오히려 이러한 동기가 있었다고 믿을지 모른다.

220) Treviranus, "Die Wurzeln des Übels" (주 I/78), S. 2. 이는 파펜과 그를 뒷받침하는 리터("Als die Freiheit lautlos starb", 주 XI/176)와 제테("Januar 1933", 주 XI-24)에 대한 확실한 반박이다.

힌덴부르크는 그런 방식으로 "빌헬름 2세와 히틀러 사이에서 남의 자리를 맡아주는 비극적인 인물"이 되었다.[221] 그것은 자신의 결정도 1933년 1월 30일의 국민투표도 아니었다. 공화국의 구조적 결함, 경제위기, 정치적 급진화와 세련된 선동정치, 특히 독일에서의 자유민주주의적 국가의식의 취약함이 사전조건들을 조성했다.[222] 불분명하고, 이미 오래전부터 민주적으로 통제되지 않았던 제국군대의 권력지위는 바이마르공화국의 해체를 가속화시키지는 않았을지언정, 저지시킬 능력이 없었다. 그러나 역사적 결정은 순간적으로 그리고 어떤 단순한 "필연성"으로도 설명될 수 없는 조건하에서 이루어졌다. 그것은 엄청난 오산에 기초해 있었던 개별적 사실들로부터 촉발되었다. 히틀러를 권좌에 앉힌 것은 순치구상의 경박한 왜곡이었다. 반년 뒤에 이미 효력 있는 안전장치들은 모두 제거되었고 민주주의의 담지자들은 배제되었다. 즉, 정당들, 의회, 주, 노동조합들, 경제, 언론과 문화가 "획일화"의 궤적을 따라 사라졌던 반면에, 제국군은 확실한 통제하에 들어갔다.[223] 권위주의적 대통령 중심적 민주주의의 껍데기뿐인 연속성은 1년간 더 지속되었다. 그리고는 힌덴부르크가 사망했고 군대는 1934년 6월 30일의 학살을 재가했으며, 아무런 저항 없이 히틀러에게 충성서약을 바쳤다. 나치 지배가 공고화되었던 이 시기의 끝에 히틀러의 무제한적인 단독통치와 그의 전체주의적 기구들이 확립되었

---

221) Werner Conze, "Hindenburg", in: *Das Parlament* 3, No. 11 v. 18. März 1953, S. 3.

222) Friedrich C. Sell, Die Tragödie des deutschen Liberalismus (Stuttgart 1953), S. 414~448의 총괄적 고찰도 참고.

223) *Konsolidierung der nationalsozialistischen Herrschaft 1933/1934*는 저자가 이 책 다음에 준비하는 연구서이다. K. D. Bracher, "Stufen totalitärer Gleichschaltung. Die Befestigung der nationalsozialistischen Herrschaft 1933~1934", in: *Vierteljahreshefte für Zeitgeschichte* 4 (1956), S. 32 이하를 참고할 것.

다. 이 가운데 파펜식 “포위”의 구상물의 잔재는 계속 남아 있었으나, 이제 전체주의적 일당국가의 은폐와 정당화의 도구로 전락했다.

오늘날에도 고집스럽거나 절망적인 참여자들의 변명들을 통해서, 히틀러는 1933년 1월 30일에 의회주의적 공화국의 원칙에 따라 전적으로 “합법적으로” 권좌에 올랐다는 주장이 여전히 떠돌고 있다. 히틀러가 천 번도 넘게 깨뜨렸던 서약을 바쳤던 그 공화국 말이다. 형식적인 경과를 증거로 끌어대는 것은 이 같은 정부교체의 진정한 성격을 왜곡한다. 히틀러에게 권력을 넘겨준 것은 정치적·경제정책적 지향과 환상들의 완전히 무책임하고 헌법외적인 대표자들이었다. 반면에, 법적으로 정치적 책임을 지고 있었던 심급들, 특히 정당들, 제국의회와 제국대통령은 이 과정으로부터 배제되거나 속임을 당했다. 이러한 정부교체의 정신은 헌법의 의미와 전적으로 배치된 것이었다. 지금도 그 이후에도 바로 나치 측에서는 합법성이란 “사건의 외적인 합법성에만” 해당할 뿐이고, “그것의 진정한 혁명적 성격을 문제삼지 않는다”는 것을 냉소적일 정도로 드러내 놓고 확실히 했다. 히틀러의 “임명이 외적인 철자법의 의미에서는 말할 것도 없이 ‘합법적’이었다고 해서, 어느 누구도 그것이 바이마르의 내적 의미에 부합하고, 여기서 헌법의 불구대천의 원수가 제국의 정상에 세워졌다고 주장하지는 않을 것”이다.[224] 제국의회 방화와 더불어서가 아니라 바로 여기서, 바이마르공화국의 해체에 이어서 폭력과 절멸의 지옥 속에서 독일과 그의 유럽 이웃국가들의 파괴를 뒤따르게 한 포츠담과 전권 위임법의 날은 시작되었다.

---

224) Ernst Rudolf Huber, *Verfassungsrecht des Großdeutschen Reiches* (Hamburg 1939), S. 44~45.

부 록

- 부록 Ⅰ: 육군 대장 쿠르트 폰 함머슈타인의 기록
- 부록 Ⅱ: 전 베를린 경찰대장, 마그누스 하이만스베르크의 보고서
- 부록 Ⅲ: 전 제국은행장 루터가 파펜의 고용창출프로그램의 자금조달을 위해 쓴 편지
- 부록 Ⅳ: 비밀무장에 관한 두 문서

부록 I: 육군 대장 쿠르트 폰 함머슈타인의 기록[1)]

베를린, 1935년 1월 28일

1935년 1월 27일 및 28일자의 〈푈키셔 배오바하터〉에 실린 "1933년 1월 29일 슐라이허의 반란계획" 표제하의 기사가[2)] 슐라이허-히틀러 정부교체에서 나의 개인적 경험들을 확실히 해야 할 동기를 부여해 주었는데, 슐라이허의 군대를 동원한 반란계획은 나의 지식과 나의 참여 없이는 불가능했을 것이기 때문이다.

제국총리이자 국방부장관의 56일간의 통치 동안에 나는 육군 사령부의 수장으로서 정치에 관여할 이유가 없었다.

대략 1933년 1월 20일부터, 힌덴부르크 제국대통령이 파펜, 후겐베르크의 배후인들과 힌덴부르크 아들의 영향하에서 그에 대해 불신임 표결을 하려고 하기 때문에, 슐라이허 제국총리의 입지가 흔들린다는 소문이 파다했다. 나치당의 참여하의 파펜-후겐베르크 내각에 대한 이야기가 나돌았다. 앞으로의 국방부장관으로 슈튈프나겔 장군 혹은 슈미트(하노버) 씨가 종국적으로 나치스들 역시 국방부를 요구하고 유지할 수 있다는 제한조건과 더불어 임명되었다.

나치스들이 파펜-후겐베르크 내각에 결코 들어가지 않았기 때문에, 모든 것은 가능해보이지 않았다. 그럼에도 불구하고 소문은 여전했고 강화되었다. 1월 26일 오전에 나는 슐라이허에게 가서 정부교체에 관

---

1) 쿤라트 폰 함머슈타인 남작이 저자에게 친절하게도 제공했다.

2) 기사는 또한 내전의 위험성에 의지하여 반란을 통해서 1933년 1월 말의 사건에 개입하려는 슐라이허와 함머슈타인의 의도에 대한 소문을 반복했다.

한 소문에서 무엇이 사실인지 물었다. 슐라이허는 제국대통령이 확실히 오늘이나 내일 중에 자신에 대한 불신임 표결을 하면 사임할 것이라고 대답했다. 나는 슐라이허로부터 마이스너 차관에게 가서, 슐라이허의 사임 후에 어떻게 되는 것인지 물었고, 나치스들은 파펜-후겐베르크 내각에 절대로 들어오지 않을 것이라고 확실하고 분명하게 말했다. 그런 내각은 한편으로는 나치스들을, 다른 한편으로는 딩엘다이로부터 탤만에 이르는 좌익을 적으로 삼게 될 것이고 그로써 극히 미미한 기반을 갖게 될 것이라고도 말했다. 그렇게 되면 군대가 93%의 독일 국민에 대해서 이 7%의 기반을 위해 일어나게 된다. 이를 아직 피할 수 없는지 극히 의심스럽다고 했다.

마이스너는 상황을 분명 비슷하게 보았고, 나의 우려를 즉시 제국대통령에게 보고하도록 동기를 부여했다. 나는 그렇게 했다. 힌덴부르크는 극히 예민하게 모든 정치적 영향을 기피했지만, 그후 추측건대 나를 안정시키기 위해, "그는 그 오스트리아 상등병을 국방부장관이나 제국총리로 만들 생각이 없다"고 말했다(1933년 1월 26일 오전 11시 30분 한 증인 앞에서 글자 그대로 한 말임).

군대가 나치스들과 좌익 전체에 대항한 파펜-후겐베르크 싸움 속으로 빠져들거나 그런 싸움에 오용될 수 있는 소지에 대한 나의 걱정을 힌덴부르크는 이해하지 못했다. 슐라이허의 퇴임이 결정되었기 때문에, 나는 더 커진 걱정을 안고 떠났다. 그 후에 무슨 일이 일어날지는 분명히 아주 불확실했다.

1월 29일 내 사무실에서, 퇴임했지만 여전히 소문을 주도하고 있었던 슐라이허 제국총리와 나 사이에 대담이 이루어졌다. 우리 둘은 오직 히틀러만이 장래의 제국총리로 가능하다는 것을 분명히 알고 있었다. 모든 다른 선택은 내전을 초래하지는 않더라도 총파업과, 그로써 나치스들과 좌익, 양측 모두를 대적하여 극히 바람직스럽지 못한 군대 투입이 국내에 초래될 것임이 틀림없다고 생각했다. 우리 둘은 이러한 불행을 회피할 수 있도록 전적으로 단독으로 상황에 영향을 미칠 수 있는 수단을 알고 있는지 검토했다. 우리의 심사숙고의 결과는 부정적이었다. 우리는 제국대통령에게 그 어떤 영향도 미칠 수 있을 가능성을 보지 못했다. 마침내 나는 슐라이허와 합의하에 히틀러와의 대화를 시도하기로 결심했다. 대화는 일요일 오후 3시에서 4시 사이에 베히슈타인(Bechstein)의 집에서 성사되었다. 나는 거기서 히틀러 씨에게 나의 우려를 설명하고 그에게 제국대통령 관저로부터 정부위임에 대해 진지하거나 단지 피상적으로라도 그와 협상이 이루어질 것으로 믿는지 물었다. 만약에 후자의 경우, 나는 조국의 심대한 불행을 저지하기 위해서 다시 한 번 사안에 영향력을 행사하겠다고 했다. 히틀러는 이 시점(1933년 1월 29일 오후 4시)에 그와 진지하게 협상이 이뤄졌는지 아직 말할 수 없었다. 그는 명확히 알게 되면 내게 연락을 주겠다고 약조했다.

저녁 9시에서 10시 사이에 나는 마술경기에서 돌아오는 길에 슐라이허 집을 지나치는데, 그의 거실에 불빛을 보고 올라가서 제국 위기의 해결에 대한 새로운 소식이 있는지 물었다. 슐라이허는 아무것도 몰랐다. 나는 히틀러가 명확히 알게 되면 내게 연락을 해줄 것이라고 말했다. 이 순간에 베르너 폰 알펜스레벤이 역시 우연히 들러서 인사를 했다. 슐라이허와 나는 히틀러가 여전히 정부위임이나 정부참여에 관한 진지한 협상과정에 서 있는지 아니면 더 이상 아닌지 물어보러, 그를 괴벨스 자택에 있는 히틀러에게 보냈다. 그는 아무런 명확한 대답도 가져오지 못했다. 나는 그리고 나서 히틀러 씨와 전화로 통화하면서, 어느 날 아침 불행하게 집행된 사실, 즉 나치스들 없는 파펜-후겐베르크 정부 임명의 집행 앞에 서게 되지나 않을지에 대한 나의 걱정을 표현했다.

그후 우리 셋, 슐라이허, 알펜스레벤 그리고 나는 헤어져서 집으로 돌아갔다. 쿠데타 타협은 일어나지 않았다. 그럼에도 불구하고, 제국대통령을 폐위시키기 위해서 포츠담 수비대가 베를린을 향해 진군한다는 광적이고 허위에 찬 소문이 그날 밤에 일어났다. 나는 나중에, 베르너 알펜스레벤이 29일 저녁에 괴벨스의 집에서 히틀러에게, "빌헬름 거리의 상류사회가 당신과 위장협상만 한다면, 제국 국방부장관과 육군 사령부는 포츠담 수비대에 경보를 내리고 빌헬름 거리의 돼지우리 전체를 쓸어내야 한다"고 말한 데에서 반란 소문이 생겨났다는 믿을 만한 보고를 받았다. 이 알펜스레벤의 표현을 사람들이 듣고서 빌헬름 거리의 관저에 보고했다는 것이다. 그곳에서는 30일 밤에 초소가 철수하고 포츠담 수비대가 적대적으로 진격한다고 믿었다. 후자는 폰 블롬베르크 장군에게 1월 30일 아침 일찍 제국대통령 관저에서 그가 제국 국방부로 들어가서는 안 된다는 말을 들은 것을 통해 확인된다. 그가 체포될 위험을 무릅쓰게 된다는 것이었다.

2년이 지난 오늘날 "1933년 1월 29일 슐라이허 반란계획"에 대해 사람들이 어떻게 이야기할 수 있는지 나는 이해하지 못한다. 슐라이허는 그러한 것을 생각하지 않았다. 슐라이허는 또한 나 없이는 제국군과 더불어 반란을 일으킬 수 없었다. 그리고 나는 결코 그에 대해 설득당하지 않았을 것이다. 그러나 나는 제국대통령이 나치 정부가 아닌 7%의 정부를 임명했다면, 각하 앞에서 다시 한 번 열정적으로 기꺼이 전력투구했을 것이다. 슐라이허 역시 마찬가지였다.

부록 II: 전 베를린 경찰대장, 마그누스 하이만스베르크 (Magnus Heimannsberg)의 보고서[1)]

1932년 7월 20일에 나는 시간을 정확히 말할 수 없는 — 그러나 9시와 10시 사이였다 — 오전중에 당시의 경찰국장 그르체진스키로부터 알렉산더 광장에 있는 경찰국 업무를 본 후에 한 회의에 참석할 것을 부탁받았다. 경찰국장은 이미 전화에서부터 현 프로이센 정부를 전복하고 파펜의 새로운 정부로 대체하려는 기도가 있다고 내게 말했다. 나는 내 분견대가 있는 바이덴담 3번지로부터 경찰국으로 갔고, 거기서 몇몇 분과장들과 서기관들도 만났다.

10시경 경찰국장 멜허 폰 에센(Melcher von Essen) 박사가 프로이센 특명관리인 브라흐트 전 시장의 대리인으로서, 경찰국장, 경찰 부국장과 내게 공무집행을 금지하고 멜허 박사에게 경찰국장과 경찰 부국장의 직책을 그리고 경찰대장에게 내 직책을 위임한다는 서한을 갖고 나타났다. 이러한 지시에 대해 곧장 반대가 일었고, 브라흐트는 새로운 직위임용을 실행할 자격이 없다는 지적이 쏟아졌다. 멜허 박사는 자신의 전권이 충분하다고 생각지 않았기 때문에, 경과를 다시 한 번 법률적으로 검토하기 위하여 프로이센 내무부로 되돌아갔다. 멜허 박사는 13시에 새로운 회의를 위해 되돌아오겠다고 약속했다.

13시가 조금 지나서 멜허 박사, 포텐 대장과 베르톨드라는 이름의

---

1) 1957년 9월 23일에 보고서를 입수한 전 도서관장 레오 슈베링(Leo Schwering) 박사가 친절하게도 제공해 주었다.

제국군대 중대장이 왔고, 이제는 육군 중장 룬트슈테트가 서명한 편지를 가져왔다. 그로부터 룬트슈테트가 대베를린과 브란덴부르크 지방의 지역에서 수행되는 권력의 소지자로 임명되었고 그에게 전 경찰이 복속되었다는 것을 알 수 있었다. 12시부터 13시까지의 사이에 경찰국장 그르체진스키는 제버링 내무부장관을 그의 경찰과 권력을 투입하고 사용하도록 부추기고자 했다. 그르체진스키의 모든 부탁은 내무부장관에게 거부당했다. 제버링 내무부장관이 그르체진스키의 부탁으로 내 말을 들어보겠다고 했지만, 제버링은, 포위공격 상황이 선포되기 전에 지금 시간을 최대한 활용하자는 나의 견해를 설명을 듣고 나서도, 이 저항으로부터 생겨날 수 있는 희생자들에 대해 책임질 수 없기 때문에, 어떠한 경우에도 저항이 있어서는 안 된다는 그의 결심을 고수했다.

제버링 내무부장관은 1만 6천 명의 잘 무장된 병력을 갖춘 베를린 내의 전체 경찰을 투입할 수 있는 시간이 당시에 충분했음에도 불구하고, 만사가 그대로 진행되도록 방임하고 파펜의 작전을 방해하지 않는다는 그의 결정을 고수했다. 멜허 박사는 그의 수행원을 데리고 다시 떠났으나, 15시경에 보다 많은 수의 제국군 장교들과 함께 돌아왔고, 그르체진스키 경찰국장, 경찰 부국장인 바이스 박사와 나를 체포했다. 경찰국은 이 시간에 제국군대에 의해 완전히 포위되었다.

우리는 베를린의 전체 전화망의 즉각적인 점령으로 외부로부터의 구조가 조달될 수는 없지만, 경찰이 안정과 질서를 유지하고, 또한 위급 상황에서 베를린에서 진짜로 교전이 벌어질 경우에, 베를린에 소재하는 유일한 군사조직인 바흐바틀 베를린(Wachbatl. Berlin)과 성공적으로 대결할 수 있을 만큼 충분히 강하다는 생각에 이르렀다. 그러나 나는 변함없이, 폰 힌덴부르크 제국대통령이 올바로 보고를 듣는다면, 절대로 포위공격 상황을 은폐하기를 원치 않고 경찰과 군대 사이의 교전을 확실히 회피하기를 원할 것이기 때문에, 이러한 교전은 절대로 일어나지 않는다는 생각이었다. 제국대통령에게 연결되는 전화망도 모두 단절된 후에, 내무부나 당시 정부 측의 의원이나 공무원이 당시에 그에게 달려갔더라면, 분명히 피 흘리는 일 없이 사건은 해결되었을 것이다. 제국기치와 공장에서도 노동자들이 모두 준비하고 제버링 장관의 구원적인 한마디를 기다리고 있었다는 사실이 알려져 있었기 때문이었다. 프로이센으로부터 다른 부대를 끌어들이는 것은 우리가 우편과 전화망을 손에 넣고 있다는 사실로부터 이미 불가능했을 것이다.

흥미로운 것은 포위공격 상황이 아직 서명되기 전에, 즉 12시와 13시 사이에, 우리가 우편과 전화, 심지어 제국대통령궁 자체를 점령하는 것을 방해했을 수 있는 어떤 작업도 하지 않았고 또한 할 수도 없었다는 점이다.

내가 아는 한, 동프로이센인으로 알고 있고 사냥꾼으로서 제국대통령과 교분이 있었던 프로이센 총리, 브라운은 포위공격 상황과 그 당시의 분쟁을 어떤 형식으로든 합법화하도록 적어도 시도해 보는 데 적합한 인물이었을 것이다. 그러나 브라운 프로이센 총리는 지난 프로이센 선거 이래로 그의 직책에 대해서는 부차적인 관심만 기울였다. 그러나 제버링이 제국대통령에게 직접 보고하기를 원치 않았다면, 브라운 프로이센 총리 이외에도, 경찰이 파펜의 지령에 복종하지 않을 경우에 틀림없이 일어나게 될 상황을 제국대통령에게 설명할 수 있는 영향력을 가진 인사들이 충분히 있었다.

나는 내가 인간적으로 매우 높이 평가하는 제버링 장관이 그 당시에 기능을 제대로 하지 못했고 그로써 폰 파펜 씨와 군대를 도왔다는 인상을 지울 수 없다. 제버링 씨는 파펜 정부의 전체 시기 동안에 어떤 제재도 당하지 않았던 반면에, 제버링 장관의 부하들이 이 사건에서 갇혀 있었던 것도 확실히 특이하다. 나는 변함없이, 정부 공무원들이 의무감이 투철했고 마지막까지 제국대통령과 대화하려고 노력했더라면, 1933년 7월 20일은 완전히 다른 효과를 미쳤을 것이라는 생각이다. 당시의 상황을 오늘날 다시 볼 수 있는 만큼, 그리고 제국대통령을 생각하면, 제국대통령이 절대로, 그가 프로이센 정부에서 반대에 부딪칠 경우에도, 포위공격 상황을 은폐하지는 않았을 것 또한 내게는 아주 뚜렷하다. 1932년 7월 20일의 경과가 나중에 실제로 이루어진 대로 진행될 수 있었던 것은 오로지 지도자들의 약점과 특히 그럼에도 불구하고 내가 아주 존경하는 제버링 장관의 약점들의 탓이다.

마지막으로 덧붙이자면, 제국군대는 독일 전체에 단지 10만에 불과하다. 우리는 프로이센에만 6만 5천 명의 잘 조직되고, 잘 훈련된, 훌륭한 젊은 경찰장교들과 관료들을 갖고 있는데 말이다. 총파업과 전체 민주정당들의 저항의 위협과 관련된 모든 것이 제국대통령에게 신용할 만한 사람 — 나는 여기서 프로이센 정부 수상인 브라운을 생각하고 있다 — 을 통해서 보고될 수 있었더라면, 사건은 분명 완전히 달라졌을 것이다.

그러나 프로이센 정부의 접견이 희망사항이기는 했지만 제국총리실로부터 거부되었다고 한다면, 우편, 철도, 공공건물과 제국총리실이 베를린 보안경찰에 의해 점령되고 완전히 일반인에 의해 차단되었더라면, 제국총리실은 분명히 프로이센 정부의 방문을 스스로 부탁했을 것이다. 나는 그 당시에 파펜과 그의 조력자들을 체포해야 한다는 의견을 피력했다. 여기서 프로이센 정부, 특히 바람직하고 든든한 경찰에 대한 재량권을 갖고 있었던 정부 수상과 프로이센 내무부장관은 용기와 수완과 책임감이 부족했다. 그들은 이 법적 교전에서 스스로를 방어하고 그들의 권력을 투입하려는 시도를 단 한 번도 하지 않았다.

나는 25년이 지난 오늘날에도 경찰, 총파업, 민주정당들, 여론이 제국대통령으로 하여금 계엄령을 실행하지 못하게 했더라면, 그는 진행중의 교전에 대해 적시에 정통해 있었을 것이라는 견해를 갖고 있다. 내가 자주 보고드렸던 제국대통령 각하를 잘 알기에 반대편, 즉 프로이센 정부가 발언할 기회를 고의로 봉쇄하려는 파펜의 압력하에 그가 포위공격 상황에 서명했다고 믿기 때문에, 나는 이러한 견해를 오늘날 특히 확고히 고수해야 한다.

왜 프로이센 정부가 당시에 내 의견으로는 무책임하게 행동했는지는 말할 수 없다. 그러나 책임자들 자신의 이익을 위해 그들이 이러한 행동을 했다는 느낌이 분명해진다.

서명: M. 하이만스베르크

부록 III : 전 제국은행장 루터가 파펜의 고용창출프로그램의 자금조달을 위해 쓴 편지[1)]

"나 스스로는 그 일에 대해서[2)] 전혀 기억할 수 없다. 폰 파펜이 내가 잘못 들었다는 그처럼 철저히 계산된 형태로 그러한 발언을 했다면, 그것은 현 제국은행장에 대한 현저한 무례일 뿐만 아니라, 완전히 황당무계한 소리이기도 하다. 나는 당시에 4년간의 은행장직에 선출되었고 오직 완전히 비법률적인 폭력행위에 의해서만 내 직책에서 해임될 수 있었다. 어떤 의미에서 그의 지위는 국제적으로 보장되어 있었던 제국대통령에 대해서 아마도 폰 파펜은 그런 가능성을 생각지는 않았을 것이다. 파펜은 어쨌든 히틀러가 아니었다.

바이마르공화국의 해체에 관한 사실적 증거가 대단히 풍부한 저작을 낳은 창작자인 당신에게 한 선명한 그림을 전해드리자면, 내가 우선 제국은행장으로서 파펜 계획의 재정적 범주에 대해 의구심을 가졌고, 당연히 의무상 그에 내재하는 위험에 대해 지적했던 것이 전적으로 사실이다. 그러나 그 후에 다음과 같은 일이 실제로 일어났다. 일단 제국은행은 조세 교환권의 생각과 함께 뛰어들었는데, 그 창시자는 당시의 저명한 제국은행 부행장인 프리츠 드라이제(Fritz Dreyse)였다. 나중에 제국은행은 당연히 자신에게만 가능하고 재차 5년씩 연장되는 교환형식으로, 물론 장기적으로 우선 10억 RM, 즉 오늘날의 실

1) 1957년 7월 2일에 저자에게 보낸 퇴역 제국총리 한스 루터 박사의 편지에서.

2) 편지는 앞의 S. 160, 주 IX/106에서 언급된 상황에 관련된 것이다.

물가치로는 적어도 25억 DM의 대출금을 확보했다. (파펜의) 제국정부는 그의 정부계획에도 불구하고 이 금액을 전혀 처리할 수 없어서, 제국은행 이사단은 우선 구두로, 그리고 나중에는 서면으로도 정부에게 대출금의 활용을 상기시켰다. 함께 끌어들여질 주들에서도 투자의 행정적 어려움은 폰 파펜이 자신의 결실 없는 기병의 자질로 꿈꿀 만한 것보다 훨씬 컸다. 그러나 나는 그리고 나서 히틀러에 의한 국가권력의 장악이 닥쳐오는 상황에 대면해서, 이미 마련되어 있었던 10억의 결코 적합지 않은 활용에도 불구하고 5억을 더 준비하기로 결정했는데, 즉 파펜 정부가 슐라이허에게 넘어가던 날, 뮌헨에 있는 기술대학 친구들의 모임에서 발표를 통해서 그리했다. 그 당시에 10억에 관한 나의 제안에 대해서처럼 제국은행 이사단이 동의해준 나의 목표는 여기서, 보다 신속하게 제국은행 대출금을 활용한다는 의미에서 여론을 통해서 제국정부에 대해 압력을 행사하는 것이었다. 언론은 바로 확대문제에서 은행의, 특히 두 번째 조치와도 결합된 위험 때문에 대체로 거부적이었고, 유일한 가교조치로서만 이를 인정했다. 나는 자료들을 갖고 있지 않다. 어쨌든, 내가 아닌 샤흐트가 서명한 1932년의 제국은행의 연간보고서가, 내 기억에 의하면 전체 과정에 대해 언급하고 있지 않다는 것은 특이하다. 즉, 내가 도입부에서 지적한 시점에 파펜이 제국대통령의 위협하에서 도입한 내 임기하의 제국은행의 행동은 그러했다 …."

부록 IV : 비밀무장에 관한 두 문서[1)]

I

T 2[2)]
Nr. 51/27 geh. Kdos. "Z" T2III　　　　1927년 1월 18일

주제 : 동원사전작업 분야에서의 법적 상황
수신자 : T. A.

육군사령부의 수많은 사무소들에서는 어떻게 현재 주(州) 보안작업들을 하나의 새로운 정부와 신예산연도의 시작 이후 계속할 수 있는가에 대한 생각들이 떠돌고 있다. 허가된 종류의 주 보안작업에 관한 한, 아무런 특별한 어려움이 없다. 베르사유조약의 의미에서의 "동원사전작업"[3)] 인 주 보안작업들의 경우는 사정이 다르다. 건물의 사무소들은 일반적으로 내정과 군 예산의 분야에서 생길 수 있는 어려움들을

1) 1. Dokumente Nr. NIK-12023과 NIK-12057, Hauptarchiv Berlin, Rep. 335, Fall 12, Nr. 288, S. 67~83. 문서의 역사적 배경에는 제에크트(1926년 10월 8일)의 면직과 같은 사건들과 그에 이은 긴장완화 경향(1926년 11월 16일의 보니스의 회고록)과 더불어서, 소비에트 러시아와의 비밀리의 군사적 갈등과 곧 있을 연합군 군사통제의 폐지에 관한 샤이데만의 1926년 12월 16일 연설이 속한다.

2) "T2"는 제국국방부의 병력청의 조직분과였다. 거기서 동원 및 무장문제가 조직적으로 처리되었다.

3) 베르사유조약의 독일어 관적 해석에 "동원사전작업"이라고 표현되어 있다.

항상 강조한다. 실제로 어려움들이 놓여 있다. 그러나 그들은 근원적으로, 동원사전작업들이 강제적 국가계약을 통해서 독일에 금지되어 있고 그로써 이 국가계약이 독일 제국법으로서 국내적으로도 효력이 있다는 사실의 결과일 뿐이다. 베르사유조약이 독일에 법적 효력을 얻었다는 사실은 동원사전작업들이 어떤 경우에도 어떤 법적 근거도 갖고 있지 않다는 결과를 낳았다.

이 사실은 흔히 망각된다. 군 내에서 그것은 이제까지 외적으로 인식가능한 어떤 역할도 하지 않았다. 작업들은 단지 극비리에 유지되지만, 덧붙여 말하자면 다른 허가된 작업들과 똑같이 취급되고 있다.

수년 전에 동원사전작업들을 시작했을 때, 사안의 국민법적 그리고 국가법적 해명 후에, 법적 근거가 전혀 존재하지 않는다는 상황을 전적으로 존중하면서 의식적이고 계획적으로 다른 길을 걸어갔다. 몇몇 현역장교들에게 조국의 입장에서 보면 필수적이지만, 위법적인 작업에 참여할 준비가 되어 있는지 그리고 그것이 그들의 양심과 타협가능한 것인지 물었다. 군사 사무소들은 그런 대상에서 배제되어 있었다. 상위 상사들은 의도적인 법 위반의 오명을 쓰지 않기 위해서 의식적으로 참여하지 않았다. 무대 뒤에서 그들은 큰 기본문제들에서 개별적 심복들에게 명령을 하달했다. 허가된 작업들은 자원해서 위임받은 사적 작업의 특징이 의도적이고 계획적으로 부여되었던 위법적인 동원사전작업들과 엄격하게 분리되었다.

순전히 법적으로만 본다면, 이들 절차들은 국법적 및 사법적 관점에서 유일하게 가능한, 특히 지속적으로 지탱될 수 있었던 절차였다. 기능적으로 그 절차는 처음부터 결점 투성이었다. 기능적 유의 결점은 매년 더욱 날카롭게 드러났다. 기능적 종류의 결점의 인식은 동원사전작업의 조직과 작업방식을 지속적으로 개선시키는 결과를 가져왔다. 궁극적으로 그것은, 무장과 동원사전작업의 분야에서 국민법적 혹은 국가법적인 의무사항들이 정해져 있지 않았던 주들에서와 같이 거의 완벽성의 수준에까지 이르렀다. 이로써 달성된 정도의 동원준비는 물론 시간과 인력의 경비에 상응하지 않았다. 개별사항들은 이 고찰의 범주에 속하지 않는다.

지난 수년의 발전을 개관하면, 우리가 동원사전작업의 조직화와 작업방법에서 순전히 군사적인 유의 놀라운 진보를 이루어냈음을 알 수 있다. 상황은 이제 다음과 같다. 즉, 모든 것이 순전히 봉사적인 기초 위에 세워졌고, 그것도 저 아래의 행정규정들에 이르기까지 그렇다. 위법적인 동원사전작업들은 그것을 은폐하고 국내와 외국에 대해서 비밀로 한다는 것을 통해서만 허가된 다른 작업들과 구별된다. 기능적으로 최고로 환영해야 할 이러한 결과는 문제의 법적인 측면을 의식적으로 무시함으로써만이 가능하게 되었다. 이제까지 법적 상황의 이러한 무시는 본질적인 단점이나 어려움을 가져오지 않았다. 이는 언제든지 달라질 수 있다. 이미 다음 시대가 상당한 어려움을 초래할 수 있다.

동원사전작업의 유형과 범위에 관한 새 제국내각과의 곧 있을 협상들, 제국국방부에서 계획하는 제국국방회의의 창설을 위한 신청작업, 제국의회에서의 예산위원회에서의 협상은 분명히 동원사전작업의 국민적적 국법적 기초의 문제를 제기할 것이다. 여기서 근본적인 검토가 이루어질 것이다. 동원사전작업의 행정법적 및 사법적 측면의 조사가능성 역시 매우 개연적이다. 이미 이러한 이유에서 법적 상황의 정확한 검토가 필요하다. 그러나 그것은 다른 이유에서도 필수적인데, 바로 순수 군사적 특히 규율적 이유에서 그러하다.

전후에 동원사전작업이 다시 착수되었을 때와 현재 사이의 비교는 이를 가장 뚜렷하게 보여줄 것이다.

동원사전작업의 재개에서 작업은 전적으로 자발적으로 위임된 사적 작업들이었다. 그에 대한 법적인 기초가 전혀 결여되었고, 엄격히 비밀에 부쳐졌고 허가된 작업들과 날카롭게 분리되어야 했기 때문에, 그에 참여한 현역장교들 전체는 하나의 자발적인 신념공동체이자 동시에 자발적인 사업공동체를 목표로 하고 있다. 법적 의미에서 문제가 되는 것은 공동으로 위법을 목표로 한 사람들의 결합체라는 점이었다. 상사의 명령에 대한 자발적인 복속이 요구되었다. 모든 참여자들(공모자들)이 "성스러운 일"을 통한 결속감을 느꼈고, 상사에게는 명령할 수 있는 법적 기초가 결여되어 있다는 것과 부하에게 군사형법전에 의거해서도 규율상의 처벌규정에 의거해서도 불복종시에 책임을 물을 수 없다는 것을 알았기 때문에, 자발적인 복종이 이루어졌다. 그 전체는 성스러운 열정과 결사의 정신 위에 세워진 공동체였다. 의미적으로 〔동일 사항이〕 동원사전작업에 끌어들여진 관료와 사무원들(퇴역장교, 제도가, 기록원, 여성 서기들)에게도 적용되었다.

오늘날 동원준비작업은 다른 것들과 똑같은 공식적인 업무사안이다. 법적으로 허용된 군대작업과 위법적인, 즉 어느 영역에서도 법적인 토대에 기초하지 않은 동원사전작업 사이에 현존하는 근본적인 차이를 지우는 데 어느 정도로 성공했는지는 놀라울 정도이다. 그러나 균열은 분명히 존재하고 우리는 이를 장차 확실히 예민하게 느끼게 될 것이다. 정부와 의회가 우리에게 매일같이 그에 대해 지적할 것이기 때문이다.

그러나 군대의 일상생활에서도 양 임무영역간의 법적 상황의 차이는 갑자기 두드러지게 나타날 수 있다. 이 문제에 대해 터놓고 이야기하는 것은 유감스럽게도 많은 장교들에게서 방해나 위험으로 받아들여지고 있다. 그럼에도 불구하고 여기서는 행해져야 한다. 순수 법적인 관점에서 볼 때 상황은 다음과 같다:

(1) 동원사전작업을 지령, 기도 혹은 수행하는 모든 군사 혹은 관료는 제국법의 위반과 그로써 그에게 부과된 봉사 및 직책의무의 위반에도 책임이 있다. 악의적인 판관은 그에게 심지어 병사 혹

은 관료서약을 위반했다고 비난할 수도 있을 것이다. 관료서약은 분명하게 법에 대한 복종의 의무를 담고 있다. 군인서약에서는 이것이 문자 그대로 표현되어 있지는 않지만, 거기서도 넓은 의미에서 법 자체로 이해될 수 있는 "법적인 기관들을 보호한다"는 맹세가 들어있다.

(2) 동원사전작업을 명령하는 모든 상사는 자신의 업무권한을 오용하고 있는데, 명령이 비법률적인 행위에 관한 것일 수 있기 때문이다. 따라서 부하는 그러한 비법률적이고 법적으로 구속력이 없는 명령에 대해 아무런 복종의 의무를 지고 있지 않으므로, 그에게 불복종 혹은 복종의무의 거부 때문에 규율적으로도 형법적으로도 책임을 물을 수 없다. 그는 오히려 자신의 상사의 이러한 비법률적인 행동 혹은 그 외에 그가 목격한 다른 상사들과 동료들의 비법률적인 행동을 업무상 보고해야 할 의무를 가질 수 있다.

(3) (2)에서 서술했듯이, 동원사전작업과 관련한 업무상 의무적인 지령이 전혀 주어질 수 없기 때문에, 여기에는 또한 군사적 업무규정과 그 외의 행정규정들을 이러한 작업들에게 적용하는 것도 업무적으로 명령할 수 없다는 문제가 뒤따른다. 이런 유의 지령들은, 그것이 비법률적인 조치에 해당하고 따라서 법적 근거를 결여하기 때문에, 집행명령 자체와 같이 법적으로 구속력이 없다.

상기의 서술들은 새로운 인식들에서 나온 결과가 아니다. 동원사전작업을 1920/1921년 겨울에 재개했을 때부터 이미 관할 법률전문가들은 법적 상황을 그와 같이 판단했고 동원사전작업을 순전히 사적인 작업으로 취급하라는 절박한 충고를 했다. 확실히 하기 위해서 T2는 여기서 상술한 문장들을 법률고문 1이 함께 검토하도록 했다.[4] 그는 모든 맥락에서 법적인 관점의 서술에 대해 동의했다.

T2는 사전동원작업 조직의 변경을 위한 제안을 할 것이다. T2는 원칙적으로 전후에 동원사전작업의 재개 때에 적용되었던 절차로 되돌아가야 한다고 믿는다. 주 보안조직 역시 순수 법적인 이유에서 변경이 필요한데, 그의 현재의 형태로는 법적으로 지속적으로 유지가 불가능하기 때문이다. 이를 위한 제안도 제출될 것이다.

서명: 보닌, 중령 18./1.

---

4) 다음 문서를 참고할 것.

II

제국 국방부　　　　　　　　　　　　베를린, 1927년 1월 7일
법률고문 I

동원조치에 법적 기초를 부여할 수 있는지의 문제에 대한 법률소견서

베르사유 평화조약은 제 159~202조에 독일 군대의 세력과 입장, 물자와 탄환에 의한 그의 무장 및 그의 보충과 훈련에 관한 정확한 규정을 담고 있다. 이 규정들은 특별협상을 통하여 다수의 사항에서 보완되었다. 여기에 따르면, 독일 군대의 속성은 가장 세부사항에 이르기까지 정확히 규정되어 있다. 그의 목표 역시 계약적으로 확정되어 있는데, 베르사유조약의 제 160조의 2단락 2조에 의하면, 오직 독일 지역 내의 질서와 유지를 위해서 그리고 국경경찰 및 국경보안을 위해서 군대가 지정되어 있기 때문이다. 모든 동원조치들이나 동원을 목표로 하는 조치들은 제 178조에서 뚜렷하게 금지되어 있다. 특히 제 178조에서는, 어떤 경우에도 부대의 일부, 관청 혹은 참모부에 징집교육을 위한 간부가 존재해서는 안 된다고 강조되어 있다. “동원”이 의미하는 것은 조약에서 더 이상 상세히 서술되어 있지 않다.

그러나 문맥상, 그것이 조약에서 정확히 확정된 군사적 권력수단의 수적 증강 혹은 단지 장비의 증강에 귀착되는 조치들에 관한 것을 의미한다고 전제할 수 있다.

모든 동원조치들의 금지는 베르사유조약의 제 4부 3장에 있는데, 이는 “군대 보충과 군사적 훈련”이라는 표제하에 있다. 즉, 순전히 군사적 문제만을 다루고 있는 것이다. 제 178조 자체에 ― 2단락에서 ―추

가되어 있는 예(징집교육) 역시 이러한 해석을 뒷받침해 준다. 물론 계약체결자들이 제 178조의 금지에 전쟁준비에 사역될 경제적 혹은 다른 비군사적 영역들에[5] 놓여 있는 조치들 역시 동원조치들의 금지대상으로 파악되는 방향으로 확대된 해석을 부과하고자 했다는 것이 참작되어야 한다. 다른 한편으로는 평화조약이 인가한 군사적 권력이 조약상의 속성에 따라, 조약상의 수단과 더불어 조약상 확정된 목표를 위해서 "동원가능", 즉 전투에 임할 수 있고 그에 상응하는 준비조치를 해도 된다는 것에는 논란의 여지가 없다. 동원조치들의 금지를 이에 대해서도 확대하는 것은 사리에 어긋나는 일인데, 조약내용에 합당하게 인가된 권력수단조차도 사용될 수 없을 것이기 때문이다(명백하게 군대 소속원들의 "동원적 사용"이 거론되고 있음에도 불구하고 조약 체결자들이 이의를 제기하지 않았던 방위법의 제 39조 2단락을 비교할 것). 즉, 여기에 따르자면, 조약상 인정된 군대를 위한 경제적 혹은 유사한 종류의 동원조치들도 베르사유조약에서 확정된 의무들의 감찰하에서 이루어질 수 있다는 것이었다. 그러나 현재 계획된 동원조치들은 조약내용에 합당한 군대의 동원을 넘어서고 있다. 그의 목표는 이러한 조약상의 권력수단의 증강이고, 이는 의심의 여지없이 베르사유조약의 제 178조 금지조항하에 속하는 사항이다. 따라서 어떤 결과가 이러한 위반으로부터 초래될 수 있을지 의문이다.

베르사유 평화조약은 우선 국민법적인 계약이다. 이로써 그것은 독일 제국을 구속하고 있다. 즉, 국제법적인 의무위반을 위해서 제국이 나서야 하는 것이다. 그러나 이러한 책임은 국제법적인 교류에서 제국을 대변하는 기관에게 그러한 위반의 책임을 씌울 수 있다는 것을 전제로 한다. 그러나 이러한 기관들(제국대통령, 제국정부)이 곧바로 주

5) 둘째 쪽의 위에서 4째 줄에 기초하여 이는 자연히 금지된 것으로 내게는 보인다. 현 부대의 동원적 사용의 경우에 관한 한, 협약내용에 따르자면 허가된 회사들로 충분하다.

보안기관들에 어떤 형식으로든 행동으로 참여할 때만이 이 전제는 여기서 실현될 수 있을 것이다. 이것이 이루어지지 않는 한, 제국에 대한 국제법적인 간섭은 성공적으로 극복될 수 있다. 왜냐하면 제국은 자신의 헌법에 부합하는 기관들만을 위하여 책임을 져야 하기 때문이다. 그러나 평화조약을 침해하는 이러한 예외를 위한 어떤 법률적 기초가 제공되어 있는 — 이는 물론 제국을 대변하는 기관들의 참여 없이는 불가능하다 — 현재로서는, 제국이 이 같은 침해에 대한 자신의 국제법적인 책임을 더 이상 피할 수 없을 것이다. 여기서 생겨나는 위험들은 간과될 수 없을 만큼 매우 큰 것이며, 동원조치들이 가질 수 있는 장점들과는 아무런 관계가 없는 결과들을 초래할 수도 있다.

그러나 베르사유 평화조약은 또한 제국법이고 그로써 국내적으로 모든 제국 소속원들을 구속한다. 이 조건은 심지어 독일 제국헌법의 규정들을 앞서는데, 왜냐하면 이 헌법은 제 178조 2단락, 2조에서 "1919년 6월 28일 베르사유에서 조인된 평화조약의 규정들은 헌법을 통해 저촉되지 않는다"고 정하고 있기 때문이다.

계약상 확정된 군대를 능가하는 군대 동원의 준비에 참여하는 제국정부의 구성원들은 따라서, 국내적으로 제국법으로 선포된 평화조약의 위반에 대한 책임을 지게 되고 그들의 직무책임의 침해에 대한 책임 때문에 헌법의 제 59조에 따라 제국의회가 요구할 때 국사재판소에 기소될 수 있다. 정부의 잦은 교체와 불안한 내정적 상황에서도 이러한 가능성은 진지하게 고려되어야 한다.

서명: 제믈러

칼 디트리히 브라허의 학문과 생애

한운석

학문적 수련 시기

이 책의 저자인 브라허는 1922년 자유주의적이고 인도주의적인 성향의 부모에게서 태어났다. 이러한 가정환경과 바이마르 시기 슈투트가르트 김나지움에서의 인문교육은 그로 하여금 전체주의적 시대정신에 빠지지 않게 해주었다. 그는 이른바 "히틀러소년단 세대"에 속한다고 할 수 있다. 그가 속했던 교회 청소년 조직은 1933년 말 "히틀러소년단"으로 바뀌었다. 그러나 그는 "제 3제국"과 연관된 탐탁지 않은 활동들보다는 피아노나 콘트라베이스 등을 연주하면서 음악에 더 심취하였다. 그 밖에도 천문학과 지리학, 철학과 문학에 관심을 가졌다. 역사에 대한 관심은 늦게 전쟁을 경험하면서 비로소 생겨났다. 제 2차 세계대전이 일어나던 해에 그는 아비투어를 마치고 처음에는 군대의 노동부역을 수행했다. 그러다 군인으로서 아프리카 원정대에 참가하는 기회를 얻었다. 아프리카를 현지에서 체험하는 것은 그의 지리학적 관심을 충족시킬 수 있는 좋은 기회였다. 그의 세대에게 전쟁은 세계를 알 수 있는 기회였다.

그는 1941~1942년에 리비아와 이집트 국경까지 이동했다. 1942년에는 튀니스까지 갔는데, 거기서 1943년 5월 미군의 포로가 되었다. 그는 미국 본토로 이송되어 3년간 포로생활을 했다. 포로생활을 하는 동안 그는 엄청난 독서를 했다. 그는 투키디데스와 타키투스로부터 랑케와 몸젠(Theodor Mommsen)까지 많은 고전들을 읽었다. 그의 사료와 원전에 대한 지식은 이 포로 시기의 공부로부터 비롯된 것이었다. 미군 포로수용소에서 경험한 미국의 민주주의는 그에게 깊은 인상을 주었다. 그는 캔자스의 소도시 콩코르디아 근처의 수용소에서 지냈다. 미군은 포로들의 내부관계에 개입하지 않았으며 자치를 허용하였다. 포로들은 매일 정치적 사건들에서 전쟁상황에 이르기까지 많은 정보들에 접할 수 있었다. 그들은 라디오를 들을 수 있었고 미국의 신문과 잡지들, 특히 루스벨트에 대한 지지와 반대가 분명히 엇갈렸던 *New York Times*와 *Chicago Daily Tribune*을 읽을 수 있었다. 이로 인하여 브라허는 빨리 미국의 정치문화를 이해할 수 있게 되었다. 수용소에서 읽을 수 있었던 미국의 교과서들은 국가와 사회에 대한 많은 정보들을 제공했고 이것은 나치 독일에서는 결코 경험할 수 없었던 것이었다. 그것은 브라허에게 "정치적 사고를 위한 일종의 예비학교"였다.

종전과 함께 귀국한 브라허는 튀빙겐대학에서 1948년 "초기 로마 황제시대의 사상에서 쇠락과 진보"라는 논문으로 박사학위를 받았다.[1] 미국 수용소에서의 고전연구는 그가 단기간에 박사논문을 마치는 데 도움이 되었다. 그의 논문은 로마공화국의 몰락과 아우구스투스 황제의 상승을 다루었다. 그는 고대사를 전공하면서 항상 권력의 문제와 씨름했다고 회고했다. "그리스의 역사는 권력투쟁으로 가득 차 있다. 그것은 우리에게 내전이 무엇이고 권력의 이동, 권력의 공백 그리고

1) 당시에는 종이가 귀해서 출간되지 못하고 1987년에야 뵐라우출판사에서 출간되었다.

그러한 종류의 문제들이 어떤 역할을 하는지 예증하고 있다."

브라허는 바이마르공화국에 대한 수많은 문헌들과 사료들 그리고 시대증인들과의 인터뷰를 통해서 권력문제가 민주적 정당들과 정치가들에 의해 너무 무시되었다는 인상을 갖게 되었다. "사람들은 자유-법치국가적인 민주주의의 적인 나치들이 권력을 장악하는 것을 적시에 막는 것을 소홀했으며, 비독재적 정당들은 권력이 아직 거리에 있는 동안 서로 견제하고 싸움으로써 권력공백이 일어났고 그로 인하여 소수파가 민주주의와 합법의 탈을 쓰고 혁명적으로 권력을 장악하는 것을 가능하게 만들었다." 사람들은 나중에야 이러한 사실을 인식하고 불평을 털어놓았다는 것이다.

브라허는 1950년 창립된 베를린 정치학연구소에 새로 일자리를 얻었다. 그는 여기서 여러 사람들이 추천한 바이마르공화국의 몰락에 대한 연구프로젝트를 수행하기로 결정했다. 이 문제는 그의 정치적 세대의 가장 결정적인 주제였다. 그것은 독일사와 유럽사의 한 시기로서의 나치 지배가 어떻게 가능했는가의 문제일 뿐만 아니라 민주주의의 위기와 공고화라는 보편적 문제와 직결되어 있었다. 1949년 갓 출발한 서독의 민주주의를 바이마르의 전철을 밟지 않고 안정적으로 정착시키는 것은 가장 중요한 시대적 과제였다. 바이마르공화국의 종식 이후 이데올로기의 시대에 전체주의적 위협들에 직면하여 "왜 민주주의자들은 그들의 국가를 포기했는가, 왜 민주주의들이 실패했는가?"라는 문제가 재삼재사 제기되었다. 권력의 쇠락과 장악, 그 사회적 전제조건들, 그 부대현상들, 그리고 그 정치적 결과들이 항상 그의 연구에서 정치학적 연구와 현대사 연구를 결합시키고자 했던 브라허의 저술들을 관류하고 있다.[2] 브라허는 후에 그의 저서가 쓰여진 배경을 회고하면서 다음과 같이 전쟁 직후 서독 지식인들의 인식관심을 설명하였다.

"전후 수년간 저 첫 번째 민주주의와 그 실패에 대해 많은 논의들이 있었다. 여기서 사람들은 특히 이해하기 어려운 것, 곧 야만의 시작, 전체주의적 독재의 유혹에 대한 설명을 찾았다. 바이마르 논의는 연방공화국의 건설에서 근본적 연관점이었다."[3]

브라허는 튀빙겐 시절 사귄 도로테아 슐라이허(Dorothea Schleicher)와 1951년 결혼했는데, 그녀는 나치에 저항했던 저명한 신학자 디트리히 본회퍼(Dietrich Bonhoeffer)의 조카였다. 그는 이러한 인연으로 나치시대의 저항운동에 큰 관심을 갖게 되었으며 1956년에는 빌리 브란트와 함께 독일의 저항에 대한 책을 편집했다.[4] 그는 이 책에서 공산주의자들의 저항운동도 다루었는데, 이것은 서독의 대다수의 보수적 역사가들은 기피하던 일이었다. 그는 그러나 반나치 저항운동에 참여했으나 나중에 사통당 독재에 기여한 공산주의자들은 제외했다. 그는 1984년에도 제3제국 시기의 저항에 대한 책을 편집했다.[5]

다양한 바이마르공화국 망명자들이 그의 연구에 관심을 갖고 지원해 주었다. 컬럼비아대학의 프란츠 노이만(Franz Neumann)과 웨슬리대학의 지그문트 노이만(Sigmund Neumann), 그리고 브라허가 1952

---

2) P. Steinbach, "'Wieder gelesen': Grundlegend als Problem, zeitlos als Analyse", in: *Jahrbuch Extremismus und Demokratie* 9/1997, p. 269.

3) "Macht und Machtverfall: Karl Dietrich Bracher über 〈Die Auflösung der Weimarer Republik〉(1955)", in: H. Ritter ed., *Werkbesichtigung Geisteswissenschaften*, Frankfurt a. M. 1990, p. 52.

4) K. D. Bracher/A. Leber/W. Brandt eds., *Das Gewissen steht auf: 64 Lebensbilder aus dem deutschen Widerstand 1933-1945*, 1956. 영역 *The Conscience in Revolt: Portraits of the German Resistance 1933-1945*, Mainz: Hase & Koehler, 1994.

5) K. D. Bracher/H. Graml eds., *Widerstand im Dritten Reich: Probleme, Ereignisse, Gestalten*, Frankfurt a. M. 1984.

년 알게 된 에른스트 프랭켈(Ernst Fraenkel)이 그의 프로젝트를 지원해주었다. 프랭켈은 베를린자유대학의 한스 헤르츠펠트(Hans Herzfeld)와 함께 1954/1955년에 그의 하빌리타치온(교수논문) 지도교수였다.

브라허는 연구소가 1952년 발간한 학술지인 *Politische Literatur* 창간호에 "바이마르공화국의 이해를 위하여"와 "아돌프 히틀러 현상"이라는 두 편의 문헌보고서를 게재했다. 그는 같은 해에 베를린정치학연구소의 연구총서 제2권에[6] "민주주의의 해체. 연구문제로서의 바이마르공화국의 종말"이라는 제목으로 연구프로젝트의 초기성과를 실었다. 여기서 이미 그는 민주주의의 권력상실 문제를 다루었다. "공화국은 민주적 과정들을 통해 주어진 가능성들을 왜 활용하지 못했는가? 특히 왜 제국의회는 한 번도 그것에 부여된 중심적 역할을 다하지 못했는가? 민주주의를 위하여 그 단호한 적들에 대처하고자 헌법에 부여된 역량들을 왜 다 소진하지 않았는가?" 이러한 의문들이 브라허의 연구의 중심에 놓여 있었다. 그는 권력관계와 권력이동의 기초를 이해하고자 사회정치적 선거연구라는 새로운 방법론을 개척하였다.[7]

그는 나치가 권력을 장악하는 데는 개인이나 음모술수가 일정한 역할을 했지만 보다 결정적으로 중요한 것은 결국 "범죄적인 정치적 마피아"가 세력을 확장하고 권력을 장악할 수 있게 된 구조적 상황이라고 보았다. 그래서 그는 집필중인 그의 하빌리타치온(교수자격논문)을 두 부분으로 나누기로 결정했다. 제1부 분석적인 부분에서 민주주의의 해체와 관련된 비교적인 문제제기들을 다루고, 제2부에서는 이에 기초하여 사실들과 관계들, 개인의 역할과 사건의 경과에 대해서 다루

6) *Faktoren der Machtbildung. Wissenschaftliche Studien zur Politik*, Berlin 1952.

7) "Von der Alten Geschichte zur Politikwissenschaft: Karl Dietrich Bracher im Gespraech mit Werner Link", in: *NPL* 42, 1997, pp. 262~263.

기로 한 것이다.[8] 이렇게 구조분석과 과정에 대한 분석을 결합시키고 역사학과 정치학을 결합시킨 것은 그의 저서의 독특한 장점이었다.

1955년 출간된 그의 하빌리타치온 《바이마르공화국의 해체》는 곧 큰 반향을 불러일으켰다. 해외의 정치학자들이나 역사가들 그리고 서독의 다양한 진영에 속한 식견이 풍부한 저널리스트들의 소개로 그의 저서는 두터운 분량에도 불구하고 곧 널리 알려지게 되었으며 몇 년이 안 되어 4판을 출간하였다. 1984년에는 이 번역서의 대본이 된 제 7판이 발간되었다. 그의 책은 수십 년간 바이마르공화국에 대한 필독서로 소장 연구자들에게 길잡이 역할을 수행했다. 브라허보다 7세가 적은 독일의 사회사가 게르하르트 A. 리터(Gerhard A. Ritter)는 브라허의 책이 "독일의 두 번째 민주주의도 실패하는 것을 어떻게 막을 수 있을 것인가, 바이마르의 실패로부터 미래를 위해 무엇을 배울 수 있을 것인가?"라는 1945년 이후 자기 세대에게 결정적인 문제에 "아주 설득력 있는 답"을 주었다고 회고했다.[9] 올덴부르크 출판사의 총서에서 바이마르공화국의 연구사를 집대성한 에버하르트 콜브(Eberhard Kolb)는 브라허의 책이 "바이마르 독일의 권력구조에 대한 섬세한 분석으로서" "오늘날까지도 이를 능가하는 책이 없다"고 평가하였다. 이 연구는 "각 개별인물들과 사회집단들의 책임"을 정확히 규정하려고 시도하며 구엘리트들의 책임도 간과하지 않고 있다는 것이다.[10] 독일의 시사주간지 〈디 차이트〉(*Die Zeit*)는 1984년 7월 20일 이 책을 100권의 가장 중요한

8) *Ibid.*, p. 264.

9) "Karl Dietrich Bracher-ein Klassiker der Zeitgeschichtsforschung", in: *VfZ* 1/2008, pp. 153~154.

10) *Ibid.*, 155. 또한 E. Kolb, *Die Weimarer Republik*, München: R. Oldenbourg Verlag 1993, p. 151도 보라.

비소설류 책으로 선정하였다.[11] 위르겐 다니엘(Jürgen Danyel)과 마틴 자브로우(Martin Sabrow)가 최근에 편집한 《현대사 고전 50선》[12]은 브라허의 《바이마르공화국의 해체》뿐만 아니라 그가 볼프강 자오어(Wolfgang Sauer)와 게르하르트 슐츠(Gerhard Schulz)와 함께 1960년에 출간한 《나치의 권력장악》[13]도 고전의 반열에 올렸다. 브라허는 이 두 권의 책과 함께 제1차 세계대전의 전쟁목표에 대한 피셔논쟁이나 1968년의 학생봉기 이전에 이미 과거청산이 시작되었다고 주장한다.[14]

브뤼닝 내각의 성격에 대한 콘체와의 논쟁

하지만 그의 저서가 처음부터 모든 진영에서 찬사를 받은 것은 아니었다. 특히 보수적인 독일 역사학계의 반응은 대체로 부정적이었다. 그는 1960년 하버드에서 역사학 교수 자리를 제공받았지만 독일의 역사학계로부터는 교수로 초빙받은 적이 한 번도 없었다.[15] 역사가들의 비판은 특히 방법론적인 측면에서 제기되었다. 베르너 콘체(Werner Conze)는 브라허가 "바이마르공화국에 대한 최초의 대작"을 썼으며 "부분적으로 깊이 있는 구조분석을 위해 노력했다"는 점을 평가했다.

11) P. Steinbach, "'Wieder gelesen': Grundlegend als Problem, zeitlos als Analyse", in: *Jahrbuch Extremismus und Demokratie* 9/1997, p. 269.

12) J. Danyel/J.-H. Kirsch/M. Sabrow eds., *50 Klassiker der Zeitgeschichte*, Göttingen: Vandenhoeck & Ruprecht 2007.

13) K. D. Bracher/W. Sauer/G. Schulz, *Die nationalsozialistische Machtergreifung. Studien zur Errichtung des totalitären Herrschaftssystems in Deutschland 1933/1934*, Köln/Opladen: Westdeutscher Verlag 1960.

14) Von der Alten Geschichte, p. 265.

15) Von der Alten Geschichte, p. 265.

그러나 그는 이어서 브라허의 방법론에 대한 신랄한 비판을 아끼지 않았다. 그는 먼저 브라허가 사용한 정치학의 방법과 개념을 문제삼았다. 브라허가 "권력형성의 요소들과 지배관계와 종속관계들의 변화"를 조사한다고 했는데, "그러한 개념들을 통하여 처음부터 조사대상에 대한 특정한 관점이 얼마나 형식적으로 미리 예정되어 있는지 그리고 역사적 연관의 다양성과 보다 깊은 층위들에 대한 인식이 어려워지는 것이 아닌가?" 하고 의문을 제기했다. 브라허가 사용하는 범주들은 "그것이 이른바 현대 정치사상의 일반적 기본개념들인 한 유감스럽게도 대부분 역사적 방법에 따라 언어 및 개념사적으로 얻어지거나 적어도 특화되지 않고 그 적실성을 따지지 않고 당연한 것으로 받아들여진다"는 것이다. 콘체는 브라허가 바이마르공화국을 민주주의 해체의 "전형적 모델"로서 간주하는 것을 못마땅하게 생각했으며 그가 비역사적인 민주주의 개념을 사용한다고 비판했다.[16] 콘체는 브라허가 제1부에서 19세기와 20세기의 독일 헌법사를 "역사적으로 잘못된 발전"이라고 평가한 데 대해서도 동의할 수 없었다.

> 기본적으로 비역사적이고 편견으로부터 자유롭지 못한 개념형성은 특히 독일제국을 고찰하는 데서 장애를 야기한다. 1918년 이전 수십 년간의 독일 헌법 현실은 결코 '사실상 절대주의' 혹은 '절대주의적'이라거나 '독재'와 '봉건적 사회구조'라는 용어로 제대로 설명할 수 없다. 독일의 국가법학자들이 1918년 이후 '절대주의적 국가이론과 실제에 오랫동안 익숙해 있었다'는 주장도 마찬가지다. 그러한 왜곡들은 저자가 그로써 바이마르공화국의 국가문제에 대한 편견 없는 평가를 가로막고 기초를 잘못 놓기 때문에 매우 심각한 것이다.[17]

16) W. Conze, Review Artikel fuer K. D. Bracher, Aufloesung der Weimarer Republik, in: *HZ* 1957, p. 380.

콘체의 이러한 신랄한 비판의 배후에는 바이마르공화국의 역사에 대한 해석을 둘러싼 헤게모니를 장악하려는 팽팽한 샅바싸움이 숨어 있었다. 브라허의 저서가 1955년 출간되었을 때 콘체는 바이마르공화국 역사의 전문가로 통하였다. 라소브(Peter Rassow)가 편집한 《독일사 핸드북》[18]에서 그는 바이마르공화국에 대한 부분을 집필하였다. 1954년 그는 역사학 잡지 *HZ*(*Historische Zeitschrift*)에 실린 논문에서 브뤼닝의 대통령정부(*Präsidialregierung*)에 대해 긍정적으로 평가했다. 그런데 1년 뒤 브라허가 이와 정반대되는 해석을 한 것이다. 더욱이 콘체의 이 논문은 그가 구상하던 바이마르공화국의 역사에 대한 저서의 윤곽을 제시한 것이었다. 그는 이 책을 통해 바이마르공화국에 대한 해석을 주도하고자 했었는데 브라허의 결정적인 도전을 받게 된 것이다. 콜브에 따르면 브라허는 콘체와 대립되는 정치관을 갖고 있었다. 콘체의 이상은 정당 위에 국가가 존재하는 것이었으며 그에게 "정당국가"라는 개념은 거의 욕이나 마찬가지로 인식되었다. 콘체는 1930년 대연정의 결렬을 그 담지자들 스스로의 잘못에 의해 초래된 '정당국가'의 완전한 실패로 평가했기 때문에 그는 브뤼닝이 정당 위에 국가를 세우려는 시도를 거의 제한 없이 지지했다는 것이다.[19]

반면에 브라허는 힌덴부르크와 브뤼닝이 만든 권위주의체제는 의회민주주의의 출구 없는 구조위기의 결과로서 정당화될 수 없다는 점을 분명히 강조했다. 제국 대통령 주변의 인물들과 제국군 수뇌부가 정부위기가 발발하기 오래전부터 대통령정권으로의 전환을 원했고 그것을

17) *Ibid.*, p. 381.

18) P. Rassow ed., *Deutsche Geschichte im Überblick: ein Handbuch*, Stuttgart: Metzler, 1953.

19) Karl Dietrich Bracher — ein Klassiker, p. 155.

치밀하게 준비했다는 것이다. 따라서 브라허는 브뤼닝의 집권 시기를 바이마르공화국 해체과정에서 최초의 "단계"로 해석하는 반면 콘체는 "정당 위에 국가"를 두려고 시도한 브뤼닝의 실험을 긍정적으로 평가하고 "목표를 100미터 앞두고" 브뤼닝을 해고한 것을 실질적 붕괴의 출발점으로 평가한다.[20] 브라허와 콘체 사이에 본격화된 브뤼닝 논쟁은 아직도 끝나지 않았다. 콜브는 이 논쟁을 세 시기로 구분하여 고찰한다. 1955년 브라허의 교수자격논문 출간과 함께 시작된 제1시기의 논쟁에서는 대통령체제로의 이행의 불가피성 여부, 권위주의적 노선의 지지자들의 동기와 목표 그리고 바이마르공화국 해체과정에서 브뤼닝 시기가 차지하는 위상을 정확히 규정하는 것이 핵심문제였다. 1970년 브뤼닝의 회고록 출간과 함께 시작되는 제2시기에는 논쟁의 강조점에 변화가 있었다. 1979년 보카르트(Knut Borchardt)는 브뤼닝의 경제 및 재정정책에 대한 그때까지의 부정적 시각을 수정하는 논문을[21] 발표함으로써 제3기의 새로운 논쟁을 촉발했다. 그는 세계공황 시기의 독일의 경제 및 재정정책에서 행동반경과 실현가능한 대안에 대해 비판적으로 문제제기를 했다.[22]

---

20) E. Kolb, *Die Weimarer Republik*, München: R. Oldenbourg Verlag 1993, p. 212.

21) K. Borchardt, "Zwangslagen und Handlungsspielräume in der großen Weltwirtschaftskrise der frühen dreißiger Jahre", in: 같은 이, *Wachstum, Krisen, Handlungsspielräume der Wirtschaftspolitik*, Göttingen 1982, pp. 165~182.

22) Kolb, *Die Weimarer Republik*, 212~213. 지면관계상 보카르트 논쟁에 대해서는 더 다루지 않겠다. 콜브는 이 책에서 보카르트 논쟁을 잘 요약하고 있다(*Ibid.*, 215~218 참고). 이 논쟁에 대한 보다 자세한 논의를 위해서는 I. Kershaw, *Weimar: Why Did German Democracy Fail?* New York: St. Martin's Press 1990 참고.

콘체는 1964년에 *HZ*에 발표한 논문에서 출구 없는 "정당국가의 위기"라는 그의 테제를 더 확고히 구축했는데, 그럼으로써 대통령정권으로의 이행을 불가피하고 바람직한 것으로 보이게 했다.[23] 그러나 브라허는 브뤼닝에 대한 이러한 너무 우호적인 해석이 1930년의 대안에 대한 문제와, 수년 전부터 선전되었고 1929년부터는 의식적으로 준비된 권위주의적 국가로의 전환을 간과하고 있다고 비판하였다. 그는 또한 대통령체제의 해결책을 복권시키려는 사람들이 많아지는 경향에 대해 우려를 표명하면서 히틀러가 바로 대통령내각과 대통령의 독재권력의 도움으로 권력을 장악했다는 사실을 직시해야 한다고 보았다. 그는 "브뤼닝-파펜-슐라이허 비상령정권의 역사는 1930년부터 이미 정확한 의미에서 '제3제국'의 전사(前史), 곧 히틀러독재의 출발점이요 그것을 가능하게 한 원천이다"[24]라는 정반대의 해석을 단호히 주장했다.

1970년 말에 브뤼닝은 그의 정치관과 정치적 의도들과 목표들을 솔직히 진술한 회고록을 발표함으로써 센세이션을 불러일으켰다. 에르네스트 함부르거(Ernest Hamburger)는 브뤼닝의 자서전에 묘사된 자화상을 다음과 같이 요약하였다.

> 외정적으로 그는 '수정주의자'로서 1919년의 강화질서를 단호히 파기하고자 하였다. 헌법정치적으로 그는 민주공화국의 반대자이자 군주주의자였다. 정당정치적으로 그는 중앙당의 보수주의자였다. 그는 디플레이션정책을 외교정책의 수단으로 삼았다. 군비확장에서의 평

---

23) W. Conze, "Brünings Politik unter dem Druck der grossen Krise", *HZ* 199, 1964, pp. 529~550.

24) K. D. Bracher, "Parteienstaat, Präsidialszstem, Notstand: Zum Problem der Weimarer Staatskrise", in: G. Jasper ed., *Von Weimar zu Hitler 1930-1933*, Köln 1968, pp. 69~70.

> 등을 위한 투쟁도 외교정책에 기여해야 했다. 이에 상응하여 그의 외정적 노력들은 베르사유체제를 파편화시키는 것을 목표로 삼았다. 전쟁배상금 지불의 철회는 이를 위한 첫걸음이 되어야 했다. 헌법정치적으로 그는 입법의 분야에서 1930년 이후 비상령법을 오용함으로써 비스마르크식으로 각인된 입헌군주제로 돌아가기 위해 의회의 권한을 현저히 약화시키는 일에 공을 들였다. 행정부의 분야에서는 힌덴부르크의 재선이 제국총통제(*Reichsregentschaft*)로 그리고 이어서 군주제의 복고로 가는 길을 닦아야 했다. 정당정치적으로 브뤼닝은 그의 당과 제국과 프로이센의 비공화주의적 세력들과 지속적 결합을 위해 노력하였다.[25)]

콘체는 이 회고록이 출간된 후에도 그의 해석을 별로 수정하지 않고 고수했지만 회고록은 분명히 브라허의 해석을 강화하는 데 더 유리한 전거를 제공했다. 브라허는 "오류와 결여된 부분, 사실들의 불충분한 자리매김에도 불구하고 그 정보가치는 우리시대의 어떤 회고록보다 훨씬 더 크다"고 보았다. 그는 브뤼닝의 정치를 "비정치적 정치"라고 역설적으로 표현했는데, 이것이 의회민주주의를 파괴한 책임을 분명하게 지적하였다.

> 그것(브뤼닝의 정치 — 옮긴이)은 관료주의적으로 해석한 법치국가와 독재의 준비 사이에서 오락가락했다. 초당파적 전문성(*Sachlichkeit*)이라는 구실하에 그것은 정당국가적 민주주의에 대한 독일적 거부감을 강화시켰고, 의회정치로부터의 이탈을 낙인찍었으며 그로써 초당파적 정부와는 오히려 반대되는 것, 곧 급진적 당파성과 전체주의적

---

25) E. Hamburger, "Betrachtungen über Heinrich Brünings Memoiren", in: *IWK* 15, 1972, p. 31.

정치화체제를 위한 공간을 제공했다. 민주주의 없이 법치국가를 유지할 수 있다는 믿음은 치명적 환상이라는 것이 입증되었다. 그의 회고록 표지에 쓰여 있는 것과는 달리 브뤼닝은 바이마르공화국 해체 이전의 마지막 총리가 아니라 독일 민주주의 해체과정에서 첫 번째 총리였다.

민주주의에서 권력쇠락의 문제

브라허는 바이마르공화국을 연구하면서 랑케가 말한 "과거에 실제 어떠했는가"에 머무를 수 없었다. 그가 밝히고자 한 것은 그의 저서의 부제에 나온 것처럼 민주주의에서 권력과 권력의 쇠락문제였다. 그는 세 가지 관점에서 이것을 다루고자 했다. 첫째로 그는 바이마르공화국의 "파괴"나 "실패"라는 갑작스런 과정이 아니라 다양한 원인을 가진 단계적 "해체"과정을 밝히고자 했다. 둘째로 그는 권력구조를 분석하고자 했으며 이것을 제 1부에서 별도로 체계적으로 다루었다. 셋째로 그는 민주세력들의 권력상실 단계, 정치공간에서의 권력공백 단계와 의회민주주의의 마비를 결정적으로 이용한 독재운동의 단계적 권력장악을 구분함으로써 해체과정에 대한 설명을 구조화하고자 시도했다.

이러한 구조화 작업은 출판 후에뿐만 아니라 베를린정치연구소에서 준비하던 중에도 많은 비판에 부딪쳤다. 체계적 분석과 역사적 분석을 결합하는 방법에 대해 이의가 제기되었다. 역사학과 정치학의 방법은 다르다는 주장과 함께 한쪽에서는 브라허의 저서가 너무 역사적이라고 비평했고 다른 한쪽에서는 너무 정치학적이라고 비판을 가했다. 많은 독일 역사가들이 그의 책을 낯설고 비역사적이며 심지어 미국적이라고 느꼈다. 특히 제 1부의 체계적 구조분석에 대해 많은 비판이 제기되었다. 브라허는 여기서 "19세기 초 이래 독일의 문제가 많은 특수의식(*Sonderbewußtsein*), 새로운 민주주의의 기대하지 못했던 패배와 타협구조에 대한 불만, 불분명한 정치적 책임을 가진 대통령국가와 의회국가 사이에 일찍부터 시작된 이원화 경향, 정당제도와 정당국가에 대한 널리 퍼진 비판, 반면에 호전적 운동들과 우파와 좌파의 전체주의 정당들의 부상, 국가기구와 사법계의 비민주적 심성들, 그리고 마지막으로 — 볼프강 자우어가 쓴 — 제국군대의 위치"를 다루었다. 그는 이 모든 구조영역들에 "민주주의를 해체시킬 수 있는 예민한 지점들과 트라우마적 요소들이 뿌리를 내리고 있었다"고 보았다. 그러나 이러한 구조적 요인들이 영향력을 미칠 수 있느냐는 1930년부터 1933년까지의 위기의 시기에 관련된 행동하는 인물들과 집단들의 태도에 달려 있었다는 것이다. 그는 이것을 "해체의 단계들"을 다룬 제 2부에서 서술했다.[26]

브라허는 해체의 단계들을 3단계로 나누어 고찰하였다. 브뤼닝 내각의 시기가 "권력상실의 국면"이었고, 이어서 파펜-슐라이허 시기가 "권력공백의 국면"이었으며 여기에 나치 권력장악의 국면이 뒤를 이었다. 그러나 에버하르트 콜브는 민주적-의회적 권력수단의 급속한 하강이 전개될 때만 "권력상실"과 "권력공백"에 대해 말할 수 있다고 본다. 이에 반해 대통령내각의 시기에 국가의 권력수단들인 제국군대와 경찰과 관료는 그대로 남아 있었으며 제국대통령의 권력수단 특히 비상조치권은 계속해서 강화되었다. 콜브는 따라서 이 시기 공화국의 헌법 현실에서 "의회와 정당들로부터 끊임없이 팽창한 대통령 권력으로 그리고 원외 권력담지자들, 특히 제국군대와 관료들로 권력과 행동역

26) Macht und Machtverfall, pp. 54~55.

량의 이동"이 일어났다고 봐야 한다고 본다.[27]

브라허는 3개의 주요 논쟁점들을 소개했다. 첫째로 그 전제조건들의 특수성 때문에 그리고 베르사유의 조건들하에서는 바이마르공화국을 의회민주주의의 척도들에 따라 평가하는 것은 비역사적이라는 비판이 제기되었다. 그러나 브라허는 이에 대해 의회민주주의가 바이마르 국가의 근본적인 헌법적 원칙이자 구조법칙이 아니었는가 되묻는다. 둘째로는 흔히 "바이마르공화국에서 정치권력의 획득과 보존, 약화와 상실문제를 위한 일정한 한계 내에서의 모델"로 보려는 그의 의도에 대해 비판이 제기되었다. 그러나 브라허에 따르면 민주주의의 몰락에 대한 후앙 린츠(Juan Linz)의 저서[28]는 이 콘셉트가 국제적 비교에서 얼마나 입증되고 있는지 잘 말해주고 있다.[29] 마지막으로 권력구조적 접근방식의 이른바 결정론에 대해서 재삼재사 비판이 제기되었다. 발데마르 베손(Waldemar Besson)은 브라허의 저술에서 역사적 행위자들이 거의 질식할 지경에 이르게 된다는 것을 비판했다. 베손은 초개인적 구조들의 영향력보다 "자유를 가지고 … 행동하는 인간"이 더 우위에 있다는 점을 강조했다.[30] 그러나 브라허는 이러한 비판들이 그가 행동하고 생각하는 개인들에게 얼마나 중요한 의미를 부여했는지를

27) E. Kolb, *Die Weimarer Republik*, München: R. Oldenbourg Verlag 1993, p. 125.

28) Juan J. Linz, *The breakdown of democratic regimes: crisis, breakdown, and reequilibration*, Baltimore: Johns Hopkins University Press, 1978.

29) 브라허는 그의 다른 저서에서 린츠의 저서를 보다 자세히 소개한다. K. D. Bracher, *Geschichte und Gewalt. Zur Politik im 20. Jahrhundert*, Berlin: Severin und Siedler 1981, p. 68 이하.

30) W. Besson, *Württemberg und die deutsche Staatskrise 1928-1933*, Stuttgart 1959, pp. 11~12.

오해했기 때문이라고 보았다.[31]

브라허는 이러한 비판들이 역사학적 근거에 기초하여 제기되었지만 근본적으로는 정치적 동기에서 출발하였다고 보았다. 1930년 3월에 대연정의 의회적 통치방식에서 권위주의적 대통령정권으로의 이행에 대한 평가에서 이것은 분명하게 드러났다. 브라허가 파국으로 가는 발전이 필연적이었다는 테제를 확고히 했다는 비난과는 달리 그의 분석은 항상 마지막까지 존재했던 대안을 찾으려고 노력했다는 것이다. 그가 보기에는 1930년에 이미 정당과 의회를 통해서 위기를 해결할 가능성을 배제하고 권위주의적인 체제로의 진입을 불가피하다고 본 모든 사람들이 더 결정론적인 주장을 제기하고 있었다. 그들은 대단히 의문스럽게도 민주주의와 국가를 대립적으로 인식하고 있으며 이를 통해 의회를 통한 해결을 모색하지 않고 단지 힌덴부르크의 대통령 권력을 가지고 거칠게 이루어진 브뤼닝의 정부구성과 1930년의 재앙적인 제국의회 해산을 정당화하고 있다는 것이다.[32]

> 정당들 혹은 심지어 민주주의의 실패(*Versagen*)를 숙명적인 것으로 받아들이는 대신, (강제되었건 혹은 마지못해 받아들였건) 바이마르 헌법 제48조에 따라 비상조치 정책을 가지고 정당과 의회로부터 책임있는 역할을 빼앗는 길을 열어놓은, 공화국을 권위주의적으로 그리고 결국 전체주의적으로 변형시키려는 저 의도들을 찾아내는 것이 내게는 중요하였다. 의회민주주의의 이 권력상실과 비민주적 권력장악의 전망을 예고하는 이제 나타나는 권력공백을 둘러싼 논쟁들은 책임의 문제를 더 분명하게 만든다. 내가 서술한 바와 같이, 비록

31) Macht und Machtverfall, p. 55.

32) Macht und Machtverfall, pp. 55~56.

대안들이 사라져 가고 있었지만 정치적 행위를 통해 독재를 피할 가능성이 열려있지 않았는지의 문제가 핵심적 의미를 가지고 있었다.[33]

발터 쥐스(Walter Süß)는 브라허의 구조 개념이 프랑스 아날학파 역사가들의 구조 개념과 큰 차이를 보인다는 점을 지적한다. 프랑스 구조사가들이 장기지속적 현상들을 연구대상으로 선호하였던 데 반해 브라허는 역사적 구조의 깨어지기 쉬움과 역동성에 관심을 가졌으며 따라서 통시적이기보다는 병시적인 비교적 짧은 시간전망을 선택했다는 것이다. 또한 아날학파들이 사회경제사의 기초과정들에 우선적으로 관심을 가졌던 데 비해 브라허는 정치적인 것에 주로 흥미를 느꼈다.[34]

전체주의에 대한 관점

브라허는 나치독일이 전체주의적 정권이었다는 견해를 지지한다. 그러나 그는 프리드리히(Carl Joachim Friedrich)와 브레진스키(Zbigniew Brzezinski)가 발전시킨 전체주의 유형론은 지나치게 엄격하며 전체주의 모델은 신중한 경험적 연구에 기초할 필요가 있다고 보았다. 그가 보기에 프리드리히와 브레진스키는 전체주의의 "핵심원리"인 "혁명적 역동성"을 고려하는 데 실패했다.[35] 베르너 링크(Werner Link)와의

33) *Ibid.*, p. 56.

34) W. Süß, "Zeitgeschichte als Demokratiewissenschaft. Karl Dietrich Bracher und das Ende der Weimarer Republik", in: J. Danyel/J.-H. Kirsch/M. Sabrow eds., *50 Klassiker der Zeitgeschichte*, Göttingen 2007, pp. 48~49.

35) "Karl Dietrich Bracher", http://en.wikipedia.org/wiki/Karl_Dietrich_Bracher

대담에서 브라허는 자신이 전체주의 이론을 대변한 적은 없으며 전체주의 개념을 현대적 독재에서만 가능한 절대적 독재의 특정한 특징들을 설명하기 위한 보조개념으로 사용한다고 밝혔다.[36] 그는 전체주의 체제의 사회정치적 구조와 이데올로기적 정당화를 각인하는 네 가지 요소로서 "1. 포괄적이고 배타적인 요구를 가진 공식 이데올로기", "2. 중앙집권화되고 정치적으로 획일화된 대중운동", "3. 모든 관련있는 의사소통과 강제수단의 전적인 통제", "4. 경제와 사회관계의 관료주의적 통제"를 강조했다.[37]

브라허는 나치 지도부를 대자본의 꼭두각시로 보는, 제 3제국에 대한 마르크스주의적 견해들에 매우 비판적이었다. 그가 보기에는 마르크스주의 역사가들이 주장하는 것처럼 "경제의 우위"보다는 대자본가들이 나치정권에 종속되는 "정치의 우위"가 실현되고 있었다. 또한 순전히 경제적 관점에서 볼 때 나치의 행위들은 비합리적인 경우가 많았다.[38] 브라허는 종종 마틴 브로스차트(Martin Broszat)와 한스 몸젠(Hans Mommsen) 같은 학자들이 대변했던 제 3제국에 대한 구조기능주의적 해석을 비판했으며 히틀러를 "약한 독재자"로 보는 그들의 견해를 비난했다. 히틀러가 제 3제국 배후의 추진력이라고 보았지만 브라허는 나치독일이 나치스가 겉으로 과시했던 것보다 별로 잘 조직화되어 있지 않았다고 주장한 첫 번째 역사가들 중의 하나였다. 브라허는 1956년의 한 논문에서 "경쟁하는 행위자들 사이의 적대관계가 오직

36) Von der Alten Geschichte, p. 266.

37) K. D. Bracher, *Zeitgeschichtliche Kontroversen um Faschismus, Totalitarismus, Demokratie*, München 1976, pp. 42~43.

38) I. Kershaw, *The Nazi Dictatorship: Problems and Perspectives of Interpretation*, London/New York, p. 51.

총통의 무소부재의 핵심적 지위에 의해서만 해결되었다"고 언급했다. 브라허는 이러한 비조직적 체계를 히틀러 편에선 의식적 "분열과 지배" 전략의 일부로서 간주했으며 히틀러는 한 번도 밑으로부터의 압력에 굴한 적이 없으며 그의 힘을 어떤 방식으로든 제한당하지 않았다고 주장했다. 브라허가 기능주의적 역사가들과 관심의 일치를 보인 것은 제3제국의 결정과정의 임의적 성격이었다. 브라허는 나치정권이 "항구적인 즉흥적 결정의 상태"에 머물러 있었다고 보았다.[39]

1976년 출간된 글에서 브라허는 히틀러가 그 자신의 시대에 너무 자주 과소평가되었는데, 파시즘 패러다임을 위해 전체주의 패러다임을 거부하는 역사가들이 동일한 실수를 범하고 있다고 주장했다. 브라허의 견해로는 히틀러가 가장 급진적 형태의 독일 민족주의를 체현한 "세계사적 인물"이었으며 나치즘은 "히틀러주의"라고 말하는 것이 정확하였다. 그러나 그는 히틀러를 악마화하는 것이 가지는 변명적 경향에 대해서는 경고했다. 그것은 너무 많은 독일인들로 하여금 나치범죄에 대한 비난을 히틀러라는 악마에게로만 돌리게 만든다는 것이었다. 브라허가 보기에 히틀러의 부상(浮上)은 불가피한 것이 아니었다. 히틀러가 총리가 된 데에 대한 책임은 힌덴부르크 대통령의 측근들에게 있었다. 그러나 일단 권력을 장악한 뒤에 히틀러는 그의 적들과 나치운동을 길들이고자 했던 그의 동맹세력들 둘 다 정치적으로 파괴한 포괄적 혁명을 수행하고자 그의 권위를 사용했다고 브라허는 주장했다. 히틀러는 나치운동에서 그렇게 중요한 위치를 차지하고 있었으며 나치즘의 운명은 히틀러의 운명과 긴밀하게 얽혀 있었다. 많은 사건들이 히틀러가 없었다면 일어날 수 없었을 것이다. 따라서 나치즘을 히틀러주

39) "Karl Dietrich Bracher",
http://en.wikipedia.org/wiki/Karl_Dietrich_Bracher

의라고 말하는 것은 이러한 점에서 맞다는 것이다. 히틀러의 중요성은 또한 그가 극단적으로 급진적 유형의 인종주의적인 독일 민족주의의 가장 효과적인 대변자였다는 데서 도출된다고 브라허는 주장했다.[40]

브라허는 나치즘이 반근대적 목표를 추구하는 과정에서 의도하지 않았지만 독일사회를 근대화시켰다는 다렌도르프(Ralf Dahrendorf)와 쇤바움(David Schoenbaum)과 터너(Henry Ashby Turner)의 해석이 장점을 가지고 있다고 보기는 했다. 그러나 그가 보기에 근대화의 문제는 나치즘의 본질, 곧 야만적으로 인종주의적 노선과 사회적 다윈주의의 노선을 따라서 세계를 완전히 혁명적으로 개조하는 것과는 거리가 너무 멀었다. 브라허는 반유대주의가 히틀러의 세계관에서 그렇게 중요한 위치를 차지하였고 유럽의 유대인들에 대한 제노사이드가 그렇게 심각한 결과를 초래했는데, 파시즘 이론들은 쇼아를 제대로 설명할 수 없다고 주장했다. 브라허는 종(種)으로서의 파시즘(*generic fascism*) 이론들이 너무 많은 상이한 현상들을 무차별적으로 통합하기 때문에 파시즘 개념이 지적 효용성을 상실했으며 좌파들은 그들이 싫어하는 사람은 누구나 파시스트라고 욕한다고 비판했다. 홀로코스트의 기원에 관하여 그는 유럽의 유태인들에 대한 전체 제노사이드 프로젝트가 히틀러의 반유대주의적 증오심에서 비롯되었다고 본다는 점에서 확고한 의도주의자였다. 영국의 마르크스주의적 역사가인 티모시 메이슨(Timothy Mason)은 홀로코스트를 설명하는 데서 너무 히틀러에게 초점을 맞추었다는 점에서 브라허와 힐데브란트(Klaus Hildebrand)를 "의도주의자"(*Intentionist*)라고 비판했다.[41]

브라허는 베르너 링크와의 대담에서 "아데나워 시기"에 그가 정치적

40) *Ibid.*

41) *Ibid.*

으로 좌파자유주의적이었다는 평가에 대해 어떻게 생각하느냐는 질문에 그는 기민당이 집권하고 있을 때 그가 분명히 기민당보다는 사민당에 가까웠다는 것을 인정했다. 당시 그의 주요 관심사는 바이마르공화국의 불행한 경험을 교훈삼아 서독의 젊은 민주주의를 안정화시키는 것이었다. 그는 바이마르공화국이 좌파와 우파 전체주의 세력, 곧 공산당과 나치당의 협공을 받아 무너진 것으로 인식했다. 그는 좌파적이건 우파적이건 전체주의가 세계 도처에서 민주주의의 가장 큰 위협이라고 보았으며 소련과 나치독일 사이의 차이는 "종류의 차이가 아니라 정도의 차이"라고 믿었다. 그는 바이마르공화국의 전철을 반복하지 않도록 "자기방어 역량을 갖춘 민주주의"(*wehrhafte Demokratie*)의 중요성에 대해 재삼재사 강조했다. 그가 68학생운동에 대해 단호히 비판적이었던 것은 그것이 좌파적 유토피아를 추구하면서 전후 서독 민주주의의 정당성을 무너뜨리려 한다고 보았기 때문이었다. 그는 물론 우파로부터의 위험에 대해서도 경계하였다. 그는 1989년 이후 중동부 유럽의 혁명을 "전체주의에 반대하는 혁명"이라고 규정했다. 그는 이 민주주의 혁명이 민족주의적 방향으로 발전할 위험성을 경고했다. 그에게서 가장 높은 정치적 가치는 민족이 아니라 민주주의적 국가(*demokratisches Gemeinwesen*)였다.[42]

42) Von der Alten Geschichte, pp. 266~271.

찾아보기

(용 어)

ㄱ ~ ㄴ

ㄷ ～ ㄹ

ㅅ ~ ㅇ

ㅈ ～ ㅊ

기 타

찾아보기

(인 명)

ㄱ ~ ㄴ

ㄷ ~ ㄹ

ㅁ ~ ㅂ

ㅈ ~ ㅊ

ㅋ ~ ㅌ

ㅍ ~ ㅎ

칼 디트리히 브라허(Karl Dietrich Bracher, 1922~)

1922년 슈투트가르트에서 태어났으며 제2차 세계대전 때 아프리카 전투에 참전했다가 3년간의 미국 포로생활 중 학문의 길을 시작했다. 종전 후 귀국하여 튀빙엔대학에서 1948년 "초기 로마 황제시대의 사상에서 쇠락과 진보"라는 논문으로 박사학위를 받았다. 베를린자유대학의 정치학연구소에서 일했으며, 1955년 교수자격논문으로《바이마르공화국의 해체》를 발표했다. 1959년부터 1987년 정년퇴직할 때까지 그는 본대학의 정치학 교수로서 왕성한 활동을 하였다.
그의 주요 저서로는 교수자격논문 외에도《독일의 독재》(*Deutsche Diktatur*, 1960),《현대사의 성찰》(*Zeitgeschichtliche Kontroversen*, 1976),《이데올로기의 시대》(*Zeit der Ideologien*, 1982) 등이 있다. 그가 공동저자로 집필했던《나치의 권력장악》(*Die nationalsozialistische Machtergreifung*, 1960)도 현대적 고전의 반열에 올랐다.

이병련

독일 빌레펠트대학에서 독일사를 전공하여 1990년에 "1차대전 기간 동안의 독일 노동운동의 사회사"로 박사학위를 취득하였다. 1992년부터 현재까지 고려대 사범대학 역사교육과 교수로 재직하고 있다.
저서로는《독일 노동운동의 사회사(1914~1919)》,《동아사상의 보수와 개혁》,《분단의 두 얼굴》이 있다. 번역서로는 볼프강 쉬벨부쉬의《기호품의 역사》(공역), 에드가 볼프룸의《무기가 된 역사. 독일사로 읽는 역사전쟁》(공역)이 있다. 그리고 역사교육에 관하여, 그 중에서도 독일 역사교과서와 독일 역사교육 이론에 관한 논문들을 발표하였다. "독일 통일 이후 신연방주(구동독지역)의 역사교육", "독일 역사교과서에 나타난 제2차 세계대전", "독일 역사교과서에 나타난 나치독재와 홀로코스트(1)", "독일 역사교육의 새로운 경향: 환경의 역사", "역사교육과 인권: 아메리카 혁명에서의 인권" 등의 논문이 있다. 최근의 관심사는 역사교육과 인권의 문제인데, 권력과 지배를 위한 역사교육을 탈피하고 어떻게 하면 인권을 존중하는 역사교육이 가능할 것인가에 관해 연구하고 있다.

이대헌

고려대에서 역사학을 전공하였고, 1991년 "루르지방 철강산업의 성장(1870~1914): 혼합기업과 수평적 기업결합의 발전 및 그 결과에 관한 연구"로 석사학위를 취득하였다. 1996년부터 독일 보쿰대학에서 역사학을 전공하였으며 2002년 "Die Betriebsvertretungen auf den Staatszechen im Ruhrrevier 1905~1933"(루르지역 국영광산의 종업원 대표제도)에 대한 논문으로 박사학위를 취득하였다. 고려대 아세아문제연구소 연구교수를 역임한 바 있으며 고려대 등에서 서양사를 강의했다.
역서로 벨러(Hans-Ulrich Wehler)의 《독일제2제국》이 있으며, "독일 루어광산업에서의 노동시장의 발전과 노동시장 당사자들의 대응(1900~1933)", "1920년 '종업원 평의회법'의 도입과정", "1933년 이전 독일의 '사회화' 문제와 석탄광산업" 등 독일 광산업과 노동자의 역사에 대한 논문들 외에도 폴란드의 전후 나치 과거 청산과 부역자의 문제 그리고 1989년 이후 공산당의 과거사 극복문제에 대한 논문들을 발표하였다.

한운석

고려대 사학과 대학원을 졸업하고 DAAD 장학생으로 독일의 빌레펠트대학에서 역사학을 전공하였으며, 1995년 "맑스와 엥겔스의 사상에서의 민족국가와 민족주의: 3월 전기와 1848/1849년 혁명기 독일문제에 대한 그들의 태도를 중심으로"라는 논문으로 박사학위를 취득하였다. 현재 고려대 역사교육과 겸임교수로 재직하고 있다.
분단시대 동서독 관계와, 독일 통일과 그것이 한반도 통일에 주는 교훈에 대해 연구하였으며, 이에 대한 저서로 《하나의 민족, 두 개의 과거: 20세기 독일민족과 통일문제》가 있다. 유럽과 동아시아의 과거청산, 역사갈등과 화해, 평화를 위한 역사교육의 문제들에 대해서도 연구하고 있으며, 이 분야의 저서로는 《가해와 피해의 구분을 넘어: 독일·폴란드 역사화해의 길》(공저), 《유럽과 미국의 동아시아사 교육》(공저), 《독일의 역사화해와 역사교육》이 있으며 독일과 한국 학자들 간의 학문적 협력을 위한 가교역할을 활발히 하고 있다.